面向“十二五”高等院校应用型人才培养规划教材

保险学基础

付荣辉　李　明　主　编
胡乔宁　李海波　副主编
范　玲　赵世秀　参　编
　　　　刘降斌　主　审

Insurance Basics

中国铁道出版社
CHINA RAILWAY PUBLISHING HOUSE

图书在版编目（CIP）数据

保险学基础 / 付荣辉，李明主编 .—北京：中国铁道出版社，2012.6

面向“十二五”高等院校应用型人才培养规划教材

ISBN 978-7-113-14590-3

Ⅰ.①保…　Ⅱ.①付…②李…　Ⅲ.①保险学—高等学校—教材　Ⅳ.①F840

中国版本图书馆 CIP 数据核字（2012）第 080938 号

书　　名： 面向“十二五”高等院校应用型人才培养规划教材
保险学基础

作　　者： 付荣辉　李　明　主编

策　　划： 张丽娜　　**读者热线：** 400-668-0820

责任编辑： 张丽娜　　**特邀编辑：** 孙佳迪

编辑助理： 李　丹

封面设计： 刘　颖

责任校对： 张玉华

责任印制： 李　佳

出版发行： 中国铁道出版社（100054，北京市西城区右安门西街 8 号）

网　　址： http://www.51eds.com

印　　刷： 北京市昌平开拓印刷厂

版　　次： 2012 年 6 月第 1 版　　2012 年 6 月第 1 次印刷

开　　本： 787 mm×1 092 mm　1/16　印张：18.5　字数：464 千

印　　数： 1～4 000 册

书　　号： ISBN 978-7-113-14590-3

定　　价： 38.00 元

前言

Preface

保险起源于海上保险，自16世纪中期至19世纪初期开始形成系统的理论，19世纪保险业务在全世界范围内开始快速发展，20世纪迎来了发展的高峰。进入到21世纪，保险正以前所未有的趋势走向成熟，理论系统得到完善，险种得以充实，在世界经济中的地位越来越重要。我国的保险业在国民经济高速发展的情况下，其重要性逐渐为人们所重视和接受，保险理论的研究和保险教育的发展成为人们关注的重点。但是，由于历史原因所限，我国当前的保险研究并不尽如人意，系统的保险教育并没有形成，保险专业人员缺乏，保险相关教材陈旧，保险教学手段单一，不能够适应我国保险行业发展的速度，甚至成为桎梏。

本书主要侧重于对保险理论的研究和教学，主要从保险理论基础、保险基本险种和保险经营三个角度对保险学科进行了比较系统、科学的论述。本书内容涉及风险与风险管理、保险基本原理、保险合同、保险数理计算、保险费率的制定、保险业务种类、保险经营管理、保险市场、保险监管、社会保险等多方面的知识，反映了当前保险业最新的理论研究成果和业务发展实践。本书全面、清晰地体现了保险学的基本架构，为保险专业课程的学习奠定了基础。教材内容具有一定的实用性。在编写过程中，我们力图按照深入浅出、重点突出的行文宗旨，注意叙述的逻辑、结构、体例、语言，努力做到知识准确、内容通用、表述简明，以便于学生理解和掌握。

参加本书编写的教师都是从事保险专业教学、科研及实践的中青年骨干教师，具有较丰富的理论功底和实践经验。本书既适合各类学校相关专业的教学使用，也可供保险从业人员资格考试参考之用。本书由哈尔滨金融学院投资保险系付荣辉、李明担任主编，负责提出编写思路、大纲，并承担定稿和修改任务；哈尔滨商业大学金融学院胡乔宁、哈尔滨德强商务学院贸易经济系李海波担任副主编；哈尔滨商业大学金融学院范玲和哈尔滨金融学院投资保险系赵世秀参编；哈尔滨商业大学金融学院刘降斌担任主审。具体章节分工为付荣辉编写第3章、第6章、第9章、第10章；李明编写第2章、第11章；李海波编写第1章；胡乔宁编写第7章、第8章；范玲编写第4章、第5章；赵世秀编写第12章。全书由付荣辉负责总撰。

在本书编写过程中，我们借鉴和参考了本学科领域的相关论著和教材，并尽可能使用最新研究成果和相关数据，在此对相关著作者深表谢意！限于学识和能力，本书不当和谬误之处，敬请广大读者和同行专家批评指正。

编　者

教学建议

教学目的

《保险学基础》课程是保险专业、金融学专业、投资理财专业的专业基础课或核心课，以本课程为基础的课程主要有：《人身保险》、《财产保险》、《保险营销》、《保险中介》、《机动车辆保险》、《个人风险与保险规划》、《个人理财》、《员工福利与退休计划》、《社会保险》等。本课程致力于使学生系统地掌握保险学的基本理论、基本原理和基本方法，掌握风险管理、保险险种、保险市场监管等保险行为的基本规律，了解分析风险管理与保险实务操作的基本工具和手段，培养学生独立运用保险的基本原理和分析工具，认识和解决实际问题的思路以及不断发现并解决问题的能力，为学习后续课程提供理论基础，培养符合社会需要的专业人才。

前期需要掌握的学科知识

高等数学、经济法等课程的相关知识。

课时分布建议

教学内容	学习要点	课时安排	案例使用建议
第1章 风险与风险管理	1. 风险的含义、风险的分类 2. 风险管理的目标、风险管理的流程 3. 风险管理的方法 4. 可保风险的条件	4	开篇案例
第2章 保险概述	1. 保险的含义和特征 2. 保险的分类、保险的职能 3. 保险的作用	4	开篇案例
第3章 保险合同	1. 保险合同的特征与种类 2. 保险合同要素 3. 保险合同的订立与效力 4. 保险合同的变更、履行、解除及终止	4	开篇案例
第4章 保险原则	1. 保险利益的含义 2. 最大诚信原则的内容 3. 近因的判断方法 4. 损失补偿原则的应用	6	开篇案例
第5章 保险数理基础	1. 保险费率的构成 2. 概率理论在保险费率制定中的重要意义 3. 财产保险责任准备金计提的方法 4. 死亡率对人身保险费率厘定的影响	4	开篇案例

续表

教学内容	学习要点	课时安排	案例使用建议
第 6 章 非寿险业务 ——财产保险	1. 财产保险的概念、财产基本险的保险责任、机动车辆保险的基本险 2. 财产综合险的保险责任、机动车辆保险的无赔款优待、建筑、安装工程保险的保险项目 3. 企业财产保险与机动车辆保险赔偿处理	6	开篇案例
第 7 章 非寿险业务 ——人身意外伤害保险与健康保险	1. 人身意外伤害保险的概念、特点和种类 2. 人身意外伤害保险的可保风险 3. 人身意外伤害保险的保险责任和给付方式 4. 健康保险的概念、特点和种类 5. 健康保险的合同条款 6. 健康保险的费率	6	开篇案例
第 8 章 寿险业务	1. 人寿保险的概念与特征 2. 普通型人寿保险险种 3. 新型人寿保险险种 4. 寿险业务的主要条款 5. 人寿保险核保与理赔	4	开篇案例
第 9 章 保险基金	1. 社会后备基金的概念与种类 2. 自留后备的局限性 3. 保险基金的概念与特点 4. 保险基金的构成内容 5. 保险投资的原则与方式	4	开篇案例
第 10 章 保险业务经营	1. 保险展业的概念、方式与内容 2. 保险核保的原则与内容 3. 保险防灾防损的含义、阶段与方法 4. 保险理赔的含义与原则 5. 再保险的概念、作用、责任分配方式、合同签订方式与组织形式	4	开篇案例
第 11 章 保险市场	1. 保险市场的含义 2. 保险市场的特征 3. 保险市场的类型 4. 保险市场的构成要素 5. 国际保险市场的发展趋势 6. 我国保险市场的历史沿革	4	开篇案例
第 12 章 社会保险	1. 社会保险的概念、特征、作用以及开展社会保险的重要意义 2. 养老保险、医疗保险、工伤保险、失业保险、生育保险的具体内容	4	开篇案例
课时总计		54	

目录 Contents

保险学基础 Insurance Basics

第1章　风险与风险管理

本章提要

风险是保险的前提，风险的存在和变化促使了保险活动的加强和完善。风险具有特定的内容，通过对风险的基本了解，能够使读者理解并熟悉保险存在的价值。保险是风险管理的一种有效方式，对风险管理内容的掌握，能够加深对保险的认识。本章第一节介绍的是风险的概念与特征，第二节介绍的是风险的分类，第三节介绍的是风险管理，包括风险管理的含义、目标以及流程等。

学习目标

1. 风险的含义
2. 风险的分类
3. 风险管理的目标
4. 风险管理的流程
5. 风险管理的方法
6. 可保风险的条件

框架结构

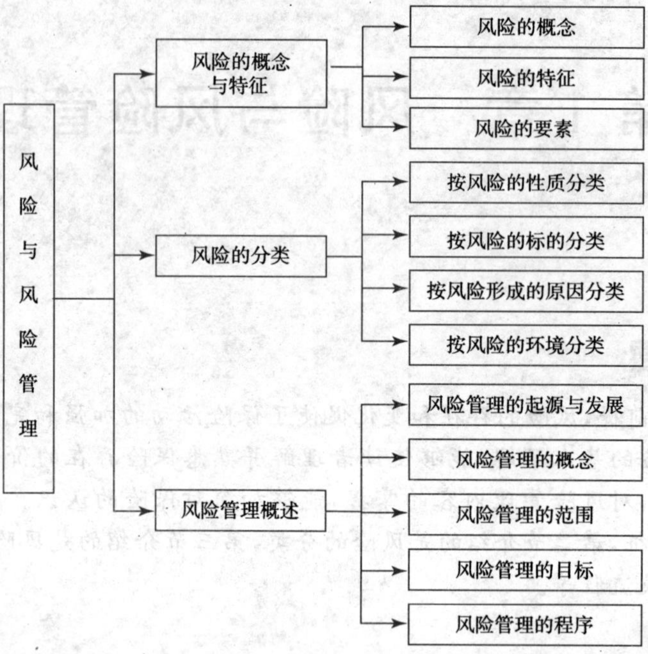

开篇案例

风险给人类社会造成了越来越大的损失

2001年9月11日，美国发生恐怖主义袭击事件，死亡近3000人，据亚太经合组织(APEC)经济委员会做出的报告显示，“9·11”事件给美国造成直接经济损失达450亿美元，宏观经济损失达1750亿美元；2004年印度洋海啸造成282 061人死亡，直接经济损失达100亿欧元。

据新加坡《联合早报》报道，据瑞士再保公司的数据，2010年的天灾和人祸给全球带来2180亿美元的损失，比2009年多出两倍以上。

瑞士再保公司首席经济师希斯说：“2010年，地球不单发生人命伤亡大、经济损失高和强度异乎寻常的地震，也出现一系列历来罕见的气候事故，比如大水灾。”

希斯在瑞士再保的报告中指出，这些严重的天灾人祸夺走了304 000条人命，这比2009年的15 000人多出近20倍。在中美洲海地大地震中，有超过22 000人丢了性命。

2010年的天灾人祸给保险业带来430多亿美元损失，比2009年多出60%以上。

在智利和新西兰发生的地震给保险业的冲击最大，该经济领域的损失将近三分之一来自这两场天灾。明显的，在2011年，地震将继续给保险业带来巨大冲击。

瑞士再保的报告指出，“在2011年里，地震给保险业的冲击也将高出平均水平。单是

2011年2月的新西兰地震，保险索偿额估计将达60亿美元至120亿美元。”

该报告指出：“2011年3月11日的日本东北大地震，也将给保险业带来巨额损失。”

瑞士再保估计，2011年3月11日的日本东北大地震和大海啸，给瑞士再保本身带来至少12亿美元的损失。

（本文由作者改写自：中国新闻网）

1.1 风险的概念与特征

“无风险，无保险”，保险的存在是以风险存在作为前提条件的。自从有了人类社会，风险就伴随存在，它无时无刻不在我们身边，人类对风险的恐惧来源于风险的发生是不确定的，风险造成损失的程度也是不确定的，而人类又不能完全躲避所有风险。保险是保障当风险发生造成损失时对受害者进行损失赔偿或约定给付，因此，要想学习保险，必须了解风险的基本内容。

1.1.1 风险的概念

何谓风险？不同的学者有不同的解释。有的认为风险是一种不确定性，包括不幸事件发生与否的不确定性，或损失发生的不确定性，或可测定的不确定性等。有的则认为风险是一种疑虑，包括对客观存在的遭受损害可能性的疑虑，或在一定情况下关于未来结果的疑虑等。这些解释虽然都有一定的道理，但似乎都未能准确表达风险的真正含义。风险的真正含义是指引致损失的事件发生的一种可能性。

首先，风险的这种定义强调的是“损失的事件”的存在。“损失的事件”与“可测定性”不同，可测定性的不确定性可以存在于各种场合。以投掷钱币为例，一次投掷出现的正反面是不确定的，但在无限次投掷的情况下，正反面出现的概率各为50%。然而，投掷钱币的行为本身并不存在损失的问题。

其次，定义中的“事件”并非特指“不幸事件”。因为风险不仅与损失相联系，还与盈利相联系。比如股价下跌作为一个事件，空头可以从中获益，而多头则遭受损失。当然，保险中的事件则是指不幸事件。

再次，定义中的“可能性”与不确定性在含义上有一定的区别。可能性指客观的存在，在概率上既不可能等于0，也不可能等于1，因为概率为0的风险是不存在的，而概率为1的“风险”是一种必然性风险。若不确定性的概率既可为0，亦可为1，那么就失去了可能性的含义。此外，不确定性仅仅是风险的特征之一，并不包括风险的全部。比如投机风险一般为不可测定的不确定性，而纯粹风险则一般为可测定的不确定性。所以，不确定性作为风险的一个特征不能概括风险的全部内涵。

根据上述分析，可以认为风险是可以被感知和认识的客观存在，无论从微观角度，还是从宏观角度都可以对其进行判断和估计，从而对风险进行有效管理。

1.1.2 风险的特征

风险的特征，是风险的本质及其发生规律的表现。

1. 客观性

风险的客观性，是指风险是一种客观存在，人们不能避开它，也无法否定它。自然灾害、意外事故等风险，都是不以人的意志为转移的。人们只能在一定的时间和空间内改变风险存在和发生的条件，降低风险发生的概率和损失程度，但却不能彻底消除风险。因为风险是由于不确定性因素的存在而使人们有遭受不幸或灾难的可能性。客观条件的变化而引起的不确定性是普遍存在的，因而风险也必然是客观存在的。

2. 普遍性

风险的发生具有普遍性，风险无时不在、无处不在。可以说，人们生存和进行活动的整个社会环境，就是一个充满风险的世界，任何一个组织、单位、企业和家庭，都难免遇到这样或那样风险的可能性。因而，人们必须采取客观的态度，承认风险和正视风险，要采取积极的态度去对待风险。

3. 可变性

可变性也可称为发展性。世间万物都在运动变化之中，风险也不例外。风险的变化，有量的增减，也有质的变化，有旧风险的消失和新风险的产生。如随着科学技术水平的进步，人类面临的疾病和死亡的风险大大减少了，可另一方面，科技进步又产生了核风险、计算机病毒、车祸等新的风险。因此，可以说风险的种类和数量无时无刻不在变化中。

4. 不确定性

风险的不确定性表现在三个方面。

(1)空间上的不确定性。以火灾为例，就总体来说所有的建筑物都面临火灾的风险，并且也必然有些建筑物发生火灾，但是，具体到某一建筑物是否发生火灾，则是不确定的。

(2)时间上的不确定性。时间上的不确定性表现在某一风险的发生时间不会确定。如果假设风险发生的时间确定，则体现不出风险的本质，人类也就不会对风险产生恐惧，也不能称为“风险”了。比如，人总是要死亡的，但是何时死亡，在健康状况正常的情况下是不可预知的。

(3)损失程度的不确定性。比如生活在台风区、洪涝区的人们往往知道每年或大或小都要遭受台风或洪水的袭击，但是人们却无法预知未来年份发生的台风或洪水是否会造成财产损失或人身伤亡及其程度如何。

风险的偶然性形成了经济单位与个人对保险的需求，而风险的不确定性使之成为可保风险。

5. 可测性

风险的本质是不确定的，但这种不确定性，不是指对客观事物变化情况全然无知的不确定性，这里所说的不确定性是指可以测量的不确定性。对风险的测量，就是人们可以根据以往发生的一系列类似事件的统计资料，对某种风险发生的频率及其风险造成的经济损失程度作出主观上的判断。对风险的测量过程，就是对风险分析的过程。了解风险的可测性特征，对于风险的控制和防范有着重要的意义。风险不仅是客观存在的，形成风险的不确定性因素也是可以测量的，因而风险是可以控制的。所以，我们说风险客观存在的确定性和发生的不确定性，构成了保险的风险，两者缺一不可，而且可测性奠定了保险费率厘定的基础。

1.1.3 风险的要素

风险不是单一的个体，它是由多种要素构成的，这些要素密切相关，共同决定了风险的存在、发展和变化。风险的要素包括风险因素、风险事故和损失。

1. 风险因素

风险因素是指促使或引起风险事故发生或风险事故发生时致使损失增加、扩大的原因或条件。风险因素是风险事故发生的潜在原因，是造成损失的间接原因。例如，干燥的气候和风力，对火灾事故而言，是风险因素；人的健康状况、年龄等，对人的死亡伤残事故而言，是风险因素，等等。风险因素的存在，有可能增加风险事故发生的频率、增大风险损失的程度。

根据风险因素的性质，风险因素可分为物质风险因素、道德风险因素和心理风险因素。

(1)物质风险因素。物质风险因素也称实质风险因素，这是指有形的，并能直接影响事物物理功能的因素，即某一标的本身所具有的足以引起或增加风险发生的机会和损失幅度的客观原因。如地壳的异常变化、恶劣的气候、疾病传染等。物质风险因素不为人力所控制，是人力无法左右的因素。

(2)道德风险因素。道德风险因素是指与人的品德修养有关的无形的因素，即指由于个人不诚实、不正直或不轨企图，促使风险事故发生，以致引起社会财富损毁和人身伤亡的原因或条件，如纵火、欺诈、放毒、偷工减料等。这些不道德的行为必然促使风险发生的频率增加和损失幅度的扩大。

资料链接 **企业道德风险表现**

企业道德风险表现多样并具有更强的蒙蔽性和欺骗性。根据企业道德风险的行为表现及其直接侵害的社会关系的不同，我国的企业道德风险大体有如下情形：政策性道德风险，指企业违反国家法律规定从事经营活动或谋求某些特殊权利的活动；市场性道德风险，指企业违反市场竞争规则，以损害竞争对手利益的不正当手段获取最大化利益的行为；公益性道德风险，指企业违反公共利益，从事危害自然环境，妨碍可持续发展的生产经营活动。

(本文由作者改写自：李玉梅．企业道德风险特征分析[J]．管理工程师，2009，3)

(3)心理风险因素。心理风险因素是指与人的心理状态有关的无形的因素，即指由于人的不注意、不关心、侥幸或存在依赖保险心理，以致增加风险事故发生的概率和损失幅度的因素。例如，企业或个人由于投保财产保险，就放松了对财物的保护；外出忘记锁门会增加盗窃事故发生的可能；电线陈旧不及时更换加大了火灾事故的发生几率等。

上述风险因素中，由于道德风险因素和心理风险因素都是无形的，都与个人自身行为方式相联系，前者强调故意或恶意，后者强调无意或疏忽，而在实践中又难以区分界定，所以通常将两者统称为人为因素，以便区分。

2. 风险事故

风险事故是指造成生命财产损害的偶发事件，是造成损害的直接原因，是损失的媒介。只有通过风险事故的发生，才能导致损失。例如，在汽车刹车失灵酿成车祸导致车毁人亡这一事件中，刹车失灵是风险因素，车祸是风险事故。如果仅有刹车失灵而无车祸，就不会造成车毁人亡的损失。风险事故意味着风险的可能性转化为现实性，即风险的发生。

3. 损失

就广义的损失而言，它是指某种事件的发生，给人们造成物质财富的减少、身体上的伤害或者是精神上的痛苦。从保险角度来看，损失是指非故意的、非预期的和非计划的经济价值的减少(狭义的损失)。保险中所指损失必须满足两个要素：一是非故意、非计划和非预期的；二是经济价值或经济收入的减少，两者缺一不可。例如，“馈赠”和“折旧”虽然都满足第二个要素，但不满足第一个要素，因此从保险的角度来看不属于损失。

损失，在保险中又可分为直接损失和间接损失。直接损失是指承保风险造成的财产本身的损失，而间接损失是指由于直接损失而引起的损失。例如，一家宾馆遭受火灾，烧毁了房屋，这是宾馆的直接损失;而因房屋被毁宾馆无法正常营业导致的经营收益损失,则是宾馆的间接损失。

4. 风险因素、风险事故、损失三者之间的关系

风险是由风险因素,风险事故和损失三者构成的统一体,它们之间存在着一种因果关系,简单表述为:风险因素引起风险事故,风险事故导致损失。值得注意的是,同一事件,在一定条件下是造成损失的直接原因,则它是风险事故;而在其他条件下,则可能是造成损失的间接原因,于是它成了风险因素。例如,下冰雹使得路面湿滑,导致车祸造成人员死亡,这时冰雹是风险因素,车祸是风险事故。但若是冰雹直接击伤行人,则冰雹便是风险事故了。

1.2 风险的分类

人类在日常的生产与生活中,面临着各种各样的风险。为了研究和管理风险,我们需要按照不同的标准对风险进行分类。

1.2.1 按风险的性质分类

按照性质不同,风险可以分为纯粹风险和投机风险。

1. 纯粹风险

纯粹风险是指那些只有损失机会,而无获利可能的风险。这种风险可能造成的结果只有两个,即没有损失和造成损失。例如,自然灾害、意外事故、人的生老病死等。发生纯粹风险的结果是社会的净损失,就目前的科学技术水平而言,保险中承保的风险必须是纯粹风险,但纯粹风险不一定都能成为保险的可保风险。

2. 投机风险

投机风险是指那些既可能有损失也可能有获利机会的风险。投机风险所导致的结果有三种,即有损失、无损失和收益。例如,人们进行股票投资,就面临着投机风险。如果股票价格上涨,投资者就可以因此获利;如果股票价格下跌,投资者就要承担损失。投机风险目前是不能作为保险人承保的风险的。

1.2.2 按风险的标的分类

按照标的不同,风险可以分为财产风险、人身风险、责任风险和信用风险。

1. 财产风险

财产风险是指导致财产损毁、灭失和贬值的风险。例如,建筑物遭受地震、火灾、洪水的风险,飞机坠毁的风险,汽车碰撞的风险,还包括财产价值由于经济因素而贬值的风险等。财产风险既包括直接损失风险,又包括间接损失风险。

2. 人身风险

人身风险是指导致人的死亡、残疾、疾病、衰老及劳动能力丧失或降低等的风险。人生的过程离不开生、老、病、死,部分人还会遭遇残疾。这些风险一旦发生可能给本人、家庭或其抚养者等造成难以预料的经济困难乃至精神痛苦等。人身风险又可以分为生命风险、意外伤害风险和健康风险三类。

3. 责任风险

责任风险是指由于个人或团体的疏忽或过失行为,造成他人的财产损失或人身伤亡,依照法律或合同应承担民事法律责任的风险。例如,驾驶汽车不慎撞伤行人,构成车主的第三者责任风险等。与财产风险和人身风险相比，责任风险是一种更为复杂而又比较难以控制的风险。

4. 信用风险

信用风险是指在经济交往中，权利人与义务人之间由于一方违约或违法致使对方遭受经济损失的风险。例如，借款人不按期还款，就可能影响到贷款人资金的正常周转，给权利人造成损失。

1.2.3 按风险形成的原因分类

按照形成的原因不同，风险可以分为自然风险、社会风险、经济风险和政治风险。

1. 自然风险

自然风险是指因自然力的不规则变化产生的现象所导致的危害经济活动、物质生产或生命安全的风险。如地震、水灾、火灾、风灾、雹灾、冻灾、旱灾、虫灾以及各种瘟疫等自然现象，在现实生活中是大量发生的。在各类风险中，自然风险是保险人承保最多的风险。

2. 社会风险

社会风险是指个人或团体的故意或过失行为、不当行为等所导致的损失的风险。例如，盗窃、抢劫、玩忽职守等引起的财产损失或人身伤害等。

3. 经济风险

经济风险是指在生产和销售等经营活动中，由于受各种市场供求关系、经济贸易条件等因素变化的影响或经营者决策失误、对前景预期出现偏差等导致经营失败的风险。即指个人或团体的经营行为或者经济环境变化所导致的经济损失的风险。

4. 政治风险

政治风险又称国家风险，是指在对外投资和贸易过程中，因政治原因或订约双方所不能控制的原因，使债权人可能遭受损失的风险。如因输入国家发生战争、革命、内乱而中止货物进口；或因输入国家实施进口或外汇管制，对输入货物加以限制或禁止输入；或因本国变更外贸法令，使输出货物无法送达输入国，造成合同无法履行而形成的损失，等等。

1.2.4 按风险的环境分类

按照环境不同，风险可分为静态风险和动态风险。

1. 静态风险

静态风险是指在社会政治经济环境正常的情况下，由于自然力的不规则变动和人们的错误判断和错误行为所导致的风险。如地震、洪水、飓风等自然灾害，交通事故、火灾、工业伤害等意外事故均属静态风险。静态风险主要是指自然灾害和意外事故带来的风险。

2. 动态风险

动态风险是指与社会变动有关的风险，主要是社会经济、政治以及技术、组织机构发生变动而产生的风险。如通货膨胀、汇率风险、罢工、暴动、消费者偏好改变、国家政策变动等均属于动态风险。

通过对风险的分类，可以使我们从不同角度认识风险，了解其本质，更好地管理风险。

1.3 风险管理概述

1.3.1 风险管理的起源与发展

人类对抗风险的实践活动自古至今一刻也没有停止过。风险管理作为企业的一种管理活动,起源于 20 世纪 50 年代的美国。当时美国一些大公司发生了重大损失使公司高层决策者开始认识到风险管理的重要性。其中一次是 1953 年 8 月 12 日通用汽车公司在密歇根州的一个汽车变速箱厂因火灾损失了5 000万美元,间接损失达 1 亿美元,成为美国历史上损失最为严重的 15 起重大火灾之一。自从第二次世界大战以来,技术至上的长期信仰受到挑战。当人们利用新的科学和技术知识来开发新的材料、工艺过程和产品时,也面临着技术是否会破坏生态平衡的问题。三里岛核电站爆炸事故,以及 1984 年 12 月 3 日美国联合碳化物公司在印度博帕尔经营的一家农药厂发生毒气泄漏的重大事故,都说明了这一点。这场大火与 20 世纪 50 年代其他一些偶发事件一起,推动了美国风险管理活动的兴起。

在过去的 40 余年中,对企业的人员、财产和自然、财务资源进行适当保护已形成了一门新的管理学科。这门学科在美国被称为"风险管理"。风险管理已经被公认为管理领域内的一项特殊职能。在 20 世纪 60～70 年代,美国许多主要大学的工商管理学院都开设了风险管理课程。传统的保险系把教学重点转移到风险管理方面,保险仅作为一种风险筹资工具加以研究。有的工商管理学院把保险系改名为风险管理与保险系。美国大多数大企业都设置一个专职部门进行风险管理。虽然企业的人事部门单独或部分地管理员工的福利计划,但就它处理社会保险金、养老金、医疗保险金、死亡和伤残的抚恤金等而言,这些仍属于风险管理的职能。

1.3.2 风险管理的概念

在国际上,风险管理的范畴已经扩展到金融风险,诸如利率风险、信用风险、外汇风险、资产组合风险,以及对作为金融期货和期权的衍生性金融品种的风险管理。这些原本不属于保险中的风险管理。风险管理是有关纯粹风险的管理决策,其中包括一些不可保的风险。处理投机性风险一般不属于风险管理的范围,它由企业中的其他管理部门负责。

风险管理(Risk Management),是指经济单位通过对风险的识别和衡量,采用合理的经济和技术手段对风险进行处理,以最低的成本获得最大安全保障的一种管理活动。

风险管理的主体是经济单位。这里所指的经济单位可以是个人、家庭、企业、社会团体乃至政府。风险管理的对象是各种风险,企业风险管理是发展比较早、比较正规的风险管理活动。

1.3.3 风险管理的范围

风险管理既是一门艺术也是一门科学,它提供系统识别和衡量企业所面临的损失风险的知识,以及对付这些风险的方法。但风险管理人员在很大程度上还是依靠直觉判断和演绎方法做出决策,科学地使用数量方法的风险管理仍处在初级阶段。根据《财富》杂志对美国 500 家最大公司的调查,84%的公司是由中层以上的经理人员负责风险管理,通常是企业的高级财务主管人员,大多数风险经理是专职的。然而,并非所有的风险经理介入上述所有活动,如大多数企业由人事部门主管员工福利计划,有些企业依靠外界提供损失管理工程的咨询服务,少数企业的风险经理只限于购买保险,又称为"保险经理"。

风险管理不该与保险相混淆,风险管理着重识别和衡量纯粹风险,而保险只是对付纯粹风险的一种方法。风险管理中的保险主要从企业或家庭的角度讲怎样购买保险。在现代风险管理计划中,也广泛使用规避风险、损失管理、转移风险和自担风险的方法。如今,美国大多数大公司、政府单位和教育机构都有了自己的风险管理计划。风险管理也不等同于安全管理,虽然安全管理或损失管理是风险管理的重要组成部分,但风险管理的过程包括在识别和衡量风险之后对风险管理方法进行选择和决策。总之,风险管理的范围大于保险和安全管理。

1.3.4　风险管理的目标

风险管理的基本目标是以最小的经济成本获得最大的安全保障，进而确保经济单位业务活动的稳定、持续和发展，实现经济单位价值的最大化。这里所说的成本，是指经济单位在风险管理过程中，各项经济资源的投入，其中包括人力、物力和财力，乃至放弃一定的收益机会。

风险管理目标由两个部分组成。损失发生前的风险管理目标和损失发生后的风险管理目标。损前目标是避免或减少风险事故形成的机会，包括节约经营成本、减少忧虑心理。损后目标是努力使损失的标的恢复到损失前的状态，包括维持企业的继续生存、生产服务的持续、稳定的收入、生产的持续增长、社会责任。由于风险管理既不能消灭风险，又难以完全避免损失，因而，经济单位不仅应事先确定风险事故发生前要达到的目标，还应确定风险事故发生后要达到的目标。例如，通过风险管理措施的实施，使经济单位在风险损失发生后仍然能够继续维持生存，保证正常的生产、生活秩序的尽快恢复，尽快实现原有的稳定的收益，等等。只有将损前目标和损后目标二者有效结合，才能构成完整而系统的风险管理目标体系。

1.3.5　风险管理的程序

风险管理的基本程序是制定风险管理计划、风险识别、风险衡量、选择风险管理技术、贯彻和执行风险管理的决策和风险管理效果的检查和评价的循环过程。

1. 制定风险管理计划

制定风险管理计划是风险管理的第一步。风险管理计划的主要内容除了风险管理目标以外还有以下内容。

(1)确定风险管理人员的职责。虽然风险管理工作涉及其他各个部门，但是风险管理人员对风险管理仍负有主要责任。风险管理计划上要列明风险管理人员和所涉及的各个部门人员的职责，并规定风险管理部门向上级和有关部门的报告制度。

(2)确定风险管理部门的内部组织结构。在小的企业里，从事风险管理的人员也许只有一个人，但规模大的企业则要设置专职的风险管理部门。

(3)与其他部门合作，包括会计部门、数据处理部门、法律事务部门、人事部门等。

(4)风险管理计划的控制。风险管理计划的控制包括以下三方面工作。

①制定业绩标准。风险管理的业绩有两种标准。第一，效果标准。风险管理的业绩可以用金额、百分比、比率、损失或索赔次数来加以评价。例如，今年企业的风险成本是销售收入的0.65%，而明年设定的标准为0.64%。第二，作业标准。风险管理的业绩也可以用作业来加以评价。例如，要求一些风险管理人员至少每年对各种设施检查一次。

②把实际执行情况与业绩标准加以比较，当实际执行情况与标准发生偏离时，根据其结果来调整标准。

③采取纠正措施。当某种损失增加后，调查其原因，然后采取纠正措施。

(5)编制风险管理方针书。该方针书主要有以下内容：风险管理及其对企业重要性的一般说明；风险管理部门在企业组织机构中的地位；报告制度；风险管理人员的职权和职责；风险控制和风险筹资方案以及决策的规则。

2. 风险识别

风险识别是风险管理的第二步，是指对所面临的以及潜在的风险加以判断、分类和鉴定风险性质的过程。风险识别是系统地、连续地发现经济单位所面临的风险类别、形成原因及其影响的行为。

风险管理人员一般要设法识别下列几种类型的潜在损失：财产的物质性损失以及额外费用支出；因财产损失而引起的收入损失和其他营业中断损失以及额外费用支出；因损害他人利益而引起的诉讼导致企业遭受的损失；因欺诈、犯罪和雇员不诚实行为对企业造成的损失；因企业高级主管人员的死亡和丧失工作能力对企业造成的损失。风险管理人员可以使用保险公司提供的潜在损失核查清单来识别本企业所面临的各种纯粹风险。

3. 风险衡量

在识别损失风险之后，下一步是衡量损失风险对企业的影响。这包括衡量潜在的损失频率和损失程度。损失频率是指一定时期内损失可能发生的次数。损失程度是指每次损失可能的规模，即损失金额大小。

风险衡量又称风险估测，是指确定某种特定风险损失规律的过程。在风险识别的基础上，通过对所收集的大量资料加以分析，运用概率论和数理统计，估计和预测风险发生的概率和损失幅度。

一般情况下，尤其是在日常生活中，风险管理者主要依靠自己的经验和智慧对风险进行衡量，有时也可以通过风险矩阵进行分析。在数据、信息比较充分的情况下，还可以运用概率论和数理统计及其他科学方法进行数量分析，寻找风险的损失规律。风险估测的重要性在于不仅使风险管理建立在科学的基础上，而且使风险分析定量化，为选择最佳管理技术提供较可靠的依据。

风险管理人员必须估计每种损失风险类型的损失频率和程度，并按其重要性分类排队。风险管理人员之所以要衡量潜在的风险是为了今后能选择适当的对付风险的方法，损失频率和程度不同的风险需要采用不同的方法对付。损失频率与损失程度比较，对损失程度的估计更为重要。巨灾使一个企业毁灭，然而其损失频率很低。相反，某些损失风险，如汽车损坏，损失频率很高，但每次损失的金额相对要小。汽车碰撞损失的机会大于因碰撞而被起诉的机会，但汽车责任风险的潜在损失程度大于自己汽车受损的程度。当然对损失频率的重要性也不可忽视。此外，对损失的时间性也要加以区别，持续 20 年的每年1 000元的损失就不如立即发生一次 20 000 元损失那么严重，这是由于货币具有时间价值。损失频率乘以平均的损失程度得出预计的平均损失总额，它可以用来与企业缴付的保险费进行比较，为购买保险提供依据。

4. 选择风险管理技术

根据风险评价的结果，为实现风险管理目标，选择与实施最佳风险管理技术是风险管理中最为重要的环节。实际中，通常采用几种管理技术优化组合，使其达到最佳状态。风险管理技术分为两大类，一类为控制型技术（Control Method）；另一类为财务型技术（Financing Method）。

控制型风险管理包括风险回避、风险预防、风险分摊和风险抑制。财务型风险管理则是在实施控制技术后，对无法控制的风险所做的财务安排。这一技术的核心是将消除和减少风险的成本均匀地分布在一定时期内，以便减少因随机性的巨大损失发生而引起的财务上的波动，通过财务处理可以把风险成本降低到最小。财务型风险管理方式主要包括风险自担、非保险转移和保险转移。

(1)风险回避。风险回避，是指放弃某项具有风险的活动或拒绝承担某种风险以避免风险损失的一种风险处理方法。

如果单纯从处置特定风险的角度来看，风险回避是最彻底的方法，因为这样可以完全避免该种风险造成损失的可能性。但是，并非所有的风险都可以通过回避来实现风险控制。首先，有些风险是无法避免的。例如,人的死亡、自然灾害等。其次,有些风险往往和收益并存,避免风险就意味着放弃收益。例如,个人如果试图避免任何风险,就同时失去了工作、快乐等;企业如果避免任何生产经营的风险,也就不可能获得任何的收入。再次,回避一种风险,可能会产生另一种新的风险。例如,乘坐火车前往目的地尽管可以避免乘坐飞机面临的航空事故,但同时也将面临火车出轨等铁路方面的风险。

(2)风险预防。风险预防是指在风险损失发生前为了消除或减少可能引发损失的各种因素而采取的处理风险的具体措施,其目的在于通过消除或减少风险因素而达到降低损失发生频率的目的。风险预防通常在损失频率高且损失程度低时采用。

风险预防措施可分为以下两种:一种是工程物理法,是指损失预防措施侧重于风险单位的物质因素的一种方法,例如,防火建筑结构的设计、防盗装置的设置等;另一种是人类行为法,是指风险预防侧重于人们行为教育的一种方法,例如,职业安全教育、消防教育等。

(3)风险分摊。风险分摊是指风险单位企业或个人将风险的标的不集中在一起,使其共同发生风险的概率降低,损失最小。例如,一家全球企业不能只有一家原料供应商,否则就会由于原料生产厂家的一次事故造成这家全球企业的产品无法生产的损失。此外,在生活中,人们习惯将钱包、钥匙、各种证件放在一起,被偷窃后,犯罪分子利用身份证件推出银行卡密码,这就增加了损失。这些都是风险集中的表现。

(4)风险抑制。风险抑制是指在损失发生时或之后为缩小损失程度而采取的各项措施。它是处理风险的有效手段,例如,安装自动喷淋系统或火灾报警系统。

(5)风险自担。风险自担是指企业使用自有资金或借入资金补偿灾害事故损失。风险自担分为被动的和主动的,即无意识、无计划的和有意识、有计划的。当风险管理人员没有觉察到所面临的风险,或者觉察到风险的存在,但没有做出对付风险的决策,这样的风险自担是被动的。当风险管理人员觉察到风险存在,并相应采取了对付风险的办法,这种风险自担是主动的。

至于企业风险自担的水准则要根据财务状况、近年的损失资料以及保险费用而定。风险管理人员应确定单次意外事故和每年总的损失风险的自担水平。作为一般规则,企业每年自担风险最高额应为公司纳税前年收入的5%。风险自担的财务补偿方式可采用当年净收入的直接补偿、设立专用基金、借入资金以及建立专业自保公司。

(6)非保险转移。风险转移是通过合同或非合同的方式将风险转嫁给另一个人或单位的一种风险处理方式。一般说来,风险转移的方式可以分为非保险转移和保险转移。

非保险转移是指通过订立经济合同,将风险以及与风险有关的财务结果转移给别人。在经济生活中,常见的非保险风险转移有租赁、互助保证、出让等。

例如,一家公司在与某建筑承包商签订新建厂房的合同中可以规定,建筑承包商对完工前厂房的任何损失负赔偿责任;又如,计算机的租赁合同可以规定租赁公司对计算机的维修、保养、损坏负责;再如,一个出版商在出版合同中可加入转移责任条款,规定作者对剽窃行为自负法律责任。

(7)保险转移。保险是实现风险管理目标的最有效方式,它通过保险人向投保人收取保费来承担保险赔偿或给付责任来实现风险转移,投保人只要支付一定费用就可以获得保费百倍、千倍甚至万倍的保障额度。在风险管理中,风险管理人员经常使用保险这一重要工具。

5. 贯彻和执行风险管理的决策

把所选择的对付风险的方法付诸实施是风险管理的第五步。在贯彻和执行风险管理的决策这一阶段,风险管理人员一般对所选择的对付风险方法有直线职权,即作为主管可以直接命令,而对管理方面只有参谋职权,即作为参谋提供咨询。例如,一旦对某一损失风险做出使用保险方法的决策,风险管理人员就可以去选择保险人,设定适当的保险责任限额和免赔额,以及就投保事项与保险人商谈。又如,一旦选择自留风险的方法,风险管理人员则需要确定是否使用专用基金方法。如果确定使用专用基金方法,则要制定专用基金积累的管理程序。再如,如果选择防损方法,风险管理人员则要制订防损计划,并贯彻和执行这一计划。以上这些事务的处理一般都属于风险管理部门的直线职权范围,但风险管理人员应该向其他部门的经理说明这些决策措施,以便取得他们的合作。至于管理方面,风险管理人员只有建议权。例如,对火车出轨风险选择了防损方法,在防损措施中有一项是在经过市区内铁轨下坡地段安装限速装置,风险管理人员本人不能直接命令工人在什么时候和怎样安装这些装置,这是其他部门经理的直线职权。

6. 风险管理效果的检查和评价

在风险管理的决策贯彻和执行之后,就必须对其贯彻和执行情况进行检查和评价。其理由有两点:一是风险管理的过程是动态的,风险是在不断变化的,新的风险会产生,原有的风险会消失,上一年度对付风险的方法也许不适用下一年度。二是有时做出的风险管理的决策是错误的,这需要通过检查和评价来加以发现,然后加以纠正。

对风险管理工作业绩的检查和评价有两种标准。一是效果标准。例如,意外事故损失的频率和程度的下降,责任事故损失降低,风险管理部门经营管理费用减少,责任保险费率降低,因提高企业风险自担水平而减少财产保险费用,这些都是效果标准。二是作业标准。它注重对风险管理部门工作的质量和数量的考核。例如,规定设备保养人员每年检查的次数和维修的台数。单纯使用效果标准来检查和评价风险管理工作会有不足之处,因为意外事故损失发生具有随机性。同样,单纯使用作业标准来检查和评价风险管理工作也有缺陷,因为它没有把风险管理工作对企业的经济贡献或影响联系起来。因此,对风险管理工作业绩的检查和评价应该综合使用这两种标准。

确定了检查和评价的标准后,就要把风险管理工作的实际结果与效果标准和作业标准加以比较,如果低于标的次数、低于作业标准,就应该增加检查次数。如果企业自留风险的损失增加很多,就应该对自担风险的水平重新加以核定,即调整不适当的效果标准。

在一定时期内,风险处理方案是否为最佳,需要采用科学的方法加以评估。

资料链接 **风险管理学说**

纯粹风险说:纯粹风险说以美国为代表。纯粹风险说将企业风险管理的对象放在企业静态风险的管理上,将风险的转嫁与保险密切联系起来。该学说认为风险管理的基本职能是对威胁企业的纯粹风险的确认和分析,并通过分析在风险自担和进行保险之间选择最小成本并能获得最大保障的风险管理决策方案。该学说是保险型风险管理的理论基础。

企业全部风险说:企业全部风险说以德国和英国为代表,该学说将企业风险管理的对象设定为企业的全部风险,包括了企业的静态风险(纯粹风险)和动态风险(投机风险),认为企业的风险管理不仅要把纯粹风险的不利性减小到最小,也要使投机风险的收益性达到最大。该学说认为风险管理的中心内容是与企业倒闭有关的风险的科学管理。企业全部风险说是经营管理型风险管理的理论基础。

（本文由作者改写自：一统保险网）

本章小结

本章明确了风险是致使损失的事件发生的可能性的定义，阐述了该定义的内涵；概括了风险的特征，并说明了风险特征分别对保险运行机制的意义；介绍了风险要素；阐明了风险因素、风险事故和损失的内容和三者之间的关系，有助于风险的识别和管理。

对风险分别从环境、性质、标的和原因方面进行了分类，使读者能更深入了解风险的内容。保险承保的风险只能是纯粹风险而不能是投机风险。

概括了风险管理的定义，解释了风险管理的范围，表明了风险管理的最小成本获得最大安全保障的目标。着重介绍了风险管理程序，包括制定风险管理计划、风险识别、风险衡量、选择风险管理技术、贯彻和执行风险管理的决策及风险管理效果的检查和评价六个步骤，其中对于风险管理技术特别加以说明。明确了保险只是风险管理方法的一种，并不是所有的风险都可以通过保险转移，为后面章节奠定基础。

思考练习

1. 简述风险的构成要素及之间的关系。
2. 简述纯粹风险和投机风险的区别。
3. 简述风险管理的目标及其基本程序。
4. 结合自身谈一下风险管理方法的选择与应用。

案例分析

案例材料一　产品责任风险高，责任保险空间大

某亚洲制造商生产的棉质儿童衬衫出口到美国销售后，美国某小孩身穿该品牌衬衣在靠近打火机处突然着火，导致孩子严重烧伤。孩子父母遂在美国对销售该衬衫的百货公司、亚洲制造商及进口商提出起诉。法院判决称因该亚洲制造商未明示所生产的衬衫在靠近火源处具有易燃性，且知悉产品将在美国出售使用，因此应受美国法律约束，最后判定该亚洲制造商承担130万美元赔偿金。

目前我国出口产品80%为OEM（贴牌生产），只有20%为自有品牌出口。其中许多OEM企业对贴牌产品责任认识有误区，认为相应产品责任由海外客商承担，与己无关。而上述案例则充分提醒OEM企业同样也会因产品责任而面临诉讼的风险。一旦发生风险，消费者不会因为产品在国外制造而不追究生产商的责任，海外客商投保的责任险也没有涵盖OEM企业，

国内企业同样会面临巨额赔偿风险。

由此可见，企业的产品风险非常大，也非常复杂，需要我国保险机构设计出适应经济发展的责任保险产品。

案例材料二　2011年日本大地震

2011年3月11日，日本当地时间14时46分，日本东北部海域发生里氏9.0级地震并引发海啸，造成重大人员伤亡和财产损失。地震震中位于宫城县以东太平洋海域，震源深度20公里，东京有强烈震感。地震引发的海啸影响到太平洋沿岸的大部分地区。地震造成日本福岛第一核电站1～4号机组发生核泄漏事故。4月1日，日本内阁会议决定将此次地震称为“东日本大地震”。此次地震及其引发的海啸已确认造成14 063人死亡、13 691人失踪。2011年3月11日下午发生的地震是1900年以来全球第四强震，也是日本自1923年官方测定地震震级以来，该国震级最高的一次地震。依据美国国家航空航天局收集的资料，这次强震使日本本州岛向东移动大约3.6米，地轴移动25厘米，使地球自转加快1.6微秒。日本国土地理院3月19日宣布，由于11日在日本东北部海域发生的里氏9级强烈地震，位于震中西北部的宫城县牡鹿半岛向震中所在的东南方向移动了约5.3米，同时下沉了约1.2米，这是日本有观测史以来最大的地壳变动记录；而朝鲜半岛也东移了5.16厘米；我国北方地区也出现几毫米的东移现象。由于这次地震缘于板块间垂直运动而非水平运动，因此触发海啸，对日本一些海岸造成严重破坏，给整个太平洋沿岸带来威胁。美国地质勘探局学者布赖恩·阿特沃特告诉美联社记者，这次地震释放的能量“将近美国全国一个月的能量消耗”。

为评估此次强震，美国负责应对自然灾害的联邦救灾局、地质调查局及国家气象局当日联合举行电话会。地质调查局高级顾问戴维·艾伯盖特表示，地震还在海底造成一条大的裂缝。

据台湾媒体报道，美国风险分析业者AIR Worldwide表示，西太平洋9.0强震或会导致保险损失金额高达350亿美元，成为史上代价最昂贵灾难，这还未计入海啸造成的损失。这项数额几乎等同2010年全球保险业的全世界整体灾损金额，或会迫使保险市场调高保费。

案例材料三　劳合社特殊风险承保纵横

有人说劳合社市场没有不能承担的风险，这句话虽说有些夸张，但是，在许多其他保险市场不能承保的风险，在劳合社市场的确能够承保。劳合社除了在开发新险种方面处于领先地位以外，一直享有承保特种风险和不寻常风险的美誉。下面就劳合社在过去几十年中承保的一些特种风险作简要的回顾。虽然这些风险只占劳合社市场总业务量的一小部分，但是一直为人所传颂。

1. 影视、戏剧和体育界

长期以来，劳合社一直以承保著名电影明星、戏剧明星和体育运动明星而著称。曾经在劳合社投保的明星包括：基尼·克里、梅·威斯特、伊丽莎白·泰勒、弗兰克·希拉特拉、爱德华·罗宾逊，还包布霍普、宾·克罗斯比、理查德·贝顿、劳伦斯·奥利威尔。其中最著名的是电影明星贝迪格莱到劳合社承保他的两条腿，保额为100亿美元。由此而产生轰动效应，观众纷纷购票以欣赏他主演的电影，致使卖座率极高，为电影公司捞了一大笔钱。另一位身价很高的电影明星克里斯多夫·里伍斯在拍摄影片《超人》期间，有许多惊心动魄的场面，为了防止在拍摄当中因事故造成的损失，他来到劳合社投保2 000万美元的人身保险，高出贝迪格莱保额的20倍。此外南非一位著名电影明星凯利·沃尔斯在参演影片《辛德立克》时，根据剧情需要，他必须将美丽的头发全部剃光。为防止头发剃光后不能适当再生而造成终生遗憾，于是他来到劳合社投保毛发保险，保额为数百万美元。

同样，劳合社在承保摇滚音乐明星方面也处于独特的地位。在过去的十几年中，我们可以从劳合社承保档案中找到许多摇滚明星。其中著名的摇滚歌唱家布鲁斯·斯普林斯顿投保嗓音保险，保额为350万美元。美国当代著名性感女摇滚明星麦当娜在摇滚乐和舞蹈表演方面红极一时，无与伦比，为防止乳房遭受不幸而断送自己的舞台生涯，以及带来的经济损失，她到劳合社投保乳房保险，保额为1 000万美元，保费为10万美元。

英国一个著名的喜剧剧团经常上演各种喜剧节目，许多喜剧能使观众当场捧腹大笑。为防止观众在观看喜剧时因发笑而死亡造成的索赔，他们到劳合社投保观众责任保险。

2. 各种动物

一般来讲，劳合社承保人针对动物的保险只办理动物的死亡保险。劳合社海上承保人曾经办理了一批死老鼠在运输途中损失的保险，这批死老鼠是从英国运往希腊用于研究目的的，一旦死老鼠丢失，被保险人可获得一笔赔偿金。

在加拿大太平洋海岸边，一条鲸鱼经常伤人，为防止它继续伤人，经过多方努力将其捕获，并装入一个大水族池，用船运往美国底特律进行展览，供游人观赏，为防止意外事故的发生，其中包括海上其他鲸鱼的营救活动，于是到劳合社投保，保额为8 000美元 。

3. 其他方面

英国某人藏有一粒大米，在上面刻有女皇和爱丁堡侯爵的肖像，因此，这粒大米身价倍增，为防止被盗，这个人到劳合社购买盗窃保险，保险金额为2万英镑。

英国著名人士卡的·沙克·怀克斯悬赏一百万英镑活捉尼斯湖的怪兽，为防止有人活捉怪兽而造成100万英镑的经济损失，他到劳合社投保损失赔偿保险。一家电影公司拍摄一部关于尼斯湖怪兽家族的卡通片，到劳合社投保。在拍摄期间，如果真正的怪兽突然出现，由此造成的财产损失由劳合社承保人承担。

世界上有许多特殊人才和专业人员，他们的职业离不开他们天生的某些能力。如酿酒专家靠他们特有的嗅觉辨别酒的好坏，因此一位威士忌酒酿酒专家到劳合社投保鼻子嗅觉保险，保险金额为50万英镑。此外，许多作曲家依靠其特有的耳朵鉴赏力谱写了不少不朽的曲子，因此著名作曲家理查德·斯汤克勒到劳合社投保耳朵听觉保险，保额为50万美元。在资本主义国家，一切纠纷都可以到法庭上解决，因此法官显得特别重要。例如最近在伦敦，在法庭开庭审理了诉讼当事人到劳合社投保首席法官的死亡保险。如果法官在审判过程中突然死亡，那么需要重新开庭审理原来的案件，这样就需要一笔可观的法律诉讼费用，所以对首席法官的生命进行保险。

目前，在全世界范围内，只有美国和苏联在天空建有宇宙空间站，为防止宇宙空间站的零部件从空中落下造成财产和人员伤亡，他们都在劳合社投保财产和人员伤亡的责任险，保额从50万英镑到2 500万英镑不等。

每年在全世界范围内，世界各国都不定期地举行艺术画展，劳合社对这些画展都进行承保。例如，1989年，在巴黎举行的高京艺术画展，承保金额为6.6亿英镑。同年，在纽约举行的毕加索艺术画展，保额为10亿美元。1990年，在阿姆斯特丹举行的梵高艺术画展，保险金额达到30亿美元,创劳合社画展承保的最高纪录。此后不久,在法国举办的中国陶瓷精品展览,其中展出了一个历经2 000年的完好无缺的酒坛子,此坛子随岁月变迁而变成蓝色,劳合社承保人对此也进行了保险。

英国康迪德汉时装公司与一位女时装模特苏姗·米吉签订了3年的合同。合同规定,苏姗在3年内穿时装内衣进行现场表演,如果她遭受到伤害导致断送模特生涯,公司将赔偿她。于是这家时装公司来劳合社对她进行了保险。

在许多电影拍摄过程中,有许多惊险镜头,一般演员不能拍摄,只能找替身演员来完成,所以许多替身演员到劳合社投保拍摄过程短期寿险。例如,爱恩尔·克尼威尔和艾迪·克迪在表演替身特技时,就到劳合社进行了投保。

前不久,英国达比郡威士克斯俱乐部的40名会员为了防止他们的胡子被火烧掉或被别人偷窃,他们来到劳合社市场投保胡子保险,保费为20英镑。

综上所述不难看出,劳合社的特种风险的承保项目真是五花八门,应有尽有。有些承保项目令人难以置信,如上面提到的麦当娜的乳房保险,以及威士克斯俱乐部会员的胡子保险,就是两个典型的例子。像这些特种风险的费率是很难确定的,因为承保人很少掌握这种风险出现的历史数据,只能凭承保人的感觉、经验来确定。

推荐阅读

[1]许谨良．保险学[M].2版．北京:高等教育出版社,2004.
[2]兰虹．保险学基础[M].3版．成都:西南财经大学出版社,2010.
[3]奚道同．保险学[M].哈尔滨:哈尔滨工业大学出版社,2011.

第 2 章　保险概述

本章提要

保险是一种有效的风险管理方式。本章主要讲述保险的基本原理。第一节主要介绍保险的概念与特征，第二节主要介绍保险的发展历程，第三节主要介绍保险的主要分类，第四节主要介绍保险的职能与作用。

学习目标

1. 保险的含义和特征
2. 保险的分类
3. 保险的职能
4. 保险的作用

框架结构

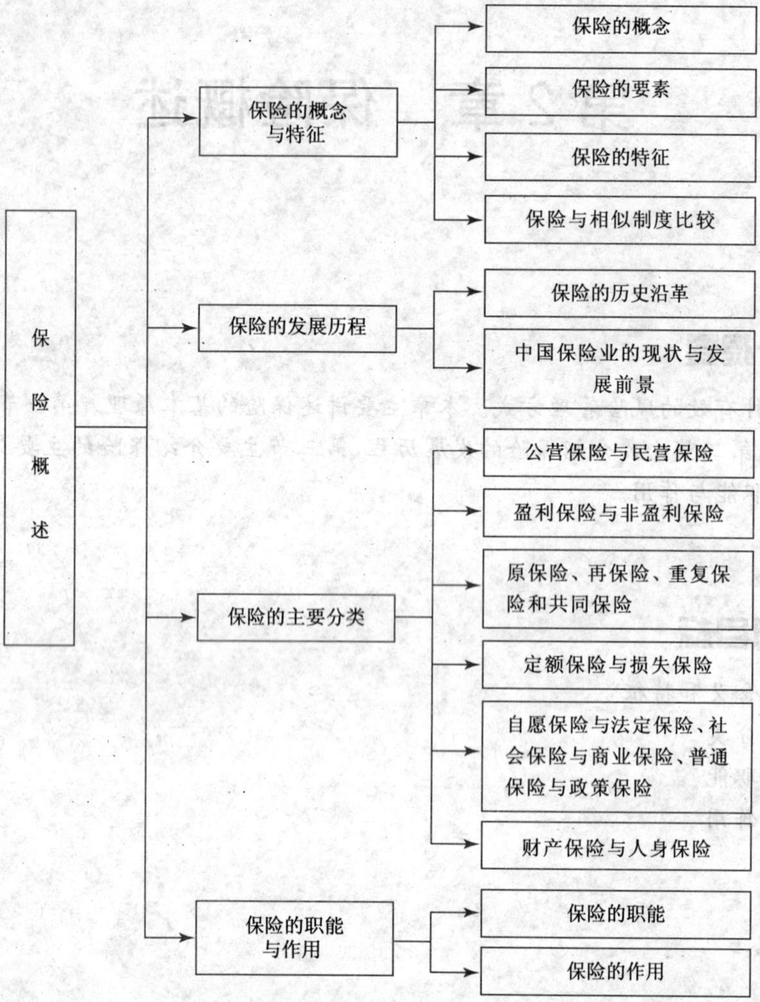

开篇案例

保险公司及时赔付泰国境内遇袭船员

中国商船在湄公河金三角水域遭遇枪击事件发生后，中国保监会云南监管局及时部署保险应对工作，排查遇袭船员及船只投保情况，协调指导保险理赔。

经核实，中国大地财产保险股份有限公司承保了“华平号”货轮沿海内河船舶一切险附加船东对船员的责任保险，前者保险金额为 20 万元，后者保险金额为 80 万元。人保财险承保了“玉兴 8 号”货轮上 5 名船员的团体人身意外伤害险，每人保险金额为 10 万元。

云南保监局与两家保险公司及时向省政府、西双版纳州政府有关部门进行汇报，积极参与到政府工作组的事件处置中，并主动与遇难者家属进行沟通联系，做好善后赔款的准备工作。

2011年10月12日，向省政府工作组和西双版纳州政府领导汇报后，根据政府事件处置总体安排，两家保险公司共向遇难者家属支付理赔款130万元。其中，大地财险按每人13.33万元赔付了“华平号”的6位遇害者。人保财险按每人10万元赔付“玉兴8号”上的3名遇难者，另2名遇难者家属因其他原因未到场领取赔款，保险公司将继续主动跟进赔付工作。

下一步，云南保监局与有关保险公司将继续跟进事态进展，做好船舶保险的理赔工作。

（本文由作者改写自：中国保险监督管理委员会）

2.1 保险的概念与特征

14世纪后半叶，海上保险开始在意大利出现。16世纪初期，以海上保险条款和判例为主要研究内容的海上保险专著出版，标志着保险学这一新兴学科的诞生。对保险基础理论的研究也从此开始，传统保险理论在实践中逐步形成。传统保险理论的研究方法一般是从探讨保险本质出发，展开对保险功能的深入研究。

2.1.1 保险的概念

保险是最古老的风险管理方法之一。保险合约中，被保险人支付一个固定金额（保费）给保险人，前者获得保证，在指定时期内，后者对特定事件或事件组造成的任何损失给予前者一定补偿。对于保险这一概念，从不同角度有不同的理解：

从法律角度来看，保险是一种合同行为，是一方同意补偿另一方损失的一种合同安排，提供损失赔偿的一方是保险人，接受损失赔偿的另一方是被保险人。投保人通过履行缴付保险费的义务，换取保险人为其提供保险经济保障的权利，体现民事法律关系主体之间的权利和义务关系。通过保险，可以起到分散风险、消化损失的作用。

从经济角度来看，保险是分摊意外事故损失和提供经济保障的一种财务安排（人身保险还具有储蓄和投资的作用，具有理财的特征）。通过保险，少数不幸的被保险人的损失由包括受损者在内的所有被保险人分摊，是一种非常有效的财务安排。

《中华人民共和国保险法》第二条规定：“本法所称保险，是指投保人根据合同约定，向保险人支付保险费，保险人对于合同约定的可能发生的事故因其发生所造成的财产损失承担赔偿保险金责任，或者当被保险人死亡、伤残、疾病或者达到合同约定的年龄、期限等条件时承担给付保险金责任的商业保险行为。”简单来讲，保险是集合具有同类风险的众多单位或个人，以合理计算分担金的形式，实现对少数成员因该风险事故所致经济损失的补偿行为。

广义的保险包括社会保险和商业保险；狭义的保险专指商业保险，也即本书所讲述的保险。

资料链接 **西方国家的保险学说**

在保险产生的初期，关于什么是保险，人们对此颇有争论。具有代表性的学说有三种。

一是“损失说”。该学说以损失这一概念为核心，主要从损失补偿的角度来剖析保险机制，强调没有损失就没有保险，认为保险是损失填补和损失分担，有损失才有保险的必要。具体可以分为如下几个代表性学说。

(1)“损失赔偿说”。认为保险是一种损失赔偿合同，保险的目的是补偿人们在日常生活中由于发生自然灾害和意外事故等偶然事件所造成的损失。其代表人物为英国的马歇尔(S·Marshall)和德国的马休斯(E·A·Masius)。

(2)"损失分担说"。该学说认为,从经济意义来看,保险是把个人由于未来特定的、偶然的、不可预测的事故在财产上所受的不利结果,由处于同一危险中,但未遭遇事故的多数人予以分担以排除或减轻灾害的一种经济补偿制度,认为所有的保险都是损害保险,强调损失赔偿中多数人的互助合作因素。此学说的倡导者为德国的瓦格纳(A·Wager)。

(3)"风险转嫁说"。该学说从风险处理的角度研究保险性质,认为保险是一种风险转嫁机制,个人和企业以支付一定的保险费为代价,将现实生活中的各种风险转嫁给保险公司,然后由保险公司通过集聚多数人来分摊风险损失。美国学者魏兰托(A·H·Willet)和克劳斯塔(B·Krosta)是其代表人物。其观点至今仍然被广泛应用于风险管理和保险领域。

二是"非损失说"。认为"损失说"没有涵盖人身保险,不能全面描述保险的属性,应该摆脱损失的概念,寻找一种能够全面解释保险概念的学说。主要有以下几个流派。

(1)以意大利的费方德(C·Vivanta)为代表人物的"保险技术说",强调保险的数理基础,突出保险在技术上的特性,主张保险就是把面临同样危险的多数人或多数单位集合起来,测出危险事故发生的概率,然后根据概率计算保险费率并向个人或单位收取保费,当危险事故发生时支付一定的保险金。

(2)以意大利的戈比(U·Gobi)和德国的马纳斯(A·Manes)为代表人物的"欲望满足说",该学说认为保险是一种满足人们的经济需要和金钱欲望的手段,并且认为这就是保险的性质。

(3)以日本的米古隆三为代表人物的"相互金融机构说",强调保险的资金融通功能,认为保费的收取和赔款的支付都是通过货币进行的,同时保险作为应付经济不安定的善后措施,也主要是通过调整货币收支来进行的,所以保险是以发生偶然事件为条件的相互金融机构。

三是"二元说"。认为保险合同可以分为两类,一类是损失赔偿合同,如财产保险。一类是给付一定金额为目的的合同,如人身保险,其代表人物是德国的爱伦贝格(V·Ehrenberg)。

经过长期的保险实践与理论探讨,人们对保险本质的看法逐步达成一致。保险反映的是一种经济关系,这种经济关系的本质是经济保障,保单是实现这种经济保障的商品形式。经济保障是集散风险与损失补偿的统一,是表现、衡量和实现保险商品价值时所起的作用。保险本质的规定性就在于此。

2.1.2 保险的要素

现代商业保险的要素主要包括五个方面的内容。

1. 可保风险的存在

可保风险指符合保险人承保条件的特定风险。一般来讲,可保风险应具备的条件包括如下方面。

(1)风险应当是纯粹风险,即风险一旦发生,便成为现实的风险事故,只有损失的机会,没有获利的可能。

(2)风险应当是意外的风险,其不确定性有三层含义,即风险是否发生是不确定的,风险发生的时间是不确定的,风险发生的原因和结果等是不确定的。

(3)风险应当使大量标的均有遭受损失的可能性。这一条件要求大量的性质相近、价值相近的风险单位面临同样的风险。

(4)风险应当有导致重大损失的可能。这一条件的含义是:风险一旦发生,由其导致的损失是被保险人无力承担的,是一种发生重大损失的可能性较大、遭受重大损失的机会较小的风险。

(5)风险不能使大多数的保险标的同时遭受损失。这一条件要求损失的发生具有分散性,因此保险人在承保时应力求将风险单位分散。

(6)风险必须具有现实可测性。保险的经营要求制定准确的费率,费率的计算依据是风险发生的概率及其所导致标的损失的概率,因此,风险必须具有可测性。

2. 大量同质风险的集合与分散

保险风险的集合与分散应具备两个前提条件。

(1)风险的大量性。风险的大量性一方面是基于风险分散的技术要求,另一方面也是概率论和大数法则的原理在保险经营中得以运用的条件。根据概率论和大数法则的数理原理,集合的风险标的越多,风险就越分散,损失发生的概率也就越有规律性和相对稳定性,依此厘定的保险费率也才更为准确合理,收取保险费的金额也就越接近于实际损失额和赔付额。如果只有少量保险标的,就无所谓集合和分散,损失发生的概率也难以测定,大数法则更不能有效地发挥作用。

(2)风险的同质性。所谓的同质风险是指风险单位在种类、品质、性能、价值等方面大体相近。如果风险为不同质风险,则发生损失的概率不相同,风险也就无法进行统一的集合与分散,此外不同质风险,损失发生的频率和幅度有差异,若进行统一的集合与分散,则会导致保险财务的不稳定性。

3. 保险费率的厘定

保险在实质上是一种特殊商品的交换行为。制定保险商品的价格,即厘定保险费率,便构成了保险的基本要素。保险商品的交换行为是一种经济行为,为保证保险双方当事人的利益,保险费率的厘定要遵循一些基本原则。

(1)公平性原则。一方面,公平性原则要求保险人收取的保险费应与其承担的保险责任对等;另一方面,要求投保人交纳的保险费应与其保险标的的风险状况相适应。

(2)合理性原则。合理性原则是针对某险种的平均费率而言的。保险人收取保险费,不应在抵补保险赔付或给付以及有关的营业费用后,获得过高的营业利润,即要求保险人不能为获得非正常经营性利润而制定高费率。

(3)适度性原则。如果保险费率偏高,超出投保人交纳保费的能力,就会影响投保人的积极性,不利于保险业务的发展。如果保险费率偏低,就会导致保险公司偿付能力不足,最终也将损害被保险人的利益。保险费率是否适度应当是就保险整体业务而言的。

(4)稳定性原则。稳定性原则是指保险费率在短期内应该是相当稳定的,这样,既有利于保险经营,也有利于投保人续保。对于投保人,稳定的费率可使其支出确定,免遭费率变动之苦。对于保险人,尽管费率上涨可以使其获得一定的利润,但是费率的不稳定也势必导致投保人的不满,影响保险人的经营活动。

4. 保险准备金

保险准备金是指保险人为保证其如约履行保险赔偿或给付义务,根据政府有关法律规定或业务特定需要,从保费收入或盈余中提取的与其所承担的保险责任相对应的一定数量的基金。为了保证保险公司的正常经营,保护被保险人的利益,各国一般都以保险立法的形式规定保险公司应提存保险准备金，以确保保险公司具备与其保险业务规模相应的偿付能力。主要由以下几个部分构成。

(1)未到期责任准备金。未到期责任准备金是指在准备金评估日为尚未履行的保险责任提取的准备金，主要是指保险公司为保险期间在1年以内(含1年)的保险合同项下尚未到期的保险责任而提取的准备金。

(2)未决赔款准备金。未决赔款准备金是指保险公司为尚未结案的赔案而提取的准备金，包括已发生已报案未决赔款准备金、已发生未报案未决赔款准备金和理赔费用准备金。

(3)总准备金。总准备金(或称"自由准备金")是用来满足风险损失超过损失期望以上部分的责任准备金。总准备金是从保险公司的营业盈余中提取的。

(4)寿险责任准备金。寿险责任准备金是指保险人把投保人历年交纳的纯保险费和利息收入积累起来，为将来发生的保险给付和退保给付而提取的资金。

5. 保险合同的订立

保险合同是体现保险关系存在的形式，是保险双方当事人履行各自权利与义务的依据。作为一种经济关系，保险是投保人与保险人之间的商品交换关系，这种经济关系需要有关法律关系对其进行保护和约束，即通过一定的法律形式固定下来，这种法律形式就是保险合同。风险的最基本特征是不确定性，这就要求保险人与投保人应在确定的法律或契约关系约束下履行各自的权利与义务。倘若不具备在法律上或契约上规定的各自的权利与义务，那么，保险经济关系便难以成立。

2.1.3 保险的特征

1. 经济性

保险是一种经济保障活动。保险的经济性主要体现在保险活动的性质、保障对象、保障目的等方面。保险经济保障活动是整个国民经济活动的一个有机组成部分，其保障对象即财产和人身直接或间接属于社会生产中的生产资料和劳动力两大经济因素；其实现保障的手段，最终都必须采取支付货币的形式进行补偿或给付；其保障的根本目的，无论从宏观角度还是从企业微观的角度，都是为了有利于经济发展。

2. 商品性

在商品经济条件下，保险是一种特殊的劳务商品，保险业属于国民经济第三产业。所以，保险体现了一种等价交换的经济关系，也就是商品经济关系。这种商品经济关系直接表现为个别保险人与个别投保人之间的交换关系，间接表现为在一定时期内全部保险人与全部投保人之间的交换关系。

3. 互助性

保险具有"一人为众，众人为一"的互助特性。保险在一定条件下分担了个别单位和个人所不能承担的风险，从而形成了一种经济互助关系。这种经济互助关系通过保险人用多数投保人缴纳的保险费所建立的保险基金对少数遭受损失的被保险人提供补偿或给付而得以体现。

4. 法律性

从法律角度看，保险是一种合同行为。保险是依法按照合同的形式体现其存在的。保险双方当事人要建立保险关系，其形式是保险合同；保险双方当事人要履行其权利和义务，其依据也是保险合同。

5. 科学性

保险是以科学的方法处理风险的有效措施。现代保险经营以概率论和大数法则等科学的数理理论为基础,保险费率的厘定、保险准备金的提存等都是以科学的数理计算为依据的。

2.1.4 保险与相似制度比较

1. 保险与社会保险

社会保险是指国家通过立法的形式,为依靠工资收入生活的劳动者及其家属提供基本生活条件,促进社会安定而举办的保险。主要险种有社会养老保险、医疗保险、工伤保险、失业保险和生育保险五种。社会保险是社会保障的主要内容。商业保险与社会保险的不同在于如下方面。

(1)实施方式不同。商业保险一般是自愿保险,只有少数险种(如机动车第三者责任险等民事赔偿责任)是强制性险种。而社会保险的险种均为强制险种,体现社会公平,兼顾效率。

(2)举办主体不同。商业保险由专营的保险公司举办,遵循等价有偿的商业原则;而社会保险一般由政府举办,是以社会安定为目的的非盈利性保险。

(3)保费来源不同。商业保险的保险费是由投保人交纳;而社会保险的保险费一般由雇主和雇员一起承担。雇主和雇员分担比例各国有所不同,基金不够,则由财政补贴。

(4)保险金额不同。商业保险中的财产保险的保险金额由可保利益的价值决定,人身保险的保险金额是由投保人的需要及其支付能力所决定。而社会保险的保险金额是由国家统一规定的,一般只能保证基本的生活费、基本的医疗费用。

2. 保险与救济

在保障经济安定的善后对策中,除了保险、储蓄以外,还有救济。储蓄是自助、单独进行的善后政策,保险是互助合作的善后对策,而救济则依赖外援,提供救济的有政府、社会团体和公民个人。商业保险与救济的不同表现在如下方面。

(1)权利义务不同。救济是一种基于人道主义的单方施舍行为,没有对应的权利义务关系,救济方没有义务对受灾者或贫困者实施救济。由于救济是一种无偿援助,所以接受救济者也无须向救济方履行任何义务。如果从合同的角度论之,救济是单务合同,而保险则是双务合同。保险合同行为要求合同双方必须权利义务相等,贯彻等价。

(2)给付对象不同。救济的对象往往事先不能确定,且相当广泛,包括国内外受灾者或生活贫困者(老弱病残者、失业者、单亲家庭等)。而保险的保障对象都是合同中事先确定的被保险人或保险金受领人。

(3)主张权利不同。救济的数量可多可少,形式多种多样,金钱、实物均可,接受救济者无权提出自己的主张。而保险金的赔付或给付则必须严格按照合同履约,被保险人可按合同的约定主张对保险金的请求权,如果有异议还可向法院提出起诉,或要求仲裁,以实现请求权。

3. 保险与储蓄

保险和储蓄都可以作为处理经济不稳定的善后措施,尤其是人身保险(带储蓄性的)与储蓄几乎无甚差别,需求者也往往将之与储蓄进行比较,尽管如此两者的差别还是很大的。具体表现在:

(1)经济范畴不同。储蓄是属于货币信用范畴,是货币借贷行为,可以单独、个别地进行。储蓄作为经济生活中的后备,只能是自助的行为。而保险则是独立于货币信用之外的另一个范畴,它必须依赖多数经济单位或个人才能实现,是一种联合互助的行为。经济范畴不同说明它们各自体现的经济关系不一样。

(2)需求动机不同。储蓄需求的动机一般基于购买准备、支付准备和预防准备，这些需求一般在时间上和数量上均可确定。而对保险的需求则是基于特定事故发生与否的不确定性，发生时间和损失程度的不确定性。

(3)权利主张不同。储蓄以存款自愿、取款自由为原则，谁的钱进谁的账，由谁支配，存款人对自己的存款有完全的随时主张权，支取未到期存款虽然将损失部分利息收入，但本利和一定大于本金。保险贯彻投保自愿、退保自由的原则，但中途退保所领回的退保金在扣除保险公司管理费、手续费等费用后一般小于所交保险费总和，或小于保单的现金价值(指寿险保单)，如果不是退保，被保险人的主张权要受保险合同条件的约束。

(4)运行机制不同。储蓄行为主要受诸如利息率、物价水平、工资收入及流动性偏好等因素的影响，而且无需特殊的技术进行计算。保险行为主要以危险损失补偿均摊为目的。

2.2 保险的发展历程

2.2.1 保险的历史沿革

海上保险在各类保险中起源最早。正是海上保险的发展带动了整个保险业的繁荣与发展。人类历史的发展一直与海洋密不可分。海上贸易的获利与风险是共存的，在长期的航海实践中逐渐形成了由多数人分摊海上不测事故所致损失的方式——共同海损分摊。公元前916年，罗地安海立法中规定："为了全体利益，减轻船只载重而抛弃船上货物，其损失由全体受益方来分摊。"在罗马法典中也提到共同海损必须在船舶获救的情况下，才能进行损失分摊。

现代海上保险是由古代巴比伦和腓尼基的船货抵押借款思想逐渐演化而来的。14世纪以后，现代海上保险的做法已在意大利的商人中间开始流行。1384年，在佛罗伦萨诞生了世界上第一份具有现代意义的保险单。这张保单承保一批货物从法国南部阿尔兹安全运抵意大利的比萨。在这张保单中有明确的保险标的，明确的保险责任，如"海难事故，其中包括船舶破损、搁浅、火灾或沉没造成的损失或伤害事故"。在其他责任方面，也列明了"海盗、抛弃、捕捉、报复、突袭"等所带来的船舶及货物的损失。15世纪以后，新航线的开辟使大部分西欧商品不再经过地中海，而是取道大西洋。16世纪时，英国商人从外国商人手里夺回了海外贸易权，积极发展贸易及保险业务。到16世纪下半叶，经英国女王特许，英国保险商、银行家和贸易商等在伦敦皇家交易所内建立了保险商会，专门办理保险单的登记事宜。1720年经女王批准，英国的"皇家交易"和"伦敦"两家保险公司正式成为经营海上保险的专业公司。

意大利是海上保险的发源地。早在11世纪末叶，十字军东征以后，意大利商人就控制了东方和西欧的中介贸易。在经济繁荣的意大利北部城市特别是热那亚、佛罗伦萨、比萨和威尼斯等地，由于是海上交通的要冲，这些地方已经出现类似现代形式的海上保险。那里的商人和高利贷者将贸易、汇兑票据与保险的习惯做法带到他们所到之处，足迹遍及欧洲。许多意大利伦巴第商人在英国伦敦同犹太人一样从事海上贸易、金融和保险业务，并且按照商业惯例仲裁保险纠纷，逐渐形成了公平合理的海商法条文，成为后来西方商法的基础。自从1290年犹太人被驱赶出英国后，伦敦的金融保险事业就操纵在伦巴第人手中。在伦敦至今仍是英国保险中心的伦巴街由此得名。英文中的"保险单"(Policy)一词也源于意大利语"Polizza"。

大约在14世纪，海上保险开始在西欧各地的商人中间流行，逐渐开始形成了保险的商业化和专业化。1310年,在荷兰的布鲁日成立了保险商会,协调海上保险的承保条件和费率。1347年10月23日,热那亚商人乔治·勒克维伦开出了迄今为止世界上发现的最早的保险单,它承保"圣·克勒拉"号船舶从热那亚至马乔卡的航程保险。1397年,在佛罗伦萨出现了具有现代特征的保险单形式。

火灾保险起源于1118年冰岛设立的Hrepps社,该社对火灾及家畜死亡损失负赔偿责任。17世纪初德国盛行互助性质的火灾救灾协会制度,1676年,第一家公营保险公司——汉堡火灾保险局由几个协会合并宣告成立。但真正意义上的火灾保险是在伦敦大火之后发展起来的。1666年9月2日,伦敦城被大火整整烧了四天四夜,市内448亩的地域中373亩成为瓦砾,占伦敦总面积的83.26%,13 200户住宅被毁,财产损失达1 200多万英镑,20多万人流离失所,无家可归。灾后的幸存者非常渴望能有一种可靠的保障来对火灾所造成的损失提供补偿,因此火灾保险对人们来说已显得十分重要。在这种状况下,1667年聪明的牙医巴蓬独资设立营业处,办理住宅火险,1680年他同另外三人集资4万英镑,成立火灾保险营业所,1705年更名为菲尼克斯即凤凰火灾保险公司。在巴蓬的主顾中,相当部分是伦敦大火后重建家园的人们。

巴蓬的火灾保险公司根据房屋租金计算保险费,并且规定木结构的房屋比砖瓦结构房屋保费增加一倍。这种依据房屋危险情况分类保险的方法是现代火险差别费率的起源,火灾保险成为现代保险,在时间上与海上保险差不多。

在海上保险的产生和发展过程中,一度包括人身保险。15世纪后期,欧洲的奴隶贩子把运往美洲的非洲奴隶当作货物进行投保,后来船上的船员也可投保,如遇到意外伤害,由保险人给予经济补偿,这些应该是人身保险的早期形式。

17世纪中叶,意大利银行家伦佐·佟蒂提出了一项联合养老办法,这个办法后来被称为"佟蒂法",并于1689年正式实行。佟蒂法规定每人交纳法郎,筹集起总额140万法郎的资金,保险期满后,规定每年支付10%,并按年龄把认购人分成若干群体,对年龄高些的,分息就多些。"佟蒂法"的特点就是把利息付给该群体的生存者,如该群体成员全部死亡,则停止给付。

著名的天文学家哈雷,在1693年以西里西亚的勃来斯洛市市民死亡率统计为基础,编制了第一张生命表,精确表示了每个年龄的死亡率,提供了寿险计算的依据。18世纪40~50年代,辛普森根据哈雷的生命表,作成依死亡率增加而递增的费率表。之后,陶德森依照年龄差等计算保费,并提出了"均衡保险费"的理论,从而促进了人身保险的发展。1762年成立的伦敦公平保险社才是真正根据保险技术基础而设立的人身保险组织。

责任保险是对无辜受害人的一种经济保障。尽管现代保险已经有300多年的历史,但责任保险的兴起却只是近100年的事。1855年,英国铁路乘客保险公司首次向铁路部门提供铁路承运人责任保障,开了责任保险的先河。1870年,建筑工程公众责任保险问世。1875年,马车第三者责任保险开始出现。1880年,出现雇主责任保险。1885年,世界上第一张职业责任保单——药剂师过失责任保险单由英国北方意外保险公司签发。1895年,汽车第三者责任险问世。1900年,责任保险扩大到产品责任,承保的是酒商因啤酒含砷而引起的民事赔偿责任。进入20世纪,责任保险迅速兴起和发展,大部分的资本主义国家都把很多的公众责任以法律规定形式强制投保。第二次世界大战后,责任保险的种类越来越多,如产品责任保险以及各种职业过失责任保险层出不穷,这些在发达的资本主义国家已成为制造商和自由职业者不可缺少的保险。

现代保险制度从海上保险开始，随着海上保险的发展，产生了对再保险的需求，最早的海上再保险可追溯到1370年。当时，一家叫格斯特·克鲁丽杰的保险人，承保自意大利热那亚到荷兰斯卢丝之间的航程，并将其中一段经凯的斯至斯卢丝之间的航程责任转让给其他保险人，这是再保险的开始。17世纪初，英国皇家保险交易所和劳合社开始经营再保险业务。1681年，法国国王路易十六曾公布法令，规定"保险人可以将自己承保的保险业务向他人进行再保险"。1720年，荷兰鹿特丹的保险公司将承保到西印度的海上保险向伦敦市场再保险，1726年，丹麦的皇家特许海上保险公司成立后从事再保险，1731年德国汉堡法令允许经营再保险业务，1737年西班牙贝尔堡法律和1750年瑞典的保险法律都有类似的规定。随着保险形式多样化和保险公司之间的竞争加剧，逐渐出现了专业再保险公司，推动了再保险的发展。

2.2.2　中国保险业的现状与发展前景

中国早在夏、商、周时代，就形成了保险的思想。在《礼记》中记载："故人不独亲其亲，不独子其子，使老有所终，壮有所用，幼有所长，矜，寡，孤独废疾者皆有所养"，这是中国最古老的社会养老保险思想。中国历代封建王朝为巩固政权，稳定社会秩序，相继采取的"积蓄备荒"措施，建立的仓储制度形成了社会保障的雏形。

19世纪初叶，中国清朝政府仍处于闭关自守时期，而英国已完成了工业革命，它在不断入侵印度的同时，也把侵略矛头指向了中国，向中国倾销鸦片，掠走大量的白银和物资。为了保障往返运输的货物及其船舶的安全，首先在广州开设了保险机构。鸦片的大量输入，给中国人民造成深重的灾难。清政府采取了禁烟的措施，英帝国主义乘机挑起战争，用大炮打开了中国的大门。腐败的清政府被迫签订了丧权辱国的不平等条约，割地、赔款、五口通商。这就为帝国主义经济侵略大开方便之门，为其服务的外商保险公司，凭借特权纷纷在中国设立机构，侵占了中国的保险市场。

第一次世界大战期间(1914年—1918年)，帝国主义忙于战争，一度放松了对中国的经济侵略，中国民族保险业获得了发展。从1912年到1925年，陆续设立华商保险公司39家。其中于1912年设立的中国华安合群保寿险股份有限公司聘请了外商寿险的精算和管理人才，向社会大力宣传人寿保险的作用与好处，为维护民族权益而励精图治，培训业务干部，业务迅速发展，经营效益显著。到1931年，它已成为可与外商寿险公司相抗衡的著名华商保险公司。

1926年以后，中国保险业出现了一个新形势，就是中国的银行业相继投资于保险业。从1926年到1936年，由于金融业以其雄厚的资金投入保险业，改善了公司的经营管理，注意培养专业人才，拓展险种，发展经纪人，并利用银行贷款关系，争取工商业的保险业务。民族保险业有了迅速发展，与1914年相比，公司家数增加了2倍多，资本金额增加5倍多，呈现出一片新的景象。保险机构也从上海等地延伸到其他口岸和内地商埠，保险业务从国内扩展到了国外，民族保险公司开始走向联合经营管理。

同期，外商保险公司独占、垄断中国保险市场长达100余年。它们以上海为中心，不断向内地渗透，其分支机构遍布中国的各重要城市。据1937年《中国保险年鉴》统计，外商保险公司及其代理机构设在上海的共有126家，而华资保险公司仅有24家。外商保险公司在数量上占有绝对优势，而最早进入中国的保险机构是英商的。它们凭借其在华特权、雄厚资金、丰富的技术经验和再保险势力的优势，率先独占中国保险市场。可是到了1919年第一次世界大战结束之后，美商保险业就逐渐渗入中国，经营各种保险业务。到20世纪30年代，美商保险公司便与英商保险公司平分秋色，长期垄断中国保险市场，从中攫取大量的超额利润。据1937年资料显示，从中国每年流出的保险费外汇达235万英镑，占全国保险费总收入的75%。

1945年8月15日，日本帝国主义宣告无条件投降，中国人民坚持了八年的抗日战争取得最后的胜利。随后，官僚资本保险机构与卷土重来的外商保险公司相互勾结，控制了保险市场。在此期间，集中在上海的大量游资再度竞相投资于保险业，保险机构骤然猛增，达到破纪录的高峰，呈现出表面的繁荣景象，形成了民族保险业发展的第三次高潮。

到1947年3月底，全国保险业的总分支机构为507家，其中总公司129家，分支机构378家。外商依法履行手续后注册的保险公司有50家。按照1944年"保险业代理人经纪人公证人登记领证办法"，截至1946年底登记的代理人有42人、经纪人358人、公证人22人。据国民党政府财政部对全国金融机构的调查，截至1948年6月底，全国保险业的总分支机构已有602家。1948年上海的中外保险公司，包括外商保险代理机构，最多时有275家，破纪录地增达高峰。在此期间，中央信托局产物保险处驻美分处于1948年5月6日在纽约华尔街开业，开办资本为250万美元。它是中国在美国第一家获准特许设立的保险机构。

解放前的中国保险市场，由于国民党政府的腐败无能和恶性通货膨胀，保险业同其他行业一样陷入了大混乱的状态，主要表现在滥发保费折扣佣金，任意放宽收费期限，任意扩大自负保险责任，随意签发外币保单。到1949年，华商保险公司的总分支机构已由1948年6月底的602家锐减为369家，其中一部分机构实际上已停止营业。

解放初期，人民政府接管各地的官僚资本保险公司，同时整顿改造私营保险公司，为新中国保险事业的诞生和发展创造了条件。中国人民保险公司的成立，标志着中国的保险事业进入一个新的历史发展时期。

1. 改造旧中国保险业

为建立起新的适应社会主义建设需要的保险业，1949年人民政府对旧中国保险业进行了全面的清理、整顿和改造。

(1)接管官僚资本保险企业。由于解放前官僚资本保险机构大多集中在上海，人民政府接管官僚资本保险机构的工作以上海为重点。接管工作从1949年5月开始至10月底基本结束。中国产物保险公司和专营船舶保险、船员意外保险的中国航联意外责任保险公司经批准恢复营业，其他官僚资本保险机构都予以停业。上海以外的官僚资本保险机构都由当地军事管制委员会接管。

(2)改造私营保险企业。解放后，各地相继制定私营保险企业管理办法，如重新清产核资，要求按业务类别交存相应的保证金等，并加强督促检查。根据新的管理规定，中外私营保险公司在各地复业，但大部分保险公司资力薄弱，承保能力有限。

由于原来的分保集团大部分解体，对外分保关系中断，在军管会的支持下，1949年7月20日在上海成立了由私营保险公司自愿参加的分保组织"民承分保交换处"(简称民联)，主要经办火险的分保业务。民联的成立，促进了私营华商保险公司的业务发展，提高了保险业的信誉。随着私营保险企业公私合营，民联于1952年初完成了历史使命。1951年和1952年，公私合营的"太平保险公司"、"新丰保险公司"相继成立。1956年，全国私营工商业的全行业公私合营完成后，国家实行公私合营企业财产强制保险，指定中国人民保险公司为办理财产强制保险的法定机构。同年，太平和新丰两公司合并，合并后称"太平保险公司"，不再经营国内保险业务，专门办理国外保险业务。两家公司的合并实现了全保险行业公私合营，标志着中国保险业社会主义改造的完成。从此,中国国内保险业务开始了由中国人民保险公司独家经营的局面。

(3)外国保险公司退出中国保险市场。1949年以前,外国保险公司凭借政治特权以及自身雄厚的资金实力,控制了中国的保险市场。新中国成立后,人民政府废除其特权,并加强监管,要求其重新登记和交纳保证金。1950年5月,全国尚有外商保险公司61家,其中上海37家,天津10家,广州8家,青岛5家,重庆1家。人民政府采取限制和利用并重的政策,一方面允许其营业,继续办理一些当时其他保险公司不能开办的业务,如海运保险、外国侨民外汇保险等;另一方面从维护民族利益出发,对其业务范围和经营活动作了必要的限制,对其违反国家法令和不服从管理的行为进行严肃查处。随着国有保险公司业务迅速增长,外商保险公司不仅失去依靠政府特权获取的高额利润,也失去了为数很大的分保收入。在国营外贸系统和新的海关建立后,其直接业务来源越来越少。1949年外商保险公司保费收入占全国保费收入的62%,1950年下降为9.8%,1951年为0.4%,1952年仅为0.1%。到1952年底,外国在华保险公司陆续申请停业,撤出中国保险市场。

1949年8月,为尽快恢复和发展受连年战争破坏的国民经济,中央人民政府在上海举行了第一次全国财经会议。会上,中国人民银行建议成立"中国人民保险公司",并在会后立即组织筹备。经党中央批准,中国人民保险公司于1949年10月20日正式成立。这是新中国成立后第一家国有保险公司。中国人民保险公司成立后,迅速在全国建立分支机构,并以各地人民银行为依托,建立起广泛的保险代理网。

2. 新中国保险业务的挫折

20世纪50年代初,中国人民保险公司各地机构在执行政策和具体做法上出现很多问题,主要表现为依靠行政命令开展业务,内部管理比较混乱。农业保险在试办经验很不成熟的情况下全面推广,一些基层干部开展业务时搞强迫命令,在群众中造成不良影响。保险机构发展太快,许多干部不懂业务,只求保费数量不求保险合同质量,不少县级公司入不敷出。1953年3月,中国人民保险公司第三次全国保险工作会议对上述失误和偏差进行了纠正,确定了"整理城市业务,停办农村业务,整顿机构,在巩固的基础上稳步前进"的方针。

1958年10月,西安全国财贸工作会议提出:人民公社化后,保险工作的作用已经消失,除国外保险业务必须继续办理外,国内保险业务应立即停办。同年12月,在武汉召开的全国财政会议正式作出"立即停办国内保险业务"的决定。1959年1月,中国人民保险公司召开第七次全国保险工作会议,贯彻落实国内保险业务停办的精神,并部署善后清理工作。从1959年起,全国的国内保险业务除上海、哈尔滨等地继续维持了一段时间外,其他地方全部停办。

从1966年到1976年的十年动乱期间,中国国内保险业务彻底停办。1969年1月停办了交通部的远洋船舶保险,海外业务受到很大影响。接着停办的是汽车第三者责任保险。1968年前,海外业务由香港民安保险公司、中国保险公司、太平保险公司分给中国人民保险公司,然后由中国人民保险公司进行对外统一分保。但1969年后,海外业务对外的分保由民安保险公司代理,寿险由中国保险公司分保,港、澳、新加坡等国家和地区的保险业务下放到中国保险公司香港分公司管理。到1969年,与我国有再保险关系的国家由原来的32个下降到17个,有业务来往的公司由67家下降到20家,仅与社会主义国家和个别发展中国家保持分保关系。实际上停止了多年发展起来的与西方保险市场的分保往来。

3. 中国保险业务发展新阶段

1978年12月，中共十一届三中全会确立改革开放政策，决定把工作重点转移到以经济建设为中心的社会主义现代化建设上来。中国人民银行在1979年2月召开的全国分行行长会议上提出恢复国内保险业务。

1979年4月，国务院批准《中国人民银行分行行长会议纪要》，作出“逐步恢复国内保险业务”的重大决策。中国人民银行立即颁布《关于恢复国内保险业务和加强保险机构的通知》，对恢复国内保险业务和设置保险机构作出了具体部署。

中国人民保险公司自1956年新丰、太平两家保险公司从国内保险市场撤出后，一直独家垄断中国保险市场。国内保险业务恢复后，中国保险市场也仍然由中国人民保险公司一统天下。中国人民保险公司对市场的完全垄断，在当时情况下曾起到过积极的作用，促进了中国保险业在短期内迅速恢复和发展。随着社会主义市场经济的迅猛发展，与市场经济规律相悖的垄断经营体制的固有弊端逐步暴露出来。垄断体制窒息了价值规律在保险业务发展中的作用，剥夺了被保险人选择保险人的权利，导致保险费率居高不下，保险市场开拓力萎缩。因此，改变中国人民保险公司一统天下的保险体制已成为当时迫切需要解决的问题。

1986年2月，中国人民银行批准设立“新疆生产建设兵团农牧业保险公司”，专门经营新疆生产建设兵团农场内部的种养两业保险。1992年该公司更名为“新疆兵团保险公司”，并相应扩大业务范围。新疆生产建设兵团农牧业保险公司的成立，打破了中国人民保险公司独家垄断保险市场的局面。1987年，中国人民银行批准交通银行及其分支机构设立保险部。1988年5月，平安保险公司在深圳蛇口成立。1991年，中国人民银行要求保险业与银行业分业经营、分业管理，批准交通银行在其保险部的基础上组建中国太平洋保险公司，成为继中国人民保险公司之后成立的第二家全国性综合性保险公司。1992年9月，平安保险公司更名为“中国平安保险公司”，成为第三家全国性综合性保险公司。

1994年10月，中国人民银行批准在上海成立天安保险股份有限公司。1995年1月，又批准在上海成立大众保险股份有限公司。1996年7月，经国务院批准，中国人民保险公司改组为中国人民保险(集团)公司，下设中保财产保险有限公司、中保人寿保险有限公司和中保再保险有限公司，实行产、寿险分业经营。根据《保险法》确立的商业保险与社会保险分开经营的原则，国务院决定将17家地方寿险公司全部并入中保人寿保险有限公司。为促进我国的保险事业健康发展，1998年10月7日，国务院批准《撤销中国人民保险(集团)公司实施方案》，将原中保财产保险有限公司更名为中国人民保险公司；原中保人寿保险有限公司更名为中国人寿保险公司；原中保再保险有限公司更名为中国再保险公司；将中保集团所属的其他海外经营性机构全部划归香港中国保险(集团)有限公司管理。1996年，中国人民银行还批准设立新华人寿保险股份有限公司、泰康人寿保险股份有限公司、华泰财产保险股份有限公司、永安财产保险股份有限公司、华安财产保险股份有限公司共5家股份制保险公司。

改革开放后，许多外国保险公司看好中国保险市场的巨大发展潜力，希望早日进入中国保险市场。从而保险市场初步形成了以股份制保险公司为主体、中外保险公司并存、多家保险公司竞争发展的新格局，保险业务得以快速增长。2002年以来中国保费收入年均增长17.3%，2010年全国实现保费收入1.47万亿元，其中，财产险保费收入3 895.6亿元；人身险保费收入1.06万亿元。

从保险业务恢复以来，我国保险法制建设取得很大成绩。1982年开始实施的《中华人民共和国经济合同法》对财产保险合同作了专门规定，这是新中国首次有了实质意义上的有关保险的法律规定。1983 年 9 月，国务院颁布并实施了《财产保险合同条例》。1985 年 3 月，国务院颁布《保险企业管理暂行条例》，对加强保险业的监管发挥了重要作用。1992 年 11 月，《中华人民共和国海商法》颁布，对海上保险合同作出了规定。1995 年 6 月，《中华人民共和国保险法》颁布，对发展社会主义市场经济，规范保险经营活动，保护保险活动当事人的合法权益，促进保险事业的健康发展，具有十分重要的意义。《保险法》出台后，中国人民银行相继制定了一些配套的保险业管理规定，如《保险管理暂行规定（试行）》、《保险代理人管理规定（试行）》、《保险经纪人管理规定》等。1998 年 11 月中国保险监督管理委员会成立后，立即对保险市场的现状和存在的问题进行调查研究，并着手修改、补充和完善保险法律法规体系，先后颁布了《保险公司管理规定》、《向保险公司投资入股暂行规定》、《保险公估人管理规定（试行）》等一系列保险规章。

20 世纪 50 年代初，中国人民银行是保险业的主管机关。后模仿前苏联做法，于 1952 年将保险业监管工作交由财政部负责。1959 年国内保险业务停办，中国人民保险公司只办理涉外保险业务，在行政上成为中国人民银行国外业务局的一个处级部门。随着国内保险业务的恢复，中国人民保险公司于 1984 年从中国人民银行分设出来，成为国务院直属局级经济实体。因此，在 1959 年到 1984 年之间，中国人民银行既经营保险业务，又负责对保险业的领导和管理。从 1984 年开始，中国人民银行专门行使中央银行职能，保险监管是其中一项重要工作。1985 年颁布的《保险企业管理暂行条例》、1995 年颁布的《中华人民共和国中国人民银行法》和《中华人民共和国保险法》，均明确中国人民银行是保险业的监管机关。

随着金融体制改革的逐步深入和保险业不断发展，保险监管不断强化。1998 年，为加强保险监管，落实银行、保险、证券分业经营、分业管理的方针，党中央、国务院决定成立中国保险监督管理委员会。中国保险监督管理委员会的成立，是我国保险发展史上的一个重要里程碑，从此，中国保险业进入一个新的历史发展时期。

进入到 21 世纪后，中国的保险市场正向着经营主体多元化、运行机制市场化、经营方式集约化、政府监管法制化、行业发展国际化的方向发展。

截至 2010 年，中国保险市场上的保险机构达到 146 家，初步形成了国有控股（集团）公司、股份制公司、政策性公司、专业性公司、外资保险公司等多种组织形式、多种所有制成分并存，公平竞争、共同发展的市场格局。

2.3 保险的主要分类

从保险公司的角度来说，它可以提供各种为消费者所需要的险种。根据不同的标准，可以将保险分为若干类型。

2.3.1 公营保险与民营保险

按保险经营主体分类，保险可分为公营保险与民营保险。

公营保险又分为国家经营的保险和地方政府或自治团体经营的保险，包括国家强制设立的保险机关经营的保险或国家机关提供补助金的保险。

民营保险是由私人投资经营的保险，其形式主要有股份保险公司、相互保险公司、保险合作社和个人经营的保险等。

2.3.2 盈利保险与非盈利保险

按保险经营性质分类，保险可以分为盈利保险与非盈利保险。

盈利保险又称商业保险，是指保险业者以盈利为目的经营的保险。股份公司经营的保险属于最常见的一种盈利保险。

非盈利保险又称非商业保险，经营此保险的目的不是盈利，而一般是出于某种特定的目的，由政府资助营运，以保证经济的协调发展和安定社会秩序为目标而实施的保险保障计划，如社会保险、政策保险等；或者以保证加入保险者的相互利益为目的而办理的保险，如相互保险、合作保险等。

2.3.3 原保险、再保险、重复保险和共同保险

按业务承保方式分类，保险可以区分为原保险、再保险、重复保险和共同保险。

原保险，即再保险的对称，是指投保人与保险人直接签订保险合同而建立的保险关系的一种保险。在原保险关系中，保险需求者将其风险转嫁给保险人，当保险标的遭受保险责任范围内的损失时，保险人直接对被保险人负损失赔偿责任。

再保险，简称分保，是指保险人将其承担的保险业务，部分或全部转移给其他保险人的一种保险。再保险是保险的一种派生形式。原保险是再保险的基础和前提，再保险是原保险的后盾和支柱。

重复保险，指投保人以同一保险标的、同一保险利益、同一风险事故分别与数个保险人订立保险合同，且保险金额总和超过保险价值的一种保险。

共同保险，指几个保险人，就同一保险利益、同一风险共同缔结保险合同的一种保险。在实务中，数个保险人可能以某一家保险公司的名义签发一张保险单，然后每一家保险公司对保险事故损失按比例分担责任。共同保险与再保险的区别在于如下方面。

(1)反映的保险关系不同。共同保险反映的是各保险人与投保人之间的关系，这种保险关系是一种直接的法律关系；再保险反映的是原保险人与再保险人之间的关系，再保险接受人与原投保人之间并不发生直接的关系。

(2)对风险的分摊方式不同。共同保险的各保险公司对其承担风险责任的分摊是第一次分摊，而再保险则是对风险责任进行的第二次分摊；共同保险是风险的横向分担，再保险则为风险的纵向分担。

2.3.4 定额保险与损失保险

按赔付形式分类，保险可分为定额保险与损失保险。

定额保险是指在保险合同订立时，由保险双方当事人协商确定的保险金额，当保险事故发生时，保险人依照预先确定的金额给付保险金的一种保险。定额保险一般使用于人身保险。

损失保险是指在保险事故发生后，由保险人根据保险标的实际损失额而支付保险金的一种保险。损失保险一般使用于财产保险。

2.3.5 自愿保险与法定保险、社会保险与商业保险、普通保险与政策保险

按保险政策分类，保险可以区分为自愿保险与法定保险、社会保险与商业保险、普通保险与政策保险。

1. 自愿保险与法定保险

自愿保险也称任意保险，是指保险双方当事人通过签订保险合同，或是需要保险保障的人自愿组合、实施的一种保险。自愿保险的保险关系，是当事人之间自由决定、彼此合意后所成

立的合同关系。投保人可以自行决定是否投保、向谁投保、中途退保等,也可以自由选择保障范围、保障程度和保险期限等。保险人也可以根据情况自愿决定是否承保、怎样承保,并且自由选择保险标的,选择设定投保条件等。

法定保险又称强制保险,是国家对一定的对象以法律、法令或条件规定其必须投保的一种保险。法定保险的保险关系不是产生于投保人与保险人之间的后天行为,而是产生于国家或政府的法律效力。法定保险的范围可以是全国性的,也可以是地方性的。法定保险的实施方式有两种选择,或是保险对象与保险人均由法律限定;或是保险对象由法律限定,但投保人可以自由选择保险人。法定保险具有全面性与统一性的特征。

2. 社会保险与商业保险

社会保险是指国家或政府通过立法形式,采取强制手段对全体公民或劳动者因遭遇年老、疾病、生育、伤残、失业和死亡等社会特定风险而暂时或永久失去劳动能力、失去生活来源或中断劳动收入时的基本生活需要提供经济保障的一种制度,其主要项目包括养老保险、医疗保险、失业保险和工伤保险等。

商业保险就是通常意义上的保险,也是本书所讲述的保险形式。

3. 普通保险与政策性保险

普通保险是指基于个人或经济单位风险保障的需要,经过自由选择而形成保险关系的一种保险。普通保险的保险关系的形成不含有执行规定的国家政策的成分。

政策保险则是政府为了政策上的目的,运用普通保险的技术而开办的一种保险。政策保险的种类包括社会政策保险和经济政策保险两大类,具体项目有社会保险、国民生活保险、农业保险、进出口信用保险等。

2.3.6 财产保险与人身保险

按照保险标的分类,可将保险分为财产保险与人身保险。

1. 财产保险

财产保险是以财产及其有关利益为保险标的的一种保险。包括财产损失保险、责任保险、信用保险等保险业务。

(1)财产损失保险。财产损失保险是以各类有形财产为保险标的的财产保险。其主要包括的业务种类有:企业财产保险、家庭财产保险、运输工具保险、货物运输保险、工程保险、特殊风险保险和农业保险等。

(2)责任保险。责任保险是指以被保险人对第三者的财产损失或人身伤害依照法律应负的赔偿责任为保险标的的保险。其主要业务种类有:公众责任保险、产品责任保险、雇主责任保险和职业责任保险等。

(3)信用保险。信用保险是以各种信用行为为保险标的的保险。其主要业务种类有:一般商业信用保险、出口信用保险、合同保证保险、产品保证保险和忠诚保证保险等。

2. 人身保险

人身保险是以人的寿命和身体为保险标的的保险。包括人寿保险、健康保险、意外伤害保险等保险业务。

(1)人寿保险。人寿保险是以被保险人的寿命作为保险标的,以被保险人的生存或死亡为给付保险金条件的一种人身保险。其主要业务种类有:定期寿险、终身寿险、两全寿险、年金保险、投资连结保险、分红寿险和万能寿险等。

(2)健康保险。健康保险是以被保险人的身体为保险标的,使被保险人在疾病或意外事故所致伤害时发生的费用或损失获得补偿的一种人身保险业务。其主要业务种类有:医疗保险、疾病保险和收入补偿保险等。

(3)意外伤害保险。意外伤害保险是指以被保险人的身体为保险标的,以意外伤害而致被保险人身故或残疾为给付保险金条件的一种人身保险。其主要业务种类有:普通意外伤害保险、特定意外伤害保险等。

2.4　保险的职能与作用

2.4.1　保险的职能

1. 保险职能的含义

职能是指某种客观事物或现象内在固有的一种功能,是由事物的本质和内容所决定的。保险职能是指保险的内在固有的功能,它是由保险的本质和内容决定的。一般认为,保险的职能有基本职能和派生职能之分。

2. 保险的基本职能

保险的基本职能就是保险的原始职能与固有职能,它不因时间的推移和社会形态的不同而改变。保险的基本职能主要有:

(1)补偿损失职能。保险是在特定风险损害发生时,在保险的有效期和保险合同约定的责任范围以及保险金额内,按其实际损失数额给予赔付。这种赔付原则使得已经存在的社会财富因灾害事故所致的实际损失在价值上得到补偿,在使用价值上得以恢复,从而使社会再生产过程得以连续进行。保险的补偿职能,只是对社会已有的财富进行再分配,而不能增加社会财富。因为从社会角度而言,个别遭受风险损害的被保险人的所得,正是没有遭受损害的多数被保险人的所失,它是由全体投保人给予的补偿。这种补偿既包括财产损失的补偿,又包括了责任损害的赔偿。

(2)经济给付职能。财产保险与人身保险是两种性质完全不同的保险。由于人的价值是很难用货币来计价的,所以,人身保险是经过保险人和投保人双方约定进行给付的保险。因此,人身保险的职能不是损失补偿,而是经济给付。

3. 保险的派生职能

随着保险内容的丰富和保险种类的发展,保险的职能也有新的发展,在保险基本职能的基础上,产生出派生职能。保险的派生职能主要有两项:

(1)防灾防损职能。防灾防损是风险管理的重要内容,由于保险的经营对象就是风险,因此,保险本身也是风险管理的一项重要措施。保险企业为了稳定经营,要对风险进行分析、预测和评估,看哪些风险可作为承保风险,哪些风险可以进行时空上的分散,等等。而人为的因素与风险转化为实现损失的发生概率具有相关性,因此,通过人为的事前预防,可以减少损失。由此,保险又派生了防灾防损的职能。而且,防灾防损作为保险业务操作的环节之一,始终贯穿在整个保险工作之中。

①保险的经营从承保到理赔,要对风险进行识别、衡量和分析,因此,保险公司积累了大量的损失统计资料,其丰富的专业知识有利于开展防灾防损工作,进而履行其防灾防损的社会职责。

②从保险自身的经营稳定和收益角度来讲，保险公司通过积极防灾防损，就可减少保险的风险损失，增强其财务的支付能力，并增加保险经营的收益。

③保险公司加强防灾防损工作，就能积极有效地促进投保人的风险管理意识，从而促使其加强防灾防损工作。可见，防灾防损是保险的一个派生职能。

(2)融资职能。保险的融资职能，就是保险融通资金的职能或保险资金运用的职能。保险的补偿与给付的发生具有一定的时差性，这就为保险人进行资金运用提供了可能。同时，保险人为了使保险经营稳定，必须壮大保险基金，这也要求保险人对保险资金进行运用。因此，保险又派生了融资的职能。而且，资金运用业务与承保业务并称为保险企业的两大支柱。保险融资的来源主要包括：资本金、总准备金或公积金、各项保险准备金以及未分配的盈余。保险融资的内容主要包括：银行存款、购买有价证券、购买不动产、各种贷款、委托信托公司投资、经管理机构批准的项目投资及公共投资、各种票据贴现等。

2.4.2 保险的作用

保险的作用是保险职能在具体实践中的表现。

1. 保险在微观经济中的作用

保险在微观经济中的作用主要是指保险作为经济单位或个人风险管理的财务手段所产生的经济效应。其作用具体表现在以下几个方面。

(1)有利于受灾企业及时恢复生产。在物质资料生产过程中，自然灾害和意外事故是不可避免的，这是一条自然规律。但在什么时候什么地点发生、涉及面有多广、受损程度有多大，都是不确定的，保险赔偿具有合理、及时、有效的特点。投保企业一旦遭遇灾害事故损失，就能够按照合同约定的条件及时得到保险赔偿，获得资金，重新购置资产，恢复生产经营。同时，由于企业恢复生产及时，还可减少受灾企业的利润和费用等间接经营的损失。2008年，中国保险业分别为南方低温雨雪冰冻灾害和汶川地震灾害支付赔款55亿元和10亿元，在稳定灾区群众生产生活和支持灾后重建方面发挥了积极作用。

(2)有利于企业加强经济核算。保险作为企业风险管理的财务手段之一，能够把企业不确定的巨额灾害损失，化为固定的少量的保险费支出，并摊入企业的生产成本或流通费用中，这是完全符合企业经营核算制度的。因为企业通过缴付保险费，把风险损失(甚至可包括由营业中断造成的利润损失和费用损失)转嫁给保险公司，不仅不会因灾损而影响企业经营成本的均衡，而且还保证了企业财务成果的稳定。如果企业不参加保险，为了不因灾损而使生产经营中断、萎缩或破产，就需要另外准备一套风险准备金，这种完全自保型的风险财务手段，一般来说，对单个企业既不经济也不可能。

(3)有利于企业加强危险管理。保险补偿固然可以在短时间内迅速消除或减轻灾害事故的影响因素，但是，就物质净损失而言，仍旧是一种损失。而且保险企业也不可能从风险损失中获得额外的利益。因此，防范危险于未然是企业和保险公司利益一致的行为。保险公司常年与各种灾害事故打交道，积累了丰富的危险管理经验，不仅可以向企业提供各种危险管理经验，而且通过承保时的危险调查与分析、承保期内的危险检查与监督等活动，可以尽可能地消除危险发生的潜在因素，达到防灾防损的目的。此外，保险公司还可以通过保险合同的约束和保险费率杠杆调动企业防灾防损的积极性，共同搞好危险管理工作。

(4)有利于安定人民生活。家庭是劳动力再生产的基本单位，家庭生活安定是人们从事生产劳动、学习、休息和社会活动的基本保证。但是，自然灾害和意外事故对于家庭来说同样是不可避免的，参加保险也是家庭危险管理的有效手段。家庭财产保险可以使受害家庭恢复原有的物质生活条件。当家庭成员，尤其是工资收入者，遭遇生老病死残等意外的或必然的事件时，人身保险作为社会保险和社会福利的补充，对家庭的正常经济生活起保障作用。

(5)有利于民事赔偿责任的履行。人们在日常生活活动和社会活动中不可能完全排除民事侵权或他侵而发生民事赔偿责任或民事赔偿事件。具有民事赔偿责任风险的单位或个人可以通过交保险费的办法将此风险转嫁给保险公司，为维护被侵权人的合法权益顺利获得民事赔偿。有些民事赔偿责任由政府采取立法的形式强制实施，比如雇主责任险、机动车第三者责任险等。我国目前已在机动车辆第三者责任险领域实施了强制保险。

2. 保险在宏观经济中的作用

保险在宏观经济中的作用是保险职能的发挥对全社会和国民经济总体所产生的经济效应。其作用具体表现在以下几个方面。

(1)保障社会再生产的正常进行。社会再生产过程由生产、分配、交换和消费四个环节组成，它们在时间上是连续的，在空间上是均衡的。也就是说，社会总产品的物质流系统和价值流系统在这四个环节中的运动，时间上是连续的，空间上的分布是均衡的。但是，再生产过程的这种连续性和均衡性会因遭遇各种灾害事故而被迫中断和失衡，这种情况是不可避免的。比如，一家大型钢铁厂因巨灾损失而无力及时恢复生产，社会正常的价值流系统和物质流系统因该厂不能履行债务和供货合同而致中断，其连锁反应还将影响社会再生产过程的均衡发展。保险经济补偿能及时和迅速地对这种中断和失衡发挥修补作用，从而保证社会再生产的连续性和稳定性。

(2)推动商品的流通和消费。商品必须通过流通过程的交换才能进入生产消费或生活消费，而在交换行为中难免存在着交易双方的资信风险和产品质量风险的障碍，保险为克服这些障碍提供了便利。比如出口信用保险为出口商提供了债权损失的经济补偿责任，2009年上半年，出口信用保险承保规模达到246.1亿美元，占同期我国一般贸易出口总额的10.5%，比2008年提高4个百分点。履约保证保险为债权人提供了履约担保；产品质量保证保险不仅为消费者提供了产品质量问题上的经济补偿承诺，而且还为厂商的商品作了可信赖的广告。可见，保险在推动商品流通和消费方面的作用是不可低估的。

(3)推动科学技术向现实生产力转化。“科学技术是第一生产力”。在各种经济生活中，采用新技术比采用落后的技术显然具有更高的劳动生产率，当代的商品竞争越来越趋向于高新技术的竞争，在商品价值方面，技术附加值比重越来越大。但是，对于熟悉了原有技术工艺的经济主体来说，采用新技术就意味着新的风险。保险则可以对采用新技术带来的风险提供保障，为企业开发新技术、新产品以及使用专利壮胆，促进先进技术的推广运用。

(4)有利于财政和信贷收支平衡的顺利实现。财政收支计划和信贷收支计划是国民经济宏观调控的两大资金调控计划。相对资金运动来说，物质资料的生产、流通与消费是第一性的，所以，财政和信贷所支配的资金运动的规模与结构首先决定于生产、流通和消费的规模与结构。毫无疑问，自然灾害和意外事故发生的每次破坏，都将或多或少地造成财政收入的减少和银行贷款归流的中断，同时还要增加财政支出和信贷支出，从而给国家宏观经济调控带来困难。在生产单位参加保险的前提下，财产损失得到保险补偿，恢复生产经营就有了资金保证，生产经营一旦恢复正常，就保证了财政收支的基本稳定，银行贷款也能得到及时的清偿或者重新获得物质保证。可见，保险确实对财政和信贷收支的平衡发挥着保障性作用。此外，保险公司积蓄的巨额保险基金还是财政和信贷基金资源的重要补充。

(5)增加外汇收入,增强国际支付能力。保险在对外贸易和国际经济交往中,是必不可少的环节。按国际惯例,进出口贸易都必须办理保险。保险费与商品的成本价和运费一起构成进出口商品价格的三要素。一国出口商品时争取到岸价格,即由进口方负责保险,则可减少保险外汇支出。此外,当一国进入世界保险市场参与再保险业务时,应保持保险外汇收支平衡,力争保险外汇顺差。保险外汇收入是一种无形贸易收入,对于增强国家的国际支付能力起着积极的作用,历来为世界各国所重视。

(6)动员国际范围内的保险基金。保险公司虽是集散风险的中介,但就单个保险公司而言,其所能集中的风险量(非寿险公司的承保总金额)总要受自身承保能力的限制,超过的就要向其他保险人分发(再保险),或对巨额危险单位采取共保方式。因此,再保险机制或共保机制就可以把保险市场上彼此独立的保险基金联结为一体,共同承担某一特定的风险,这种行为一旦超越国界,即可实现国际范围内的风险分散,从而将国际范围内的保险基金联结为一体。国际再保险是动员国际范围内的保险基金的一种主要形式。

归纳起来,保险在宏观和微观经济活动中的作用有二:一是发挥社会稳定器作用,保障社会经济的安定;二是发挥社会助动器的作用,为资本投资、生产和流通保驾护航。这是保险的自然属性使然,无论是哪一种社会制度下的保险概莫能外。

本章小结

保险是指投保人根据合同约定,向保险人支付保险费,保险人对于合同约定的可能发生的事故因其发生所造成的财产损失承担赔偿保险金责任,或者当被保险人死亡、伤残、疾病或者达到合同约定的年龄、期限时承担给付保险金责任的商业保险行为。简单地说,保险是集合具有同类风险的众多单位或个人,以合理计算分担金的形式,实现对少数成员因该风险事故所致经济损失的补偿行为。

保险要素包括可保风险的存在、大量同质风险的集合与分散、保险费率的厘定、保险准备金以及保险合同的订立共5个要素。

保险最早起源于海上保险,新中国第一家保险公司是1949年10月20日成立的中国人民保险公司。

根据不同的要求,保险费分类方法也有所不同。按保险经营主体分类,保险可分为公营保险与民营保险;按保险经营性质分类,保险可以分为盈利保险与非盈利保险;按业务承保方式分类,保险可以区分为原保险、再保险、重复保险和共同保险;按赔付形式分类,保险可分为定额保险与损失保险;按保险政策分类,保险可以区分为自愿保险与法定保险、社会保险与商业保险、普通保险与政策保险;按照保险标的分类,可将保险分为财产保险与人身保险等。

保险的基本职能是经济补偿和风险分摊,保险的派生职能是防灾防损和融资职能。

保险在宏观和微观经济活动中的作用有二:一是发挥社会稳定器作用,保障社会经济的安定;二是发挥社会助动器的作用,为资本投资、生产和流通保驾护航。

思考练习

(1)简述保险的含义和特征。
(2)分析保险的职能。
(3)分析保险与储蓄的关系。
(4)简述保险的要素。
(5)保险的作用有哪些?
(6)简述中国保险发展史。
(7)保险的分类有哪些?

案例分析

案例材料一 美9·11遇难者获赔380亿 保险公司损失比预计小(节选)

9·11恐怖袭击共造成近3 000人死亡,重伤者在400人以上。该研究报告显示,在"9·11"事件中遇难或受伤的公民每人平均获赔310万美元,共计87亿美元。政府救援机构(如消防员等)遇难或受伤的人员共获赔偿19亿美元,其中第一批赶到事发现场的人,此前已从各慈善机构获得人均110万美元的赔偿。而赔款的大部分共计约233亿美元,由纽约市各类在"9·11"事件中经济受损的公司获得;另外还有约35亿美元的赔款支付给了由于"9·11"事件而失去工作、不得不搬家、精神与身体受到伤害的人们。

保险公司、政府及慈善机构等支付了上述理赔款项,其中保险公司担付了51%,共计约196亿美元;政府担付了42%,共计约158亿美元;而其余的7%,约27亿美元由各种慈善团体支付。赔偿总额还不包括对于民航系统的经济支持,也不包括公共建筑、交通系统或者基础设施的修复。

事实上,美国有很多公司在保险合同签订时都没有包括恐怖风险,企业财产、航空行业和能源行业几乎都没有签订业务受损中断保险。美国工业界因此提出要向英国学习,成立一个风险管理机构,由政府承担80%的战争、自然灾害和恐怖风险。

(本文由作者改写自:扬子晚报.2004-11-09)

案例材料二 卫星鑫诺出师未捷已申请保险赔付

2006年11月28日,鑫诺卫星通信有限公司(下称"鑫诺卫星")正式公布了中国首颗直播卫星"鑫诺二号"出现故障的消息。于10月29日成功发射的"鑫诺二号"卫星,由于定点过程中出现技术故障,致使太阳帆板二次展开和通信天线展开未能完成,卫星无法提供通信广播传输服务。鑫诺卫星办公室范主任对《第一财经日报》表示,鑫诺会向保险公司申请相关赔付。

"鑫诺二号"由中国人民财产保险股份有限公司(下称"中国人保财险")独家承保。此次发射,中国人保财险在承保卫星发射加一年在轨保险的同时,还独家承保了卫星发射第三方责任险。中国人保财险投资者关系部相关人士表示,保险额度属于保密条款,不能对外公布。据业界人士估算，此颗卫星成本在人民币20亿元以上。

（本文由作者改写自：第一财经日报．2006－11－29）

推荐阅读

[1]孙祁祥．保险学[M].4版．北京:北京大学出版社,2009.
[2]陈继儒．保险学基础[M].上海:上海财经大学出版社,2008.
[3]刘平．保险学原理与应用[M].北京:清华大学出版社,2009.
[4]何惠珍．保险学基础[M].北京:中国金融出版社,2006.

第 3 章　保险合同

本章提要

保险要发挥其风险分散、风险保障、补偿损失、分摊损失的功能，必须建立保险合同，形成保险基金才能完成。在保险合同中对双方的权利与义务有明确的规定，双方必须遵照执行，不能有违约行为的发生，否则会导致保险合同的效力出现问题。本章第一节介绍的是保险合同的特征与种类，重点讲述保险合同与一般经济合同相比独有的特征；第二节讲述保险合同的主体与客体，是保险合同权利的享有者、义务的承担者；第三节介绍保险合同的内容与形式，是对保险合同双方权利与义务的具体讲述；第四节介绍保险合同的法律程序，包括保险合同的订立、履行、变更、解除与终止；第五节介绍保险合同的争议及其解决方式。

学习目标

1. 保险合同的特征与种类
2. 保险合同要素
3. 保险合同的订立与效力
4. 保险合同的订立、履行、变更、解除及终止

框架结构

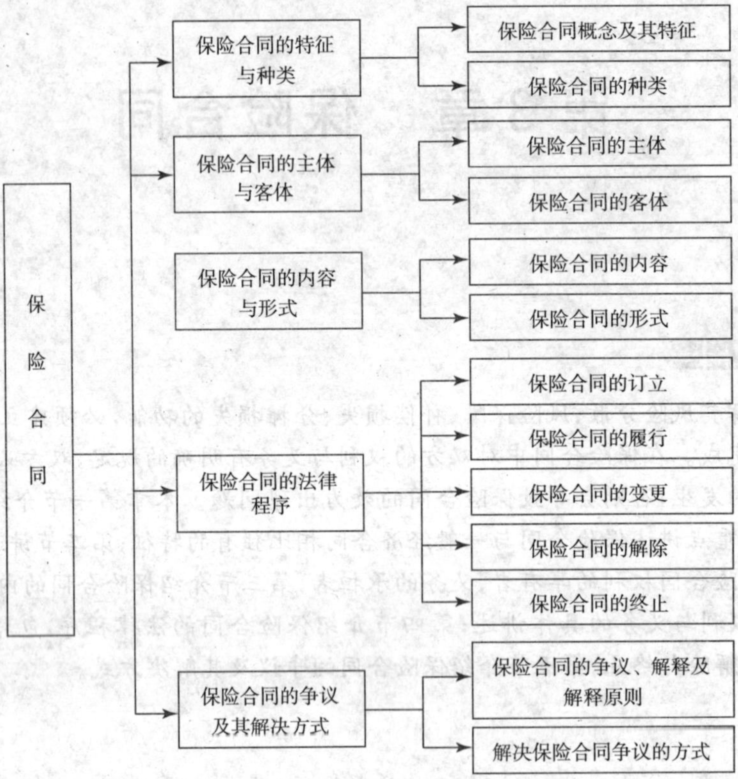

开篇案例

人身保险金未必可做遗产分配

人身保险金能否当作遗产？在许多人看来，这是理所当然的事。实际上，情况并不那么简单。不信，来看两则案例。

季先生近日遇车祸身亡，由于他生前投保过人身险，并将妻子作为受益人。因此，保险公司向后者赔偿了3万元的保险金。然而，季先生的父母得知此事后，认为这笔保险金是儿子的遗产，他们才享有继承权。鉴于季先生的妻子坚持这3万元应归她个人所有，两位老人将儿媳告上法庭，结果却并未获得法院的支持。

2007年初，廖先生向于某借款8万元做生意，期限3年。其后不久，廖先生向保险公司投保人身险，并指定其子为受益人。2010年6月，廖先生突发疾病身亡，保险公司向其子支付10万多元保险金。于某听闻后，向法院提起诉讼，要求以廖先生之子所得遗产（保险金）偿还其债务。法院经过审理，驳回了他的诉请。

为何两则案例中，想打人身保险金主意的原告均遭遇败诉？

（本文由作者改写自：人民网）

3.1 保险合同的特征与种类

3.1.1 保险合同概念及其特征

合同是当事人或当事双方之间设立、变更、终止民事关系的协议。依法成立的合同，受法律保护。2009年版《保险法》第十条规定："保险合同是投保人与保险人约定保险权利义务关系的协议。"

通过这样的定义，我们可以明确：保险合同的当事人是投保人和保险人；保险合同的内容是关于保险的权利义务关系。保险合同的含义是投保人向保险人缴付约定金额的保险费，当合同中约定的保险事故发生并造成保险标的损失时，保险人向被保险人支付赔偿金额，或者当被保险人死亡、伤残、疾病、生存到约定年龄、合同期限届满时，保险人向被保险人或受益人给付合同中约定的保险金。保险合同属于民商合同中的一种，其设立、变更、终止的权利义务关系是具有保险内容的民事法律关系，因此，保险合同不仅适用保险法，也适用合同法和民法通则。

保险合同作为一种特殊的民商合同，除具有一般合同都具有的法律特征外，结合保险行业的自身特点，还具有下列一些独有的法律特征：

1. 保险合同是有偿合同

根据合同当事人一方获得对方给予的利益是否需要支付代价，合同分有偿合同和无偿合同。这种代价如果双方互相承认，则可称为对价。有偿合同是享有一定的权利而必须偿付一定对价的合同。从保险合同的订立与履行过程来看，保险合同是明显的有偿合同。保险合同以投保人支付保险费作为对价换取保险人对风险的保障。投保人与保险人的对价是相互的，投保人的对价是向保险人支付保险费，保险人的对价是承担投保人转移的风险。而保险人提供的这种风险保障是否能够转变为现实的赔偿或给付，则取决于保险合同中约定的保险事件是否发生，换言之，投保人支付保险费的对价换取的是保险人在发生保险合同中约定的保险事故发生时承担赔偿或给付保险责任的承诺。

2. 保险合同是双务合同

双务合同是指合同双方当事人相互享有权利、承担义务的合同。一部分保险合同中，投保人与被保险人是一个人，这样保险合同的被保险人在保险事故发生时，依据保险合同享有请求保险人支付保险金或补偿损失的权利，投保人则承担支付保险费的义务，但如果保险合同的投保人与被保险人不是一个人的话，则这种权利与义务是分离的；保险人享有收取保险费的权利，承担约定事故发生时给付保险金或补偿被保险人损失的义务。严格地说，保险人的义务是提供风险保障的承诺，而不是必然进行保险赔偿或给付。

3. 保险合同是附和合同

附和合同，也称格式合同、标准合同或定式合同，是指由一方预先拟定合同的条款，对方只能表示接受或不接受，即订立或不订立合同，而不能就合同的条款内容与拟订方进行协商的合同。保险合同的条款是由保险人单方面预先制订而成立的标准化合同。其特征是，在订立保险合同时，投保人只能被动地服从、接受或者拒绝保险方所提出的条件，所以，其具有较强的附和性。在采用保险单和保险凭证形式时，保险条款已由保险人事先拟订，当事人双方的权利义务已规定在保险条款中，投保人一般只是作出是否同意的意思表示。投保人可以与保险人协商，增加特别约定条款，或对保险责任进行限制或扩展，但一般不能改变保险条款的基本结构和内容。需要注意的是，这一点并不是绝对的。在保险业务经营中，保险公司可以根据客户的需要，用特别约定的方式来对上述格式化内容加以变更。

而在西方发达国家，更有个性化保险单盛行的说法，完全体现了保险市场激烈的竞争和“以人为本，客户至上”思想。

资料链接　　你会为胸毛投保吗？英国人深圳推销个性保险

“胸毛脱落可获赔100万英镑、活捉一条蟒蛇可获100万英镑……稀奇古怪的个性化保险，也可以在中国找到市场。”2007年4月27日上午，在深圳市金融办和伦敦金融城联合举办的“保险创新产品小型圆桌会议”上，英国劳合社大力向中国同行推销个性化保险产品。

劳合社成立迄今已有320年的历史，是国际保险业历史最悠久和最有影响的保险组织。劳合社的很多产品涵盖的赔偿责任让人意想不到。

“一位曾在多部好莱坞巨片中扮演硬汉的男影星，担心自己的胸毛会随着年龄增长或其他因素脱落，从而影响他在女性影迷心目中的阳刚形象，因此他为自己的胸毛买了一份保险，保额达100万英镑。”劳合社有关人士说，“像这样的个性化保单在英国很寻常。”

据介绍，为适应形形色色的特种保险需求，保险公司也就开办了五花八门的特约保险业务。除胸毛保险外，针对人体器官的保险有很多，滚石乐队的一个著名歌手为自己的手指投保100万英镑。

还比如，电影公司为防止一位女演员爱上一个男演员并与之结婚，不惜投保100万英镑，如这位女演员真的和那位男演员结婚了，那么保险公司就要赔100万英镑给这家电影公司。而另一家公司为达到宣传目的，悬赏100万英镑寻找可活捉一条蟒蛇的人，但这家公司并不想为此支付100万英镑，因此也到保险公司投保。

个性化保险的独特之处不止如此，“只要你觉得有存在风险的事情，保险公司就能给予保险。”

劳合社人士还介绍说，2002年，著名的雕塑“自我”被人收藏，这个雕塑是用人的血液冷冻后雕刻而成的，因此需要长期保存在冰箱的冷冻室，收藏家为雕塑投保的保额为100万英镑，一天由于清洁工在厨房不小心拔掉了冰箱的插头，这个雕塑因断电而融化，为此劳合社赔偿了这位收藏家100万英镑。

这位人士说，中国保险市场有着巨大的潜力，中国的保险公司业可以在这类个性化保险上进行创新。

在会上，来访的伦敦金融城市长史达德表示，保险创新除了满足特色需求之外，还得投入大量的研究力量和开发成本。

他说，英国多个金融机构已进入到中国内地，保诚集团和中信集团合资的信诚人寿，业务已取得很快进展，中英人寿、恒安标准人寿也是中英合资的保险公司，汇丰集团还持有平安集团的股份，中国和英国在保险业上的合作前景非常大。

深圳保险业内人士则表示，深圳作为一个保险创新试点城市，目前正进入一个很好的发展时机，希望来自英国的保险同行在保险创新方面与深圳同业进行广泛的交流。

（本文由作者改写自：深圳新闻网）

4. 保险合同是要式合同

要式合同，是指法律、行政法规规定，或者当事人约定应当采用书面形式的合同。前者称为法定要式合同，后者称为约定要式合同。在《保险法》中并没有明确规定保险合同的采用形式，但根据保险合同附和性的特征，保险合同在实际执行时，采用保险单、保险凭证等书面形式确立，因此可以视之为约定要式合同。

5. 保险合同是最大诚信合同

"重合同、守信用"是任何合同当事人都必须遵守的基本原则，任何合同的订立和履行都应当遵守诚实信用的原则，不能有欺骗、隐瞒等行为的发生，否则会严重影响合同的法律效力。保险合同较一般合同对当事人的诚实信用的要求更为严格，故称为最大诚信合同。保险合同的订立与履行，很大程度上依赖于投保人的诚实信用。一方面，投保人在订立合同时，对保险人的询问及有关标的情况要作如实告知；在保险标的危险增加时应及时通知保险人；对保险标的的过去的情况、未来事项也要向保险人做出保证，在合同履行过程中也要严格遵守合同中规定的各项义务。另一方面，保险人在订立保险合同时，应向投保人说明保险合同的内容；要及时签发保险单证，要对投保人、被保险人的相关情况承担保密义务；在约定的保险事故发生时，履行赔偿或给付保险金的义务等。

6. 保险合同是射幸合同

射幸合同，就是指合同当事人一方支付的代价所获得的只是一个机会，这个机会产生的收益远远高于其付出的代价。对投保人而言，他有可能获得远远大于所支付的保险费的效益（单纯地比较保险费与保险赔偿或给付金额），但也可能没有利益可获；对保险人而言，他所赔付的保险金可能远远大于其所收取的保险费，但也可能只收取保险费而不承担支付保险金的责任。保险合同的这种射幸性质是由保险事故的发生具有偶然性的特点决定的，即保险人承保的危险或者保险合同约定的给付保险金的条件的发生与否，均为不确定。

射幸合同的合同当事人中至少有一方并不必然履行金钱给付义务，只有当合同中约定的条件具备或合同约定的事件发生时才履行；而合同约定的事件是有可能发生也有可能不发生的不确定事件。在保险合同关系中，保险人是否履行赔偿或给付保险金的义务，取决于约定的保险事故是否发生，而保险合同约定的保险事故是否发生或者何时发生是不确定的。

3.1.2 保险合同的种类

1. 按保险合同的标的划分

按保险合同的标的划分，保险合同可以分为财产保险合同和人身保险合同。这是我国《保险法》对保险合同的分类，也是基本的、常见的分类方法。

财产保险合同的保险标的是财产物资及其有关利益、责任、信用等，是补偿性合同；人身保险合同的保险标的是人的寿命和身体，是给付性合同。

2. 根据保险人所承保的危险的状况不同划分

根据保险人所承保的危险的状况不同，保险合同可分为单一危险保险合同与综合危险保险合同。前者是指保险合同只承保一种危险责任，如农作物雹灾险合同，只对由冰雹造成的农作物损失负责赔偿。后者是指一个保险合同承保两种以上的多种特定的危险责任，如财产保险合同等。只要损失是由所保危险造成的，被保险人就可获得赔偿。目前，无论是国内还是国外，单一危险保险合同在保险合同中居多，但保险人只承保一种危险的保险合同已日趋减少。例如，最古老的保险合同之一——火灾保险，保险人在签订这种合同时，已不再是承保单一的危险——火灾，它的承保范围不断扩大，基本上已发展成为多种自然灾害和意外事故，如雷电、地震、洪水、暴风雨、爆炸、自燃等危险的保险。

3. 按保险标的的价值是否载于保险合同进行分类

按保险标的的价值是否载于保险合同进行分类，保险合同可分为定值保险合同和不定值保险合同。

(1)定值保险合同是指载明保险双方约定的保险标的价值的保险合同。定值保险合同成立后，一旦发生保险事故，双方在合同中约定的保险价值就应该成为保险人支付保险赔偿金数额的计算依据。如果保险事故造成保险标的的全部损失，则无论保险标的实际损失如何，保险人均应支付合同所约定的保险金额的全部，不必对保险标的重新估价；如果保险标的仅遭部分损失，那么只需要确定损失的比例，该比例与双方确定的保险价值的乘积，就是保险人应支付的保险赔偿金额，同样无须对保险标的实际价值进行估算。

定值保险合同一般适用于特殊的保险标的，如古玩、字画等，由于其本身的价值难以确定，因此需要保险双方事先约定一个固定的价值作为保险价值进行保险。在国际保险市场上，由于运输货物的市场价格在起运地、中途和目的地都不相同，为保障被保险人的实际利益，避免赔款时因市价差额而带来的纠纷，习惯上也采用定值保险合同。船舶险亦然。

(2)不定值保险合同是指保险双方当事人事先不确定保险价值，只在保险合同中列明保险金额作为赔偿的最高限额。当保险标的发生保险责任范围内规定的事故损失时，保险人以当时损失发生地的市场价格为依据，确定保险价值并以此作为赔付的标准进行保险赔付。

在实践中，大多数财产保险均采用不定值保险合同的形式。在不定值保险合同中，保险标的的价值是在保险事故发生后才进行估算的，而在保险合同成立至保险事故发生这段时间内，其价值可能发生变化，这就出现了保险价值的确定标准问题。在保险实践中，通常以保险标的出险时的市场价格为标准来确定保险价值。

按保险金额与保险标的的出险时的实际价值的对比关系划分，保险合同可分为足额保险合同、不足额保险合同和超额保险合同。

(1)足额保险合同又称全额保险合同，是指保险金额大体相当于财产的实际价值的保险合同。在这种情况下，被保险人既可获得充分的经济保障，也不会多支付保险费。

(2)不足额保险合同又称低额保险合同，是指保险金额小于财产实际价值的保险合同。这种情况的出现有三种原因。

①由于保险人的规定，藉以促使被保险人注意防范危险。

②由于被保险人的自愿，藉以节省保险费。

③由于财产价值的上涨，而使财产的实际价值高于保险金额。由于不足额保险合同中规定的保险金额低于保险价值，其差额部分的危险投保人并未转移给保险人，不足额部分应视为投保人自保。当发生全损时，保险人按约定的保险金额给付保险金；当发生部分损失时，通常适用比例分摊原则，即保险人与被保险人就损失按比例分摊。在家庭财产保险中还有“第一危险(损失)”的赔偿方法，即首先由保险人在保险金额的限度内为赔偿给付，如果实际的损失超过保险金额，则由被保险人自行承担超出的部分。

(3)超额保险合同指保险金额大于保险标的出险时的市场价值的保险合同。产生超额保险合同的原因大致有以下几种。

①基于投保人的善意而产生的超额保险。

②基于投保人的恶意而产生的超额保险。即投保人明知或根据善良管理人的注意义务应该知道保险金额超过保险价值而出现超额投保产生的超额保险。恶意超额投保的投保人一般是居心叵测，企图利用超额保险合同对保险人诈欺，以谋取不正当的利益。

③经保险人允许或根据保险人提供的保险条款条件，经保险双方当事人特别约定按照保险标的重置成本投保，使保险金额高于保险标的实际市场价格。

④保险合同成立后，因保险标的物的市场价格跌落，导致保险事故发生时保险金额超过保险价值，这种超额保险合同的法律效力与善意超额保险相同。因为超额保险极易诱发道德危险，对保险事业的发展危害极大，所以各国的保险立法对超额保险合同均加以严格限制。

4. 按保险金额的确定方式划分

按保险金额的确定方式，保险合同可分为定额保险合同和补偿保险合同。定额保险合同是指合同双方当事人事先协商约定保险金额的合同。人身保险合同均采用定额保险合同的形式。因为人的生命和身体是无价的，保险金额只能根据被保险人的实际需要和缴付保险费的能力来确定，发生保险事故时，保险人以保险金额作为给付金额。补偿保险合同是指以保险标的价值确定保险金额的合同。财产保险合同均属于补偿保险合同。

5. 根据保险标的的不同情况划分

根据保险标的的不同情况，保险合同可以分为个人保险合同与团体保险合同。个人保险合同是以一人或一物为保险标的的保险合同。团体保险合同是以多数人或多数物为保险标的的合同，又称为集合保险合同。

6. 原保险合同与再保险合同

根据保险人所负保险责任的次序，保险合同可分为原保险合同与再保险合同。原保险合同是指投保人与保险人签订的保险合同。我们通常意义上所学习、接触到的人身保险、财产保险等大都属于原保险合同。再保险合同又称分保合同，是指原保险人为了分摊已承保保险的危险而与再保险人签订的保险合同。这种保险合同通常以原保险人所承担的全部或一部分责任作为保险标的，由再保险人负责赔偿按规定分摊的保险赔款。再保险是在保险人与保险人之间办理，也称“保险人之间的保险”。再保险对处理巨灾风险、巨额风险等具有重要意义。

3.2 保险合同的主体与客体

3.2.1 保险合同的主体

合同关系的主体即合同的当事人、关系人，通常指订立并履行合同的自然人、法人或其他组织，他们在合同关系中享有权利并承担相应的义务。保险合同的主体与一般合同的主体有所不同。当投保人与被保险人为同一人时，保险人、投保人和被保险人是保险合同的当事人；受益人是保险合同的关系人。当投保人与被保险人不是同一人时，投保人是保险合同的当事人，而被保险人是保险合同的关系人。同时，我们一般把辅助保险合同达成与履行等活动的保险中介人也列为保险合同的主体。

1. 保险合同的当事人

(1)保险人。在我国，保险人是指与投保人订立保险合同，并承担赔偿或给付保险金责任的保险公司。按我国现行《保险法》的规定，保险人必须符合如下条件。

①保险人要具备法定资格，即依法成立。

②保险人必须以自己的名义订立保险合同。保险公司只有以自己的名义与投保人订立保险合同，才能成为保险合同的保险人。

③保险人须依照保险合同承担保险责任。订立保险合同的目的在于使保险人在合同约定的保险期间内，对于发生的保险事故或事件，承担赔偿或给付保险金的责任。按照保险合同的约定承担保险责任，是保险人最主要、最基本的合同义务。

世界上绝大多数国家都限定保险人必须是法人，只有个别国家（如英国劳合社）允许个人经营保险业务。

(2)投保人。投保人是指与保险人订立保险合同，并按照保险合同负有支付保险费义务的人。投保人并不以自然人为限，法人和其他组织也可以成为投保人。

投保人应具备的条件有如下方面。

①投保人须具有民事权利能力和民事行为能力。

②投保人须对保险标的具有保险利益。

③投保人须与保险人订立保险合同并按约定交付保险费。

缴纳保险费是投保人最基本、最重要的义务。而保险费是形成保险基金的主要来源，对保险人最终承担赔偿或给付义务意义重大，可增强保险公司的偿付能力。

2. 保险合同的关系人

保险合同的关系人一般是指受益人和被保险人。

(1)受益人。第一，含义：受益人是指人身保险合同中由被保险人或者投保人指定的享有保险金请求权的人，投保人、被保险人可以为受益人。在保险合同中，受益人只享受权利，不承担缴付保险费的义务。

资料链接　　财产保险受益人

英国及中国台湾允许在财产保险上设置受益人。现行中国大陆在保险法规上仅人身保险有受益人。那么对财产保险设置受益人有无必要？事实上经济生活的飞速发展对此已提出了要求，作为社会意识关系的法律应当顺应这种形势的要求。当前房地产业融资过程中出现了一种较为普遍但不合法的做法。即银行与房地产开发商联手推出银行按揭业务，由购房者向银行申请买房贷款，购房者将所购房屋抵押给银行，购房者同时被要求购买房屋财产保险。尔后银行在保险公司签发的“抵押住房保险保单”批注事项一栏里盖章，并注明：“本保单第一受益人为某银行某支行”。中国现行《保险法》对于财产保险并无“第一受益人”的说法。因此，在出现纠纷时，银行可能因为无法可依而丧失诉讼资格。而从司法实践上，也出现了有的法院按照利害关系的原理判定银行有利益，而有的法院则以无法可依为依据判定银行没有诉讼资格。这说明，有必要在法律上对此问题进行进一步规范。

（本文由作者改写自：百度百科，中国普法网，网易财经等）

第二，受益人的成立应具备的条件。

①受益人须经被保险人或投保人指定。受益人可以是自然人，也可以是法人。受益人如果不是被保险人、投保人，则多为与其有利害关系的自然人。胎儿也可以为受益人，但须以出生时存活为必要条件。此外，在我国保险实务中，其他自然人、法人单位、其他组织实际上也可以成为受益人，如单位为总经理投保人身险，而以单位为受益人。因此，可以说，在我国受益人的资格是没有限制的，被指定的受益人之间甚至可以互不相识。

人身保险合同中因投保人订立合同的目的不同,合同约定的受益人也有所不同:投保人以自己的生命、身体为他人利益订立保险合同的,投保人是被保险人,受益人是其指定的人;投保人以自己的生命、身体为自己利益而订立保险合同的,投保人既是被保险人,也是受益人;投保人以他人的生命、身体为他人利益而订立保险合同的,受益人经被保险人同意后,可以是第三人;投保人以他人的生命、身体为自己利益而订立保险合同的,经被保险人同意后,投保人是受益人。投保人指定或变更受益人时,须经被保险人同意。受益人可以是被保险人或投保人指定的一人或数人。被保险人为无民事行为能力人或者限制民事行为能力人的,可以由其监护人指定受益人。

②受益人必须是具有保险金请求权的人。保险金请求权是受益人依照保险合同享有的基本权利。当被保险人与受益人不是同一人时,保险事故或事件发生后,如果被保险人死亡,则受益人能够从保险人处获得保险金。人身保险合同中被指定的受益人是一人时,保险金请求权由该人行使,并获得全部保险金。受益人是数人的,保险金请求权由该数人行使,其受益顺序和受益份额由被保险人或投保人确定;未确定的,受益人按照相等份额享有受益权。

第三,保险金与遗产。一般来说,保险合同的受益人并不等于继承人,保险合同的受益人是指保险合同中由投保人或被保险人指定的享有保险金请求权的人,而继承人则是指对被继承人的遗产享有继承权的人;保险合同的受益人是通过指定的方式订立的,是针对保险金而言的,而继承人则是属于《继承法》的范畴,是针对被继承人的遗产而言的。就是说,继承人经指定可以成为保险合同的受益人,但受益人的指定法律上并没有规定明确的范围,可以由投保人或保险人根据实际需要来指定。所以,继承人并不一定成为保险合同的受益人。

受益人的保险金请求权来自人身保险合同的规定,故受益人获得的保险金不属于被保险人的遗产,既不纳入遗产分配,也不用于清偿被保险人生前债务。但是被保险人死亡后,遇有下列情形之一的,保险金作为被保险人的遗产,由保险人向被保险人的继承人履行给付保险金的义务:没有指定受益人的;受益人先于被保险人死亡,没有其他受益人的;受益人依法丧失受益权或者放弃受益权,没有其他受益人的。此时,保险金应按《中华人民共和国继承法》规定分配。受益人与被保险人在同一事件中死亡,且不能确定死亡先后顺序的,推定受益人死亡在先。

(2)被保险人。被保险人是指其财产或者人身受保险合同保障,享有保险金请求权的人,投保人可以为被保险人。当投保人为自己利益投保时,投保人、被保险人为同一人。当投保人为他人利益投保时,须遵守以下规定:被保险人应是投保人在保险合同中指定的人;投保人要征得被保险人同意;投保人不得为无民事行为能力人投保以死亡为给付保险金条件的人身保险,但父母为未成年子女投保的人身保险不受此限制,只是死亡给付保险金额总和不得超过保险监督管理部门规定的限额。

在财产保险中,投保人可以与被保险人是同一人。如果投保人与被保险人不是同一人,则财产保险的被保险人必须是与财产有直接利害关系的人,否则不能成为财产保险的被保险人。在人身保险中,被保险人可以是投保人本人,如果投保人与被保险人不是同一人,则投保人与被保险人存在行政隶属关系或雇佣关系,或者投保人与被保险人存在债权和债务关系,或者投保人与被保险人存在法律认可的继承、赡养、抚养或监护关系,或者投保人与被保险人存在赠与关系,或者投保人是被保险人的配偶、父母、子女或法律所认可的其他人。

被保险人的成立应具备的条件有如下方面。

①被保险人须是财产或人身受保险合同保障的人。在财产保险合同中，当发生保险事故致使被保财产遭受损失后，被保险人可依照保险合同获得补偿；在人身保险合同中，当被保险人死亡、伤残、患疾病或达到约定年龄期限时，保险人要根据保险合同赔偿或给付保险金。

②被保险人须享有保险金请求权。保险金请求权的享有以保险合同的订立为前提，其行使则以保险事故或事件的发生为条件。a. 在财产保险合同中，保险事故发生后，未造成被保险人死亡的，保险金请求权由被保险人本人行使；造成被保险人死亡的，保险金请求权由其继承人依《中华人民共和国继承法》继承。b. 在人身保险合同中，保险事故或事件发生后，被保险人仍然生存的，保险金请求权由被保险人本人行使；被保险人死亡的，保险金请求权由被保险人或者投保人指定的受益人行使；未指定受益人的，保险金请求权由被保险人的继承人行使。

3. 保险合同的中介人

保险中介，指介于保险经营机构之间或保险经营机构与投保人之间，专门从事保险业务咨询与销售、风险管理与安排、价值衡量与评估、损失鉴定与理算等中介服务活动，并从中依法获取佣金或手续费的单位或个人。他们是非常重要的保险合同的辅助人。

一般在我国，保险合同的中介人主要包括保险代理人、保险经纪人、保险公估人等。此外，其他一些专业领域的单位或个人也可以从事某些特定的保险中介服务，如保险精算师事务所、事故调查机构和律师等。

3.2.2 保险合同的客体

保险合同的客体是投保人于保险标的上的保险利益。换言之，基于客体的存在才产生了相应的权利与义务。

需要注意的是，尽管保险合同中的保险标的是保险双方在订立和履行合同的重要的指向物，众多的权利与义务也围绕着保险标的而展开，但保险标的不应成为保险合同的客体。

只有保险利益存在了，保险标的才能有效，才能被保险。保险合同才能够被法律所承认，才能有效地防范道德风险的发生。而如果认为保险标的为保险合同的客体是没有看到其中的本质，保险标的只是表面的表现，保险利益才是其本质。

3.3 保险合同的内容与形式

3.3.1 保险合同的内容

1. 保险合同内容的构成

狭义保险合同的内容仅指保险合同当事人依法约定的权利和义务。广义保险合同的内容则是指以双方权利义务为核心的保险合同的全部记载事项。这里介绍的是广义保险合同的内容。

从保险法律关系的要素上看，保险合同由以下几部分构成。

(1)主体部分。包括保险人、投保人、被保险人、受益人及其住所。

(2)权利义务部分。包括保险责任和责任免除、保险费及其支付办法、保险金赔偿或者给付办法、保险期间和保险责任的开始、违约责任等。

(3)客体部分。保险合同的客体是保险利益，财产保险合同表现为保险价值和保险金额；人身保险合同表现为保险金额。保险标的是保险利益的载体。

(4)其他声明事项部分。包括其他法定应记载事项和当事人约定的事项，前者指除上述事项外的法定应记载事项，如争议的处理、定约日期等；后者指投保人和保险人在法定事项之外，约定的其他事项。

从条款的拟定上看，保险合同的内容由基本条款和特约条款构成。基本条款由《保险法》以列举方式直接规定，是保险合同必不可少的法定条款，由保险人拟定；特约条款是《保险法》所列举条款以外的条款，特约条款由双方共同拟定。两种条款都具有法律效力，其区别仅在于：前者是根据《保险法》必须约定的条款；后者则是当事人双方根据实际需要，可约定亦可不约定的条款。

2. 保险合同具体内容

(1)保险合同的基本条款。

①保险人的名称和住所。保险人专指保险公司，其名称须与保险监管部门和工商行政管理机关批准和登记的名称一致。保险人的住所即保险公司或其分支机构的主营业场所所在地。

②投保人、被保险人、受益人的名称和住所。

③保险标的。保险标的是指作为保险对象的财产及其有关利益或者人的生命和身体，它是保险利益的载体。保险标的如为财产及其有关利益，应包括该标的的具体坐落地点，有的还包括利益关系。作为保险对象的财产，可以是有形的，如房屋、汽车，也可以是无形的，如商标使用权、专利权等。作为保险对象的人，是指自然人，可以是一个人，也可以是一个特定团体中的所有的人。保险标的如为人的生命和身体，还应包括被保险人的年龄，有的还包括被保险人的职业、健康状况，视具体险种而定。

④保险责任和责任免除。保险责任是指保险合同约定的保险事故或事件发生后，保险人所应承担的保险金赔偿或给付责任。这种赔偿或给付责任，包括损害赔偿、责任赔偿、保险金给付、施救费用、救助费用、诉讼费用等。不同保险业务的保险责任范围有较大的区别。一般包含自然灾害、意外事故、抢救或防止灾害蔓延采取必要措施造成的保险财产损失和保险危险发生时必要的施救、保护、整理等合理费用。

责任免除是指保险人依照法律规定或合同约定，不承担保险责任的范围，是对保险责任的限制。责任免除条款的内容应以列举方式规定。保险合同列明的除外责任，主要有三部分。一是明确列入除外责任条款之内，如战争、军事行动、暴力行为、核辐射和污染等。二是不在列举的保险责任范围之内，如其他不属于保险责任范围内的损失。三是由于除外责任列举事项引起的保险事故损失，如由于被保险人的故意行为造成的火灾、爆炸等，即使火灾、爆炸属于保险责任，但却是除外责任中被保险人的故意行为所引起，因而仍作除外责任。

⑤保险期间和保险责任开始时间。保险期间是指保险人为被保险人提供保险保障的起止日期，即保险合同的有效期间。根据《保险法》第十三条的规定："投保人和保险人可以对合同的效力约定附条件或者附期限。"明确了保险合同的保险期间可以由双方约定。各个不同的险种有不同的保险期间，如：航空旅客人身意外伤害保险，其保险期间仅为一个航程，如果是终身寿险，保险期间则指被保险人的有生之年。保险合同的保险期间，通常有两种计算方法：a. 用年、月计算，如财产保险一般为1年，期满后可以再续订合同，人身保险的保险期限较长，有5年、10年、20年、30年等。b. 以某一事件的始末为保险期限，如货物运输保险、运输工具保险有可能以一个航程为保险期限，而建筑安装工程则以工程施工日至预约验收日为保险期限。

保险责任开始时间即保险人开始承担保险责任的时间，通常以年、月、日、时表示。保险合同成立后，投保人按照约定交付保险费；保险人按照约定的时间开始承担保险责任。保险责任开始的时间应由双方在保险合同中约定。我国保险实务中以约定起保日的零点为保险责任开始时间，以合同期满日的 24 点为保险责任终止时间，称为“零时起保”。

⑥保险价值。保险价值是指保险标的的实际价值，即投保人对保险标的所享有的保险利益的货币估价额。它是财产保险的投保人与保险人订立保险合同时，作为确定保险金额基础的保险标的的价值。

保险价值的确定主要有三种方法：a. 由当事人双方在保险合同中约定，当保险事故发生后，无须再对保险标的估价，就可直接根据合同约定的保险标的的价值额计算损失，即为定值保险合同。b. 按事故发生后保险标的的市场价格确定，即保险标的的价值额随市场价格变动，保险人的赔偿金额不超过保险标的在保险事故发生时的市场价格，即为不定值保险合同。c. 依据法律具体规定确定保险价值。例如，我国《海商法》第二百一十九条就对船舶的保险价值的确定作出了具体规定，船舶的保险价值包括船壳、机器、设备的价值，以及船上燃料、物料、索具、给养、淡水的价值和保险费的总和。

⑦保险金额。保险金额是指保险人承担赔偿或者给付保险金的最高限额。同时，保险金额也是计收保险费的依据。

财产保险中，保险金额的确定以保险价值为依据。在定值保险中，保险金额为双方约定的保险标的的价值。在不定值保险中，保险金额可以按下述方法确定。第一，由投保人按保险标的的实际价值确定。第二，由投保人和保险人协商按保险标的的实际价值确定。第三，根据投保人投保时保险标的的账面价值确定。无论在定值保险中还是在不定值保险中，保险金额都不得超过保险价值，超过的部分无效。保险金额在财产保险合同中根据保险价值计算，以保险标的的实际价值为限，可以小于保险价值。

在人身保险中，保险金额由双方当事人自行约定。

⑧保险费及其支付办法。保险费是指投保人为取得保险保障，按合同约定向保险人支付的费用。保险费是保险基金的来源。保险费多少取决于保险金额的大小、保险期限的长短和保险费率的高低等。保险费由保险金额、保险费率和保险期限构成。保险费的数额同保险金额的大小、保险费率的高低和保险期限的长短成正比，即保险金额越大，保险费率越高，保险期限越长，则保险费也就越多。交纳保险费是被保险人的义务。如被保险人不按期交纳保险费，在自愿保险中，则保险合同失效（分期缴费的人身保险设有宽限期和中止、复效的规定，按规定执行）；在强制保险中，就要附加一定数额的滞纳金。

在我国，主要险种的费率由保险监管部门确定；其他险种的费率应报保险监管部门备案。保险费的支付办法由当事人双方在保险合同中约定，可一次支付，也可分期支付。

⑨保险赔偿或给付办法。保险金赔偿或给付办法是指保险人承担保险责任的具体方法，由保险合同当事人在合同中依法约定。投保人订立保险合同的目的在于保险事故或事件发生后，保险人能按合同约定的方式、数额或标准，通过赔偿或给付保险金来承担保险责任，因此，保险金的赔偿或给付办法是保险人在保险合同中承担的一项基本义务。保险金的赔偿或给付办法在财产保险合同中按规定的方式计算赔偿金额，在人身保险合同中保险金额按规定定额给付。

⑩违约责任和争议处理。违约责任指保险合同当事人因其过错不履行或不完全履行合同

约定的义务所应承担的法律后果。保险合同关系到当事人的利益,任何一方的违约均可能给对方造成损失,因此,在保险合同中必须明确违约责任,以便防范违约行为的发生。承担违约责任的方式应在保险合同列明,主要是支付违约金或支付赔偿金。

争议处理是指保险合同发生争议后的解决方式,包括协商、仲裁和诉讼。具体使用何种方式可由当事人双方在合同中事先约定或在争议发生后协商确定,如事先无任何约定(尤其是未约定采用仲裁方式),一方当事人也可在争议发生后直接向法院提起诉讼。

(2)保险合同的特约条款。保险合同除了基本条款以外,当事人还可根据特殊需要约定其他条款。为区别于基本条款,这类条款为特约条款。广义的特约条款包括附加条款和保证条款两种类型;狭义上仅指保证条款。

①附加条款。附加条款是指保险合同当事人在基本条款的基础上另行约定的补充条款。附加条款一般采取在保险单空白处批注或在保险单上用附贴批单的方式使之成为保险合同的一部分。附加条款是对基本条款的修改或变更,其效力优于基本条款。特约附加责任是指财产保险合同载明的基本责任以外,或列为除外责任的风险损失,经保险双方协商同意后特约附加承保的一种责任,属于约定扩大的保险责任,故也称为"附加责任"或"附加险"。它附属于基本责任,作为基本险的一项补充,如企业财产保险附加盗窃险;或独立存在,可以单独承保,如机动车辆第三者责任险。

②保证条款。保证条款是指投保人或被保险人就特定事项担保的条款,即保证某种行为或事实的真实性的条款。例如,人身保险合同的投保人保证其申报的被保险人年龄真实,远洋船舶保险中一般规定被保险人不得改变装运货物、不得变更航行区域或航线、不得拖带、不得进行救助服务、不得变更开航日期等项保证。

保证条款一般由法律规定或同业协会制定,是投保人或被保险人必须遵守的条款,如有违反,保险人有权解除合同或拒绝赔偿。

3.3.2 保险合同的形式

对保险合同应采取何种形式这一问题,《保险法》并未作出直接规定,既没有明确规定必须采取书面形式,也没有禁止口头形式。在保险实务中,为了便于当事人双方履行合同,特别是在保险事故或事件发生后,能够为被保险人、受益人索赔和为保险人承担保险责任提供法律依据,避免日后发生纠纷,同时也为了便于举证,如无特殊情况,保险合同通常采用书面形式。书面形式的保险合同包括:投保单、保险单、保险凭证、暂保单以及除此之外的其他书面协议。

1. 投保单

投保单也称要保书,是指投保人为订立保险合同而向保险人提出的书面要约。投保单经保险人作出承诺后,即成为保险合同的一部分。实践中,投保单由保险人事先印就并提供给投保人,投保人按投保单所列条款逐一填写后交给保险人,经保险人盖章后,保险合同即告成立。投保单一般应包含保险合同的所有事项,构成法律上的要约行为。

投保单的作用有:一是投保请求的依据;二是出险赔付的重要参考条件;三是保险人鉴别风险状况,决定是否承保的依据。

人身保险的投保单项目一般有投保人及被保险人姓名、职业、年龄、健康状况、受益人等;财产保险的投保单项目一般有投保人营业性质、财产所在地、周围环境、建筑物结构等级等。标准形式见表3.1。

表 3.1　中国某保险股份有限公司寿险投保书(节选)

客户填写栏

<table>
<tr><td rowspan="5">投保人</td><td colspan="6">姓名：　性别：□男　□女　出生日期：　年　月　日　与被保险人关系：</td></tr>
<tr><td colspan="6">证件类型：□居民身份证　□其他　证件号码：□□□□□□□□□□□□□□□□□□</td></tr>
<tr><td colspan="6">邮寄地址：　邮政编码：□□□□□□</td></tr>
<tr><td colspan="6">家庭住址：(如同前可不填)　邮政编码：□□□□□□</td></tr>
<tr><td colspan="6">办公电话：　住宅电话：　移动电话：</td></tr>
<tr><td>被保险人</td><td colspan="6">若被保险人与投保人为同一人，本栏可不填写。
姓名：　性别：□男　□女　出生日期：　年　月　日
证件类型：□居民身份证　□其他　证件号码：□□□□□□□□□□□□□□□□□□
联系地址：　联系电话：　邮政编码：</td></tr>
<tr><td rowspan="4">投保</td><td>险种名称</td><td>投保份数</td><td>保险年限</td><td>保险费</td><td>保险费合计</td><td>特别约定</td></tr>
<tr><td></td><td></td><td></td><td></td><td rowspan="3"></td><td rowspan="3"></td></tr>
<tr><td></td><td></td><td></td><td></td></tr>
<tr><td></td><td></td><td></td><td></td></tr>
<tr><td rowspan="5">事项</td><td colspan="6">交费方式：□趸交□年交□月交
保险单递送方式：□返回柜台领取□邮寄送达□当场领取</td></tr>
<tr><td colspan="6">被保险人身故受益人姓名：　是被保险人的：□配偶□子女□父母□其他</td></tr>
<tr><td colspan="6">被保险人生存受益人姓名：　是被保险人的：□配偶□子女□父母□其他</td></tr>
<tr><td colspan="6">投保人、被保险人声明</td></tr>
</table>

(1)本人已认真阅读并理解产品说明书。 (2)本人谨此声明已了解上述投保之保险条款及投保须知的全部内容并同意遵守；除经贵公司特别授权人员在保险单内书面批准，其他任何人的口头或书面承诺，贵公司无须负责。 (3)本人提供的资料均属实，若否，保险公司可依法解除本保险合同，不负任何责任。 (4)投保人同意并授权贵公司及银行(或邮局)从本人以下账户中以约定的交费方式及金额按期收取各期保险费。 交费账号：□□□□□□□□□□□□□□□□□□□□□□□□开户行(局)； 投保人签名：　被保险人/监护人签名： 投保日期：　(请亲自签名否则无效)

代理单位填写栏

首期保费　□已收取　□事后转账	代理单位名章：	经办人：

保险公司填写栏

初审：	预收：	复核：	核保：
暂收据号：		投保单号：	保险单号：

2. 保险单

保险单也称保单，是指保险合同成立后，保险人向投保人(被保险人)签发的正式书面凭证。保险单由保险人制作，经签章后交付给投保人。保险合同成立后，保险人应当及时向投保人签发保险单，保险单应载明合同内容，必须具体、明确。虽然各种保险业务的承保标的和保险责任不尽相同，但各类保险单的基本内容是一致的。目前，保险单的形式趋于标准化。保险单包括以下四个部分的内容。

(1)声明事项。即投保人应向保险人说明的具体事项,如被保险人名称(姓名)及住所、保险标的及其所在地、保险价值及金额、保险期限、危险说明及承诺的义务等。

(2)保险事项。即保险人责任范围,指保险人所承担的保障风险项目,包括损失赔偿、责任赔偿、费用负担(施救、救助、诉讼费用等),以及保险金给付的一些规定。

(3)除外责任。即免除保险人责任的事项,包括道德风险、特殊风险以及保险标的物的原有品质不良和缺陷等。

(4)条件事项。即保险合同当事人双方享受权利时所应承担的义务。例如,保险单的变更、转让、注销、索赔期限、索赔手续、代位追偿、争议的处理等,在保险单上都有明确的规定,保险当事人双方必须遵守,不得违反。

保险单标准形式如表 3.2 所示。

表 3.2 财产保险综合险保险单(正本)

保险单号码:

鉴于________(以下称被保险人)已向本公司投保财产保险综合险以及附加________险,并按本保险条款约定交纳保险费,本公司特签发本保险单并同意依照财产保险综合险条款和附加险条款及其特别约定条件,承担被保险人下列财产的保险责任。

<table>
<tr><td></td><td colspan="2">投保标的项目</td><td>以何种价值投保</td><td>保险金额</td><td>费率(%)</td><td>保险费(元)</td></tr>
<tr><td rowspan="7">综合险</td><td colspan="2"></td><td></td><td></td><td></td><td></td></tr>
<tr><td colspan="2"></td><td></td><td></td><td></td><td></td></tr>
<tr><td colspan="2"></td><td></td><td></td><td></td><td></td></tr>
<tr><td colspan="2"></td><td></td><td></td><td></td><td></td></tr>
<tr><td rowspan="3">特约保险标的</td><td></td><td></td><td></td><td></td><td></td></tr>
<tr><td></td><td></td><td></td><td></td><td></td></tr>
<tr><td></td><td></td><td></td><td></td><td></td></tr>
<tr><td colspan="5">总保险金额(大写):</td><td colspan="2">(小写):</td></tr>
<tr><td rowspan="7">附加险</td><td colspan="2"></td><td></td><td></td><td></td><td></td></tr>
<tr><td colspan="2"></td><td></td><td></td><td></td><td></td></tr>
<tr><td colspan="2"></td><td></td><td></td><td></td><td></td></tr>
<tr><td colspan="2"></td><td></td><td></td><td></td><td></td></tr>
<tr><td colspan="2"></td><td></td><td></td><td></td><td></td></tr>
<tr><td colspan="2"></td><td></td><td></td><td></td><td></td></tr>
<tr><td colspan="2"></td><td></td><td></td><td></td><td></td></tr>
<tr><td colspan="5">总保险费(大写):</td><td colspan="2">(小写):</td></tr>
<tr><td colspan="7">保险责任期限自　　年　月　日零时起至　　年　月　日二十四时止</td></tr>
<tr><td>特别约定</td><td colspan="2"></td><td></td><td></td><td></td><td></td></tr>
<tr><td colspan="7">被保险人地址:
电话:
邮政编码:
行业:
所有制:
占用性质:
财产坐落地址:　　　　中国人民保险公司(签章)
共　个地址:　　　　年　月　日</td></tr>
</table>

3. 保险凭证

保险凭证也称“小保单”，是保险人向投保人签发的证明保险合同已经成立的书面凭证，是一种简化了的保险单。保险凭证的法律效力与保险单相同，只是内容较为简单，一般而言，保险凭证虽然不印刷保险条款的具体内容，但须载明采用或依据何种保险条款，要记录投保人、保险标的、保险金额、保险期限、保险费等项目。实践中只在少数几种保险业务如货物运输保险、汽车险及第三者责任保险中使用，另外在团体保险中也使用保险凭证，即在主保险单之外，对参加团体保险的个人再分别签发保险凭证。其标准形式如表 3.3 所示。

表 3.3　学生平安保险凭证

被保险人姓名		性别		出生日期	
学校(幼儿园)名称	学校(幼儿园)　年级　班				
家庭住址					
投保人姓名		联系电话			
投保时间	保险金额	保险费	保险公司签章		
年　月　日					
年　月　日					
年　月　日					
年　月　日					
年　月　日					

说明：(1)被保险人指学生、幼儿；投保人泛指家长。

(2)学生、幼儿参加保险，需经保险公司同意并签章。

(3)此证由被保险人或投保人妥善保管，出险索赔时向保险公司提供。

4. 暂保单

暂保单也称临时保险单，是指由保险人在签发正式保险单之前，出具的临时保险凭证。暂保单的内容比较简单，一般只载明被保险人、保险标的、保险金额、保险险种等重要事项，以及保险单以外的特别保险条件。有关保险双方当事人的权利和义务，都以保险单的规定为准。暂保单签发后，保险人若确定不予承保，应按约定终止暂保单的效力，解除临时保险合同。

出立暂保单并不是订立保险合同的必经程序，通常是在以下四种情况下才会存在。

(1)保险代理人在招揽到保险业务，但还未向保险人办妥正式保险单时，可先出立暂保单，作为保险合同成立的证明。

(2)保险公司的分支机构在接受投保人的要约后，尚需要获得上级保险公司或者保险总公司的批准，在未获得批准前，可先出立暂保单，证明保险合同的成立。

(3)保险人和投保人在洽谈或续订保险合同时，订约双方当事人已就主要条款达成协议，但还需要进一步商讨，在没有完全谈妥之前，先出立暂保单，作为合同成立的证明。

(4)出口贸易结汇时，保险单是必备的文件之一，在保险人尚未出具保险单或保险凭证之前，先出立暂保单，以资证明出口货物已经办理保险，作为结汇凭证之一。暂保单的有效期一般为 30 天。

3.4 保险合同的法律程序

3.4.1 保险合同的订立

1. 保险合同的订立程序

保险合同的订立程序与一般经济合同相同，需经过要约、承诺才能完成。

(1)要约。要约是当事人一方向对方发出的希望与对方订立合同的意思表示。发出要约的一方称要约人，接受要约的一方称受要约人。

一个有效的要约需要具备的条件有如下方面。

①是由具有订约能力的特定人作出的意思表示。

②必须具有订立合同的目的。

③必须向要约人希望与之缔约合同的受要约人发出。

④内容必须具体确定。

⑤要约必须送达受要约人。

(2)承诺。承诺是受要约人同意要约的意思表示，即受要约人同意接受要约的全部条件而与要约人成立合同。承诺应当以通知的方式作出，但根据交易习惯或者要约表明可以通过行为作出承诺的除外。承诺的法律效力在于，承诺一经作出，并送达要约人，合同即告成立，要约人不得加以拒绝。

任何有效的承诺，都必须具备以下条件。

①承诺必须由受要约人作出。

②承诺必须是在有效时间内作出。

③承诺必须与要约的内容完全一致。

承诺可以书面方式进行，也可以口头方式进行。通常，它须与要约方式相应，即要约以什么方式进行，其承诺也应以什么方式进行。

比较而言，保险合同的订立程序因保险合同的标准化而相对简单。一般来说，投保人视为要约人，投保人填写投保单，并交给保险人的行为视为要约。投保单一经保险人接受，保险人签发保险单，视为保险人的承诺，完成了保险合同的订立。

2. 保险合同的成立与生效

保险合同的成立是指投保人与保险人就保险合同条款达成协议。保险合同的生效是指保险合同对当事人双方发生约束力，即合同条款产生法律效力。一般来说，合同成立即生效。但是保险合同多为附条件合同，根据《保险法》第十三条的规定："投保人和保险人可以对合同的效力约定附条件或者附期限。"同时，我国保险实务中普遍实行"零点起保"，所以，保险合同是在合同成立后的某一时间生效。保险合同生效前发生保险事故的，保险人不承担保险责任。

(1)保险合同的有效。保险合同的有效是指保险合同是由当事人双方依法订立，并受国家法律保护。保险合同有效与保险合同生效在保险业务中有所不同。在我国，只要保险合同具备《中华人民共和国民法通则》(以下简称《民法通则》)规定的民事法律有效要件，即当事人有相应的行为能力、意思表示真实、不违反法律或者社会公共利益，就可以认定其有效。保险合同的生效则要求合同所附条件成立，如交纳保险费或满足其他约定条件。因此，保险合同有效是保险合同生效的前提条件。在保险合同有效的前提下，只要所附条件成立，保险合同就生效；在保险合同无效的情况下，即使所附条件成立，保险合同也不生效。

(2)保险合同的无效。无效保险合同是指当事人虽然订立，但不发生法律效力、国家不予保护的保险合同。

①无效保险合同的概念及种类。按照无效的程度，保险合同的无效可分为全部无效和部分无效。全部无效是指有违反国家禁止性规定而被确认无效后，不得继续履行的保险合同，如投保人对保险标的不具有保险利益的保险合同、违反国家利益和社会公共利益的保险合同、保险标的不合法的保险合同等。部分无效是指保险合同某些条款的内容无效，但合同的其他部分仍然有效。如善意的超额保险，超额部分无效等。

按照无效的性质，保险合同的无效可分为绝对无效和相对无效。绝对无效是指保险合同自订立起就不发生法律效力，如行为人不合格、采取欺诈胁迫等手段订立的合同、违反法律或行政法规的合同等。相对无效是指因重大误解和显失公平等引起无效的保险合同。

②无效保险合同的确认。无效合同的确认权归人民法院和仲裁机关。

3.4.2 保险合同的履行

保险合同的履行是指保险合同双方当事人依法全面完成合同约定的行为。保险合同是双务合同，一方的权利是另一方的义务，一方的义务是另一方的权利。

1. 投保人义务的履行

(1)缴纳保险费。投保人按照合同负有缴纳保险费的义务。这是投保人最基本的义务。投保人必须按照合同规定的时间、地点、数额及方式缴纳保险费。财产保险合同中，投保人不缴纳保险费，保险人可以请求投保人缴纳保险费，也可以终止保险合同；人身保险合同中，保险人可进行催告投保人应在一定期限内缴纳保险费，否则保险合同自动终止。

(2)如实告知。投保人的如实告知义务涉及保险人承保与否和风险测算的准确程度等及保险费率的水平。所以投保人必须履行如实告知义务，否则，保险人有权解除保险合同。

(3)及时通知。

①危险增加通知的义务。保险合同成立后，保险标的危险程度发生变化，足以影响保险人在订立保险合同时对保险标的危险程度的估计。这时，投保人应及时通知保险人。保险人得知保险标的的变化后，往往调整费率和承保条件。该事项影响重大，在第 4 章保险原则中有专门论述。

②保险事故的通知义务。保险事故发生时，投保人应及时通知保险人。这样，有利于保险人及时勘查现场、确定损失发生原因和程度，以便决定是否向被保险人赔偿和给付保险金。

(4)减灾防损。减灾防损是保险经营过程中的重要工作。保险事故发生必然造成社会财产的损失。投保人只有切实做到防灾防损，才能尽可能减少社会财产的损失。因此，投保人切不可掉以轻心，忽视保险标的的防灾防损工作，甚至在保险事故发生时也不积极采取抢救措施，从而造成不必要的损失。

①维护标的安全。保险合同订立后，财产保险合同的投保人、被保险人应当遵守国家有关消防、安全、生产操作、劳动保护等方面的规定，维护保险标的的安全。保险人有权对保险标的的安全工作进行检查，经被保险人同意，可以对保险标的采取安全防范措施。投保人、被保险人未按约定维护保险标的的安全的，保险人有权要求增加保险费或解除保险合同。

②出险施救。《保险法》第五十七条规定："保险事故发生时，被保险人应当尽力采取必要的措施，防止或者减少损失。"为鼓励投保人、被保险人积极履行施救义务，《保险法》在本条还

规定,“保险事故发生后,被保险人为防止或者减少保险标的的损失所支付的必要的、合理的费用,由保险人承担。”

(5)提供相关证明和资料。保险事故发生后,投保人应当提交与确认保险事故的性质、原因、损失程度等有关的证明和材料,包括保险单、损失清单、事故报告、损失证明等必要单证。这样做,有利于保险人判断保险责任和赔偿金额。

(6)协助追偿。在财产保险中由第三人行为造成保险事故的保险人在向被保险人履行赔偿保险金后,享有代位求偿权,即保险人有权以被保险人的名义向第三人索赔。《保险法》第六十三条规定:“保险人向第三者行使代位请求赔偿的权利时,被保险人应当向保险人提供必要的文件和所知道的有关情况。”《保险法》第六十一条规定:“被保险人故意或者因重大过失致使保险人不能行使代位请求赔偿的权利的,保险人可以扣减或者要求返还相应的保险金。”

2. 保险人义务的履行

(1)条款说明。说明义务是指订立保险合同时,保险人应当向投保人说明保险合同条款的内容。保险人的证明义务为法定义务。《保险法》第十七条规定“订立保险合同,采用保险人提供的格式条款的,保险人向投保人提供的投保单应当附格式条款,保险人应当向投保人说明合同的内容。对保险合同中免除保险人责任的条款,保险人在订立合同时应当在投保单、保险单或者其他保险凭证上作出足以引起投保人注意的提示,并对该条款的内容以书面或者口头形式向投保人作出明确说明;未作提示或者明确说明的,该条款不产生效力。”因此,保险人在订立保险合同时,必须就免责条款向投保人作明确说明。否则,该免责条款不产生法律效力。

(2)赔偿给付保险金。承担保险责任是保险人依照法律规定和合同约定所应承担的最重要、最基本的义务。

①保险人承担保险责任的范围。

• 保险赔偿。财产保险合同中,根据保险标的的实际损失确定,但最高不得超过合同约定的保险标的的保险金额。人身保险合同中,即为合同约定的保险金额。

• 施救费用。见上文所述投保人出险施救义务。

• 争议处理费用。争议处理费用是指被保险人因给第三人造成损害的保险事故而被提起仲裁或诉讼的应由被保险人支付的费用,如责任保险中应由被保险人支付的仲裁费、鉴定费等,依照《保险法》第六十六条规定:“责任保险的被保险人因给第三者造成损害的保险事故而被提起仲裁或者诉讼的,被保险人支付的仲裁或者诉讼费用以及其他必要的、合理的费用,除合同另有约定外,由保险人承担”。

• 检验费用。依照《保险法》第六十四条规定“保险人、被保险人为查明和确定保险事故的性质、原因和保险标的的损失程度所支付的必要的、合理的费用,由保险人承担。”

②承担保险责任的时限。

• 保险人在收到被保险人或者受益人的赔偿或者给付保险金的请求后,应当及时做出核定,对于属于保险责任的,在与被保险人或者受益人达成有关赔偿或者给付保险金额的协议后10日内,履行赔偿或者给付保险金义务。

• 保险合同对保险金额及赔付期限有约定的,保险人应依照合同的约定,履行赔偿或者给付保险金义务。

• 保险人对其赔偿或者给付赔偿金的数额不能确定的,保险人自收到赔偿或者给付保险金的请求和有关证明、资料之日起60日内,确定最低数额先予支付;待赔偿或者给付保险金的最终数额确定后,支付相应差额。

③索赔时效。《保险法》对索赔时效作了明确规定。

• 人寿保险的索赔时效。被保险人或受益人对保险人请求给付保险金的权利,自其知道保险事故发生之日起5年不行使而自动消灭。

• 人寿保险以外的其他保险的索赔时效。被保险人或者受益人对保险人请求保险金赔偿或给付的权利,自其知道保险事故发生之日起2年不行使而消灭。

(3)及时签发保险单证。保险合同必须是以书面形式存在的法律协议。保险合同成立后,及时签发保险单或者其他保险凭证是保险人的法定义务。《保险法》第十三条规定:"投保人提出保险要求,经保险人同意承保,保险合同成立。保险人应当及时向投保人签发保险单或者其他保险凭证。"

(4)保密义务。2002年版《保险法》第三十二条规定:"保险人或者再保险接受人对在办理保险业务中知道的投保人、被保险人、受益人或者再保险分出人的业务和财产情况及个人隐私,负有保密的义务。"金融信用服务保密是其业务性质的需要,保险服务当然也是信用业务,因此保险人应尽保密义务。虽然在2009年新版的《保险法》中将其删除,但从保护消费者隐私的角度出发,我们认为这仍然应该是保险人的一项基本义务。

3.4.3 保险合同的变更

保险合同的变更是指在保险合同有效期间,当事人依法对合同条款所作的修改或补充。合同的变更,有狭义和广义之分,前者是指当事人双方权利、义务的变更;后者不仅包括权利、义务的变更,而且还包括主体和客体的变更。《保险法》第二十条关于保险合同的变更,指的是广义上的保险合同变更,即包括主体、客体和权利义务的变更。

1. 保险合同的主体变更

保险合同的主体变更是指保险合同的当事人或关系人的变更,变更的对象主要是投保人、被保险人或者受益人。一般情况下,保险合同主体的变更中不包含保险人的变更,除非保险人出现了破产、解散、合并、分立等事项。保险合同的主体变更一般不改变合同的权利义务和客体。

(1)财产保险合同的主体变更。财产保险合同的主体变更即财产保险合同的投保人、被保险人变更。变更的原因包括如下方面。

①保险标的所有权、经营权发生转移。由买卖、赠与、继承等民事法律行为所引起的保险标的所有权的转移;保险标的是国有财产的,其经营权或法人财产权的转移等,均可导致保险合同主体的变更。

②保险标的用益权的变动。用益权是指对他人财产的使用和收益的权利。如保险标的的承包人、租赁人因承包、租赁合同的订立、变更、终止,致使保险标的使用权或收益权发生变更,从而导致保险合同主体的变更。

③债务关系发生变化。在保险标的为担保物的情况下,主债权债务的设立、变更、终止可导致保险合同主体的变更。例如,抵押权人为抵押物投保的,当债务人提前履行债务时,抵押权也就随主债务的消灭而消灭,抵押权人也就会因此对保险标的失去保险利益,进而导致保险合同主体的变更。依照《保险法》的要求,由于保险标的的转让直接涉及保险人利益,所以转让保险标的应通知保险人,经保险人同意继续承保后,方可变更原保险合同的投保人、被保险人。

但在下述两种情况下,保险合同主体的变更可以不通知保险人。

①货物运输保险合同保险标的的转让无需征得保险人同意。

②保险人与投保人、被保险人事先约定,保险标的转让可以不通知保险人的,以合同约定执行。

(2)人身保险合同的主体变更。人身保险合同主体的变更,不以保险标的的转移为基础,而主要取决于投保人或被保险人的主观意愿。主要有下列情形。

①投保人的变更。投保人的变更须征得被保险人的同意并通知保险人,经保险人核准后方可变更。

②被保险人的变更。在人身保险合同中,保险标的即被保险人的生命或身体,这是保险关系确立的基础,一般是不能变更的,因为变更被保险人就意味着对保险人承担风险的变更,实际上就相当于要求订立一个新的保险合同。特殊情况是在团体人身保险中由于员工的流动而发生的被保险人人数的变更。

③受益人的变更。依照《保险法》规定,被保险人或者投保人可以变更受益人并书面通知保险人。投保人变更受益人时须经被保险人同意。投保人或被保险人变更受益人的,须书面通知保险人,保险人收到该书面通知后,应在保险单上批注。

2. 保险合同的客体变更

保险合同客体变更的原因主要是保险标的的价值增减变化,从而引起保险利益发生变化。保险合同客体的变更,通常是由投保人或被保险人提出,经保险人同意,加批后生效。如保险价值因市场价格上涨,投保人可提出按照或者不按照保险价值的增加比例增加保险金额,当然亦需增加保费;投保人亦可在保险价值并无增加的情况下在保险价值限度内提出增加保险金额的请求。如因有保险价值减少的情况或者虽无减少情况,投保人亦可提出减少保险金额的请求,只是一些保单规定保险人并不受理保险金额减少的请求,此种保单多为人寿保险保单。保险人往往根据变更后的保险合同客体调整保险费率,从而导致保险合同的权利义务的变更。

3. 保险合同的内容变更

保险合同的内容变更,是指保险合同主体的权利和义务的变更。保险合同内容的变更一般由投保人提出。投保人变更保险合同的情形有两种:一是投保人根据实际需要提出变更保险合同内容,例如,延长或缩短保险期限,增加或减少附加保险,家庭坐落地址变化等。在这种情况下,保险合同内容的变更主要取决于投保人、被保险人的主观意志。二是投保人根据法律规定提出变更保险合同内容。在保险合同的履行过程中,由于某些法定事由的出现,投保人必须根据法律规定及时通知保险人。在这种情况下,变更保险合同的内容,不取决于投保人的主观意志,而取决于法律的规定。如《保险法》第五十一条规定:“投保人、被保险人未按照约定履行其对保险标的的安全应尽责任的,保险人有权要求增加保险费或者解除合同。”第五十二条规定:“在合同有效期内,保险标的的危险程度显著增加的,被保险人应当按照合同约定及时通知保险人,保险人可以按照合同约定增加保险费或者解除合同。”第五十三条规定:“有下列情形之一的,除合同另有约定外,保险人应当降低保险费,并按日计算退还相应的保险费:(一)据以确定保险费率的有关情况发生变化,保险标的的危险程度明显减少的;(二)保险标的的保险价值明显减少的。”

3.4.4 保险合同的解除

保险合同的解除,是指保险合同当事人在保险合同成立后,因一定事由行使解除权而消灭保险合同的效力的法律行为。保险合同成立后,因其具有法律效力,当事人不得任意解除保险合同。根据《保险法》的规定,保险合同的解除应当依法律规定或保险合同约定的事由,由保险合同当事人依其享有的保险合同解除权而解除保险合同。它包括投保人对保险合同的解除和保险人对保险合同的解除。

投保人或保险人解除保险合同的权利,称为解除权。依法律规定的事由而行使解除权的称法定解除权,依保险合同约定的事由而行使解除权的为约定解除权。

保险合同解除的形式有两种:法定解除与约定(协议)解除。

1. 法定解除

法定解除是法律赋予合同当事人的一种单方解除权。《保险法》第十五条规定:"除本法另有规定或者保险合同另有约定外,保险合同成立后,投保人可以解除保险合同,保险人不得解除合同。"投保人提出解除保险合同主要是因为主客观情况发生变化,投保人感到保险合同的履行已无必要。但是投保人解除保险合同具有两种情况的限制。

(1)货物运输保险合同和运输工具航程保险合同,保险责任开始后,合同不得解除。

(2)当事人通过保险合同约定,对投保人的合同解除权作出限制的,投保人不得解除保险合同。

保险人有权解除保险合同的情况有如下方面。

(1)投保人故意或过失未履行如实告知义务,足以影响保险人决定是否承保或者以何种保险价格承保时。

(2)投保人、被保险人未履行维护保险标的的义务。

(3)被保险人未履行危险增加通知的义务。

(4)在人身保险合同中,投保人申报的被保险人的年龄不真实,并且其真实年龄不符合合同约定的年龄限制的,保险人可以解除合同,并在扣除手续费后,向投保人退还保险费,但是自合同成立之日起逾 2 年的除外。

(5)分期支付保险费的保险合同,投保人在支付了首期保险费后,未按约定或法定期限支付当期保险费的,合同效力中止。合同效力中止后 2 年内双方未就恢复保险合同效力事宜达成协议的,保险人有权解除保险合同。

(6)保险欺诈行为发生后,下述两种情形保险人有权解除保险合同:其一是被保险人或受益人在未发生保险事故的情况下,谎称发生了保险事故,向保险人提出赔偿或者给付保险金的请求;其二是投保人、被保险人或者受益人故意制造保险事故。但是人身保险合同的投保人交足 2 年以上保险费的,保险人应当按照合同的约定向其他享有权利的受益人退还保险单的现金价值。保险合同的法定解除关系到双方的重大利益,故应当采取书面的形式。

2. 约定解除

约定解除又称协议解除,是指当事人双方经协商同意解除保险合同的一种法律行为。保险合同的协议解除要采取书面的形式。如财产保险条款中常规定:保险事故发生后,保险人履行赔偿义务后,保险人可以解除保险合同,并退还未到期部分的保险费。保险合同的协议解除要注意两个问题。

(1)不得损害国家和社会公共利益。

(2)货物运输保险合同和运输工具航程保险合同的保险责任开始后,在一般情况下当事人不得解除该保险合同。

3.4.5 保险合同的终止

1. 保险合同终止的含义

保险合同终止是指某种法定或约定事由的出现，致使保险合同当事人双方的权利义务归于消灭。保险合同终止的主要原因有合同的期限届满、履行完毕、主体消灭等法定或约定事由，其结果是合同权利义务的消灭。

2. 保险合同终止的原因

保险合同的终止，除因合同被解除外，还包括下述原因。

(1)保险合同因期限届满而终止。保险合同终止的最常见、最普遍的原因，就是保险合同期限届满。

(2)保险合同因履行而终止。所谓保险合同因履行而终止，即保险合同有效期间，发生保险事故后，合同因保险人按约定履行了全部保险金赔偿或给付义务而消灭。

(3)财产保险合同因保险标的灭失而终止。这里所说的保险标的灭失是指由保险事故以外的原因造成的保险标的的灭失或丧失。如果保险标的非因保险事故而灭失，投保人就不再具有保险利益，保险合同也就因客体的消灭而终止。

(4)人身保险合同因被保险人的死亡而终止。人身保险合同以被保险人的生命或健康为保险标的，其保险利益是投保人对被保险人的生命或健康所具有的法律上承认的利益。被保险人如果非因保险事故或事件而死亡，投保人于该保险合同就不再有保险利益，保险合同也就随之而灭失。

(5)财产保险合同因保险标的部分损失，保险人履行赔偿义务而终止。《保险法》第五十八条规定："保险标的发生部分损失的，自保险人赔偿之日起三十日内，投保人可以解除合同；除合同另有约定外，保险人也可以解除合同，但应当提前十五日通知投保人。合同解除的，保险人应当将保险标的未受损失部分的保险费，按照合同约定扣除自保险责任开始之日起至合同解除之日止应收的部分后，退还投保人。"

3.5 保险合同的争议及其解决方式

3.5.1 保险合同的争议、解释及解释原则

1. 保险合同的争议

保险合同争议指保险合同当事人在履行合同的过程中，在相关事项上出现分歧与争执，需经一定的方式才能解决的纠纷现象。

引起保险合同争议的原因有：合同条款的文字表述不清，出现了不同的解释；随着时代发展，原有的文字含义出现了新的拓展与变化；合同条款考虑不周密，出现了没有能在条款中包含的新情况；引起保险标的损失的原因比较复杂，保险责任与除外责任相互交织、纠缠不清等。

2. 保险合同的解释及解释原则

保险合同的解释是指对保险合同条款的说明，即在保险合同当事人对合同条款发生争议时，由法院或仲裁机构对保险合同的条款予以确定和说明。因为保险合同的专业性和标准性，保险合同的解释方法不同于一般的合同解释，在保险活动或司法实践中，保险合同的解释应遵循下列原则。

(1)文义解释的原则。文义解释是按照保险合同条款所使用文句的通常含义和保险法律、

法规及保险习惯，并结合合同的整体内容对保险合同条款所作的解释，即从文义上对保险合同进行解释。我国保险合同的文义解释主要有三种情形：

①保险合同一般文句的解释。对保险合同条款适用的一般文句通常应尽可能按文句公认的表面含义和语法意义解释。双方有争议的，以权威性工具书或专家的解释为准。

②保险专业术语和法律专业术语的解释。对保险专业术语或其他法律术语，有立法解释的，以立法解释为准；没有立法解释的，以司法解释、行政解释为准；无上述解释的，亦可按行业习惯或保险业公认的含义解释。如暴风指的是风速在28.3米/秒以上，相当于11级风。保险人将暴风责任进行了扩展，扩展到8级以上，即风速在17.2米/秒以上。

③保险合同中使用的专业术语，应按照其所属专业的特定含义解释。在保险合同中除了保险术语、法律术语之外，还会出现某些其他专业术语。对于这些具有特定含义的专业术语，应按其所属行业或学科的技术标准或公认的定义来解释。

(2)意图解释的原则。意图解释即按保险合同当事人订立保险合同的真实意思，对合同条款所作的解释。也就是说，合同解释应当探求当事人订约当时的真实意图，而不拘泥于合同当时所使用的文字。一般情况下，这种解释原则只有在文义不清、一词多义、用词模糊等情况下才能使用，而对于文字准确、意义清晰的，就应该按文字字面意思解释。

(3)有利于被保险人和受益人的原则。保险合同大都是标准合同，其条款往往是保险人事先印就的，保险人在拟定合同条款时往往自觉不自觉地使合同的条款内容有利于自己一方，从而使合同另一方处于不利地位。之所以采用这个争议解释规则，一是因为险种和保险合同是由保险公司单独完成，在与普通人缔约过程中，保险人的意志起着主导作用，客观上在当事人之间存在着地位意志不对等、利益不均衡等问题；二是保险用语较多，投保人不理解含义或者根本没有注意。为弥补处于弱势地位人一方的利益，就规定了这个解释规则，从而实现双方权利和义务的平衡。2009年版《保险法》第三十条规定："采用保险人提供的格式条款订立的保险合同，保险人与投保人、被保险人或者受益人对合同条款有争议的，应当按照通常理解予以解释。对合同条款有两种以上解释的，人民法院或者仲裁机构应当作出有利于被保险人和受益人的解释。"

该原则也称作有利于合同非起草人解释原则、疑义利益解释原则。

该原则最早是从1536年一个英国判例开始形成的。

在英国，有一个承包海上保险的人叫理查德·马丁。他在公历1536年6月18日将他的保险业务扩大到人身保险，并为他一位嗜酒的朋友威廉·吉朋承保人寿保险，保险金额2 000英镑，保险期限为12个月，保险费80英镑。被保险人吉朋于1537年5月29日死亡。受益人请求保险人依约给付保险金2 000英镑。但马丁声称吉朋所保的12个月，系以阴历每月28天计算的，不是指日历上的12个月，因而保险期限已于公历5月20日届满，无须支付保险金。但受益人认为应按公历计算，保险事故发生于合同有效期限内，保险人应如数给付保险金。最后法院判决，应作有利于被保险人和受益人的解释，马丁有义务给付保险金。之后，"疑义利益"的解释原则便成为保险合同的一大解释原则。目前，世界各国司法上在解释保险合同时，均采用此项原则。

(4)冲突约定效力优先原则。如果保险合同当事人的约定相互冲突，为尊重合同当事人的真实意图，某些约定的效力优先于另一些约定。

其具体做法是：书面约定与口头约定不一致时，以书面约定为准；保险单及其他保险凭证与投保单及其他合同文件不一致时，以保险单及其他保险凭证中载明的合同内容为准；特约条款与基本条款不一致时，以特约条款为准；保险合同的条款内容因记载方式和记载先后不一致时，按照批单优于正文，后批注优于先批注，手写优于打印，加贴批注优于正文批注的规则解释，即以当事人手写的、后加的合同文句为准。其原因是保险合同的基本条款往往是事先印就，要变更时通常只能采取手写或批单的方式。因此，手写的、后加的合同条款更能反映当事人的真实意图。对于字体类型、字号、字体颜色等则不赋予优先权，因为它们通常是为了强调，而不具有法律上的重要意义。

3.5.2 解决保险合同争议的方式

1. 协商

协商是指合同主体双方在自愿诚信的基础上，根据法律规定及合同约定，充分交换意见，相互切磋与理解，对所争议的问题达成一致意见，自行解决争议的方式。这种方式不但能使矛盾迅速化解，节省时间和费用，而且还可以增进双方的进一步信任与合作，有利于合同的继续执行。

2. 调解

调解是指双方当事人以外的第三者，以国家法律、法规和政策以及社会公德为依据，对纠纷双方进行疏导、劝说，促使他们相互谅解，进行协商，自愿达成协议，解决纠纷的活动。

在中国，调解的种类很多。因调解的主体不同，调解有人民调解、法院调解、行政调解以及仲裁调解等。人民调解是人民调解委员会主持进行的调解；法院调解是人民法院主持下进行的调解；行政调解是基层人民政府或者国家行政机关主持下进行的调解；仲裁调解是在仲裁机构主持下进行的调解。

《中华人民共和国人民调解法》于2011年1月1日实施。

3. 仲裁

仲裁是指争议双方依仲裁协议，自愿将彼此间的争议交由双方共同信任、法律认可的仲裁机构的仲裁员居中调解，并做出裁决。仲裁裁决具有法律效力，当事人必须予以执行。仲裁在性质上是兼具契约性、自治性、民间性和准司法性的一种争议解决方式。民事争议通常可以采取向法院起诉和申请仲裁机构审理两种方法。

仲裁机构和法院不同。法院行使国家所赋予的审判权，向法院起诉不需要双方当事人在诉讼前达成协议，只要一方当事人向有审判管辖权的法院起诉，经法院受理后，另一方必须应诉。仲裁机构通常是民间团体的性质，其受理案件的管辖权来自双方协议，没有协议就无权受理。

仲裁范围主要是合同纠纷和其他财产权益纠纷，保险合同纠纷大都属于此类，因此可以用仲裁的方式解决争议，尤以再保险业务仲裁用的较多。但对于婚姻、收养、监护、扶养、继承纠纷和行政争议等不适用仲裁，劳动争议和农业集体经济组织内部的农业承包合同纠纷的仲裁，由国家另行规定。

4. 诉讼

保险诉讼主要是指争议双方当事人通过国家审判机关——人民法院解决争端、进行裁决的办法。它是解决争议的最激烈方式。人民法院具有宪法授予的审判权，是维护社会经济秩序、解决民事纠纷的最权威机构，不受行政机关、社会团体和个人的干预，以法律为准绳，以事实为依据，独立行使审判权，维护当事人的合法权益。起诉，应当向有管辖权的人民法院提出。

民事案件，一般由被告住所地人民法院管辖，侵权案件由侵权行为地或者被告住所地人民法院管辖，不动产案件由不动产所在地人民法院管辖，合同纠纷案件由被告住所地或者合同履行地人民法院管辖等。

本章小结

保险合同是投保人与保险人约定保险权利义务关系的协议。

保险合同是有偿合同、双务合同、最大诚信合同、射幸合同、附和合同。

按照不同的标准，保险合同可以有多种分类。

保险合同的主体包括保险合同的当事人、关系人和中介人。

保险合同的当事人包括保险人和投保人。保险合同的关系人包括被保险人和受益人。保险合同的中介人包括保险代理人、保险经纪人和保险公估人。

保险合同的客体是投保人于保险标的上的保险利益。

保险合同的内容由基本条款和特约条款构成。

书面形式的保险合同包括：投保单、保险单、保险凭证、暂保单以及除此之外的其他书面协议。

保险合同的成立是指投保人与保险人就保险合同条款达成协议。保险合同的生效是指保险合同对当事人双方发生约束力，即合同条款产生法律效力。

保险合同的有效是指保险合同是由当事人双方依法订立，并受国家法律保护。

无效保险合同是指当事人虽然订立，但不发生法律效力、国家不予保护的保险合同。

保险合同的变更是指在保险合同有效期间，当事人依法对合同条款所作的修改或补充，包括主体、客体和权利义务的变更。

保险合同解除的形式有两种：法定解除与协议解除。

保险合同终止是指某种法定或约定事由的出现，致使保险合同当事人双方的权利义务归于消灭。

投保人的义务包括：如实告知、交付保险费、维护标的安全、危险增加通知、保险事故发生通知、出险施救、提供单证、协助追偿。

保险人的义务包括：承担保险责任、条款说明、及时签发保险单证及为投保人、被保险人或再保险分出人保密。

保险合同的解释是指对保险合同条款的说明。保险合同的解释应遵循的原则有文义解释、意图解释、有利于被保险人和受益人的解释及冲突约定效力优先。

解决保险合同的争议方式有协商、调解、仲裁和诉讼。

思考练习

(1)保险合同有哪些特征？

(2)作为投保人应具备哪些条件？

(3)保险合同的主体主要包括哪些？

(4)什么是保险合同的客体?
(5)保险合同的书面形式有哪几种?
(6)保险人与投保人在保险合同中要履行哪些义务?
(7)保险合同的解释原则有哪些?
(8)为什么保险公司的解释要有利于被保险人和受益人?
(9)保险合同的变更与终止一般有哪些情况?

案例分析

案例材料一 入保5天后意外身亡王××的保险何时生效

7岁男孩遭遇意外事故身亡。家长想起儿子在学校刚刚入了保险,遂向保险公司申请理赔,不料却等来一纸拒赔通知书。

保险公司认为,事故发生时保险合同还没有生效。家长认为,保险费已缴,保险就已经生效。面对双方的争执,法院如何裁决?

近日,一起因投保日期产生的纠纷在河南省××市中级人民法院终审判决,因独生子死亡而向保险公司索赔的父母一方胜诉,保险公司将向他们赔偿3 000元。

1. 保险做到学校里

××市××县××乡××学校是一所仅有师生100余人的普通小学,虽然学生人数不多,但是出于更好地维护学生安全的考虑,学校每年都会多次向学生家长宣传给学生投保的益处。

2003年秋季开学,也正是学前班新生报名的时候,××保险股份有限公司××县支公司的工作人员向前来报名的学生家长散发《致全市中小学生及幼儿家长的一封信》的保险宣传单。

这种以其低廉的保费、高额的保障性和全面的补偿性为宣传口号的险种很快得到了学生家长们的认可和肯定,以前投过保的学生纷纷参加了续保,而有的学前班的家长也为自己的孩子投了保。

然而,由于保险公司的工作人员少,而学生向保险公司缴纳保费的时间又不固定,因此,为了工作上的方便,××保险公司××县支公司的工作人员便和学校合作,要求学校为他们代收保费,由学校收取保费后打入保险公司的账户。最后,保险公司在统一收齐了保费之后再和学生签订保单。这样,代收保费的任务就落在了各班级的班主任身上。而班主任在代收了保费之后向学生家长出具的是盖有保险公司公章的收据,等保单签好后再拿这张收据换取保单。

2003年8月26日,家住××村的崔××在送儿子王××到学前班报名时,也同样看到了保险公司在学校散发的保险宣传单。王××的班主任便问她:"孩子投保你入不入?"崔××说:"入。""我相信这个保险公司,它这么大的公司没有事情还好,有事情它不会说不赔的。"

随即崔××交了26元钱给儿子购买了人身平安保险,同样在班主任老师那里拿到了××保险公司××县支公司出具的收据。

2. 儿子入保5天后身亡

天有不测风云,人有旦夕祸福。谁想到事隔仅仅5天后,不幸就降临在这个年仅7岁的孩子身上。

2003年8月31日，王××和两个小伙伴一起在村头新修的公路边玩耍，三人不慎掉入路边一个积水坑内，等他们被发现送到医院的时候，已经太晚了，三个幼小的生命就这样离开了这个世界。

孩子的意外离去，给父母带来了毁灭性的打击。王××的母亲崔××，今年还不到30岁，在如此沉重的打击下，苍老得如同40多岁的妇女。不幸发生后，她躺在床上不吃不喝，整日以泪洗面，有一段时间丈夫不得不在家劝说她，看着她，担心她一时想不开做出什么傻事。

而她家也非常贫困，上有体弱多病的老人，下有嗷嗷待哺的孩子，至今一家三代七口人住在三间土坯草房里。崔××与丈夫在邻县一家砖瓦窑干活，支撑着一家人的生活。三个孩子出事地点的有关负责单位及时给予了他们一定的经济补偿，这给了三个家庭些许慰藉。

3. 保险从哪天起算

孩子出事后，王××的父母想到已经给孩子入了保险，就找保险公司赔付，然而，他们却意外地等来一纸拒赔通知书。尽管崔××和学校曾多次到保险公司交涉，但是保险公司却以种种理由拒绝赔付。

保险公司拒绝赔付的原因，就在于王××是在2003年8月31日出的事，然而他投保险种的起保时间是从2003年9月1日开始，也就是说，虽然王××已经于8月26日交过保费，但是保险公司后来发给王××的保单上签订的保险期间为2003年9月1日零时起至2004年8月31日24时止，所以保险公司以保险合同虽然成立但还没有生效为由拒绝赔付。

对此王××的父母表示无法理解。崔××说："对一个农民来说，只想着这个保险费今天交上去明天就生效了，他没有给我说9月1日生效。"

那么当时学校在替保险公司收取保费的时候，是否了解此险种的起保时间呢？王××的校长说："我们的工作就是先收一下保险费26块钱，是保一年，我们是受他们的委托，暂时代替保险公司收这个保险费。那个保单嘛，上面写的就是24小时生效，我想就是把钱交到就开始计时，学生把钱交给老师，老师给他出具保险公司留给的收据，学生拿到收据就开始生效。"

虽然学校和家长都认为王××是在保险公司的保证期限内出的事儿，保险公司应该赔付，但是保险公司坚持认为未到起保时间而拒绝赔付，保险公司的这种做法让王××的父母和学校老师都觉得非常气愤。有些学生家长说："保险公司确确实实有点骗保的意味，它这个行为就是不想赔偿不愿意赔偿，他们的不理赔是基于一个霸王条款，等于说他们一家说了算。"

4. 无奈双方对簿公堂

那么，王××是否在保证期限内出事呢？王××的父母将这一问题交给了××县法院，要求××保险公司××县支公司赔偿保险金3 000元，精神和经济损失费2 000元。

××县人民法院在受理此案后，于2004年12月13日，对本案进行了公开审理。

法庭上，被告××保险公司××县支公司认为，2003年8月26日，原告交纳了保险费，那么交纳保险费这个行为只能证明是原告和被告之间这个保险合同成立。这个保险合同是附有生效期限的一个保险合同。按照双方的约定所附的这个期限是2003年9月1日，届时原被告之间的保险合同才开始生效。

王××的代理人认为，根据《保险法》第十三条的规定(2002版《保险法》)："投保人提出保险要求，经保险人同意条件并就合同的条款达成协议，保险合同成立。保险人应当及时向投保人签发保险单或者其他保险凭证，并在保险单或者其他保险凭证中载明当事人双方约定的合同内容。”也就是说，保险公司人员在 8 月 26 日收钱开收据时就应发放保险卡，可他们没有那样做。

5. 法院判决保险理赔

2004 年 12 月 13 日，河南省××县人民法院审理认为，双方保险合同关系应从被告承诺时起即 2003 年 8 月 26 日成立。一般的，依法成立的合同，从合同成立时生效；附生效期限的合同自期限届至时生效。

本案争执的关键在于双方的保险合同是否是附生效期限的合同。合同是否附生效期限，应以双方约定为准。根据本案情况，如果合同附生效期限，则被告可以免除保险责任。

但是，被告没有举证证明双方明确约定有生效期限；另一方面，作为可以免责事项的生效期限问题，保险人即被告应在订立合同时特别告知或明示，但被告并未举证证明其有特别告知或明示的行为，而且作为保险合同的保险人签发保险单是单方行为，是格式合同，在合同理解方面，应做出对格式合同相对对方有利的理解，故对被告主张的保险合同从 2003 年 9 月 1 日起生效的理由不予采纳。法院当庭做出判决：被告保险公司应支付原告赔偿金 3 000 元，驳回赔偿精神损失费和经济损失费 2 000 元的诉讼请求。

一审宣判后，被告××保险公司××县支公司不服，提出上诉。2005 年 2 月 20 日，××保险公司××县支公司又主动撤诉，一审判决发生法律效力。

案例材料二　财产保险中有没有“受益人”？

2004 年 3 月，张先生购买一辆捷达车，付款方式为银行贷款，并在某保险公司购买了机动车辆保险（附加盗抢险），合同格式条款中约定受益人为该贷款银行。2004 年 12 月，该捷达车在张先生所住小区丢失。报警后，公安机关至今未查获犯罪嫌疑人。张先生向保险公司申请理赔，遭保险公司拒绝，遂作为原告向法院提起诉讼。

法院审理后认为，双方的保险合同法律关系依法成立，该合同条款对合同双方均产生法律约束力。在该保险合同中，指定受益人为贷款银行，故该保险合同中享有保险金请求权的应为贷款银行。张先生作为本案的原告主体不适合，驳回了张先生的起诉。

同上述案例一样，在“车贷险”、“房贷险”等一些财产保险合同中，保险公司提供的保险合同经常会约定保险受益人，并且多数合同都约定受益人或第一受益人是贷款银行。个别法院在审理类似案件中会以只有受益人才享有保险金请求权为由，驳回被保险人的起诉。财产保险中是否有受益人这一概念？如果财产保险合同中约定了受益人，被保险人是否仍具有保险金的请求权？

对上述法院判决，笔者有不同意见。笔者认为，财产保险中没有受益人。即使约定了受益人，被保险人仍具有保险金请求权。

(1)在《保险法》中，有关受益人的条款较多，但均在第二章第二节人身保险合同中，在第二章第三节财产保险合同章节中没有一条体现受益人。其中《保险法》第十八条第三款规定：“受益人是指人身保险合同中由被保险人或者投保人指定的享有保险金请求权的人。投保人、被保险人可以为受益人。”根据该条款我们可以得出受益人必须具备以下条件。须在人身保险合同中；须由被保险人或者投保人指定；须享有保险金的请求权。

所以笔者认为：

①《保险法》把受益人的范围限定在人身保险合同中，即只有人身保险合同才存在受益人

这一概念。

②受益人须由被保险人或者投保人指定。在“车贷险”、“房贷险”等财产保险合同中，受益人条款一般都由保险公司在格式合同中直接约定(包括上述案例)，这也违反了《保险法》第十八条受益人须有被保险人或者投保人指定的规定，故该条款应属无效。

(2)《保险法》第十二条规定：“被保险人是指其财产或者人身受保险合同保障，享有保险金请求权的人，投保人可以为被保险人。”根据该条，被保险人在保险合同中享有保险金的请求权是无可争议的。纵观整个《保险法》，笔者发现，《保险法》并没有限制保险合同中指定了受益人，被保险人就丧失了保险金请求权的规定。因此依据《保险法》第十二条，笔者认为，即使保险合同中指定了受益人，被保险人仍享有保险金的请求权。

至于受益人与被保险人在行使保险金请求权时发生冲突的问题，笔者希望立法部门或者司法部门及时出台相关解释，避免在实践中因受益人、被保险人行使保险金请求权而造成的混乱。

(本文由作者改写自：中国保险报)

案例材料三　正确解释有争议的保险条款
——浙江金华中院判决一保险合同案

1. 裁判要旨

法院在处理涉及保险条款争议类纠纷案件时，首先应查明当事人对相关保险条款是否存在两种以上解释，以上解释是否均属于通常理解。依据合同法及保险法，肯定有利于被保险人和受益人的解释。

2. 案情

2002 年 6 月 18 日，原告丁菊芳向被告太平洋人寿保险金华支公司投保了 30 份太平盛世 · 长虹两全保险(分红型)，并于次日缴纳保费 17 370 元。6 月 20 日，被告签发了保险单，约定投保人和被保险人均为丁菊芳，保险期间自 2002 年 6 月 19 日零时起，缴费方式为年缴(5 年限缴)。在保险单附件的第二十一条中规定：“投保人于签收保险单 10 日后要求解除合同的，自保险人收到解除合同申请书之时起，本合同终止。保险人于收齐所需资料后 30 日内在扣除手续费后退还保险费或按照合同约定退还保险单的现金价值，合同生效之日起未满 2 年，在扣除手续费后退还保险费……”。原告自次年起未向被告缴纳相关保费，并于 2003 年 6 月 19 日向被告口头提出解除保险合同，同时要求被告退回有关保费。双方自行协商未成，原告于 2006 年 7 月诉至法院，请求判令被告退回保费 6 948 元。诉讼中，被告辩称：依据保险单所附保险条款的有关退保规定，原告只缴纳了首期保费，且在合同生效后 2 年内提出解除合同，故在扣收 100%保险费的手续费后已无款可退。

3. 裁判

浙江省金华市婺城区人民法院经审理认为：原告向被告投保太平盛世 · 长虹两全保险(分红型)，并依约缴纳了保险费，被告也签发了保险单，双方已形成合法有效的保险合同关系。原告在合同生效后次年内提出退保要求，根据合同退保条款规定，被告应在扣除手续费后退还保险费，同时该条款也明确对分期缴付保险费方式的手续费首年为所缴保险费的 100%，次年为所缴保险费的 60%。对于该条款的含义，原告认为其在次年提出退保自然不会再继续缴费，扣除的手续费为所缴保险费 17 370 元的 60%即 10 422 元，故被告应退还原告的保险费为

6 948元。而被告认为按合同条款规定第一年退保收取保费100%的手续费，而在第二年由于原告未缴纳保费，故即使按60%收取也无保费可退。

本案的争议焦点为对退保条款存在不同解释。由于保险条款是保险公司为了重复使用而事先拟制，未与对方协商确定的一种格式条款。法律为平衡这一利益关系，在我国合同法第四十一条明确规定："对格式条款的理解发生争议的，应当按照通常理解予以解释。对格式条款有两种以上解释的，应当作出不利于提供格式条款一方的解释。"同时，在我国保险法第三十条规定："采用保险人提供的格式条款订立的保险合同，保险人与投保人、被保险人或者受益人对合同条款有争议的，应当按照通常理解予以解释，对合同条款有两种以上解释的，人民法院或者仲裁机构应当作出有利于被保险人和受益人的解释。"本案中原、被告因对退保条款理解发生争议，且原、被告的理解均属通常理解，故完全可以适用上述法律规定，同时从该保险条款本义分析，原告将合同条款中的"所缴"理解为已缴之意，更客观公允。

法院一审判决：被告太平洋人寿保险金华支公司在本判决生效后十日内退还原告丁菊芳保险费6 948元。本案诉讼费用由被告太平洋人寿保险金华支公司负担。

宣判后，被告太平洋人寿保险金华支公司提出上诉。浙江省金华市中级人民法院经审理认为，原审法院判决认定事实清楚，所作判决并无不当，应予维持。遂判决：驳回上诉，维持原判。二审判决下达后，被告自觉履行了判决确定的内容。

（本案案号为[2006]金中民二终字第543号）

（本文由作者改写自：人民法院报）

推荐阅读

[1]付荣辉，李丞北．保险原理与实务[M]．北京：清华大学出版社，2010.

[2]兰虹．保险学基础[M]．2版．成都：西南财经大学出版社，2005.

第 4 章 保险原则

本章提要

保险的原则是指导保险理论与实践发展的基础，具体包括保险利益原则、最大诚信原则、近因原则以及损失补偿原则。本章主要介绍各个原则的含义、内容以及具体的应用。

学习目标

1. 保险利益的含义
2. 最大诚信原则的内容
3. 近因的判断方法
4. 损失补偿原则的应用

框架结构

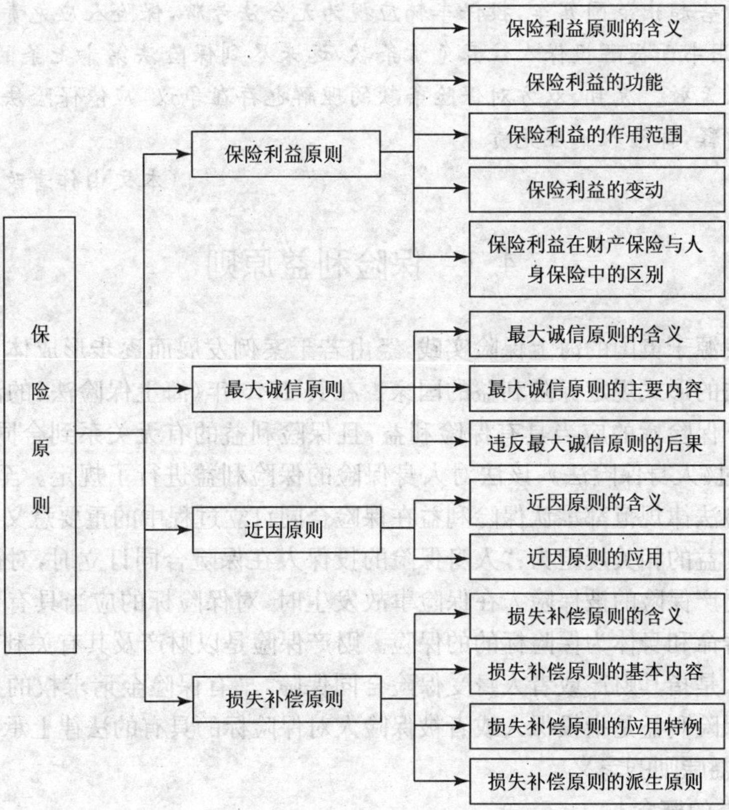

开篇案例

保险“案例”之保险利益原则

2000年10月10日，秦某向某保险公司投保车辆损失险。保险单正面记载：号牌号码为待领，行驶区域为国内，保险期间为2000年10月11日起至2001年10月10日止。保险单正面还规定：“详细阅读所附保险条款，特别是有关责任免除的部分。”所附保险条款第5条载明：“除本合同另有书面约定外，发生保险事故时保险车辆没有交管部门核发的行驶证和号牌，保险人均不负责赔偿。”

2001年1月23日，保险车辆在山西发生交通事故，秦某支付了车辆修理费。之后，秦某遭到保险公司拒赔，理由是投保人只持有临时行驶车号牌而没有正式的行驶证，且该号牌注明只限在北京市内行驶，故根据保险条款第5条应以拒赔。而秦某认为超出范围驾车不应视为无行驶证。另外，双方对保险条款第5条中“另有书面约定”的理解也有分歧：秦某认为，保险单正面关于号牌号码、行驶区域以及保险期间这三项的记载足以证明保险合同“另有书面约定”;保险公司则主张,上述记载事项尚未能构成对免责条款的排除适用。

法院在审理中形成了两种意见:一种意见认为,保险条款已对免责事由作了明确规定,发生交通事故时原告超出范围驾车,投保车辆应视为无合法号牌,保险人应免责。另一种意见认为,保险公司仅用书面提醒投保人注意免责条款,远未尽到保险法第十七条的明确说明义务,因此该免责条款无效。况且,双方对保险条款的理解也存在争议,应依保险法第三十条作出对保险人不利的解释,保险人不应免责。

(本文由作者改写自:保险网络)

4.1 保险利益原则

保险利益发源于英国的海上保险实践,经由若干案例发展而逐步形成体系。英国是在历史上最早以立法的形式规定保险利益的国家。在其1746年《海上保险法》的法律条款中即规定被保险人对于保险标的应当具有保险利益,且保险利益的有无关系到合同的效力。随后,1774年英国通过《人身保险法》,该法对人身保险的保险利益进行了规定。至此以后,各个国家和地区的保险法律规范都承认保险利益在保险合同订立过程中的重要意义。我国保险法第十二条对保险利益的相关规定为:“人身保险的投保人在保险合同订立时,对被保险人应当具有保险利益。财产保险的被保险人在保险事故发生时,对保险标的应当具有保险利益。人身保险是以人的寿命和身体为保险标的的保险。财产保险是以财产及其有关利益为保险标的的保险。被保险人是指其财产或者人身受保险合同保障,享有保险金请求权的人。投保人可以为被保险人。保险利益是指投保人或者被保险人对保险标的具有的法律上承认的利益。”

4.1.1 保险利益原则的含义

1. 保险利益的概念

保险利益,又称可保利益或者可得利益,是指投保人或被保险人对保险标的所具有的法律上承认的经济利益,这种经济利益因保险标的的完好、健在而存在,因保险标的的损毁、伤害而受损。简单地理解,保险利益就是投保人或者被保险人可以通过保险合同进行保障的利益。而又由于保险合同的履行是采取支付保险金的方式进行的,因此可以通过保险合同进行保障的利益必须是经济利益。

2. 保险利益的构成要件

综合考察投保人或被保险人对保险标的所具有的利害关系可以发现,投保人或被保险人对保险标的所具有的利益种类是多种多样的,但是并非任何的利益种类都可以成为保险利益。保险利益必须满足以下的构成要件。

(1)保险利益必须是合法的利益。投保人或者被保险人对于保险标的所具有的利益必须是得到法律承认的利益。违法行为所产生的利益是不能成为保险利益的,因此也不能得到保险合同的保障。例如以抢劫、诈骗、贪污等手段获得的财产均属于非法财产,由此产生的利益不能构成保险利益,此等财产也不可以作为保险标的进行投保。

(2)保险利益必须是确定的利益。确定的利益范围相对广泛,既包括已经确定的利益,也包括能够确定的利益。已经确定的利益亦即现有利益,即当下就能够加以确定的利益种类,例如房屋所有权、机动车辆所有权、机器设备使用权等。能够确定的利益则是指虽未现实享有但是在客观上有很大几率可以实现的、并非主观臆断的利益，亦即预期利益。例如预期利润，对于生产企业来讲，就是属于能够实现的利益。但是需要注意的是能够确定的利益一定是有相对较大实现概率的利益种类。

(3)保险利益必须是经济上的利益。保险利益必须是经济上的利益，是指投保人或被保险人的保险利益必须是属于经济利益，且此等经济利益必须是能够用货币加以衡量的。因为保险合同是通过向被保险人或受益人支付一定数量货币的形式来弥补被保险人或受益人因保险事故所遭受到的损失，而被保险人或受益人的损失正是其保险利益受损的具体表现，若其不属于经济利益或者不能用货币加以衡量的话，就会为保险合同的履行带来阻碍。例如，张某因李某的诽谤致其名誉受损，故而要求李某为其恢复名誉。虽然名誉受损对于张某也是一种损失，但是由于此种利益具有特定的人身属性，并非经济利益且不能用货币加以衡量，保险合同主体之一的保险人并不可能作为合同义务加以履行，导致保险合同的目的并不能加以实现。因此，无法用货币衡量的利益是不能作为保险利益投保的。

4.1.2 保险利益的功能

保险利益的基本功能如下。

1. 防止道德危险的发生

保险的功能之一即在于对被保险人的损失进行相应的补偿，以使得被保险人能迅速恢复生产和生活，但是保险作为一种损失补偿机制是不允许被保险人通过保险超额获益的，即不允许被保险人不当得利。因此，如果投保人或被保险人对于保险标的具有保险利益，在发生保险事故时只能在保险利益范围内就实际损失获得保险金的支付，不会为了得到保险金而故意造成保险标的的损毁。相反，若投保人或被保险人对于保险标的不具有保险利益，则其就会为了获得保险金的支付而故意造成保险事故的发生，致使与自己没有利害关系的保险标的遭遇风险事故的侵袭，从而引致道德危险的激增。

2. 规定保险保障的最高限度

保险合同主体之一的保险人，需要在保险事故发生时向被保险人或者受益人进行保险金的支付，以此补偿相关主体因为保险事故造成的保险利益损失。但是在进行支付之前需要确定一下支付的额度，因此需要结合保险的经济补偿性质，以及投保人或被保险人参与保险行为的初衷，以投保人或被保险人对于保险标的所具有的保险利益为限对其加以补偿，而不能超越这个限度，否则会造成被保险人的超额获利。这不仅违反保险的经济补偿性质，还会侵害其他投保人的合法权益。

需要强调的是，保险利益乃是投保人或被保险人获得保险保障的最高额度，具体的保险金支付额度还要参考标的物的损失程度。如果保险标的的损失额度小于保险利益，则保险金的支付要以损失额度为准。

3. 区别保险与赌博

保险利益原则的应用可以是使有人类互助性质的保险行为与赌博区分开。因为，保险是由同样面临风险侵袭的众多投保人缴纳的保险费所组成的保险保障基金来对遭遇损失的被保险人进行补偿，并且只会对那些有保险利益损失的被保险人进行补偿，不会造成不劳而获的现象。而赌博行为是为了一己私利，企图不劳而获，而且赌博的风险是行为人自己制造的。

4.1.3 保险利益的作用范围

保险利益的作用范围是指保险利益原则是否一律适用于财产保险和人身保险。当然，保险利益原则适用于具有补偿性质的财产保险，是各个国家的通行做法，但是财产保险利益是否适用于人身保险，则在理论界以及各国的立法环节中均存在分歧。例如英美法系的多数国家均承认保险利益适用于人身保险，但是新西兰和澳大利亚却属例外。而中国则出于法制借鉴等原因，在保险法中规定保险利益原则适用于人身保险。

4.1.4 保险利益的变动

保险利益并不是固定不变的，它会因被保险人的行为或他人行为乃至自然事件的发生而在量上有所变动。例如，孙某将其房屋投保了家庭财产保险，但是在保险合同有效期间内，孙某将房屋转卖给丁某。孙某对其房屋的保险利益就会因其转卖行为而消失。再如，钱某为购买价值 80 万元的商品房一套向某银行进行抵押贷款(不考虑利息)，抵押物为其价值为 100 万元的住宅一处。虽然该抵押物价值 100 万元，但是银行对其的利益范围仅限于其贷出的 80 万元，而且在钱某陆续偿还银行 50 万元之后，银行对该抵押物的保险利益也会随之减少为 30 万元。

4.1.5 保险利益在财产保险与人身保险中的区别

由于财产保险和人身保险在诸如保险性质以及合同主体等方面存在着明显的区别，因而在保险合同的订立和履行过程中保险利益原则的应用也不尽相同，具体区别如下。

1. 保险利益的来源不同

投保人或被保险人对于保险标的的利害关系在财产保险中主要体现为投保人或被保险人对保险标的所拥有的各种权利。这些权利主要包括如下方面。

(1)所有权。财产所有权是指所有人依法对自己的财产享有占有、使用、收益和处分的权利。财产所有权是由占有、使用、收益和处分四大权能组成的，这四大权能既可以由同一主体行使，也可以和所有权主体分离由不同的主体行使。例如，对于一处房产，房屋的所有权主体可以自己同时享有这四大权能，对房屋进行占有、使用、收益乃至处分，也可以将占有或者使用、收益的权利转移给其他主体行使。

(2)经营权、使用权。当财产的所有权主体将财产交予他人进行经营管理时，经营管理者就对该项财产具有经营管理的权利，也因此产生了相应的利害关系。例如，全民所有制企业的财产归国家所有，但是全民所有制企业对其具有经营管理的权利，还同时有权获得经营国有资产产生的收益，当然，该全民所有制企业也必须对国有财产的安全性和完整性负责。因此，全民所有制企业因为对国有财产的经营管理而对国有财产产生了相应的利害关系。

(3)承运权、保管权。承运人或者保管人对其负责承运或者保管的财产具有保险利益，承运人的保险利益体现在承运人需要在其承担运送行为的过程中保障被运输财产的安全，并有权按照承运合同收取相应的运费；而保管人对被保管财产所拥有的保险利益主要是保管人要负责对财产进行妥善的保管并有权收取保管费。

(4)抵押权、留置权、质权。抵押权、留置权以及质权都是一种债的担保，抵押权人、留置权人以及质权人是债权人，当债务人不能按照合同约定偿还债务，抵押权人、留置权人或者质权人有权处置抵押物、留置物或者质物以实现自己的债权。因此，抵押物、留置物或者质物的完好与否对于债权人权利能否最大限度地实现意义重大。也正因如此，抵押权人、留置权人或者质权人就取得了对于担保财产的利害关系，因此拥有了保险利益。

但是，这里需要注意的是，在担保实践中为了最大限度地保证被担保债权的实现，抵押物、留置物或者质物的价值都要高于债权数额，因此，抵押权人、留置权人或者质权人对于担保物的保险利益仅限于其合法拥有的债权数额，且随着债务人还款数量的增加，其对于担保物的保险利益也是逐渐递减的。

相比较于财产保险，人身保险的保险利益来源主要是被保险人和投保人之间的具有人身属性的各种利害关系。

(1)人身关系。主要是指投保人以自己的生命、身体和健康作为保险标的。因为任何人对于自己的生命、身体和健康都有着毋庸置疑的利害关系，因此具有保险利益。投保人可以为自己投保各类人身保险。

(2)亲属关系。亲属主要是指投保人的配偶、父母或者子女等家庭成员或者近亲属。因为按照法律规定，具有婚姻、血缘、抚养和赡养关系的家庭成员或者近亲属之间具有经济上的利害关系，也正因如此，上述主体之间具有保险利益。

(3)债权债务关系。债权债务关系的主体是债权人和债务人，在这种关系中只能是债权人对于债务人享有保险利益。因为，对于无担保的一般债权来讲，债权人债权的实现有赖于债务人以合同约定履行义务，债权人并不能就其财产行使支配权。因此，债务人的生存与健康状况对于债权人来讲至关重要。所以债权人对于债务人具有保险利益，但是与其他人身保险不同的是，其他人身保险利益额度的确定并无限制，而债权人对于债务人的保险利益却要受到债权数额的限制，不能超越债权数额，且随着债务人还款数量的增加，债权人的保险利益数额是要相应缩减的。

(4)雇佣关系。合法形成雇佣关系的雇主和雇员之间因为雇佣活动而拥有经济上的利害关系，也就是说雇主对于雇员具有保险利益，雇主可以为雇员投保人身保险。但是需要注意的是按照我国《保险法》第三十九条的规定："投保人为与其有劳动关系的劳动者投保人身保险，不得指定被保险人及其近亲属以外的人为受益人。"

(5)其他。按照我国《保险法》的规定，即使投保人与被保险人之间并不存在上述的各种利害关系，但是只要经过被保险人的同意，投保人即可以为其投保。二者之间也因为其中一个主体同意的意思表示而具有了合法的保险利益。

2. 保险利益的时间效力不同

鉴于保险的经济补偿性质，在保险的实践中就应该充分践行"无损失即无保险"的理念，而保险实践中的损失又可以分为预期的损失和实际的损失。预期的损失是保险人和投保人签订保险合同时对于未来损失的一种预期，是参照保险标的的风险概率进行估计的，目的是为了确定合同的具体内容。而实际损失是保险标的出险时，按照现场查勘情况确定的损失。确定实际损失的目的是为保险金的支付确定依据。而对比预期损失和实际损失，对于合同主体签订保险合同的目的来讲，实际损失的意义更为重大。因此，从理论上来讲，只要投保人或者被保险人在出险的时候对保险标的拥有保险利益，由于风险事故的发生投保人或者被保险人的保险利益就会遭受到不同程度的损失，此时按照保险合同对其进行补偿是符合保险的损失补偿原则的。相反，如果投保人或者被保险人在签订保险合同时对于保险标的具有保险利益，但是在出险的时候由于各种原因导致保险利益丧失，这时即使标的物受到损失，但是由于已经和投保人或者被保险人没有利害关系了，再对其进行保险金的支付已明显违背保险的基本原则。

我国《保险法》在2009年进行最新的修订之后，分别针对人身保险和财产保险进行了保险利益方面的不同规定。人身保险的投保人在保险合同订立时，对被保险人应当具有保险利益。

财产保险的被保险人在保险事故发生时,对保险标的应当具有保险利益。

3. 确定保险利益价值的依据不同

保险利益是投保人或被保险人意欲通过保险合同予以保障的合法利益,因此为了使合同具有可履行性,就需要确定保险利益的价值。但是由于财产保险和人身保险的不同,人身保险和财产保险确定保险利益价值的依据也是不一样的。财产保险中保险利益价值的确定参照的是保险标的物的价值,也就是说,在财产保险中投保人或被保险人的保险利益价值以保险标的的价值为限。投保人只能依据保险标的的实际价值投保以确定适宜的保险金额,如果保险金额超过保险价值的,超过部分无效。我国《保险法》第五十五条规定:"保险金额不得超过保险价值。超过保险价值的,超过部分无效,保险人应当退还相应的保险费。"

人身保险中保险标的的价值是无法用货币方式进行计量的,保险利益的确定就没有一个明确的依据。因此,以保险利益为参照的保险金额的确定就只能依据投保人或者被保险人的需要及其缴纳保费的能力进行确定。

4.2 最大诚信原则

4.2.1 最大诚信原则的含义

最大诚信原则在保险领域又称为诚实信用原则,该原则是指保险合同的当事人应当以最大限度的诚信来行使自己的权利、履行义务,如果任意一方违背该原则,则要面临权利的缩减或者义务的加重。但是因为保险合同具有射幸性,保险人所承担的责任具有不确定性,因此保险人在进行风险评估时就需要依靠投保人的如实告知以及以往的经营经验。如果投保人对有关标的物风险状况的告知有所隐瞒甚至是故意做出了虚假的告知,就将导致保险人对于标的物风险的错误估计,这不仅侵害到了保险人的权益,更间接地损害了其他投保人的利益。因此,保险合同较一般合同格外重视诚实信用原则的应用,所以在保险领域更多提到的是最大诚信原则。

保险领域的最大诚信原则,是由起源于古罗马法的诚实信用原则演变而来的。古罗马法中确立的诚实信用原则要求债务人依照内心的诚实信用观念为合同项下的给付义务。该原则有力地推动了以诚信为核心理念的交易行为的发展,因此又被学者誉为合同领域的"帝王原则",构成了维护市场交易公平、自由的最高法则。该原则后经海上保险实践的发展而被赋予了更为独特的含义,并随着保险理论以及保险实践的进一步发展而日渐丰富,其内容已经不仅仅是约束投保人,同样约束着保险人。

最早以立法形式规定最大诚信原则的是英国《1906 年海上保险法》,该法第十七条规定:"海上保险契约是建立在最大信守诚实的基础上成立的契约,如果任何一方不遵守最大信守诚实,他方可宣告契约无效。"我国《保险法》在第五条中使用了"诚实信用"字样,体现在我国《保险法》第五条规定的内容之中,即"保险活动当事人行使权利、履行义务应当遵循诚实信用原则。"

4.2.2 最大诚信原则的主要内容

虽然我国《保险法》仅在第五条原则性地提到了诚实信用原则,但是在该原则下却有多条法律规范践行着该原则。具体来讲,该原则主要由保险合同成立前的诚实信用以及合同成立后的诚实信用构成。

1. 合同成立前的诚实信用

合同成立前的诚实信用主要表现为当事人的先契约义务，包括投保人的如实告知、保证以及保险人的说明义务以及弃权与禁止抗辩等。

(1)投保人的如实告知。保险合同订立之前，需要投保人将有关保险标的风险状况的因素向保险人做出最大程度的告知，保险人据此评估保险标的的风险状况以确定是否对其进行承保，在承保的基础上采取适宜的保险费率，进而确定保险合同的价格——保险费。因此，从理论上讲，投保人告知的越详细具体，保险人制定的保险费率才能更加的得当。但是从投保人履行如实告知义务的客观能力以及提高合同效率的角度出发，并不要求投保人就一切风险因素均做出如实告知，只要将影响保险标的风险状况变化的重要事实进行告知即可。这里的关键因素就是，何为重要事实？我国《保险法》对于重要事实的界定并没有给出明确的规定，但是在《保险法》第十六条规定："订立保险合同，保险人就保险标的或者被保险人的有关情况提出询问的，投保人应当如实告知。投保人故意或者因重大过失未履行前款规定的如实告知义务，足以影响保险人决定是否同意承保或者提高保险费率的，保险人有权解除合同。"可见，我国《保险法》是将一切影响到保险人决定是否同意承保或者提高保险费率的事实都作为重要事实来对待的。

但是，有时有关标的物风险的重要事实并不为投保人所完全掌握，因此这里就涉及一个告知程度的问题。对于这一问题的处理，国际上的做法大致有两种，即无限告知主义和询问告知主义。无限告知主义就是无论投保人客观上是否知晓一切有关标的物风险状况的重要事实，都要向保险人做出如实的陈述。这样的要求对投保人过于严苛，因为投保人由于主客观条件的限制，有时并不能完全了解有关标的物风险状况的所有影响因素，就会由于客观条件的限制导致投保人违反如实告知义务，保险人则会以此为由拒绝对其进行承保或者提高保险费率，对于保险合同的有效成立带来了一定程度的阻滞。所以一些保险实践与保险理论相对发达的国家目前已经采取了询问告知主义。询问告知主义就是投保人如实告知的范围仅限于保险人进行询问的事项，其他事项无须告知。因为作为经营风险业务的保险人来讲，其丰富的经营经验足以判断影响标的物风险状况的因素种类，由其向投保人进行询问之后，投保人如实告知义务的履行就更具有针对性。

需要注意的是，投保人如实告知义务的承担是动态持续性的，不仅在合同成立时需要承担如实告知的义务，在合同成立后还要承担危险增加的通知义务，此项义务在第三章保险合同中已经讲述，此处恕不赘述。

(2)投保人的保证义务。投保人的保证义务并不是法定义务，而是属于与保险人的约定义务。因为保险标的时刻处于投保人或者被保险人的掌控之下，并不向保险人进行转移或者并不能进行转移，所以投保人或者被保险人的一举一动对于标的物风险状况都有着明显的影响。因此保险人有时就需要通过与投保人约定其承担保证义务的方式来进行风险控制。

从保证内容的记载方式区分，投保人的保证分为明示保证和默示保证。明示保证是指以文字或书面形式将保证内容记载于保险合同中，成为合同的一部分。例如我国机动车辆保险条款："在保险期间内，被保险机动车改装、加装等，导致被保险机动车危险程度显著增加的，应当及时书面通知保险人。否则，因被保险机动车危险程度显著增加而发生的保险事故，保险人不承担赔偿责任"。而默示保证即指保证内容并不记载于保险合同中，但是投保人或者被保险人却必须保证做到。默示保证一般是国际惯例所通行的准则，习惯上或者社会公认的被保险人应在保险实践中遵守的规则。默示保证在海上保险中运用的比较多，海上保险实践中的默示保证一般包括保证船舶适航、不绕航以及不非法航行。

另外，从保证事项的存在时间上分类，可以将保证行为分为确认保证和承诺保证。所谓的确认保证就是投保人或被保险人对于现在或过去某种情况是否存在的一种确认，例如，被保险人对于过去从未住院的确认即属于确认保证。而承诺保证是投保人或者被保险人对将来某一事项的作为或不作为的保证。例如，被保险人承诺不躺在床上吸烟，增加厂房防盗设施等。

(3)保险人的说明义务。最初的最大诚信原则是只约束投保人的，随着保险实践的发展以及平等理念的进一步加深，最大诚信原则也成为了约束保险人的原则，该原则对于保险人的约束体现为保险人的说明义务。所谓说明义务，是指保险人有义务将保险合同的条款向投保人进行详尽的说明，尤其是免除对方权利和加重对方义务的条款。

(4)弃权与禁止抗辩。弃权与禁止抗辩，又称弃权与禁止反言。从字面意思上讲，弃权与禁止抗辩是由“弃权”与“禁止抗辩”两部分组成，“弃权”是行为方式，“禁止抗辩”是“弃权”这一行为方式的结果。意思是说，行为人作出弃权的意思表示就要受其行为的约束，日后不得就其已经弃权的行为反悔。

弃权与禁止抗辩是约束保险人的一项义务。

①弃权。弃权，顾名思义就是放弃权利的意思。具体是指保险人对于因投保人或者被保险人违反如实告知义务或保证义务等而产生的抗辩权等权利的放弃。保险人的行为要产生弃权的效果，必须有两个条件：一是要有弃权的意思表示，该意思表示可以是明示的，也可以是默示的；二是保险人明知其行为的行为效果。明示弃权不难理解，至于默示弃权在保险实践中的表现举例列示如下：保险合同有效期内，标的物风险增加，保险人原本有权解除合同或加收保费，但仍按原标准收取续期保费；被保险人违反防灾防损义务，保险人并不解除合同反而指导其采取必要的防灾防损措施。

②禁止抗辩。禁止抗辩是保险人弃权的行为后果，是诚实信用的表现。也就是说一旦保险人作出了放弃自己某种权利的意思表示，无论是明示的还是默示的，保险人都要受其意思表示的约束，不得反悔。但是禁止抗辩义务的约束是要满足一定前提条件的，即保险人弃权行为的作出必须是基于其意识到其有权可弃的情况下做出的，才会产生相应的行为后果。

2. 合同成立后的诚实信用

合同履行过程中的诚实信用主要体现为投保人或被保险人的危险增加的通知义务。

我国《保险法》分别在第四十九条以及第五十二条就有关危险增加的通知义务进行了规定。第四十九条第二款、第三款的规定：“因保险标的转让导致危险程度显著增加的，保险人自收到前款规定的通知之日起三十日内，可以按照合同约定增加保险费或者解除合同。保险人解除合同的，应当将已收取的保险费，按照合同约定扣除自保险责任开始之日起至合同解除之日止应收的部分后，退还投保人。被保险人、受让人未履行本条第二款规定的通知义务的，因转让导致保险标的危险程度显著增加而发生的保险事故，保险人不承担赔偿保险金的责任。”第五十二条的内容是：“在合同有效期内，保险标的的危险程度显著增加的，被保险人应当按照合同约定及时通知保险人，保险人可以按照合同约定增加保险费或者解除合同。保险人解除合同的，应当将已收取的保险费，按照合同约定扣除自保险责任开始之日起至合同解除之日止应收的部分后，退还投保人。被保险人未履行前款规定的通知义务的，因保险标的的危险程度显著增加而发生的保险事故，保险人不承担赔偿保险金的责任。”

针对危险增加的通知义务需要注意以下几点。

第一,危险增加通知义务的义务主体是被保险人。

第二,我国保险法中危险增加通知义务仅适用于财产保险,不适用人身保险。

第三,此义务要求被保险人以书面或口头形式告知危险增加之状况。

第四,保险人对于危险增加之情形可以增加保费或者解除保险合同。

第五,违反危险增加的通知义务将导致保险人不承担给付保险金的责任。

3. 合同履行完毕的诚实信用

最大诚信原则要求投保人或者被保险人以及保险人在保险合同签订以及履行过程中履行各自的义务,维护对方的合法权益。但是最大诚信原则的作用范围不止如此,该原则还约束着保险合同当事人在合同履行完毕之后的行为,我们将此时双方当事人的义务称之为后合同义务。之所以创设这样的义务主要是因为合同的缔结与履行会在当事人之间产生一种特殊的信赖关系,因此保险合同的当事人或者关系人都不得将订立以及履行合同过程中知晓的有关对方的秘密泄露给第三人或者利用其知悉的秘密为自己谋取利益。如若违反,给对方造成损失的,应当承担损害赔偿责任。

4.2.3 违反最大诚信原则的后果

保险合同当事人如果违反最大诚信原则下的各项义务,就要承担一定的后果以维护最大诚信原则对保险实践的约束。

1. 违反如实告知的法律后果

我国保险法第十六条规定:"订立保险合同,保险人就保险标的或者被保险人的有关情况提出询问的,投保人应当如实告知。投保人故意或者因重大过失未履行前款规定的如实告知义务,足以影响保险人决定是否同意承保或者提高保险费率的,保险人有权解除合同。前款规定的合同解除权,自保险人知道有解除事由之日起,超过三十日不行使而消灭。自合同成立之日起超过二年的,保险人不得解除合同;发生保险事故的,保险人应当承担赔偿或者给付保险金的责任。投保人故意不履行如实告知义务的,保险人对于合同解除前发生的保险事故,不承担赔偿或者给付保险金的责任,并不退还保险费。投保人因重大过失未履行如实告知义务,对保险事故的发生有严重影响的,保险人对于合同解除前发生的保险事故,不承担赔偿或者给付保险金的责任,但应当退还保险费。保险人在合同订立时已经知道投保人未如实告知的情况的,保险人不得解除合同;发生保险事故的,保险人应当承担赔偿或者给付保险金的责任。保险事故是指保险合同约定的保险责任范围内的事故。"

从我国保险法的条款中可以看出,违反如实告知义务,要考察投保人或者被保险人的心理状态,只有出于故意或者重大过失心理状态下违反如实告知义务才会导致不利后果的承担,对于一般的轻过失是不需承担相应后果的。这是一种综合考虑主客观状况的法律条款。因此,如果投保人出于主观故意或者重大过失违反如实告知义务,保险人有权解除合同并对解除合同前发生的保险事故不承担保险责任。但是需要注意的是只有投保人在故意或重大过失的心理状态下未如实告知的事项严重到足以影响保险人决定是否同意承保或者提高保险费率的,保险人才享有相应的权利。因此,即使投保人故意为不如实告知,但是其隐瞒的内容与标的物风险状况几乎关系微乎其微甚至没有一点关系,保险人都不得行使解除保险合同或加收保费的权利。如此的规定具有主客观能力相符合的人性化特性。

2. 违反保证的法律后果

由于保证属于投保人的约定义务，而约定的事项通常都是较为重要的事项，因此各国的保险法都对此有极为严格的要求，一旦投保人违反保证义务，就等于违约，因此无论过失大小，也不论是否给保险人造成损害，保险人均有权按照合同的约定行使自己的权利。

3. 违反危险增加通知义务的法律后果

违反危险增加的通知义务将会导致保险人有权拒绝承担保险责任。但是需要有两个前提：一是投保人未为危险增加的通知，二是标的物的出险是因为危险程度显著增加而发生的。二者是因果关系原理所要求的，缺一不可。

4. 违反说明义务的法律后果

保险人违反说明义务的后果主要表现在保险合同条款的效力上，具体规定详见《保险法》第十七条(3.4节)。

4.3 近因原则

近因原则是起源于海上保险实践，而今被应用于所有保险实践的一项基本原则。该原则主要用作保险实践中的因果关系界定。因为当保险标的遭遇风险造成损害时，被保险人或受益人是否能够获得来自保险人的保险金支付，就要取决于造成风险事故的原因是否是属于保险责任。如果造成事故发生的原因在保险人承保的责任范围内，保险人自然要承担相应的责任，但是如果造成保险标的损失的原因是保险责任范围之外的，保险人就无须承担保险金给付的责任。因此就需要在保险事故发生的时候通过一系列手段判断事故发生的原因是什么，该原因是否属于保险人承保责任范围之内。但是鉴于因果关系的复杂性，事件的原因与结果之间有时是一因一果关系，有时还呈现出一因多果、多因一果等复杂的因果关系态势。对于复杂的因果关系，如何确定保险人承担责任与否或是多少，就需要应用到近因原则。

4.3.1 近因原则的含义

近因原则中的"近"因，并不是指时间上最为接近结果的原因，而是指造成损失结果的最直接、最为能动有效的原因。英国学者约翰·T·斯蒂尔将近因定义为："近因是指引起一系列事件发生，由此出现某种后果的能动的、起决定作用的因素；对这一因素作用的过程中，没有来自新的独立渠道的能动力量的介入。"如果该近因属于保险责任范围，保险人要承担相应的保险责任，否则则不需承担保险责任。因此，保险实践中的近因原则主要由两部分构成，一是要判断造成保险事故的近因是什么？二是要判断近因是否属于保险人承保的责任范围。关于"近因"最早明确的保险法学定义上的论述是在1881年英国的"劳伦斯诉意外保险公司案(laurence V. Accidental Insurance CO. Ltd)"对这一案件的判决有以下的记载：我们必须考虑最近的原因，而不可能将损失的原因追溯至肇事者的出生，因为此人不出生就不会发生这一事件。这个判例法院从解决争端的角度出发首次提出了"只考虑最近的原因"的原则，尽管这是相当朴素且简单的认识，但毕竟在保险人承保的损失和保险免责范围内的损失之间划了一道分界线，即只与损失发生的"最近的原因"才属于保险责任，保险人才予以赔偿。

4.3.2 近因原则的应用

由近因原则的含义可知，近因原则的应用关系到保险合同当事人的切身利益，因此正确运用近因原则处理保险实践中遇到的相关问题至关重要。但是,在实践中近因原则运用的复杂程度要远远高于理论难度。正如美国学者普耳塞所描述的:“近因是一个扑朔迷离的领域,对它的研究和分析仍然是一堆荆棘和一团乱麻,令人眼花缭乱。”虽然如此,在保险理论与实践中仍有一套确定近因并界定保险公司是否承担责任的方法。

1. 单一原因致损时的应用原则

我们假设A为事故发生的原因,Z为损害结果。单一原因致损事件的逻辑链条为:

$$A \rightarrow Z$$

这时近因原则的运用比较简单,因为造成损害结果的原因只有一个,即A,很显然A就是损害结果Z的近因,如果A是属于保险责任范围内的,则保险人承担相应的保险责任,反之亦然。

1999年1月1日黑龙江省某公司从南方购买一车皮香蕉,共计1 000箱,采取了完善的保暖措施,且投保了盗窃险。但是在运抵目的地时发现被盗100箱。造成货物损失的原因就应该是盗窃,而盗窃又是属于盗窃险的承保范围,所以保险公司要承担相应的责任。

2. 多种原因致损时的应用原则

多种原因致损,即是指造成损害结果的原因有两个或者两个以上,具体包括多种原因同时发生、多种原因连续发生以及多种原因间断发生这三种主要的情形。

(1)多种原因同时发生。我们假设A、B、C为事故发生的原因,Z为损害结果。多种原因同时发生致损事件的逻辑链条为:

$$\begin{matrix} A & \searrow & \\ B & \rightarrow & Z \\ C & \nearrow & \end{matrix}$$

在这种逻辑关系中,A、B、C三个事件都是导致Z结果发生的原因,且A、B、C同时发生,相互之间不具有引起与被引起的关系。此时可以将A、B、C看做一个引起Z结果的原因的组合,逻辑关系如下:

$$\begin{bmatrix} A \\ B \\ C \end{bmatrix} \rightarrow Z$$

$$= D \rightarrow Z$$

可以得出,造成损失结果Z的近因为D,也就是A、B、C的组合。接下来就涉及保险人承担保险责任的问题。因为D是A、B、C的组合,所以判断D是否属于保险人承保责任就相对复杂,要深入D的内部进行剖析。此时的判断原则:如果A、B、C都属于保险责任,则保险公司承担保险责任;如果A、B、C都不属于保险责任,则保险公司不承担保险责任;如果A、B、C有的属于保险责任,有的不属于保险责任,就要看A、B、C是否能够进行分解,能够分解的话,保险人按照比例承担责任,如果不能进行分解,则保险公司可以不承担保险责任。

例如:张某为其所拥有的机动车辆投保了机动车辆自燃险,再无其他保险。有一天,张某的机动车发生自燃事故,在自燃的过程中天降冰雹,虽经奋力扑救大火,但是张某的车仍然造成全损。此案中造成机动车辆全损的原因有两个,即自燃和冰雹,二者同时发生且不具有引起和被引起的关系,那么都属于近因。接下来就要分析冰雹和自燃是否属于保险责任,很显然这里只有自燃是属于保险责任的。那么按照此类情况的处理原则,如果通过事后的现场查勘可以划定冰雹和自燃的作用力大小，保险公司就按照自燃的作用力比例承担保险责任，否则的话保险公司可以不承担保险金给付的责任。

(2)多种原因连续发生。我们假设A、B、C为事故发生的原因，Z为损害结果。多种原因连续发生致损事件的逻辑链条为：

$$A \rightarrow B \rightarrow C \rightarrow Z$$

在这种因果关系中，A、B、C为Z发生的原因，且A、B、C之间具有引起与被引起的因果关系，即A是B发生的原因，B为A的结果但是也是C发生的原因。从近因的原理出发，造成Z结果的最直接、最为能动有效的原因是A。因为没有A的发生就不会出现B的结果，没有B自然也不会出现C的结果，进而不会有Z的发生。所以，在没有外来能动因素的影响下，多种原因连续发生致损的近因就是逻辑链条中的第一个原因。接下来就判断A是否属于保险责任，其应用同单一原因致损。

例如：某山区近日连降暴雨，大量的雨水导致泥石流爆发。村民吴某此时恰好在山下经过，不幸被泥石流淹没而死亡。此例中，吴某是因泥石流淹没而死亡的，但是泥石流的发生却是由于当地连降暴雨所致。因此，造成吴某死亡的近因应该是暴雨。

再如，1918年，第一次世界大战期间，莱兰船舶公司的一艘轮船被敌潜艇用鱼雷击中，但仍拼力驶向哈佛港。由于情况危急，又遇到大风，港务当局担心该船会沉没在码头泊位上堵塞港口，拒绝它靠港，在航行途中船底触礁，终于沉没。该船只保了海上一般风险险，没有保战争险，保险公司予以拒赔。法庭判决损失的近因是战争，保险公司胜诉。虽然在时间上致损的最近原因是触礁，但船在中了鱼雷以后，始终没有脱离险情，触礁是被鱼雷击中引起的，被鱼雷击中(战争)属未保风险。

(3)多种原因间断发生。我们假设A、B为事故Z发生的原因，Z为损害结果。多种原因间断发生致损事件的逻辑链条为：

$$A \neq B \rightarrow Z$$

上述逻辑链条表示的是A是Z发生的原因，但是在发展的过程中由于B的介入导致A与Z之间的逻辑关系断裂，B成为Z发生的原因。在这种逻辑关系中，造成Z的最直接有效的原因是B。如果B属于保险责任范围内的，则保险人承担相应的保险责任，反之亦然。

例如：甲乙两地正处于交战状态。某日甲方得知乙方要对其某地区实行空袭，因此决定实行临时的灯火管制。在灯火管制期间，行为人丙某趁黑对丁某的家庭财产实施了盗窃，偷走价值1万元笔记本电脑一台。丁某投保了家庭财产保险。

此案中，造成丁某家庭财产损失的原因即近因应该是盗窃。

4.4 损失补偿原则

损失补偿原则是适用于财产保险的一类重要原则，之所以不适用于人身保险，主要缘于人身保险中保险标的是人的生命、身体和健康，并不具有可估量性，因此就无所谓补偿的问题。在保险实践中贯彻损失补偿原则，有利于贯彻合同必守原则，防止被保险人的不当得利。进而充分发挥保险的保障功能，防止道德风险的蔓延。

4.4.1 损失补偿原则的含义

损失补偿原则，是指在保险合同有效成立之后，如果发生保险合同约定范围内的保险事故，被保险人有权按照合同的规定要求保险人向其支付保险金，但是被保险人获得的保险金数量不会超过其实际损失。简单地讲，损失补偿原则由两方面内容构成。一是在风险事故发生后保险人要按照合同约定进行保险金的支付。二是被保险人获得的保险金不得超过其实际损失。被保险人获得的补偿不仅包括对于保险标的损失的赔偿，还包括保险事故发生后被保险人为防止或减少保险事故损失所支付的必要的且合理的费用。保险人对此项费用的赔偿在保险标的损失赔偿金额以外另行计算，但是最高不得超过保险金额的数额。

4.4.2　损失补偿原则的基本内容

1. 被保险人请求损失赔偿的条件

被保险人若要在标的物遭受风险事故并造成损失时按照合同约定获得保险赔偿，需要满足以下的几点条件。

(1)被保险人对于保险标的具有保险利益。保险实践贯彻“无利益即无保险”以及“无损失即无保险”的原则，为此，只有在保险事故发生时对于保险标的具有合法保险利益的被保险人才能向保险人申请保险赔款，对于在合同成立之初具有保险利益以及出险时仍未取得保险利益的被保险人是无权申请保险金赔付的。

(2)被保险人遭受的损失在保险责任范围内。被保险人具有利害关系的保险标的因遭遇到风险事故而造成损失，只有造成损失发生的近因是属于保险责任范围内的时候，被保险人才能够获得来自保险人的支付。

(3)被保险人遭受的损失是可以用货币计量的。损失补偿原则不仅是一个赔偿与否的作用原则，而且还是赔偿多少的规制原则。因此根据损失补偿原则确定赔偿数额进而对被保险人进行赔偿时，被保险人的损失必须是能够用货币进行计量的才能够使损失补偿原则得到实际贯彻。而被保险人因为保险标的物损失而受到的精神损害是无法得到赔偿的。例如，被保险人多年前的结婚礼服被盗，该礼服核损价值5 000元人民币。被保险人因具有纪念意义的财产被盗心情十分沮丧。但是被保险人也只能就可以以货币计量礼服的价值为限向保险公司申请保险赔款。

2. 保险人履行损失赔偿责任的限度

保险事故的发生会给被保险人造成一系列的损失，包括标的物本身的损失、施救费用、诉讼费用等。但是根据损失补偿原则，保险人无需对被保险人遭遇到的一切损失进行赔偿，赔偿是有一定的限度的。

(1)以实际损失为限。当投保财产遭受到保险责任范围内的损失时，保险人按照保险合同约定向被保险人承担赔偿责任，其范围不得超过被保险人的实际损失，否则会导致被保险人的不当得利。我们假设被保险人的实际损失为L，保险保险金额为P，保险赔款为C，以实际损失为限的赔偿数额即：若$L<P$，则$C=L$。

例如：张某将其一辆价值10万元的某品牌轿车投保了机动车辆损失险，保险金额10万元。在保险合同有效期间内，该机动车辆出险，经保险公司现场查勘后核损数额为5万元，张某向保险公司提出索赔申请。此案中，虽然张某就其机动车辆投保了足额保险，但是由于保险事故并未造成标的物的全损，只是造成了损失金额为5万元的部分损失，因此保险公司只需要向张某支付5万元的保险金就足以弥补张某的损失。

(2)以保险利益为限。即保险人对被保险人的赔偿以被保险人所实际拥有的保险利益作为最高限额。例如，2009年末ABC纺织厂为扩大生产经营规模，以其价值500万元的纺织品仓库向 XYZ 银行进行一年期抵押贷款，贷款金额本息共计 400 万元，还款日为 2010 年 12 月 31 日。XYZ 银行为了维护其债权的安全性，以该仓库为标的，以 XYZ 银行为被保险人向保险公司投保了火灾保险，保险金额为 500 万元，保险期限从 2010 年 1 月 1 日至 2010 年 12 月 31 日。2010 年 7 月 20 日，纺织品仓库发生火灾（假设火灾原因属于保险责任范围），仓库全损。XYZ 银行遂向保险公司申请保险金 500 万元的保险金赔付。但是保险公司只同意赔付 400 万元。

本案，标的物价值 500 万元人民币，保险金额亦为 500 万元人民币，且 XYZ 银行按照 500 万元人民币的保险金额进行了保险费的支付。但是由于 XYZ 银行对该抵押物的权益只有 400 万元人民币，也就是说即使贷款到期 ABC 公司不能如约偿还 XYZ 银行的债权，XYZ 将该仓库拍卖，XYZ 银行也只能拿走其中的 400 万部分，多出部分仍属于 ABC 公司所有。因此，XYZ 公司的保险利益也仅限于其贷款本息和。保险公司对其进行保险金的支付也不会超过这个数额。

(3)以保险金额为限。即当被保险人的保险利益或者实际损失大于保险金额的时候，保险人向被保险人支付的保险赔款数量以保险金额为限。

我们假设被保险人的实际损失为 L，保险金额为 P，保险赔款为 C，如果 $L>P$，则 $C=P$；如果 $L<P$，则 $C=L$。

例如：宋某将其价值 1 万元人民币的家庭财产投保了家庭财产保险，保险金额为 8 000 元人民币，保险期限自 2006 年 1 月 1 日至 2006 年 12 月 31 日。2006 年 9 月 23 日，宋某家庭财产遭遇盗窃损失，损失金额为 9 000 元人民币。此案中，由于宋某投保的是不足额保险，保险金额小于标的物实际价值。因此在进行保险金支付的时候就要以保险金额为限，即支付 8 000 元人民币。

综上，保险人支付保险赔款时需要综合考察被保险人的实际损失、所拥有的保险利益及其投保的保险金额。但是当实际损失、保险利益以及保险金额不一致时，就要考察损失补偿原则的作用机理以确定适宜的保险赔款。总之，既不能使保险人逃避保险责任，又不能使得被保险人不当得利。

3. 损失赔偿的方式

在保险实践中，一旦标的物出险，保险公司要做的事情不仅是确定赔与不赔的问题，还要计算出赔偿的数额。而赔偿数额的计算就要在贯彻损失补偿原则的前提下结合保险合同的特性来进行。实务中，采取的赔偿方式通常包括比例赔偿方式以及第一损失赔偿方式。

(1)比例赔偿方式。在不定值保险中，保险赔偿金要按照保险保障的程度进行计算。即以保险金额与标的物出险时的实际财产价值的比例计算赔偿金额。其计算公式如下：

保险赔偿额＝保险财产实际损失额×保障程度

保障程度＝保险金额÷损失当时保险财产的实际价值

如果是定值保险，其计算公式如下：

保险赔偿额＝保险财产实际损失额×保障程度

保障程度＝保险金额÷投保时确定的保险财产价值

需要注意的是，保障程度≤1：即在足额保险中保障程度＝1；在不足额保险中保障程度<1；在超额保险中保障程度＝1。因此投保人若想获得更高的且有效的保险保障的话，就需要尽量将保障程度向数值“1”靠拢，当然此时也要注意因保障程度增加而相应增加的保险费支

出以及标的物全损的风险概率问题。

(2)第一损失赔偿方式。第一损失赔偿方式是衡量实际损失与保险金额大小以确定保险赔款数量的赔偿方式。

我们假设保险金额为 P,实际损失为 L,赔款为 C。按照第一损失赔偿方式若 $L \leqslant P$,则 $C=L$;若 $L>P$,则 $C=P$。

这种赔偿方式的计算理念是:保险人仅在被保险人投保范围内向其进行赔款支付($L \leqslant P$),超过时($L>P$)超过部分视为未投保是不予赔付的。

4.4.3 损失补偿原则的应用特例

虽然损失补偿原则是规制财产保险的一项基本原则,但是在保险实践中该原则仍有一定的应用特例。

1. 人身保险

人身保险的标的是具有不可估量性的人的生命、身体和健康,所以人身保险中保险金额的确定通常参考投保人的实际需要及其支付保险费的能力,由投保人按照保险人事先确定的保险金额的档次进行选择性确定。而且由于保险标的的不可估量性,在人身保险中也就不存在超额保险或者不定值保险的问题,当出现保险事故时,一般就按照事先确定的保险金额进行保险金的给付:如果被保险人死亡,则进行全部保险金的支付;如果被保险人伤残,就需要按照伤残比率乘以保险金额来确定支付数额。

2. 定值保险

由于定值保险中标的物价值是在合同订立时确定的,因此在标的物出险时就以该价值作为计算保险赔款的基础,而并不再进行出险时标的物实际价值的确定。如此一来就会出现因为出险时标的物实际价值下降而导致的保险赔款超出被保险人实际损失数额的情况出现。

例如,张某和保险公司签订一定值保险合同,确定保险标的物价值 V_1 为 50 000 元人民币,保险金额 P 亦为 50 000 元人民币。出险时该标的物损失程度达 80%。而出险时该标的物的市场价值 V_2 为 40 000 元人民币。按照定值保险的约定,保险赔款 C 计算结果如下:

$$\begin{aligned} C &= V_1 \times 80\% \\ &= 50\,000 \times 80\% \\ &= 40\,000 \end{aligned}$$

如果严格按照损失补偿原则计算结果如下:

$$\begin{aligned} C &= V_2 \times 80\% \\ &= 40\,000 \times 80\% \\ &= 32\,000 \end{aligned}$$

对比可知,$40\,000-32\,000=8\,000>0$。

3. 重置保险

重置保险是指以被保险人重置或重建保险标的所需的费用或成本确定保险金额的保险。因为保险的目的之一即在于通过保险赔款的支付迅速恢复生产和生活。但是由于标的物市场价值的波动、物价上涨以及投保人投保不足额保险等情况会导致被保险人获得的保险赔款不足以实现恢复生产和生活的目的。因此,有时被保险人为了满足对被保险财产进行重构或重建的需要,就与保险人协商签订重置价值保险以规避上述风险。一旦签订重置保险合同,当标的物出险时,无论出险时标的物实际价值多少,无论是否有残余物资,保险人均需按出险时标的物市场价格进行重置费用的支付。例如,甲乙签订了一套价值10万元的机床设备的重置价值保险合同,出险时标的物全损,出险时该套设备市场价值12万元。因此保险公司即需要向被保险人支付保险赔款12万元。这样明显违背了损失补偿原则,因此重置保险也是损失补偿原则的特例。

4.4.4 损失补偿原则的派生原则

1. 代位追偿原则

(1)代位追偿的概念。代位追偿,亦即代替他人位置进行追偿行为之意。是指在财产保险中,当被保险人依照法律或者合同的规定,对被保险人因他人的侵权行为而造成的损失进行补偿之后,依法取得向对财产造成损失的侵权行为人进行追偿的权利或者取得被保险人对保险标的的所有权。之所以赋予保险人代位追偿的权利,主要是出于以下考虑。一是标的物出险时,保险人有义务按照合同履行保险赔款给付责任。二是标的物损失是由实施侵权行为的第三人造成的,第三人不能因为保险公司对于标的物损失进行补偿而被免责。三是之所以没有将此权利保留在被侵权行为人处,是因为被保险人已经获得来自保险人的赔付,再保留此权利会造成其不当得利。

(2)代位追偿的内容。代位求偿的内容主要包括物上代位和权利代位。

①物上代位。物上代位是指保险标的遭受保险责任范围内的风险事故造成部分损失时,保险人在对被保险人进行全额赔付之后依法取得该标的物的所有权,即代位取得受损保险标的物的权利与义务。

物上代位通常产生于在保险实践中对标的物作出的推定全损处理。所谓推定全损是指保险标的的损失尚未达到全损或完全灭失的程度,但是随着事态的发展实际全损已经不可避免,或者损余物资对于被保险人已经无任何价值,抑或是对标的物的修复成本过高。但是无论是何种原因导致的推定全损,都不同于实际全损,因此当保险人按照实际全损进行保险赔款的支付之后,对于损余物资理应取得相应的所有权,避免被保险人的额外获益。

但是需要特别注意的是,物上代位权并不是一项法定权利,而是出于与被保险人的协商。因此,实现物上代位就需要由被保险人向保险人提出委付申请并得到保险人的同意。

②权利代位。权利代位是指追偿权的代位,即当保险标的因第三人的原因造成损害,在保险人向被保险人支付保险金之后取得的向第三人进行追偿的权利。我国《保险法》第六十一条第一款规定:“因第三者对保险标的的损害而造成保险事故的,保险人自向被保险人赔偿保险金之日起,在赔偿金额范围内代位行使被保险人对第三者请求赔偿的权利。”

对于代位追偿权的取得,在各国的保险立法中主要有自动取得以及让与取得两种方式。所谓自动取得就是当保险人向被保险人支付保险赔款之后立刻自动取得对于第三人进行追偿的权利,而让与取得则是指保险人支付了保险赔款之后还需要取得来自被保险人的权利让与同意书,才能够取得对于第三人进行追偿的权利。无论是自动取得还是转让取得,代为求偿权的取得还必须满足以下的条件。

第一,损害事故发生的原因以及受损的标的都属于保险责任范围。因为只有满足此条件,保险人才需要对被保险人承担保险赔款给付义务,否则的话被保险人的损失只能向侵权行为人进行主张,自然就不存在代位求偿的问题。

第二,保险事故是由第三人的行为造成的,并且第三人应依法对被保险人承担侵权损害赔偿责任。如果保险事故是由非人为原因,在被保险人获得来自保险人的赔付之后,即使权利转移，但是由于不具有可行使权利的对象，因此也就无所谓代位求偿的问题。

第三，保险人按照合同规定向被保险人进行赔付之后才能够取得该权利。因为代位追偿实际上是原本归属于被保险人的债权向保险人进行的转让，那么只有当被保险人取得让与的对价之后才会将其权利向他人进行转移。

这里有几个问题需要特别注意。

第一，保险人在行使代位追偿权时的权益范围。也就是说被保险人向第三人行使代位追偿权的数额问题。我国《保险法》第六十条第一款规定："因第三者对保险标的的损害而造成保险事故的，保险人自向被保险人赔偿保险金之日起，在赔偿金额范围内代位行使被保险人对第三者请求赔偿的权利。"因此，如果第三人应该承担的损害赔偿责任数额超过保险人向被保险人支付的保险赔款数额，超过部分仍归于被保险人所有，此部分是不向保险人转移的。之所以将保险人追偿权的权利数额限制在保险赔款范围之内，主要是因为代位追偿权的设置目的是为了既要最大程度上维护被保险人的合法权益，也要防止被保险人的双重获利，但是保险人也不能因此而获得额外的利益。

第二，要适当限制被保险人的行为。即当被保险人在向保险人申请赔付之前放弃对第三人的损害赔偿请求权的，不得再向保险人申请赔付；当被保险人在获得保险赔付之后放弃对第三人的损害赔偿请求权的，该放弃行为无效。我国《保险法》第六十一条就在这方面对被保险人的行为进行了规制。我国《保险法》第六十一条规定："保险事故发生后，保险人未赔偿保险金之前，被保险人放弃对第三者请求赔偿的权利的，保险人不承担赔偿保险金的责任。保险人向被保险人赔偿保险金后，被保险人未经保险人同意放弃对第三者请求赔偿的权利的，该行为无效。被保险人故意或者因重大过失致使保险人不能行使代位请求赔偿的权利的，保险人可以扣减或者要求返还相应的保险金。"

但是要强调的是，超过保险赔款的部分是归属于被保险人自由处置的。

第三，代位求偿只能向依法承担损害赔偿责任的第三人行使。无论是自然人或者是法人，只有当其应向被保险人承担损害赔偿责任时，保险人才能向其代位行使损害赔偿请求权。因为按照我国《侵权责任法》的规定，侵权行为人承担侵权责任的方式有：停止侵害、排除妨碍、消除危险、返还财产、恢复原状、赔偿损失、赔礼道歉、消除影响、恢复名誉。而这些责任方式中的停止侵害、排除妨碍、消除危险、返还财产、恢复原状、赔礼道歉、消除影响、恢复名誉的责任方式都具有人身指向性，不能代位行使。

第四，代位追偿的对象是有限制的。按照我国《保险法》第六十二条的规定，保险人不得对被保险人的家庭成员或者其组成人员行使代位请求赔偿的权利。之所以做出这样的规定，主要是因为被保险人的家庭成员或者其组成人员与被保险人属于家庭财产的共同所有权主体，如果其家庭成员或者其组成人员可以不受限制地行使代位求偿权的话，就无异于将支付给被保险人的保险金再度索要回去，违背了被保险人投保保险的初衷。

2. 重复保险分摊原则

(1)重复保险的概念。重复保险是投保人以同一保险标的，同一保险利益，同时向两个或两个以上保险人投保同一危险，保险金额总和超过保险标的的价值。

可以说，重复保险是投保人和被保险人规避损失补偿原则限制的一个手段。正是通过重复保险，被保险人可以获得的保险赔偿金要超过其保险利益或者是其实际损失。所以，为了避免这种违背损失补偿原则甚至违背保险基本理念，就需要对这种重复保险行为进行一定的规制。重复保险的规制不能采取宣布某个保险合同无效的方式进行。目前，通行的做法就是在承认各个单个保险合同效力的前提下，采取重复保险的分摊原则来避免被保险人在重复保险下的超额获益。

(2)重复保险的分摊原则。重复保险的分摊原则主要有以下几种。

①比例责任分摊方式。该方式中各个保险人所承担的保险责任是按照其所承保的保险金额占所有保险人承保保险金额总和的比例计算的。

其计算公式为：

$$各保险人承担的赔款 = 损失金额 \times \frac{该保险人承保的保险金额}{各保险人承保的保险金额总和}$$

例如，张某自有机动车价值 20 万元，张某分别向 A、B、C 保险公司投保了车损险，A 保险合同的期限是 2011 年 2 月 1 日至 2012 年 1 月 31 日，保险金额为 15 万元，B 保险合同的期限是 2011 年 1 月 1 日至 2011 年 12 月 31 日，保险金额为 10 万元。C 保险合同的期限是 2011 年 4 月 1 日至 2012 年 3 月 31 日，保险金额为 15 万元。2011 年 6 月 1 日，张某机动车出险造成损失 5 万元。按照比例分摊方式计算 A、B、C 保险公司承担的保险责任分别是多少？

$$A保险公司承担的赔款 = 5 \times \frac{15}{15+10+15} = 1.875 万元$$

$$B保险公司承担的赔款 = 5 \times \frac{10}{15+10+15} = 1.250 万元$$

$$C保险公司承担的赔款 = 5 \times \frac{15}{15+10+15} = 1.875 万元$$

②限额责任分摊方式。限额责任分摊方式是以在没有重复保险的情况下，各保险人依其承保的保险金额而应付的赔偿限额与各个保险人应承担赔偿限额总和的比例承担损失赔偿责任。而限额即是指在单一保险合同中保险人承担的责任数额。

其计算公式为：

$$各保险人承担的赔款 = 损失金额 \times \frac{该保险人赔偿限额}{各保险人赔偿限额总和}$$

例如上例，

$$A保险公司承担的赔款 = 5 \times \frac{5}{5+5+5} = 1.666\ 7 万元$$

$$B保险公司承担的赔款 = 5 \times \frac{5}{5+5+5} = 1.666\ 7 万元$$

$$C保险公司承担的赔款 = 5 \times \frac{5}{5+5+5} = 1.666\ 7 万元$$

③顺序责任分摊方式。顺序责任分摊方式，是按照重复保险中各保险公司保险合同签订顺序来计算各个保险公司赔偿责任的一种分摊方式。

例如上例，假设 A、B、C 保险公司承保顺序是 A 最早、接下来是 B，最后是 C。

A 保险公司承担的赔款＝5 万元

B 保险公司承担的赔款＝0 万元

C 保险公司承担的赔款＝0 万元

本章小结

保险的四大基本原则——保险利益原则、最大诚信原则、近因原则和损失补偿原则，这些是规制保险实践良性发展的重要手段。其中，保险利益原则可以有效地将保险与赌博行为区分开，为充分发挥保险的补偿功能奠定基础；最大诚信原则则能够在保险合同成立前后以及合同履行的过程中最大限度地维护合同双方当事人的平等地位；近因原则则为寻找保险事故发生的真正原因提供了理论上的支持和具体的判断方法；损失补偿原则是只能应用于财产保险的一类基本原则，其作用主要是在保险事故发生后对被保险人进行保险补偿，同时防止其获得超过其损失额度或保险利益范围的保险赔偿，当然在保险实践中仍有重置保险、定值保险以及重复保险等违反损失补偿原则的特例存在，但是通过一系列特殊手段的运用是可以最大程度上予以避免的。

思考练习

(1)保险利益原则的作用。

(2)最大诚信原则的内容。

(3)近因的判断方法。

(4)按照重复保险分摊原则填写下表。

韩某将价值20万元的自有住房一套分别向甲、乙、丙保险公司投保了火灾保险。保险金额分别为20万元、15万元和10万元。保险期限分别为2009年1月1日至2009年12月31日，2009年5月1日至2010年4月30日，2009年10月1日至2010年9月30日。2009年12月1日，韩某房屋发生保险责任范围内火灾事故造成损失，损失金额达12万元。

单位：万元

保险公司	比例责任	限额责任	顺序责任

（本文由作者改写自：郑美琴. 保险案例评析. 北京：中国经济出版社，2004.）

案例分析

案例材料一　该份保单是否有效

1999年9月，某地A厂购得奥迪A6轿车一辆。10月，司机李某在厂长的指示下向当地保险公司投保了车辆损失保险和第三者责任保险。在投保中，为了方便省事，司机李某在投保人和被保险人两栏中都填写了自己的名字。2000年5月，该轿车在行驶中不慎与一辆卡车相撞,车身严重毁损。

保险公司在随后的调查中发现,被保险车辆的碰撞责任及相关损失都在保险责任范围之内,但是,保险公司同时也发现,李某所投保的轿车并非其个人财产,而是A厂的企业财产,也就是说,李某以个人名义对企业财产进行投保。

问:该份保单是否有效?

案例材料二 是否违反了合同义务

2000年12月,张某为自己的一辆桑塔纳轿车向保险公司投保了车辆损失险,保单载明:"在保险合同有效期内,保险车辆转卖、转让、赠送他人,变更用途或增加危险程度,被保险人应事先书面通知保险人并办理批改。"2001年,随着车市的火爆,新车不断涌现,张某有了换车的念头,恰好此时自己的朋友赵某想购买一辆二手车,张某遂将自己的打算告诉赵某,赵某表示张某的桑塔纳车使用时间不长,车况较好,可以考虑购买,双方经过几次商谈之后,最终成交。2月23日赵某向张某支付了购车款,张某也将车钥匙交给赵某,让他先试开几日,然后再去车管部门办理过户手续。2月25日,赵某开车时发生碰撞,车辆前桥变形,车灯损毁。事故发生后,赵某找到张某,希望能帮忙找个地方修车,此时,张某想到自己购买了车损险,遂向保险公司提出索赔。保险公司在了解了事情经过之后认为,碰撞虽然属于车损险的责任范围,但张某已将车辆转卖他人,对于车辆失去了保险利益,张某未按保单要求通知保险公司并办理批改,保险合同已随之终止,对于张某的损失保险公司不应再承担责任。张某认为,虽然自己把车交给了赵某,但该车并未办理过户,不构成保险单所说的"转卖",自己仍是车主,发生损失后有权向保险公司主张索赔。经过几次交涉之后,双方分别作出了让步,最终以保险公司赔偿部分损失的方式达成和解,了结了纠纷。

问:张某是否违反了合同义务?为什么?

案例材料三 同样职工为何赔付不同

某日,某公司为了丰富员工生活,专门安排一辆大巴,组织员工进行省内旅游。能从繁杂的工作中抽身出来轻松一下,员工们心情都特别舒畅。车在高速公路上飞速行驶时,突然从后面飞驶而来一部货车(后经交警裁定:货车为违章快速超车),公司大巴来不及避让,两车严重碰撞。公司员工张强和王成双双受了重伤,立即被送入附近医院急救。

张强因颅脑受到严重损伤,且失血过多,抢救无效,于两小时后死亡。王成在车祸中丧失了一条腿,在急救中因急性心肌梗塞,于第二天死亡。

就在事发前不久,公司为全体员工购买了人身意外伤害保险,每人的保险金额为人民币10万元。事故发生后,该公司立即就此事向保险公司报案。保险公司接到报案后立即着手调查,了解到:张强一向身体健康,而王成则患心脏病多年。

最后,根据《人身意外伤害保险条款》及《人身意外伤害保险伤残给付标准》,保险公司作出如下的核定及给付。

(1)核定车祸属意外事故。

(2)核定张强死亡的近因是车祸,属保险责任,给付张强死亡保险金人民币10万元。

(3)核定王成丧失一条大腿的近因是车祸,属保险责任,给付王成人民币5万元意外伤残保险金。

(4)核定王成死亡的近因是急性心肌梗塞,不属保险责任,不给付死亡保险金。

讨论:为何张强和王成所获赔付不相同?

案例材料四 该案件如何处理

某地个体运输户高某,于1998年12月将一辆16座面包车向当地保险公司投保车辆损失险和第三者责任险,保险金额为12万元,应交保费2 850元。当保险单填妥向高收费时,高声称钱未带够,因急于出车,要求将保单给他,下午再将其余的钱交来,接着在征得经办人同意后,便交了保费1 000元,将保险单带走。

但是事后高某并未如约补交保险费,保险经办人曾多次催收,并表示如再拖欠不交,出事后就不负责赔偿,均被其敷衍搪塞,一直未收到余款。1999年4月,保险车辆在行驶途中翻车,造成6万余元的损失,投保人向保险公司提出索赔。

对于此案的处理形成了几种不同的观点。

第一种观点认为应该拒赔。高某拖欠保险费,应该拒赔。根据权利与义务对等原则,按照保险公司短期保费计算方法,高某所缴纳的1 000元保险费,保险公司只能承担其从投保起前三个月的保险责任。保险标的在第五个月出险时,因高某其余保险费拖欠没交,保险公司不负赔偿责任。

第二种观点认为应按比例赔付。保险合同为双务合同,保险人与被保险人既享有权利,又要承担义务,权利与义务是对等的。高某缴纳了一定的保险费,履行了一定的义务,理所当然享有一定的保障权利。保险公司应该根据高某履行缴纳保费义务的比例承担相应的保险赔偿责任。

第三种观点认为应全额赔付。保险公司对高某拖欠保费行为没有采取有效的措施,例如及时终止合同,根据权责发生制,该保险合同自始至终都是有效的,保险公司应对高某的损失予以足额赔偿。

问:你赞成哪种观点,为什么?

推荐阅读

[1][英]斯蒂尔.孟兴国,等,译.保险的原则与实务[M].北京:中国金融出版社,1992.

[2]汤媛媛.保险法近因原则研究[D].长春:吉林大学,2011.

[3]尹田.中国保险市场的法律调控[M].北京:社会科学文献出版社,2000.

第5章 保险数理基础

本章提要

保险费率是计算保险商品价格的基础，然而由于财产保险和人身保险的诸多不同，导致二者在保险费率的制定上也是不完全一致的。因此，本章在介绍了保险费率概念、构成、计算原则以及理论依据的基础上，分别介绍了财产保险和人身保险的费率厘定问题。

学习目标

1. 保险费率的构成
2. 概率理论在保险费率制定中的重要意义
3. 死亡率对人身保险费率厘定的影响

框架结构

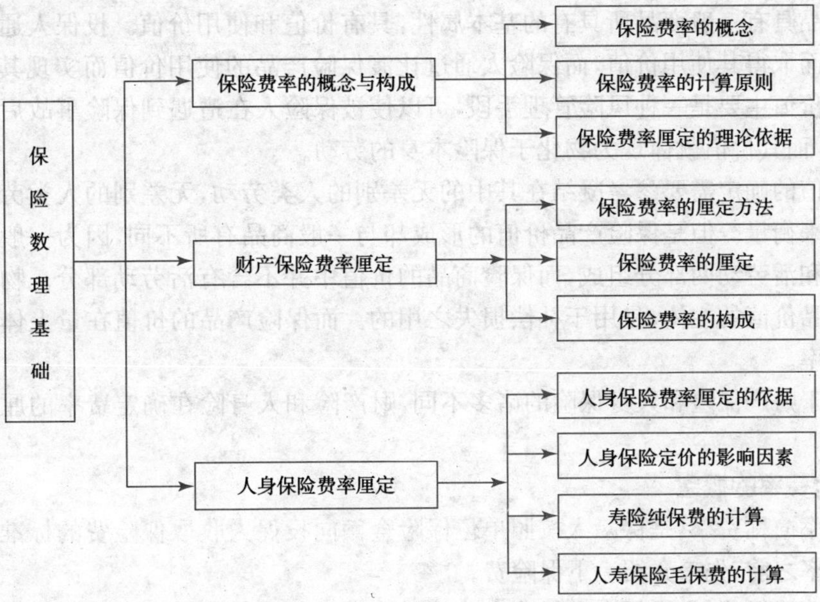

开篇案例

给多少钱都不保，成龙谢霆锋上保险公司黑名单？

明星因工作受伤，而且伤得这么严重，到底如何赔偿？2002年，张柏芝为某活动演出飞车项目出事，造成尾龙骨第十二节骨碎裂，新闻报道称可能导致下半身瘫痪。当时香港无线只为张柏芝投保100万元，环球唱片则替张柏芝投保1000万元，当时保险公司表示，张柏芝至少可取得1100万元的全额赔偿。当年，张柏芝住院费、医药费全由无线负责，不过无线透露，很多保险公司都不愿意接受艺人做危险动作的投保。

为什么保险公司拒绝接受这些"万人迷"作为客户？据记者调查了解，演员在世界十大危险职业中排名第九，与战地记者、排雷工兵不相上下。每天"飞"来"飞"去，生活不规律，精神压力大，被保险公司戏称为"不受欢迎的人"。当年拍《还珠格格3》时，剧组有意为饰演"五阿哥"的古巨基投保千万元，但保险公司一听保险对象是艺人，又是要骑马、要武打，便拒绝受保，剧组最后费尽口舌也只保到百万元。成龙、谢霆锋这两个从不用替身、爱玩命的演员更是上了香港保险公司的"黑名单"。

像谢霆锋在参演《男儿本色》时，由于在片中有大量高难度危险动作，以致本地保险公司都不敢承保，最终，剧组不得不远赴美国为他投下6000万元的巨额意外保险。调查显示，同样保额的保单，名模、演员投保的费用要贵15%。

（本文由作者改写自：北方新报）

5.1 保险费率的概念与构成

保险商品具有一般商品所具有的基本属性，具有价值和使用价值。投保人通过支付保险产品的价值而取得其使用价值，而保险人通过让渡保险产品的使用价值而实现其价值。保险产品的使用价值主要是一种风险管理手段，可以使被保险人在遭遇到保险事故后迅速地恢复生产和生活，而其价值就体现为物化于保险本身的劳动。

商品价值的确定需要参考凝结在其中的无差别的人类劳动，无差别的人类劳动以社会必要劳动时间来衡量。但是保险产品价值的形成却与一般商品有所不同，因为一般商品价值都由物化劳动和活劳动两部分组成，而保险商品的价值中并不含有活劳动部分。物化劳动部分形成保险商品价值的主体，是用于补偿损失之用的。而保险产品的价值在量上体现为保险产品的净保费率。

然而由于财产保险和人身保险的诸多不同，财产险和人身险在确定费率的厘定方面有很大的不同。

5.1.1 保险费率的概念

保险费率简称费率，是保险人按照单位保险金额向投保人收取保险费的标准。在进一步介绍保险费率之前，先来介绍一下保险费。

保险费简称保费，是投保人向保险人购买保险产品所支付的价格。保险费即保险产品价格的高低是由保险金额的大小和保险费率的高低程度共同决定的，且保险费与保险金额和保险费率之间呈正比。具体的计算公式如下：

保险费＝保险金额×保险费率

投保人在做出投保决定之前，会考察保险费的经济性，也就是说要考察保险费与保险产品带来的预期价值之间的配比关系，如果保险费高于保险产品的预期价值，那么投保人会另辟蹊径去寻找其他的风险规避手段。当然，保险费不仅是投保人需要考虑的，也是保险公司密切关注的。因为保险公司保险费收取得是否适宜会直接影响到保险公司的经营效益。因此，保险公司通常将保险费分作两部分进行管理。我们用 F 表示保险费，F_1 为纯保费，F_2 为附加保费，则三者之间关系如下：

$$F = F_1 + F_2$$

其中，F_1 是保险人用于支付预期损失的保险费部分，主要受标的物风险概率的影响。当然由于财产保险与人身保险的不同，其具体的影响因素也是不一致的；F_2 是用于支付保险人的经营费用以及实现其预期利润的部分，主要受保险公司经营管理水平的影响。

简单地了解了保险费之后，我们回头再了解保险费率。综合上面的公式，

保险费率＝保险费÷保险金额

令保险费率为 $F(x)$，保险金额为 P，则上述公式为：

$$F(x) = \frac{(F_1 + F_2)}{P}$$

5.1.2 保险费率的计算原则

由保险费率的概念可知其是保险费制定的基础，也就是说保险费率是确定保险产品销售价格的基础。但是由于保险产品具有其他一般商品不可比拟的特性，导致该产品的成本并不

能事先确定，而只能等待保险合同到期或者标的物出险。因此，保险产品与其他产品在销售价格上的一大区别就是，保险产品的价格是建立在预测未来损失和未来费用基础上制定的。将通过一定的技术手段测算出的未来损失和未来费用在投保了相同保险的投保人之间按照其投保保额的不同来进行分摊，这样的过程被称作保险费率的制定。

然而费率的制定却需要遵循以下几点原则。

(1)适当性原则。所谓适当性原则是指保险费率的制定既要足以弥补被保险人的损失，又要能够实现保险人合理的预期利润。如果保险费率制定得过低则会使保险保障基金积累不足，保险公司为了能按照合同约定履行自己的义务必然会动用自有资金，如此一来必然影响其经营效益；如果费率制定得过高，又会使保险产品失去同行竞争力。

(2)合理性。由于保险费率的制定是对未来损失情况以及自身经营效益的一个估计，难免会与现实情况有所偏差。因此，为了使得费率的制定更加科学合理并符合实际情况，每隔一段时间(5年左右)，保险公司就会将这段时期内的平均实际损失率与该类风险的标准损失率进行比较，进而观察原定费率的偏离程度。其计算公式如下：

$$M=\frac{A}{E}$$

$$M-1=\text{调整率}$$

上述公式中，M 为修正费率，A 为实际损失率，E 为预期损失率。

例如，预期损失率为45%，实际损失率为55%。按照上述公式计算修正费率过程如下：

$$M=\frac{55\%}{45\%}$$
$$=122\%$$

(3)稳定性。所谓稳定性即要求保险公司针对一类保险的保险费率相对保持稳定不变，不宜经常调整变动。否则会增加投保人投保预期的难度，对保险公司的经营感到不满，进而减少其业务量。

(4)预防损失的鼓励性。预防损失的鼓励性主要是指保险公司要在费率中体现对于被保险人实施防灾防损行为的鼓励，对于配备有完备防灾防损设施的被保险人可以实行优惠费率。

(5)公正性。保险行为是具有一定社会公益性质的行为，保险合同双方当事人的地位是平等的。因此，保险人在制定保险费率时就要按照国家法律，并充分考虑双方的平等性。

5.1.3 保险费率厘定的理论依据

由以上章节我们知道保险事故出险概率是厘定保险费率的基础，因此制定科学的保险费率就需要运用到概率论和大数法则作为理论支撑。

1. 随机事件与概率

自然界和人类社会所发生的各种各样的现象在确定性上可以分为两类。一类现象在满足一定条件的情况下是必然发生的，此类事件称之为确定性现象。另一类现象在一定条件下既可以发生这样的结果，也可以发生另外的结果，但是其不确定性结果的出现却是有一定规律可循的，这类事件被称之为不确定性现象或者随机事件。

对于随机事件的研究，一般是通过随机试验来进行的。所谓的随机事件试验是那些在相同条件下重复进行的，虽然试验结果不能确定但是却可以进行预测的以随机事件为标的的试验。通过随机试验得出的所有可能结果所组成的结合称为随机事件的样本空间，样本空间中的每个元素称为样本点，样本空间的各个子集称为随机试验的随机事件。

保险实践中的风险事件也可以说是一种随机事件。因此，对于保险公司而言，最为关键的是寻求各种随机事件发生的几率。这里就需要引进概率的概念。

概率表示随机事件发生可能性的大小，是衡量随机事件出现可能性大小的尺度：概率越大则随机事件发生的几率就越大，反之亦然。

假设用$P(X)$表示随机事件X发生的概率，由于必然事件M肯定会发生，因此$P(M)=1$，而对于不可能事件N，其概率$P(N)=0$。因此对于随机事件X，其发生的概率区间即为$0\leqslant P(X)\leqslant 1$。但是，我们现在只能确定随机事件X发生的概率区间，还不能确定具体的概率值。因为确定随机事件发生的概率是一项相对复杂的事情。因此在实践中就需要采取一种被称之为“概率的频率解释”的方法进行概率值的测算。

在相同条件下，重复进行n次随机事件X，在随机试验中X发生的次数称为事件X发生的频数，用k表示。因此，k/n即为事件X发生的频率。当实验次数足够大时，k/n会逐渐稳定于某个常数P，这种频率的稳定性就是通常所说的统计规律性。因此，就可以用常数P直观地表示一次随机试验中事件X发生的概率。

2. 大数法则

(1)大数法则定理。大数法则又称大数定理，是阐明大量出现的随机事件共同规律的定理，该定理是由概率的统计定义“频率收敛于概率”引申而来的，是概率论中阐明大量随机现象平均结果具有稳定性的一系列定理的总称。其表达方式主要有：切比雪夫大数法则、贝努利大数法则和泊松大数法则。

①切比雪夫大数法则。该定理在切比雪夫大数法则中通常表示为：

设$X_1,X_2,\cdots,X_n$是独立同分布的随机变量，记它们的公共均值为μ，又设它们的方差存在，并记为σ^2，则对于任意给定的$\varepsilon>0$，有：

$$\lim_{n\to\infty}P\{|\bar{X}_n-\mu|\geqslant\varepsilon\}=0$$

其中
$$\bar{X}_n=\frac{1}{X_1+X_2+\cdots+X_n}$$

定理表明：n个随机变量的平均值$\bar{X}_n$，将随着n的增大收敛于定值μ。

该定理运用到保险实践中即表示：有n个投保人同时投保了n个相互独立的保险。X_n表示每个标的的实际发生损失，且所有保险标的损失的期望值相等，即$E(X_1)=E(X_2)=\cdots\cdots=E(X_n)=\mu$。这里$\mu$为每位投保人所缴纳保费的理论值，$\bar{X}_n$即为每个被保险人平均获得的保险赔款。从上述公式可知，当n足够大即其趋向于无穷时，保险人支付的保险赔款总额等于理论上所有投保人缴纳的纯保费总额。该定理表示，随着风险单位的增加，实际出险频率与预期出险频率、实际损失幅度与预期损失幅度有较大偏差的可能性会逐渐缩小。

②贝努利大数法则。假设某一事件的发生概率为p。我们用M_n表示此事件在n次试验中重复发生的次数，M_n/n为该事件发生的频率，则；

$$E\left(\frac{M_n}{n}\right)=p$$

$$\sigma=\sqrt{\frac{p(1-p)}{n}}$$

该式表示：当 n 趋向于无穷大的时候，事件发生频率的期望值不变，标准差趋于零。又因为标准差随着 n 的增大而减小，说明当 n 足够大时，事件发生的频率与概率很接近。所以，贝努利法则表述如下：

设 M_n 是 n 次贝努利实验中事件 X 发生的次数，p 是该事件在每次实验中发生的概率，则对于任意的 $\varepsilon>0$ 有：

$$\lim_{n\to\infty}P\left\{\left|\frac{M_n}{n}-p\right|<\varepsilon\right\}=1$$

③泊松大数法则。假设某一事件在连续的实验中出现的概率为 p_n。即该事件在第一次实验中出现的概率为 p_1，第二次实验中出现的概率为 p_2，……，在第 n 次实验中出现的概率为 p_n。用 M_n 表示此事件在 n 次实验中发生的次数，则有：

对于任意的 $\varepsilon>0$，下式成立：

$$\lim_{n\to\infty}P\left\{\left|\frac{M_n}{n}-\frac{p_1+p_2+\cdots+p_n}{2}\right|<\varepsilon\right\}=1$$

该大数法则的含义是：当实验次数无限增加时，某一事件发生的平均概率与观察结果所得的比率将无限接近。

综上，大数法则要求保险公司承保尽量多的同质风险单位，才能够进行保险费率的精确制定。任何一家保险公司都不可能承保大数法则所要求数量的风险单位，但是保险公司仍然能够运用一定的技术手段进行合理的测算。

(2)大数的测定。大数法则运用于保险实践就需要有足够多的保险标的，则实际损失结果与预期损失结果之间的误差才会很小。但是标的物的数量达到多大才能满足大数法则的要求呢？亦或者是如何确定大数的数量呢？

关于“大数”的确定可以参考以下公式；

$$N=\frac{S^2p\times(1-p)}{E^2}$$

式中：N——一定条件下应具备的风险单位数量即大数的量；

E——实际损失变动次数与总数的比例，表示所需要的精确度；

S——实际损失与预期损失相差的标准差个数，说明对所获得的结果的信赖程度。

在“大数”测定的过程中，有两个因素要特别加以注意。一是 E，且 E 没有固定的标准，而 E 值的大小一般以保证实际损失变动在预期损失 10% 的范围内为选择标准，另外一个是 S。在给定 E 的情况之下，S 的值越大，要求的风险单位数越大(即 N 越大)。在给定 S 的情况下，E 的值越小，要求的风险单位数越大(即 N 越大)。

5.2　财产保险费率厘定

5.2.1　保险费率的厘定方法

财产保险保险费率的厘定方法一般分为分类法、评价法以及增减法三种。

1. 分类法

分类法是将相同的风险并入同一等级、课以相同的费率，该方法通常适用于火灾保险和意外伤害保险。

因为其他费率的制定方法都要直接或间接地利用到分类法，因此该方法是费率制定中最为常用的方法。

2. 评价法

评价法是针对每一个特殊的风险单位制定与其相匹配的保险费率，因此评价法下保险费率的制定并没有一个公式可以参考，在采用评价法制定保险费率时需要综合参考风险单位的特性。该方法主要适用于一些新开发险种的保险费率制定。

3. 增减法

增减法是将属于同一级别的风险，根据被保险人在保险单有效期间内的实际损失经验或者预期经验，对被保险人课以不同的保险费率的方法。而增减法又可以分为表定法、经验法、追溯法和折扣法四种。

(1)表定法。表定法的做法是：首先根据分类法制定不同风险种类的风险费率表，然后将被保险人的实际情况与表中项目进行对照，并按对比情况进行相应的增减。该法主要用于火灾保险、责任保险以及盗窃险等险种。

(2)经验法。经验法就是根据保险人以往的经营经验来制定保险费率的方法。但是该法的采用需要用过去的经验数据来对保险费率进行适当的修正。因此，过往经验的准确度就显得至关重要。经验法依靠修正系数来增减费率，修正系数的计算公式如下：

$$修正系数=\frac{实际赔款-预期赔款}{预期赔款}\times可信度系数$$

公式中的可信度系数介于0～1之间，越接近1，表明可信度越高。

而贝叶斯定理通常也被使用到经验法之中。贝叶斯定理内容如下：

设试验T的样本空间S，$X_1, X_2, \cdots\cdots, X_n$为S的一个划分，亦即$S=\bigcup_{i=1}^{n} Xi$，且当i≠j时，$Xi \cap Xj = \varnothing$，则有：

$$P\{X=x_0 \mid Y=y\}=\frac{(P\{X=x_0\}\cdot P\{Y=y \mid X=x_0\})}{\sum_{x}(P\{X=x\}\cdot P\{Y=y \mid X=x\})}$$

其中，$P\{X=x\}$被称为先验概率，$P\{X=x_0 \mid Y=y\}$被称为后验概率。因此，由贝叶斯公式可知，由先验概率及条件概率$P\{Y=y \mid X=x_0\}$，是很容易计算出后验概率的。

例如，ABC保险公司承揽了3 000份火灾保险的保险业务，按照预期的赔款频率分别属于由表5.1所示的Ⅰ、Ⅱ、Ⅲ三类。我们从这3 000份保险业务中随机地抽取一个样本，且在过去的一年中这一样本并未发生赔付。下面试求这份保单分别属于Ⅰ、Ⅱ、Ⅲ类的概率是多少？(假设赔款次数服从泊松分布)。

表5.1 风险分布

类　别	索赔频率	保险单数目
Ⅰ	0.1	2 000
Ⅱ	0.2	600
Ⅲ	0.4	400

解：

设X为保险单所属的类别，Y为一年中发生的赔款次数。

则由题中条件可知；

$$P\{X=\text{Ⅰ}\}=2\,000/3\,000=0.67$$
$$P\{X=\text{Ⅱ}\}=600/3\,000=0.2$$
$$P\{X=\text{Ⅲ}\}=400/3\,000=0.13$$

由泊松分布可得：

$$P\{y=0\mid X=\text{Ⅰ}\}=e^{-0.1}\times(0.1)^0/0!=0.904\,84$$
$$P\{y=0\mid X=\text{Ⅱ}\}=e^{-0.2}\times(0.2)^0/0!=0.818\,73$$
$$P\{y=0\mid X=\text{Ⅲ}\}=e^{-0.4}\times(0.4)^0/0!=0.670\,32$$

则：

$$P\{X=\text{Ⅰ}\mid y=0\}=\frac{0.67\times0.904\,84}{0.67\times0.904\,84+0.2\times0.818\,73+0.13\times0.670\,32}=0.707\,3$$

$$P\{X=\text{Ⅱ}\mid y=0\}=\frac{0.2\times0.818\,73}{0.67\times0.904\,84+0.2\times0.818\,73+0.13\times0.670\,32}=0.191\,1$$

$$P\{X=\text{Ⅲ}\mid y=0\}=\frac{0.13\times0.670\,32}{0.67\times0.904\,84+0.2\times0.818\,73+0.13\times0.670\,32}=0.101\,8$$

所以该保险单分别来自Ⅰ、Ⅱ、Ⅲ的可能性是0.707 3、0.191 1和0.101 8。

(3)追溯法。追溯法是与经验法相对应的一种费率制定方法，是通过调整某一特定期间的保险费率来反映保险人在该期间的赔款记录的方法。具体公式如下：

$$RP=(BP+L\times LCF)\times TM$$

式中：RP——Retrospective Premium，是计算所得的追溯保险费；

BP——Basic Premium，是基本保险费；

L——Loss，是实际损失；

LCF——Loss Conversion Factor，是损失换算因数(数值大于1)；

TM——Tax Multiplier，是租税乘数(数值大于1)。

(4)折扣法。折扣法就是对于个别投保人给予折扣费率的一种费率厘定方法。其计算公式如下：

实际费率＝表中费率×(1－折扣率)

折扣率的高低是由保险公司自由裁量确定的，通常的参考因素包括投保人投保规模、业务联系等。

例如，A保险公司为争取到B公司为全体员工投保的家庭财产保险业务，决定在10‰费率基础上给予A公司15%的折扣，则A公司适用的费率为：

10‰×(1－15%)＝8.5‰

5.2.2 保险费率的厘定

1. 纯费率的厘定

保险费率厘定的难点在于纯费率的厘定。纯费率是指一定时间内(通常为5年)保险赔款总额与保险金总额之间的比值，该比值可以综合反映保险公司在这一段时间内的经营状况。

纯费率计算方法有两种：一种是依据经验数据计算得出一段时间内的损失率均值，然后在此基础上附加标准差作为纯费率。标准差表明的是实际损失率对于损失率均值可能的离散程度。

损失率的计算公式为：

$$损失率=\frac{赔款总额}{保险金总额}\times 1000‰$$

标准差的计算公式为：

$$\delta=\sqrt{\frac{\sum_{i=1}^{n}(X_i-\mathrm{NP})^2}{n}}$$

式中：X_i——第 i 年实际损失率；

NP——损失率均值；

n——统计的保险年度数。

然而需要特别注意的是，损失率会受到很多因素的影响。主要包括保险事故发生率、保险事故损失率、保险标的损毁程度以及受损保险标的的保险金均值与总保险金额之间的比率。

(1)保险事故发生率。该指标的计算公式如下：

$$保险事故发生率=\frac{保险事故次数}{保险标的件数}\times 100\%$$

该指标表明每百件保险标的的出险比率，该指标与损失率之间成正比。

(2)保险事故损失率。该指标计算公式如下：

$$保险事故损失率=\frac{受损保险标的件数}{保险事故次数}\times 100\%$$

该比率表示每一次保险事故中有多少保险标的损毁，该指标与损失率之间成正比。

(3)保险标的损毁程度。该指标计算公式如下：

$$保险标的损毁程度=\frac{赔偿金总和}{受损保险标的的保险金额}\times 100\%$$

该指标表示的是受损保险标的的价值减少百分比，该指标与损失率之间成正比。

(4)受损保险标的的保险金均值与总保险金额之间的比率。

2. 附加费率的厘定

保险公司在经营日常业务的过程中，必然会产生各种各样的费用，例如水电、营销费用等，而且由于保险公司属于商业主体，因此还要取得合理的预期利润。因此，作为保险商品价格计算基础的保险费率除了要积累保险保障基金以承担保险给付责任之外，保险公司还需要弥补其日常费用并实现其合理利润。附加费率是一定时期内保险公司的附加费用开支、预期利润和意外准备金占保险金额总和的比率。用公式表示为：

$$附加费率=\frac{附加费用+预期利润+意外准备金}{保险金额总和}\times 1000‰$$

可见，附加费率属于保险费率的次要组成部分，且其核算相对简单。但是附加费率的高低直接影响到保险公司的市场竞争能力。

5.2.3 费率的构成

以上从分解的角度介绍了财产险中费率的厘定问题，即纯费率加附加费率等于毛费率。

但是这种方式计算出来的毛费率只适合财产保险中某一大类保险，而承保来的每一具体保险业务不可能全部都符合标准毛费率，因此就需要按照每个保险业务的实际情况根据级差费率对其进行费率的调整性适用。所谓的级差费率是指在同类风险范围内，保险人用于核算不同风险程度和损失率的差别费率。因此，保险公司就要以标准费率为基础，参考级差费率对每项具体业务进行费率的调整。即分项业务的费率以标准费率为基础，在适用级差费率的基础上围绕标准费率上下波动。

资料链接一　　　解密阳光保险之八　阳光创造："车险生命表"全球第一

世界上第一张生命表是英国天文学家哈雷于1693年编制而成的，它是反映人口死亡过程与规律的普通生命表，最早被广泛使用在人寿保险中，并为经营人寿保险业务奠定了科学定价的数理基础，是计算人身保险的保险费、责任准备金、退保金的主要依据。

出自一个大胆设想

受到寿险生命表和阳光"红黄蓝"盈利模式的启发，董事长张维功和他的同事们提出一个大胆的设想：我们能不能研发出一个类似寿险生命表的车险生命表，作为对车险业务进行风险定价的工具，从而将传统的以事后经营结果来判断车险业务风险盈利状况的做法，调整为在业务承保时就能够进行科学的风险定价并锁定盈利水平？而从阳光保险推行多年的"红黄蓝"盈利模式的成功经验来看，这一想法是可行的。2008年底，阳光产险成立了"09-10项目车险生命表"项目组，开展了车险生命表的研发工作。

项目启动了，然而难度比想象的要大得多。作为车险业务，影响其利润的因素非常多，包括车型、驾驶者的驾驶习惯、不同地区的交通状况、价格、市场费用、配件价格、保险公司的理赔管理水平等。而单就驾驶者的驾驶习惯而言，又受到其年龄、性别、职业等多种因素的影响。面对如此多的变量，要建立起一个科学的定价模型，难度可想而知。项目组的工作人员感到了巨大的压力和挑战。"其难度在于样本量多少可做依据，如何进行数据分析、如何建立模型、各个风险因子的先后顺序如何排列，以及销售版如何简便易懂，如何与现行费率体系建立关联等问题。"作为经济学的博士，罗海平尽量使用一些通俗的语言阐释这一项目。

经历无数山穷水尽

吕美是生命表项目组的项目经理，初期参与这一项目时，吕美的感觉是"老虎吃天，无从下口"。虽然自己已经从业多年了，但是面对公司提出的这一崭新的概念，吕美还是感受到了巨大的挑战。

"只有丢掉包袱去想问题，才可以做出最超前的创新"。为了推进该项目，张维功只要一有时间，就参与他们的"头脑风暴会"。

经过了几个月的反复讨论，经历了无数次"山穷水尽疑无路"的煎熬，经过了大量的数据统计与分析，项目组终于创造性地运用统计分析等方法解决了样本量与置信区间的问题以及数据提取、分析和判断等难点，形成了一套较为完整的风险分析方法，最终解决了建模以及影响车险风险因子各自影响程度的量化问题。2009年12月，车险生命表项目获得了突破性的成果，涵盖100余种主要车型、以三级机构为单位的阳光车险生命表诞生了，并应用于阳光产险的车险业务经营管理中。

"阳光车险生命表是对我们'红黄蓝管理模式和目标市场管理'的深化。"阳光产险总裁罗海平解释说。自2005年7月阳光保险成立以来，他们就一直通过制度和流程创新选择优质的车险增量业务，并因此成为公司持续盈利的秘籍。

“这一成果不但有利于正确地引导销售的方向，而且将核保前置，销售人员不需要问核保人，销售人员只要提供车型、驾驶员性别、年龄、职业、以往出险记录、投保险别等关键信息，系统即可自动给出报价、最低费率折扣等。同时还可逐单测算出每一笔业务的利润，并可随保单存储，可计算出每个业务人员的利润贡献，为将来实施标准保费和长期激励提供了依据。”罗海平表示。

正在研究手机报价

刘艳霞是阳光产险山东分公司东营中心支公司的一名业务员。作为一名销售人员，自从实施了车险生命表，她就觉得车险生命表成为了她工作中最佳的展业工具。因为只要看到客户的车型，就能马上找到它的承保方案，给客户明明白白地计算保费，合理地做出报价，从而在客户面前展现自己专业的形象。

尽管如此，由于车险生命表打破了产险公司业务员一直以来传统的展业方式，因此开始推广车险生命表时，“会上讲的不如会下人员议论的多”，吕美说，“很多从业多年的业务人员思想始终扭转不过来，以前他们展业，只要简单记住标准费率、折扣限制、手续费标准就能开展业务，但现在每辆车的承保方案都可能不同。”

为了便于销售人员使用，他们开发了专门的IT系统，开通了销售人员在线等销售支持平台，为销售人员提供实时的报价支持。目前，他们正在研究基于3G技术的手机报价功能，届时销售人员将可以通过手机实时为客户提供不同的承保方案。

从2005年的目标市场管理，到红黄蓝盈利模式，再到车险生命表，短短的四年时间，阳光保险在车险业务的经营管理上已经建立了巨大的差异化优势，也正是这些创新和精细化的管理，使其在业务高速增长的同时能保持良好的业务品质和盈利能力，并逐步建立了起行业的标杆地位。

（本文由作者改写自：中国保险报．2010－8－11）

资料链接二　　巨灾损失创新高保险费率上涨有限

日前，达信保险经纪公司(Marsh)发布调查报告称，尽管一季度巨灾损失创下历史新高，但是保险费率上涨仅局限于受到损失影响的风险。

调查发现，对于那些未受近期巨灾损失影响的地区和业务而言，2011年第一季度市场条件几乎没有发生变化，总体承保能力保持充裕，尤其是新业务更是如此。总体而言，财产险市场仍然可以获得一定程度的费率优惠。但是对于那些面临巨灾风险的企业，尤其是位于近期巨灾事故发生地的企业，其续保费率有可能上升。

由于澳大利亚洪灾、2011年2月22日的新西兰克莱斯特彻奇市地震、2011年3月11日的日本大地震及其引发的海啸和核灾难等一季度损失，很多保险公司和再保公司的2011年度巨灾损失预算即使没有超支也已被大量消耗。报告称，如果再发生巨灾损失，再保险定价可能受到影响。“未来发生的任何巨灾损失不仅会影响再保公司的营收，还会直接损害其资本状况，这将推动费率上升。”

针对中国市场，达信大中国区总裁兼首席执行官韦朴(Paul Wilkins)表示，目前中国非机动车保险市场仍然保持稳定，各险种的费率基本保持平稳。就地震险而言，并未有明显迹象表明费率受到日本地震的影响，然而对于地震高发地带的风险，保险公司在承保地震引发的营业中断损失时逐渐趋于谨慎，承保条件严苛。

（本文由作者改写自：中国保险报.2011－5－13）

5.3　人身保险费率厘定

5.3.1　人身保险纯费率厘定的依据

1. 死亡率或生存率

死亡率是指一定规模的人口在一定时间内死亡人口占总人口数量的比率，用来计算一定人口在一定时间内死亡的数量。但是保险业务中关注的死亡率，主要是以被保险人作为计算样本的被保险人的死亡率。而且，在人寿保险中保险金的给付是以被保险人的生存或者死亡作为给付条件的，被保险人死亡率或者生存率的高低直接影响到保险公司保险金给付的数额和给付的时间，抑或是保险公司投资经营的收益。所以，保险公司在开展保险业务的过程中非常关注一定时期的死亡率变化，会以此作为制定寿险费率的基础指标。但是由于以死亡率为重要编制指标之一的生命表要随着死亡率的变化而适当地作出修正，而这又会影响到保险公司的寿险产品定价。

2. 生命表

(1)生命表的概念。生命表的发展历史和人寿保险一直是休戚相关的，根据日本学者凌沼从尹的考证，生命表编制的历史可以一直追溯到公元三世纪罗马的执政长官计算年金的方法，现代意义生命表的建立可追溯到公元1661年，英国就有了历史上最早的死亡几率统计表。到1693年，世界上第一张生命表是英国天文学家哈雷制定的《哈雷死亡表》，它奠定了近代人寿保险费计算的基础，到1700年，英国又建立了“均衡保费法”，使投保人每年缴费是同一金额。我国的第一张寿险业经验生命表是1992年主要由中国人民保险公司采集数据并编制，于1995年7月问世的。

生命表是根据以往一定时期内各种年龄的死亡统计资料编制的，由每个年龄死亡率所组成的汇总表。主要用于根据过往经验来预测一些未来事件。生命表中最为重要的就是设计产生每个年龄的死亡率，死亡率的影响因素又有很多，例如，年龄、性别、职业、生活习惯等，但是在设计生命表时一般只考察年龄和性别两个因素。

生命表通常分为国民生命表和经验生命表。国民生命表是以全体国民或特定地区人口统计资料综合而成的；经验生命表是根据人寿保险公司承保的被保险人实际死亡率的统计资料编制的统计表，是以加入生命保险的被保险人为对象，根据该特殊人口集团的死亡记录所编制的生命表。生命表是人寿保险公司制定费率的基础，保险公司必须根据其业务性质选取合适的生命表。然而保险公司业务经营过程中通常选取的是经验生命表。之所以选取经验生命表是因为国民生命表样本过大，并没有经过保险公司的风险核查。

保险公司在选取生命表时必须注意以下几点。

①承保的被保险人数满足大数法则的要求；

②承保的被保险人生命状况应与生命表反映群体的生命规律相接近。

③要适时对生命表的内容加以修正以符合实际的生命规律的变化。

(2)生命表的内容。在生命表中，要选取初始年龄且假定在该年龄生存的一个合适的人数规模，将其称为基数。一般选择0岁作为初始年龄，并规定此年龄的人数，通常取整数进行表示，如

10 万、100 万或 1000 万等。另外，在生命表中还规定有最高年龄，用 w 表示，满足 $l_w+1=0$。通常来讲，生命表包含有以下内容。

x：表示年龄

l_x：生存数，是指从初始年龄到满 x 岁上生存的人数。

d_x：死亡数，是指 x 岁的人在一年内死亡的人数，$d_x = l_x - l_{x+1}$。

q_x：死亡率，是指 x 岁的人在一年内死亡的概率 $q_x = \dfrac{d_x}{l_x} = \dfrac{l_x - l_{x+1}}{l_x}$。

p_x：生存率，表示 x 岁的人在一年后仍然生存的概率，即到 x+1 岁仍然生存的概率。

$p_x = \dfrac{l_{x+1}}{l_x}$，因此，$p_x + q_x = 1$。

e_x：平均余命，表示 x 岁的人以后还能生存的平均年数。

假设死亡发生在每年的年中，则：

$$e = \frac{(l_x + l_{x+1} + \cdots\cdots + l_w)}{l_x} + \frac{1}{2}$$

另外，在人寿保险的计算中，通常还会遇到以下符号。

${}_tp_x$：表示 x 岁的人在 t 年末仍然生存的概率。

$${}_tp_x = \frac{l_{x+t}}{l_x}$$

${}_tq_x$：表示 x 岁的人在 t 年内死亡的概率。

$${}_tq_x = \frac{l_t - l_{x+t}}{l_x} = 1 - {}_tp_x$$

${}_{t|u}q_x$：表示 x 岁的人生存 t 年后 u 年内死亡的概率。

${}_{t|u}q_x = tp_{x-t} + 1p_x = tp_x \times q_{x+1}$

当 $u=1$ 时，用${}_{t|}q_x$表示 x 岁的人在生存 t 年后的那一年中的死亡概率。

$$\begin{aligned} {}_{t|}q_x &= tp_{x-t} + 1p_x \\ &= tp_x \times q_{x+1} \end{aligned}$$

表 5.2 中国人寿保险业经验生命表

非养老金业务男表(部分)CL1(1990～1993 年)

年龄	死亡率	生存人数	死亡人数	生存人年数		平均余命
x	q_x	l_x	d_x	L_x	T_x	e_x
21	0.001048	980111	1027	979597	52890558	53.96
22	0.001030	979084	1008	978579	51910961	53.02
23	0.001003	978075	981	977585	50932381	52.07
24	0.000972	977094	950	976619	49954797	51.13
25	0.000945	976144	922	975683	48978178	50.18
26	0.000925	975222	902	974771	48002494	49.22
27	0.000915	974320	892	973874	47027723	48.27
28	0.000918	973428	894	972982	46053849	47.31
29	0.000933	972535	907	972081	45080868	46.35
30	0.000963	971627	936	971160	44108787	45.40
31	0.001007	970692	977	970203	43137627	44.44
32	0.001064	969714	1032	969198	42167424	43.48
33	0.001136	968682	1100	968132	41198226	42.53

续表

年龄	死亡率	生存人数	死亡人数	生存人年数		平均余命
x	q_x	l_x	d_x	L_x	T_x	e_x
34	0.001222	967582	1182	966991	40230094	41.58
35	0.001321	966400	1277	965761	39263103	40.63
36	0.001436	965123	1386	964430	38297341	39.68
37	0.001565	963737	1508	962983	37332911	38.74
38	0.001710	962229	1645	961406	36369928	37.80
39	0.001872	960583	1798	959684	35408522	36.86
40	0.002051	958785	1966	957802	34448838	35.93
41	0.002250	956819	2153	955742	33491036	35.00
42	0.002470	954666	2358	953487	32535294	34.08
43	0.002713	952308	2584	951016	31581807	33.16
44	0.002981	949724	2831	948309	30630791	32.25
45	0.003276	946893	3162	945342	29682482	31.35
46	0.003601	943791	3399	942092	28737140	30.45
47	0.003958	940393	3722	938532	27795048	29.56
48	0.004352	936670	4076	934632	26856516	28.67
49	0.004784	932594	4462	930363	25921884	27.80
50	0.005260	928133	4882	925692	24991521	26.93

3. 利息

利息是一定数量的本金在一定时间内的收益。决定利息多少的因素主要有：本金、利息率以及时间。利息率则是利息与本金之间的比值，通常用%、‰和‱表示。因为人寿保险是采取均衡费率收取保费的，且人寿保险具有长期性，因此人寿保险的费率必须考虑利息因素。利息的计算方式有单利和复利两种。

(1)单利。单利是按照固定本金计算的利息。对已过计息日而不提取的利息不计利息。其计算公式为：

$$I = P \times n \times i$$

$$S = P + I = P \times (1 + n \times i)$$

其中，P 为本金，I 为利息，i 为利息率，n 为计息期数，S 为本息和。

例如，本金 1 000 元，利息率为 5%，存期 1 年，计算利息以及本息和。

$$I = 1\,000 \times 1 \times 5\% = 50$$

$$S = 1\,000 \times (1 + 1 \times 5\%) = 1\,050$$

(2)复利。复利是指在每经过一个计息期后，都要将所生利息加入本金，以计算下期的利息。这样，在每一个计息期，上一个计息期的利息都将成为生息的本金，即以利生利，也就是俗称的“利滚利”。其计算公式如下：

$$S = P \times (1 + i)^n$$

$$I = P \times (1 + i)^n - P = P \times [(1 + i)^n - 1]$$

其中，P 为本金，I 为利息，i 为利息率，n 为计息期数，S 为本息和。

例如，本金 2 000 元，存期 2 年，复利计息，利息率为 6%。计算利息以及本息和。

$$S = 2\,000 \times (1 + 6\%)^2 = 2\,247.2$$

$$I = 2\,000 \times [(1 + 6\%)^2 - 1] = 247.2$$

(3)现值和终值。现值，是按照一定的利息率计算的经过一定时间累计达一定数额所需要的本金数额。

$$P=\frac{S}{(1+i)^n}$$

终值，是一定的本金按照一定的利息水平，在经过一段时间后所积累的本息和。

5.3.2 人寿保险定价的影响因素

人寿保险产品价格的确定是一件非常复杂的事情，需要有保险精算师按照适当、公平、充足的原则进行确定，并且在这其中要重点考虑到死亡率、投资收益率以及费用率的影响。

1. 死亡率

所谓的死亡率，就是一组被保险人的预计死亡率。因为保险人需要按照保险合同的约定承担保险金给付的责任，要确定未来需要的资金数量来承担合同项下的各项义务，因此保险公司必须要能够精确估计发生索赔的次数和索赔的金额。而要能够精确估计发生索赔的次数和索赔的金额就必须能够精准地预期被保险人的死亡率。如果保险公司按照预期死亡率制定了人寿保险纯费率，但是实际死亡率却高于预期死亡率，就会导致收取的纯保费不足。此时保险公司却仍要按照合同约定承担保险金给付的责任就只能动用自有资本，这样直接影响到了保险公司的经营效益。

2. 投资收益率

保险人对于被保险人支付的保险金主要来源于投保人缴纳的保险费，也就是说保险人收取的保险费主要用于应付合同项下对于被保险人或受益人的支付。但是，实践经验表明，众多的被保险人并不是在同一时间遭遇到风险事故，即保费的收取与保险金给付之间存在时间上的不同步性，这种不同步性的时间差使保险公司在资本金和公积金之外，还存有相当数量的资金是处于相对闲置状态的，因此保险公司就可以在这段时间内对处于闲置状态的资金进行投资。不但如此，保险资金保值增值的特性以及保险市场竞争的日益激烈，都为保险投资提出了必要性要求。

寿险公司可以投资的渠道是相对比较宽泛的，可以投资于包括政府债券、公司债券、股票以及房地产等项目，但是鉴于保险公司负债经营的特性，有些国家限制保险公司投资于高风险项目。例如，我国《保险法》第一百零六条规定了保险公司的资金运用必须稳健，遵循安全性原则。而且保险公司的资金运用限于下列形式：银行存款、买卖债券、股票、证券投资基金份额等有价证券、投资不动产及国务院规定的其他资金运用形式。

之所以投资收益率会影响到寿险产品的定价，主要是因为在均衡保费下，保险人投资有很大一部分源于投保人多缴纳的保险费，因此必须对这部分被用作投资的资本金的所有者按照约定利率进行相应的补偿。所以在寿险产品定价中必须考虑到投资收益率因素。

3. 费用率

保险公司业务经营的费用主要包括销售和佣金成本、建立和维持机构运营的费用、雇员的薪金、税收以及股东分红等。保险公司在制定保险费率时必须考虑到上述费用的补偿，因此保险公司必须在净保费的基础上加收一部分，这一部分保费称作附加保费。简单地讲，保险费＝纯保费＋附加保费，附加保费由营业费用和预期利润组成，可见费用率的高低直接影响到保险费的水平。

5.3.3 寿险纯保费的计算

人寿保险纯保费的计算有两种：一是趸交纯保费的计算，另一种是年缴纯保费的计算，而寿险纯保费的计算要遵循收支额现金价值相等的原则，即所有投保人所缴纳的纯保费的现值要与保险人给付的保险金现值相等。

1. 趸交纯保费的计算

所谓趸交保费就是指在投保时一次缴清纯保费。然而由于人寿保险的长期性导致一次性缴清保险费超过了一般人的支付能力，所以在人寿保险实践中多以分期支付保费较为常见。

(1)定期寿险趸交纯保费的计算。定期寿险是指被保险人在保险期限内因保险事故死亡，由保险公司向受益人支付保险金的险种。如果在合同期满终止时被保险人仍然生存，保险公司则无需支付保险金。

假定在 x 岁时，有 l_x 人参加 n 年期的定期死亡保险，年利率为 i，第一年有 d_x人死亡，每人给付 1 元，共给付 d_x元，给付额的现值为 $d_x \cdot v^1$，其中 $v=\dfrac{1}{1+i}$

第二年有 d_{x+1} 人死亡，共给付 d_{x+1}元，给付额的现值为 $d_x \cdot v^2$，……，第 n 年有 d_{x+n-1} 人死亡，共给付 d_{x+n-1}元，给付额的现值为 $d_x \cdot v^n$。

那么按照纯保费的厘定原则有：

$$l_x \cdot A^1{}_{X:n}\rceil = d_x \cdot \frac{1}{1+i} + d_{x+1}\frac{1}{(1+i)^2} + \cdots\cdots + d_{x+n-1}\frac{1}{(1+i)^n}$$

因此，每个人应缴纳的纯保费为：

$$A^1{}_{X:n}\rceil = \frac{d_x v + d_x + 1 v^2 + \cdots\cdots + d_{x+n-1} v^n}{l_x}$$

(2)终身寿险趸交纯保费计算。终身寿险、预定期寿险都是以被保险人的死亡为保险金给付条件的保险，只是在合同期限上有所不同，因此我们可以把终身寿险合同看做长期的定期寿险，在计算终身寿险趸交纯保费的时候只要将合同期限做特殊处理即可，即将保险期限视为 w－x=1 年。

假设生命表中的年龄极限为 y 岁，则有：

$$Ax = \frac{vd_x + v^2 d_{x+1} + \cdots + v^{w-x+1} d_w}{l_x}$$

(3)定期生存保险的趸交纯保费计算。定期生存保险是指以保险合同期限届满被保险人生存作为给付保险金条件的险种。如果被保险人在保险期限内死亡，保险人无需给付保险金。

定期生存保险趸交保费的计算如下：

假设在 x 岁有 l_x人投保 n 年期的定期生存保险，在保险合同期限届满时生存的 l_{x+n}人每人领取 1 元保险金，其现值为 $l_{x+n} \cdot v^n$，则定期生存保险的趸交保费为：

$$l_x \cdot A_{X:n}\overset{1}{\rceil} = l_n \cdot \frac{1}{(1+i)^n}$$

$$A_{X:n}\overset{1}{\rceil} = \frac{l_x + n \cdot v^n}{l_x}$$

2. 年缴纯保费的计算

年缴纯保费是投保人在每一保险年度的年初所缴纳的保险费。但是根据纯保险费的计算原理，无论投保人采取趸交的方式还是采取年缴保险费的方式，其所缴纳保险费的现值应该是相等的。因此假设 T 为趸交纯保费，Y_i为年缴纯保费，在缴费期间内 $Y_1=Y_2=Y_3=\cdots=Y_n$。且由于Y 是每年支付的，所以假设缴费发生在每年年初，那么投保人累积缴纳保费的现值和为：

$$l_x \cdot T = Y \cdot l_x + Y \cdot v \cdot l_{x+1} + \cdots\cdots + Y \cdot v^{n-1} \cdot l_{x+n-1}$$

令

$$Y = T \cdot \frac{l_x}{l_x + v \cdot l_{x+1} + \cdots\cdots + v^{n-1} \cdot l_{x+n-1}}$$

则有：

$$Y = \frac{T}{\ddot{a}_{x:\overline{n}|}}$$

因此，我们只要把各类保险险种的趸交纯保费除以 $\ddot{a}_{x:\overline{n}|}$，就可以求得相对应的年缴纯保费金额。

5.3.4 人寿保险毛保费的计算

保险公司向被保险人或者受益人支付的保险金以及保险公司经营所发生的各项业务开支例如体检费用、代理手续费等都需要由收取的保险费进行弥补。保险费中用于保险金支付的部分叫做纯保费，而用于补偿业务开支的部分称作附加保费，纯保费与附加保费之和称为毛保费。

附加保费的计算一般没有固定的方式，通常需要对不同性质业务的开支做不同的处理，一般根据对公司业务费用的分析以及未来的预测来决定的。例如，对被保险人的体检费用等原始费用是在第一年承保时一次性支出的，虽然如此，但是对于被保险人来说在均衡费率下每年所缴纳的年缴保险费却应该是相同的，因此保险公司应该将承保时一次性支出的原始费用平均摊到各期保费上；对于公司的一般管理费用则是按照保险金额进行计算的。

以下具体说明毛保费的计算方法。

1. 三元素法

三元素法是把附加费用分解成原始费用、管理费和手续费三个部分，并且分别用 α、β 和 γ 表示原始费用、管理费和手续费。然后根据"毛保费现值＝纯保费现值＋附加保费现值"的原则计算毛保费。

2. 比例法

比例法是按照保费的一定比例作为附加费用进而计算毛保费的一种相对简单的方法。而选取的比例通常要参照保险公司以往的经营经验和对未来经营状况的估计。

因此，如果用 P' 表示毛保费，P 表示纯保费，k 表示附加费用占保险金额的比例，则有：

$$P' = P + kP'$$

$$P' = \frac{P}{1-k}$$

如果用 L 表示附加保费，则有：

$$L = kP' = \frac{kP}{1-k}$$

比例法一个最大的优点就是计算简单，只要确定合理水平的 k 值，就很容易计算出毛保费的数值。我国目前计算毛保费一般就采用的是比例法。但是该法确定的附加费用不够合理，尤其是对于保险金额比较低的保单，所收取的附加费用有时甚至无法满足实际支付的经营费用。

3. 比例常数法

比例常数法是在比例法的基础上，在毛保费构成中再加入一个常数的毛保费计算方法。

该方法首先根据以往的业务资料确定每单位保险金额所必须支出的费用，以此作为一个固定费用常数(α)加入到毛保费计算公式中，然后确定一定比例的营业费用作为其余部分的附加费。该法计算公式如下：

$$P' = P + \alpha + kP'$$

$$P' = \frac{P + \alpha}{1 - k}$$

该方法计算简单，而且避免了单纯的比例法中所遇到的个别业务营业费用弥补不足的缺陷。

资料链接

车险费率市场化在曲折中前行

——评北京商业车险费率浮动方案

2009年10月21日，北京市保险行业协会公布了《北京地区机动车商业保险费率浮动方案(征求意见稿)》(以下简称《北京方案》)，引发社会热议。据北京市保险行业协会称，《北京方案》的实施，“将促使北京机动车承保、理赔服务上一个新的台阶，对社会产生积极的影响”。

从内容来看，《北京方案》最大的亮点就是在保持现行商业车险条款费率不变的基础上，调整了费率浮动系数，将车险保费与索赔次数更紧密地联系起来。更具体来说，保险公司将根据投保人在过去一年的索赔次数来确定投保人下一年度的保费，如果投保人的索赔次数越高，其保费也就越高；如果投保人没有索赔记录，则将享受保费折扣。事实上，这正是国际汽车保险业务中所通行的“奖惩系统”(Bonus-Malus System，BMS)。

在车险中引入奖惩系统来调整保费的做法，早已在大多数发达国家得到应用。在这里，笔者愿意先谈谈车险奖惩系统的积极意义。

从精算的角度来看，将车险保费与索赔记录紧密地联系起来，是科学确定车险费率的内在要求。我们知道，作为商业性的风险管理者，保险公司在承保风险时所收取的保费多少应该与风险的大小是正相关的，即投保人的风险越高，其应支付的保费也就越高。否则，等价交换的商业规则就得不到保障。这就意味着，保险公司在承保风险时需要识别并测定出所有影响风险大小的因素。具体到车险而言，影响投保人风险大小的因素除了一些先验变量，比如投保人的年龄、性别、汽车的类型、使用目的等等之外，还包括一些后验变量的影响，比如投保人在驾驶汽车时的判断能力和反应能力等。因此，保险公司在给车险定价的过程中，仅考虑先验变量是不够的，还要考虑到后验变量的影响。而衡量后验变量影响的一个理想指标，就是投保人的实际索赔记录。通过观察投保人的实际索赔记录，保险公司可以更准确地对各投保人的风险进行定价。从另一方面来说，如果在定价中仅考虑先验变量，而忽视后验变量的影响，那么，保险公司就无法对投保人的风险状况进行准确区分，这时就会出现低风险的投保人向高风险的投保人进行“交叉补贴”，即低风险的投保人承担了高风险的投保人的部分成本，这无疑会造成社会效率的损失。

此外，从社会风险管理的角度来看，将车险费率与索赔记录紧密联系起来，也有助于发挥费率的杠杆作用，激励投保人谨慎驾车，避免交通事故的发生。就目前的情况而言，虽然我们仍然可以利用警示教育、违章罚款等多种手段来促使人们谨慎驾车，但是这并不妨碍我们同时利用费率奖惩系统这一经济手段来引导和激励人们减少交通事故。事实上，在市场经济条件下，理性的经济主体对车险费率的调整都比较敏感，因此车险奖惩系统在减少社会风险上有着很大的发挥空间。尽管此次《北京方案》强调了投保人的索赔次数对车险费率的影响,但需要指出的是,在车险费率厘定中引入奖惩系统并非《北京方案》的首创。实际上,早在2003年的车险费率市场化改革之后,各家保险公司已经在费率条款中明确引入了奖惩系统。但相比而言,此前各公司奖惩系统所依据的数据信息比较有限和分散,奖惩系统的等级数太少、奖惩等级之间的差距不是很明显,这些都限制了奖惩系统对投保人降低风险的激励作用。此次《北京方案》则立足于统一的车险信息平台,对奖惩等级进行了进一步的细化,旗帜鲜明地把投保人的索赔次数作为车险费率厘定的四个基本依据之一。除此之外,《北京方案》还将此前的费率厘定的影响因素进行了"缩身",剔除了性别、年龄、驾龄、安全记录、约定行驶区域和客户忠诚度等十项影响费率浮动的系数。显然,从费率管理制度的设计本身来看,此次《北京方案》的调整力度不可谓不大,其着眼于加强费率奖惩系统作用的用意也是十分清楚的。虽然眼下只考虑了投保人索赔次数的历史记录,还没有考虑投保人索赔大小的历史记录、违章记录、欺诈记录等,但毕竟已经踏出了重要的一步。

然而,《北京方案》会起到应有的作用并实现起草者的初衷吗?

从过去6年多来我国车险费率管理制度的改革实践来看,从2003年车险费率的完全放开,到2006年保险行业协会统一出台A、B、C三类基本险条款和费率,再到2007年保监会统颁车险附加险的费率和出台"限折令",可以说,车险费率市场化的进程起起伏伏,一波三折。而造成这种情况的一个重要原因就是很多保险公司在粗放型的发展取向下,采取"高费率折扣"和"高手续费返还"的做法,进行恶性价格竞争,结果导致车险市场秩序的异常混乱和普遍性的亏损,而众多投保人也没能在这些改革中享受到费率的下降和个性化的产品。那么,《北京方案》的实施,会不会重演车险市场费率"一放就乱"的困局呢?这一问题恐怕是业内所有人士都十分关注的焦点。

在笔者看来,对于《北京方案》的可能结果,我们要抱有信心,同时也不能过于乐观。说"抱有信心"是因为,一方面,在监管机构对车险市场进行多次的整顿之后,如今的车险市场比起6年前要更为规范和成熟,特别是各保险公司正在经历着从粗放型向集约型发展方式的转变;另一方面,与此前的改革方案相比,《北京方案》是建立在一个统一和更为完善的发展平台之上的,这使得它从一开始就站在更高的起点上。说"不能过于乐观"是因为,当前我国的保险市场毕竟还处于初级发展阶段,市场监管和法规建设还不完善,此外,一些处于起步时期的保险公司可能难以抑制扩张的内在冲动,仍然会重走恶性竞争的老路,无视新的市场规则。

无论如何,《北京方案》的最终成效有待于实践的检验,让我们一起拭目以待。

(本文由作者改写自:中国保险报. 2009-11-4)

本章小结

保险商品拥有一般商品的属性,是价值和使用价值的矛盾统一体。保险产品的使用价值即其能够为被保险人和受益人提供保险的保障,使其能够在遭遇到风险事故之后,通过获赔的保险金迅速地恢复生产和生活。而保险产品的价值即为凝结在保险商品中的无差别的人类劳动。投保人通过支付保险产品的价值而获得其使用价值,而保险人则通过让渡其使用价值而实现保险商品的价值。但是,发生在投保人和保险人之间的保险商品买卖行为必须是能够量化的，因此必须明确保险产品价值的外在体现即保险产品的价格。

保险产品的价格是以保险费率为计算基础的。保险费率由纯费率以及附加费率构成，其计算要由概率以及大数法则等理论作为支撑。其中，财产保险纯费率的厘定可以采取分类法、评价法以及增减法；而人身保险的保险费率制定则要参考经验生命表，并受到死亡率、投资收益率以及费用率的影响。

思考练习

(1)大数法则在保险费率制定中的作用。

(2)阅读以下资料，并思考附带问题。

寿险费率市场化面临五大限制

继车险费率市场化改革以来，寿险费率市场化的呼声不断。然而，在笔者看来，当前我国寿险行业要实现费率市场化，至少存在五大限制。

保险市场仍处于初级阶段

2004年，我国保险深度为3.4%，保险密度为332元。而国外发达国家保险深度平均水平一般为9.2%，大约是我国的2.7倍。就保险密度而言，我国与世界发达水平距离更远。发达国家保险密度平均为2 764美元，约为中国的68.9倍。

所有这一切，都昭示着我国保险业仍然处于初级阶段。而在国外，寿险费率市场化一般都是在市场发展相对成熟阶段后才开始实施的。

中资寿险公司尚未经过充分的市场培育

中国的保险行业虽然已有200年的历史，但就中国寿险行业来说，真正意义上的寿险经营也就十多年的历史，且有近一半以上的时间都是以中国人寿、中国人保为主的第一梯队和以平安为主的第二梯队进行市场经营的阶段，中小公司发展缓慢。

另一方面，新成立的大多为股份制保险公司，对于盈利和成长性的追求也较高，因此，目前市场对中小寿险公司培育有限。如果在这些公司分支机构和销售队伍尚未充分培育的情况下就实现费率市场化，不只对这些中小公司，对第一、第二梯队也是不小的挑战。

市场充分竞争格局尚未形成

费率市场化的另一重要前提是市场实现充分竞争，而从目前来看，中国寿险市场仍然是垄断竞争的格局，三大寿险公司占据绝对优势的格局依然如故。

在垄断竞争的市场格局下，如果实现费率市场化，就意味着价格放开、佣金上浮。目前内资中小公司仍处于相对脆弱的阶段，中外合资和外商独资寿险公司虽然规模比较小，但大都有强有力的资金支持，其结果受影响最大的肯定是内资中小公司。

利差损的历史包袱尚未根本消除

利差损的发生，主观原因是保险公司自身的风险管控能力较弱，而客观来说，也和整个行业相对年轻、国家宏观经济形势调整紧密相关。

目前，利差损的历史包袱尚未根本消除，对于利差损问题，必须给予一定的时间通过行业的发展和公司自身的持续发展来逐步消化，如果快速实现寿险费率市场化，对部分利差损问题严重的寿险公司来说，无疑又加大了历史包袱。

市场增长方式尚未得到根本改变

近几年中国寿险行业的市场增长，主要通过人力扩张和新产品推出来拉动市场发展。由于投资渠道有限，再加上资本市场连连走低，投资收益不理想，寿险公司的利润，主要来自于三差中的费差。

从目前来看，限于各种因素，增长方式短期内不会得到根本改变。如果寿险费率市场化快速启动，价格放开，佣金提高，受影响最大的就是三差中的费差，寿险公司的利润空间也会大幅下降，将不可避免给大多数公司带来一定程度的冲击。

（本文由作者改写自：中国保险报．2005－10－10）

问题：

①寿险费率市场化的意义何在？

②简述利差损对寿险公司制定费率的影响。

推荐阅读

[1]马克思．资本论：第1卷[M]．2版．北京：人民出版社，2004.

[2]魏华林，林宝清．保险学[M]．2版．北京：高等教育出版社，2006.

[3]孙祁祥．保险学[M]．北京：北京大学出版社，2009.

[4]王燕．寿险精算学[M]．北京：中国人民大学出版社，2008.

[5]李秀芳，曾庆五．保险精算[M]．北京：中国金融出版社，2005.

第6章 非寿险业务——财产保险

本章提要

有关保险业分类，国际与国内有所不同。国际上大都把保险业分为寿险与非寿险，而按照我国《保险法》的规定，我国保险业分为财产保险与人身保险。本章所介绍的是财产保险，同时，通过章名的介绍，大家也了解了我国分类与国际分类的不同。本章第一节介绍的是财产保险的概念、特征与发展历史，第二节至第五节介绍了在我国财产保险体系中比较重要的一些保险业务，第二节介绍的是为各种单位财产提供保障的保险业务，第三节介绍的是为家庭、个体户财产提供保障的保险业务，第四节介绍的是为各种机动车辆提供保险保障的保险业务，是我国城市财产保险业务的重点业务，第五节介绍的是为各种建筑、安装工程提供保险保障的保险业务。

学习目标

1. 财产保险的概念、财产基本险的保险责任、机动车辆保险的基本险
2. 财产综合险的保险责任、机动车辆保险的无赔款优待、建筑、安装工程保险的保险项目
3. 企业财产保险与机动车辆保险的赔偿处理

框架结构

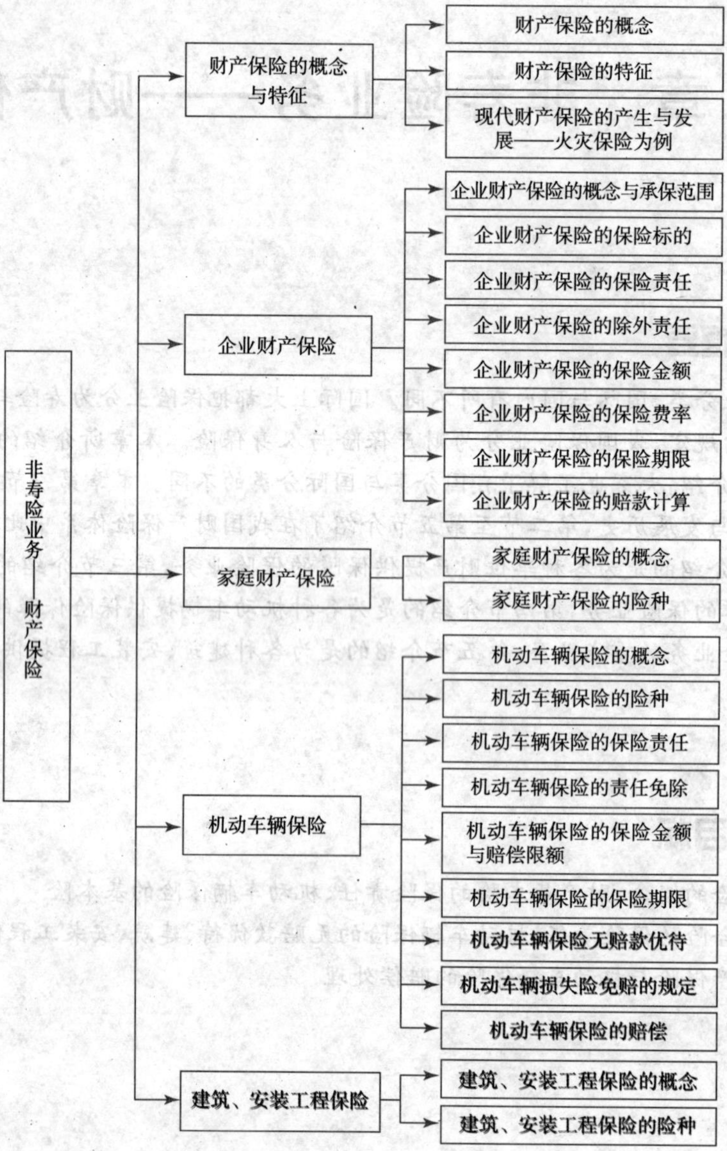

开篇案例

“7·23”温州动车组追尾事件

2011年7月23日20时30分05秒，甬温线浙江省温州市境内，由北京南站开往福州站的D301次列车与杭州站开往福州南站的D3115次列车发生动车组列车追尾事故，造成40人死亡、172人受伤，中断行车32小时35分，直接经济损失19 371.65万元。

温家宝总理2011年7月28日10点左右来察看“7·23”甬温线特别重大铁路交通事故现场并召开中外记者会。7月29日，事故遇难者家属和亲友等来到事故现场举行悼念活动。遇难人员赔偿救助标准由50万元提升为91.5万元。

2011年12月28日，“7·23”甬温线特别重大铁路交通事故发生后第158天，安监总局公布了最终的调查结果。经调查认定，“7·23”甬温线特别重大铁路交通事故是一起因列控中心设备存在严重设计缺陷、上道使用审查把关不严、雷击导致设备故障后应急处置不力等因素造成的责任事故。

（本文由作者改写自：网易，百度知道，搜狐，等）

6.1 财产保险的概念与特征

现代社会，衡量一个人成功的标志很多，但人们大都习惯以财产的多少来衡量，从福布斯、胡润排行榜等都可以看出这一点。一个人拥有的财产越多，面临的风险越大。而办理各类财产保险业务是转移大部分财产风险的有效手段。

6.1.1 财产保险的概念

严格地说，财产保险的概念包括广义的概念和狭义的概念。

1. 广义的财产保险概念

以各种财产物资及相关利益、责任、信用为保险标的的为广义的财产保险。这是按照《保险法》分类，与人身保险对应的概念。比如机动车辆保险（为财产办理）、利润损失保险（为利益办理）、交强险（为责任办理）、出口信用保险（为信用办理）。

2. 狭义的财产保险概念

仅以各种财产物资及相关利益为保险标的的为狭义的财产保险。对应来说，狭义的财产保险与责任保险、信用保证保险构成了广义财产保险。本章介绍的主要是狭义财产保险。

6.1.2 财产保险的特征

1. 财产保险的保险标的必须是可以用货币衡量价值的财产或利益

可以由财产保险承保的财产，必须符合保险利益原则中的基本条件，否则不能办理财产保险。可以由财产保险承保的财产必须具有保险价值。有些财产物质，是没有使用价值的，尽管它在当初形成时具有价值，但随着时间的推移，它后来没有了使用价值，也就失去了保险的意义，如烂尾楼。

而有些财产物质，虽然具有使用价值，但价值不能确定，如金银、珠宝、钻石等，因此不能按照普通财产保险方法处理，需经过特别约定。

2. 财产保险对于保险标的的保障功能表现为经济补偿

财产保险所保障的风险事件，最终都能通过损失来体现，能够得到补偿，适用损失补偿原则。这是与人身保险截然不同的特征。代位追偿与重复保险分摊也是在财产保险中才能发挥效用。

3. 当事人简约化

财产保险的当事人有保险人和被保险人。在大多数财产保险中，投保人都是为自己的财产投保的，因此投保人与被保险人通常为一个人，关系非常简约。而在人身保险中，投保人与被保险人可以不是一个人，投保人与被保险人还可以指定其他的受益人，这样就形成了保险人、投保人、被保险人、受益人之间错综复杂的关系。

4. 经营技术复杂

仅就狭义财产保险所包含的种类来说，就十分繁杂，包括企业财产、家庭财产、机动车辆、船舶、飞机、运输途中的货物、建筑工程等。这样在办理保险时，除了要了解相关的保险知识外，对这些财产的特点、风险因素等也要有详细的了解，因此保险经营技术十分复杂。

6.1.3 现代财产保险的产生与发展——以火灾保险为例

从整个保险业的发展历史来看，财产保险最初起源于海上保险，但对现代财产保险发展推动最大的应该是火灾保险，自从现代火灾保险产生以后，才算进入了现代财产保险的发展阶段。

1. 火灾保险的概念

火灾保险（简称火险）是指以存放场所固定，处于相对静止状态的财产物资为保险标的的一种财产保险。在保险标的发生保险事故后，保险人承担事故损失的经济赔偿责任，并承担由此事故引起的施救费用等项费用。

火灾保险的标的主要包括各类不动产和动产。

不动产是指不能移动或者如果移动就会改变性质、损害其价值的有形财产，包括土地及其定着物，包括物质实体及其相关权益。如建筑物及土地上生长的植物。不动产依自然性质或法律规定不可移动的土地、土地定着物、与土地尚未脱离的土地生成物、因自然或者人力添附于土地并且不能分离的其他物。包括物质实体和依托于物质实体上的权益。土地一般没有办理保险的必要，因此火灾保险承保的主要是土地定着物，以房屋为主，还包括其他建筑物及附属设施。

资料链接 **火 灾 等 级**

根据2007年6月26日，公安部下发的《关于调整火灾等级标准的通知》，新的火灾等级标准由原来的特大火灾、重大火灾、一般火灾三个等级调整为特别重大火灾、重大火灾、较大火灾和一般火灾四个等级。

(1)特别重大火灾指造成30人以上死亡，或者100人以上重伤，或者1亿元以上直接财产损失的火灾。

(2)重大火灾指造成10人以上30人以下死亡，或者50人以上100人以下重伤，或者5 000万元以上1亿元以下直接财产损失的火灾。

(3)较大火灾指造成3人以上10人以下死亡，或者10人以上50人以下重伤，或者1 000万元以上5 000万元以下直接财产损失的火灾。

(4)一般火灾指造成3人以下死亡，或者10人以下重伤，或者1 000万元以下直接财产损失的火灾。（注："以上"包括本数，"以下"不包括本数。）

（本文由作者改写自：金羊网）

火灾保险承保的动产范围极广，只要是合法的、投保人对其有保险利益的财产均可承保。包括各种生产资料、生活资料及各种商品等，如工厂内的机器、设备、原材料、在产品、半成品、产成品等，商店内销售的各种商品，仓库内存放的各种物资，居民家中的家用电器、家具等。

2. 火灾保险的起源

火灾保险是财产保险的前身。在中世纪的欧洲，一些手工业行会就有了火灾保险相互保险会。会员在遭受火灾损失后，行会给予一定的补偿。现代火灾保险的起源可追遡至1118年冰岛设立的“黑瑞甫”制度(Hrepps)。“黑瑞甫”制度是对火灾损失互相负责赔偿的制度。德国北部17世纪曾盛行“基尔特”制度，成立了很多互助性质的火灾救灾协会，会员之间实行火灾相互救济。1676年由46个协会合并宣告成立“汉堡火灾保险局”，开创了公营火灾保险的先河。但是，这个火灾保险社还不是具有现代意义的保险组织。

现代意义上的火灾保险，很多保险学者普遍认为，真正兴起于1666年伦敦的一场大火。这场大火持续了4天4夜，烧毁了13 000多幢房屋，使20多万人无家可归。这场大火唤醒了人们对火灾损失迫切保障的需求，激发了人们的保险意识。1667年，一位叫尼古拉斯·巴蓬的牙科医生在伦敦开办了世界上第一家火灾保险的营业所。他以房屋租金为依据，根据房屋结构来厘定费率，即木质结构的房屋比水泥结构的保险费要高一倍。这种根据房屋的建筑结构收取级差费率的方法被沿用至今，尼古拉斯·巴蓬也因此被称为“现代保险之父”。

资料链接　　**1666年伦敦火灾简介**

1666年9月2日凌晨，伦敦约翰·法里诺的面包房起火，窜出的火苗引燃了附近斯塔客栈庭院中的干草堆，熊熊大火直冲天空。数千居民迅速跑到街上，不是为了救火，而是“看火烧”。因为在这个堆满沥青浸泡过的木头、到处都是木结构建筑的城市中，失火是司空见惯的。以往的大火仅给少数人带来祸害，所以人们并未意识到大火的灾难性后果。就连接到失火通知的伦敦市长，也是在大火燃烧了近一个小时后才姗姗赶到火场，并对此不屑一顾。但大火越烧越旺，到了下午，大火已经烧到泰晤士河畔，装满木材、油料、白兰地酒和煤炭的仓库像炸弹一样，一个接一个爆炸，遍地火海。加上天气干燥、大风猛烈，大火更如虎添翼，肆无忌惮。市民试图扑灭大火，可无济于事。大火燃烧四天四夜后，包括市政厅和伦敦市的金融中心——皇家交易所，以及著名的圣保罗大教堂也化为灰烬，整个伦敦成为一片火海。人们恐慌起来，街道、河里到处挤满了仓皇出逃的人群。最后，由英王查理二世亲自指挥，英军参与灭火，又下了一场大雨，总算将延续四天四夜的大火扑灭。这场大火使伦敦83.26%的地区化为瓦砾，13 200户住宅毁于一旦，1 200多万英镑财产受到损失，20多万人流离失所、无家可归。这场大火使得灾后余生的伦敦市民非常渴望有一种可靠的保障，使他们在遭遇火灾后不至于一无所有。火灾保险的需求从此迫切起来。这场大火为近代火灾保险业的兴起创造了一个契机，涌现出许多专营火险的保险公司，原先单营水险的许多公司也纷纷兼营火险业务。聪明的牙医尼古拉斯·巴蓬就是其中最出色的一位。1667年尼古拉斯·巴蓬独资设立营业处，办理住宅火险，1680年他同另外三人集资4万英镑，成立火灾保险营业所，1705年更名为菲尼斯即凤凰火灾保险公司。在巴蓬的主顾中，相当部分是伦敦大火后重建家园的人们。

（本文由作者改写自：每日甘肃网）

3. 火灾保险的发展

经历了300多年的发展，现在的火灾保险已经发生了很大的变化，主要体现在以下几方面。

(1)保险标的的扩展。最早的火灾保险只承保房屋、建筑物等不动产。现在不仅扩展到各种动产，还包括与保险标的相关的利益责任等，如租金收入、利润损失等。

(2)承保风险的扩展。开始的火灾保险只承保单一的火灾危险,而且还只保火灾危险的直接损失,间接损失保险人不负责赔偿。后来逐步扩展到与火灾相关的爆炸、雷击等风险。现在更扩展到包括火灾在内的各种自然灾害和意外事故,即以批单或附加保单形式承保地震、地陷、洪水、暴风、暴雨、雪灾、崖崩、台风等风险,还可以承保盗窃险、机器损坏险、战争险等。不仅可承保直接损失,还可以承保间接损失,如利润损失、租金损失等。

(3)保险费率的厘定更趋于科学。尽管尼古拉斯·巴蓬根据房屋的建筑结构收取级差费率的方法符合现代保险的风险负担原理,但当时的方法因考虑的因素太少,分类简单,因此在以后的火灾保险的实践中,这种方法被逐渐的完善。现在的费率厘定方法考虑因素众多,真正做到了保险费率厘定的适度性、合理性和公平性的原则。

在我国,火灾保险可划分为企业财产保险与家庭财产保险业务。

6.2 企业财产保险

6.2.1 企业财产保险的概念与承保范围

1. 企业财产保险的概念

企业财产保险是对各种企业的各类财产提供保险保障的财产保险业务,因此凡是具有法人资格的从事生产、流通或服务性活动的可以独立核算的经济单位都可以投保本保险。

这里的企业不分所有制性质,也不分组织形式,只要是生产、流通或服务性活动的企业,均可以投保,如国营企业、股份制企业、集体企业、私营企业、中外合资企业等工业企业、商店、仓储、建筑企业、交通运输企业、邮政电讯企业等。

资料链接 **亚洲上市企业50强 中印数量并列排第一**

知名财经杂志《福布斯》2010年9月16日评出亚洲上市企业50强,中国内地和印度占据榜单半数以上位置,各有16家企业上榜,并列第一。而日本退步严重,仅2家上榜。

中国内地2005年仅有5家企业上榜,自2008年起一直位居榜首,2010年与2009年的上榜企业数均为16家,联想集团前4次上榜,去年落榜,今年重返榜单。

印度在2005年也仅有3家企业上榜,2009年升至13家,2010年则与中国并列第一,共16家。

中国香港和台湾并列第三,各有4家企业上榜。韩国共3家企业上榜,澳大利亚和日本各2家,印度尼西亚、新加坡、泰国各1家。其中日本的上榜企业从榜单创立之初的13家直降为2家,显示经济一直不振。

《福布斯》于2005年创立年度"亚洲上市企业50强"排行榜,评出亚洲地区该年度资产最大、盈利情况最好的50家企业,作为业界表率。2010年上榜亚洲企业50强的部分中国企业如表6.1所示。

表6.1 2010年上榜亚洲企业50强的部分中国企业

排名	企业名称	国家(地区)	市值(亿美元)
1	宏碁	中国台湾	64
3	雅居乐地产	中国大陆	41
7	百丽国际	中国香港	146

续表

排名	企业名称	国家(地区)	市值(亿美元)
9	长沙中联重工	中国大陆	82
10	中国人寿	中国台湾	14
11	蒙牛	中国大陆	52
12	神州数码	中国大陆	16
13	东方电子	中国大陆	77

注:今年的 50 强是从 936 家候选企业中选出的,其标准是市场资本不少于 30 亿美元、连续 5 年赢利以及近期财务情况、股价变化及发展前景等。

(本文由作者改写自:中新网)

国家机关、人民团体、事业单位(指国家各级行政机关、各种职能机构、工会、妇青联、民主党派、各类学校、医院、艺术团体等拥有财产的单位)等虽然是非经济单位,但也拥有一定的财产,参加保险时也投保本保险。

我国现行的企业财产保险,是在保监会监管下颁布的统一条款,合同条款一般分基本条款和综合条款,习惯上称为企业财产基本险和企业财产综合险,在市场上有些保险公司将其称之为财产基本险和财产综合险。这两种条款只在保险责任和责任免除(除外责任)上有所区别,其他内容基本相同。有的保险公司在涉外财产保险业务上还有一切险的险种,对"三资"企业单位办理,但对实力丰厚的国内企业也办理一切险业务。

目前国内保险市场上使用的财产基本险、综合险、一切险,即为企业财产保险的发展版本。2009 年,保监会批复了一些保险公司提交的条款与费率,其中中国人民财产保险股份有限公司的版本即为财产基本险、财产综合险和财产一切险。同时,人保公司还开发了电厂财产基本险、综合险和一切险,商业楼宇财产基本险、综合险和一切险(这两个险种的保险费率与财产险费率有着很大的差别)。

2. 企业财产保险的承保范围

(1)被保险人所有或与他人共有而由被保险人负责的财产。

(2)由被保险人经营管理或替他人保管的财产,如仓储公司可将存储于仓库内的物资投保财产保险。

(3)其他具有法律上承认的与被保险人有经济利害关系的财产,如被保险人享有留置权的财产、被保险人享有承租权的财产。

6.2.2　企业财产保险的保险标的

1. 可保财产

包括各种固定资产、流动资产等,具体的表现形式有:房屋、建筑物及附属设施,机器设备,工具、仪器及生产用具,管理用具及低值易耗品,原材料、半成品、再产品、产成品或库存商品等。

2. 特约可保财产

这些财产指的是必须由投保人向保险人提出要求,在保险人同意的基础上,在保险单上特别注明的财产。这些财产之所以要求用特约的方式处理,原因有以下几个。

(1)市场价格变化较高,价值难于确定,从而使保险金额必须由双方商定的财产,如金银、珠宝、钻石、玉器、首饰、古币、古玩、古书、古画、邮票、艺术品、稀有金属等珍贵财物。此类财产在投保人保证达到保险人要求的存放条件的情况下，只需在保单上注明即可，不需要加贴特约条款或加收保险费。

(2)为了满足某些行业的特殊需求而特约承保的财产，如铁路、桥梁、堤堰、码头等。此类财产需要在保险单上注明，加贴特约条款并加收保险费。由于这些财产容易遭受地质灾害的侵袭，如洪水、泥石流等，因此保险人在承保时，必须到现场进行实地查勘，并要求投保人提供相关的工程设计、施工、验收合格等资料。

(3)风险较大，需要提高费率的财产。如矿井、矿坑内的设备和物资。承保此类财产，主要是为了满足某些行业的特殊需要。承保时，必须经保险双方特别约定，在保险单上及明细表上载明，并视风险状况加收保费。

3. 不保财产

不保财产为保险人不予承保的财产，对以下财产，保险人不予承保。

(1)不属于一般性的生产资料和商品，如土地、矿藏、森林等。

(2)无价值或无法确定财产价值，如文件、账册、图表、技术资料等。

(3)不是实际的物资，如货币、票证、有价证券等。

(4)不利于贯彻执行政府有关法令或规定，如违章建筑、非法占有的财产等。

(5)明知即将发生危险的财产，如有关部门已发出洪水警报，投保人此时来投保。

(6)可以由其他险种来承保的财产，如正在运输途中的货物应投保货物运输保险，有公共执照的车辆投保机动车辆保险等。

6.2.3 企业财产保险的保险责任

1. 企业财产保险基本险的保险责任

我国的企业财产保险基本险采用风险列明式的方式承保，即保险标的只有遭受保险单中列明的自然灾害、意外事故造成损失时，保险人才负责赔偿。在企业财产基本险中，保险单上列明的风险有以下几项。

(1)火灾。我国关于火灾的解释必须同时满足以下三个条件。一是有燃烧现象，即有光有热有火焰。二是偶然的、意外的发生的燃烧。三是燃烧失去控制，有蔓延扩大的趋势。例如：烘、烤、烫、烙而造成的焦糊变质，既无燃烧现象，又无蔓延扩大的趋势，不能成为火灾。在生产、生活中有目的的用火，如为了防疫焚烧玷污的衣物，点火烧荒等，属于正常燃烧，也不属于保险责任。电器设备等因超负荷使用、超电压、漏电等原因造成的本身损毁，同样不属于火灾责任。但如果发生燃烧并失去了控制，蔓延扩大就构成火灾责任，并对电器设备等本身的损失也负责赔偿。

(2)爆炸。爆炸也分为两种情况，一种是物理性爆炸，一种是化学性爆炸。一是物理性爆炸，是液体变为气体或蒸汽膨胀，压力急剧增加并大大超过容器所能承受的极限压力发生的爆炸。由于在这一过程中，物质的化学结构没有发生变化，仅仅是物理性能的改变，因此叫物理性爆炸。如锅炉、空气压缩机、压缩气体钢瓶、液体气罐爆炸等。但锅炉爆裂不属于爆炸事故。鉴别锅炉、压力容器爆炸事故，一般以劳动部门出具的鉴定为标准。二是化学性爆炸是指物体的瞬间分解或燃烧时放出大量的热和气体，并以很大的压力向四周扩散的现象。分解和燃烧是典型的化学反应，伴随有物质的合成与分解，因此，这种爆炸称为化学性爆炸，如火药爆炸、可燃性粉尘纤维爆炸及各种化学物品的爆炸等。

(3)雷击。雷击是由雷电造成的灾害。雷击的破坏形式分为直接雷击和感应雷击。一是直接雷击指的是雷电直接击中保险标的造成的损失。二是感应雷击指的是因雷击产生电磁感应或静电感应，使室内绝缘金属物体产生高压电放出火花，引起火灾，从而导致电器本身损毁；或因雷电的高压感应，致使电器部件损毁。

(4)飞行物体及其他空中运行物体坠落。凡空中飞行或运行的物体，如空中飞行器、人造卫星、陨石坠落、吊车、行车、起重机等在运行过程中发生物体坠落，造成保险财产损失的，均属于本项保险责任。

(5)“三供”(供水、供电、供气)设备损坏引起的“三停”(停水、停电、停气)损失。对于此项责任，须明确以下几点：一是必须是被保险人拥有所有权或与其他单位共有但拥有使用权的“三供”设备。包括发电机、变压器、配电室、水塔、线路、管道等。二是限于保险事故引起的“三停”损失。三是保险人仅限于对被保险人的机器、设备、在产品和储藏物品等保险标的的损失或报废负责赔偿。如药厂因保险事故引起停电，造成冷藏库内的药品变质，保险人负责赔偿。

(6)施救、抢救造成的保险标的的损失。此项损失是指在发生保险事故时，为抢救保险标的或防止损失蔓延而造成的保险财产的损失。

(7)必要的合理的费用支出。当发生保险范围的灾害事故时，被保险人为减少保险财产损失，对保险财产采取施救、保护、整理措施而支付的必要的合理的费用，由保险人负责赔偿。

2. 企业财产保险综合险的保险责任

企业财产保险综合险的保险责任，除了负责基本险的所有责任外，还负责下列风险造成的保险财产的损失。

(1)暴雨。指降水强度很大的雨，雨量每小时在16毫米以上，或连续降雨12小时降雨量达30毫米以上，或连续24小时降雨量达50毫米以上。

(2)洪水。凡江河泛滥、山洪暴发、潮水上岸及倒灌致使保险财产遭受泡损、淹没、冲散、冲毁的损失，都属洪水责任。

(3)台风。指中心附近最大平均风力在12级或以上，即风速在32.6米/秒以上的热带气旋。是否构成台风一般以当地气象台的认定为准。在西印度洋群岛和大西洋一带将强台风称做飓风。

(4)暴风。气象学中的暴风，指的是风速在28.3米/秒以上，相当于11级风。保险人将暴风责任进行了扩展，扩展到8级以上，即风速在17.2米/秒以上。

(5)龙卷风。是一种范围小而时间短的猛烈旋风，陆地上风速一般在79米/秒以上，最大风速可达100米/秒，行动风域最长的超过100公里，破坏力极大。

(6)雪灾。包括雪崩和雪暴。雪崩指大量积雪突然崩落的现象，是由于积雪本身过重、底部溶解、大风吹袭等原因所致。雪暴指空中大量降雪，淹没房屋、道路以及压塌建筑物等现象。

2008年初，中国南方遭遇50年一遇的惊天雪灾。中国民政部2008年2月13日报道，截至2月12日，低温雨雪冰冻灾害已造成1 111亿元人民币的直接经济损失。

(7)雹灾。因冰雹降落造成的灾害。雹块大小不一，降落大雹块时，能损毁地面财产。雹灾对农业生产危害极大。

(8)冰凌。气象学上称之为“凌汛”，春季江河解冻期，冰块漂浮遇阻，堆积成坝，堵塞河道，造成水位急剧上升，以致冰凌、江水溢出河道，蔓延成灾。

(9)泥石流。山地大量泥沙、石块突然爆发的洪流，在地形陡峭，地质疏松，堆积丰富的地区，出现暴雨或大量冰融水现象发生。

(10)崖崩。指石崖、土崖受自然风化、雨蚀,以致崩裂下塌的现象。山上岩石滚落或因大雨使山上砂土透湿而崩落造成的保险财产损失,均属于此项责任。

(11)地陷。因为地壳自然变异,地层收缩而发生突然下陷。

(12)突发性滑坡。指斜坡上不稳的岩体、土体或人为堆积物在重力作用下突然整体向下滑动。

(13)火山爆发。指地球内部的炽热岩浆,在高温高压作用下,沿地表薄弱区域喷溢而出。

(14)海啸。海面巨大涨落现象,按成因分地震海啸和风暴海啸。地震海啸伴随地震产生,在海底地壳发生断裂,引起剧烈震动,产生巨大的波浪,高度可达10余米。风暴海啸是在强大的低气压通过时,海面异常升起的现象。由于海啸以致海水上岸泡损、淹没、冲失、冲毁保险财产的损失,都属海啸责任。

2004年12月26日,强达里氏9.1～9.3级大地震袭击了印尼苏门答腊岛海岸,持续时间长达10分钟。此次地震引发的海啸甚至危及远在索马里海岸的居民。仅印尼就死亡16.6万人,斯里兰卡死亡3.5万人。印度、印尼、斯里兰卡、缅甸、泰国、马尔代夫和东非有200多万人无家可归。本次海啸共造成数个国家死亡22.6万人。

2009年一些保险公司在上报保监会的财产保险条款中,将“地震、海啸及其次生灾害”列为了除外责任。

3. 企业财产保险一切险的保险责任

(1)在保险期间内,由于自然灾害或意外事故造成保险标的直接物质损坏或灭失,保险人按照本保险合同的约定负责赔偿。

(2)前款原因造成的保险事故发生时,为抢救保险标的或防止灾害蔓延,采取必要的、合理的措施而造成保险标的的损失,保险人按照本保险合同的约定也负责赔偿。

(3)保险事故发生后,被保险人为防止或减少保险标的的损失所支付的必要的、合理的费用,保险人按照本保险合同的约定也负责赔偿。

需要注意的是,在我国现行的财产保险条款中,不管是原有的企业财产基本险、综合险,还是新生的财产保险基本险、综合险与一切险,均将地震风险列为除外责任。因为我国位于世界两大地震带(环太平洋地震带和地中海-喜马拉雅地震带)之间,历史上就是一个多震国。地震风险,在国际上都是一个难于解决的问题。

另外,为了适应投保人的特殊需要,可在综合险的基础上,加保各种风险,如矿下财产保险、露堆财产保险、盗窃险、橱窗玻璃破碎保险、机器损坏保险、利润损失保险等。

6.2.4 企业财产保险的除外责任

1. 企业财产基本险的除外责任

(1)战争、罢工风险,包括战争、敌对行为、武装冲突、革命、内战、叛乱、篡权、罢工、工潮、暴动等行为。

(2)被保险人及其代表的故意行为或纵容行为。

(3)核辐射、核爆炸、核污染等核子风险。

(4)地震、暴雨、洪水、台风、暴风、龙卷风、雪灾、雹灾、泥石流、崖崩、滑坡、海啸、地陷、火山爆发、水暖管爆裂、抢劫、盗窃等风险。

(5)保险标的遭受保险事故引起的各种间接损失。

(6)保险标的的本身缺陷、保管不善导致的损毁,保险标的的变质、霉烂、受潮、虫咬、自然磨损、自然损耗、自燃、烘焙所造成的损失。由于这些损失不是意外损失，因此，不属于保险责任。

(7)行政行为或执法行为所造成的损失。

(8)其他不属于保险责任范围内的损失和费用。此项属总除外责任，对应前面的风险列明式，即凡是不在保单列明的保险责任范围内的风险，均属除外责任。

2. 企业财产综合险的除外责任

除了基本险中的第四条，其他基本相同，但需要注意，第四条中的地震在综合险中仍是除外责任，前面已经说明。

6.2.5 企业财产保险的保险金额

1. 固定资产保险金额的确定

(1)按照账面原值确定。账面原值就是固定资产在建造或购置时实际支付的货币金额。在固定资产价值稳定的情况下可使用，方法简单。

(2)按账面原值加成确定。在固定资产原值的基础上，根据市场价格情况，在加上一定的成数，使之趋近于重置价值。

(3)按照重置价值确定。重置价值是指重新购置或建造该项固定资产所需支付的全部费用。一般在账面原值与实际价值差距过大时，可采用此种方法。

(4)按其他方式来确定。包括被保险人依据公估或评估后的市价来确定。

2. 流动资产保险金额的确定

流动资产保险金额，可以由被保险人按照最近12个月任意月份的账面余额确定，或由被保险人自行确定。

3. 账外资产和代保管财产保险金额的确定

账外资产和代保管财产的保险金额，可以由被保险人自行估价确定或重置价值确定。

6.2.6 企业财产保险的保险费率

原企业财产保险的保险费率采用级差费率制，共分三类，每类中根据占用性质及风险大小又确定出不同的档次。费率以一年期为准，实行年费率。保险期限不满一年的，实行短期费率。

(1)工业险费率。按照原材料性质、工艺流程的危险程度来确定档次，共分六档，危险程度依次提高，费率也依次提高。

(2)仓储险费率。按照储存物资的风险程度，分为金属材料、粮食专储，一般物资，危险品，特别危险品四个档次，费率依次提高。

(3)普通险费率。除工业险、仓储险之外的其他行业，适用普通险费率，按照用途的危险性质来确定档次，共分三档，费率依次提高。

而在2009年，保险公司上报保监会的条款费率中，费率计算与原来相比有了较大变化，也更体现出公平合理。

以中国人民财产保险股份有限公司的财产保险费率为例，简要进行介绍。

(1)基准费率(见表6.2)。

表6.2 基准费率表

基本险	综合险	一切险
0.8‰	1.8‰	2.8‰

(2)行业标准费率。

行业标准费率＝基准费率×行业系数

行业系数表(节选)如表6.3所示。

表6.3　行业系数表(节选)

行业代码	基本险	综合险	一切险
1	0.5	0.7	0.7
2	0.6	0.8	0.8
3	1.2	1.1	1.1

……

行业共分了14个,行业代码1中包括B06、B08、……、C3111、C312 ……二十几个,根据《国民经济行业分类》(GB/T4754－2002)可以查到代码对应为B06煤炭开采和洗选业、B08黑色金属矿采选业、……、C3111水泥制造业、C312水泥及石膏制品制造……

(3)区域标准费率。

区域标准费率＝行业标准费率×(暴风雨损失占比×暴风雨区域系数＋台风损失占比×台风区域系数＋洪水损失占比×洪水区域系数＋其他灾因损失占比×其他灾因区域系数)

注:基本险的区域系数为1。

各灾因损失占比表如表6.4所示。

表6.4　各灾因损失占比表

险　种	暴风雨	台　风	洪　水	其　他
综合险	31%	9%	5%	55%
一切险	22%	7%	4%	67%

暴风雨区域系数表、台风区域系数表、洪水区域系数表、其他灾因区域系数表都是按照地区进行分类,比如暴风雨区域系数表中,北京、天津等为一类地区,区域系数为0.12～0.54,山西、内蒙古等为二类地区,区域系数为0.52～1.34,河北、江苏等为三类地区,区域系数为1.27～1.74,其他三个区域系数表类同。

(4)标的实收费率。

标的实收费率＝区域标准费率×保额系数×绝对免赔额系数×个体风险评估系数

保额系数表是按照保险金额的高低而确定的,1 000万元以下的系数为1.5～5,0.1～1亿元的为0.8～1.5,1～10亿元的为0.5～0.8,10亿元以上的为0.2～0.5。

绝对免赔额系数表按照保险金额与绝对免赔额的大小对应确定,保险金额越高,绝对免赔额越高,系数越小,如保额1～10亿元,绝对免赔额5～10万元,绝对免赔额系数为0.73～0.81;绝对免赔额10～20万元,绝对免赔额系数为0.61～0.73;绝对免赔额20万元以上,绝对免赔额系数为0.59～0.64等。

个体风险评估系数根据保险标的的地理位置、周边环境、特定行业、建筑物结构、场所占用性质、防雷避雷设施、消防设施、防洪设施、风险管理水平、历年损失情况等确定。

6.2.7　企业财产保险的保险期限

企业财产保险的保险期限一般为一年，实行的是时间期限“零时起保”原则，以约定起保日当天零时起到约定到期日二十四时止，如保险期限为2010年1月5日零时至2011年1月4日二十四时，到期可以续保。

6.2.8　企业财产保险的赔款计算

1. 固定资产

(1)全部损失。保险金额高于或等于重置价值时，赔款＝重置价值－应扣残值；保险金额低于重置价值时，赔款＝保险金额－应扣残值。

(2)部分损失。按账面原值投保的，保险金额高于或等于重置价值时，赔款＝实际损失－应扣残值；保险金额低于重置价值的，比例赔偿，公式是：

$$赔款=\frac{保险金额}{出险时重置价值}\times(实际损失或恢复原状所需费用-应扣残值)$$

原值加成或按重置价值投保的，一般被视为足额保险，赔款＝实际损失－应扣残值。

2. 流动资产

(1)全部损失。保险金额高于或等于出险时账面余额时，赔款＝出险时账面余额－应扣残值。

保险金额低于出险时账面余额时，赔款＝出险时账面余额－应扣残值。

(2)部分损失。保险金额高于或等于出险时账面余额时，赔款＝实际损失－应扣残值；保险金额低于出险时账面余额的，比例赔偿，公式是：

$$赔款=\frac{保险金额}{出险时账面余额}\times(实际损失或恢复原状所需费用-应扣残值)$$

3. 账外财产和代保管财产

其赔款计算类同于流动资产的赔款计算。

另外，施救费用的赔偿与财产损失的赔偿，分别按两个保险金额计算，各以不超过一个保额为限；保险财产在遭受部分损失后，保险人在赔款后，应出具赔款批单，冲减有效保额，财产在恢复后，被保险人要求恢复原保额，应办理加保手续，加交保险费。

例：东方机械厂于2010年3月7日投保企业财产综合险，其中固定资产中厂房按原值加2成投保，保额为140万元，机器设备按照重置价值投保，保额为1 200万元，投保流动资产保额为150万元，按保险期限1年。2010年5月8日，一场大火使该厂损失惨重。该厂向保险人报案后，保险人马上进行现场查勘工作，经查勘认定，该厂房屋损失120万元，残值1 000元，机器设备损失200万元，残值2.5万元，此时房屋的重置价值为160万元，机器设备的重置价值1 250万元；流动资产损失100万元，残值4万元，此时账面流动资产余额为200万元，用于流动资产的施救费用2万元。请计算保险公司的赔款。

计算结果如下：

固定资产：赔款＝120＋200－0.1－2.5＝317.4(万元)

流动资产：赔款＝(100－4)×150/200＝72(万元)

施救费用：赔款＝2×150/200＝1.5(万元)

保险公司总计赔款为317.4＋72＋1.5＝390.6(万元)

6.3 家庭财产保险

6.3.1 家庭财产保险的概念

家庭财产保险,是以我国城乡居民个人财产为保险标的的一种财产保险,属于火灾保险的范畴。它的开办,可以及时为遭到天灾人祸的家庭提供经济保障,帮助人民群众在受灾后及时重建家园,从而安定人民生活,保证社会的稳定。

在我国的财产保险公司中,家庭财产保险的市场份额极低,有的家庭财产保险的保费收入占总保费的比例不到1%。

资料链接 **天灾频发 家财险为家上把锁**

近年来,自然灾害频繁发生。如何增强自身的保障成为越来越多的人所关心的问题。

近日,记者在烟台市南大街,针对个人财产保障的问题随机采访了几位市民。市民刘先生认为:"家财险投保费用不高,对房屋财产安全有一定的保障性。对市民来说还是划算的。"市民小邱则表示:"我家都没有什么贵重东西,连寿险都没买,更别说家财险了。"

有数据表明,截至2010年12月份,烟台保险市场家财险所占的比重仅在0.55%左右,在保险的大家庭里处于不被重视的位置。而在发达国家,家财险投保率约在80%左右,是仅次于机动车第三者责任险的第二大普及险种。

记者采访了中国人寿财产保险股份有限公司烟台市中心支公司承保管理部马主任。据马主任分析:"现在,人人都知道买车后要买一份车险,但房产作为一般家庭的最大资产,保险却极少有人想到。多数人存在侥幸心理,从这个角度看,恰恰反映现在人们投保意识的淡薄。"

据马主任介绍,家财险是以公民个人家庭财产作为标的,主要包括灾害险、责任险、盗窃险和信用险等。以人寿财险为例,其普通型家财险的责任范围包括火灾、爆炸、台风、暴雨、雷击、洪水等引起的家庭财产损失,保障内容包括房屋主体、室内装潢以及室内的电器、家具等财产。此外,消费者还可以在此基础上选择附加险,即附加盗抢保险、附加管道爆裂及水渍保险,附加现金、首饰盗抢保险,附加第三者责任保险等。家财险保障期限最常见为一年,按照附加保险项目的多少,年保费从数十元到数百元不等。

业内人士表示,为了迎合消费者的需求,保险公司通过完善家财险的产品结构、保障范围、费率设计方案,满足客户需求。同时,搞好保险售后服务,提高投保热情。

(本文由作者改写自:齐鲁晚报.2011-03-15)

家庭财产保险采用独特的第一危险(第一损失)赔偿方式。这种赔偿方式是以保险金额作为赔与不赔的界限,即保险金额以内的损失视为第一损失,按照实际损失赔偿,损失多少赔多少,而超过保险金额的损失视为第二损失,保险人不赔,由被保险人自行负担。而在其他的财产保险中,若是不足额保险,则要进行比例赔偿(注意在家庭财产保险中,房屋建筑物的损失采用比例赔偿方式)。

6.3.2 家庭财产保险的险种

家庭财产保险的险种众多,目前保险公司开发出了满足各类客户需要的家庭财产保险险种,包括家庭财产保险基本险(室内财产、房屋可单独投保),家庭财产保险综合险和附加险。

1. 家庭财产基本险

(1)适用对象。凡城乡居民、单位职工、夫妻店、家庭手工业者等个人及其家庭成员的自有财产,与他人共有财产,代他人保管财产,均可以投保本保险。城乡个体工商业户和合作经营组织的财产不适用本保险。

(2)可保财产。可保财产包括:第一,房屋及其附属设施。第二,家庭生活资料,包括衣服、床上用品、家具、家用电器、文化娱乐用品等。第三,家庭手工业者的营业用器具、工具、原材料等。存放于院内、室内的非机动交通工具(自行车、三轮车等),与他人共有及代他人保管财产的需要特约承保。

(3)不保财产。第一,价值高、物品小,出险后难以核实价值的财产,如金银、首饰、珠宝、钻石、艺术品、稀有金属等。第二,无法鉴定价值的财产,如货币、有价证券、票证、古玩、古币、邮票、字画、书籍、文件、账册、技术资料、图表、电脑软件及资料等。第三,日用消费品、养殖及种植物,如家畜、花、鸟、虫、鱼、盆景等。第四,处于紧急状态或违法的财产,如危房、违章建筑等。其他不保财产视保险合同的约定而定。

(4)保险责任。第一,火灾。第二,雷击。第三,爆炸。第四,飞行物体及其他空中运行物体坠落,不属于被保险人所有或使用的其他建筑物和固定物体的倒塌。第五,施救费用。包括两项:前款原因造成的保险事故发生时,为抢救保险标的或防止灾害蔓延,采取必要的、合理的措施而造成保险标的的损失,保险人按照本保险合同的约定也负责赔偿。保险事故发生后,被保险人为防止或减少保险标的的损失所支付的必要的、合理的费用,保险人按照本保险合同的约定也负责赔偿。

(5)除外责任。与企业财产保险相比基本类似,不同之处有:第一,增加在房屋内从事生产或经营活动。第二,故意行为的主体是被保险人及其家庭成员、寄宿人员、租借人员、雇佣人员等。第三,增加电器风险:电机、电器等因使用过度、超电压、碰线、弧花、漏电、短路、自身发热等原因造成的本身损失。注意保险人不赔的仅仅是电器的本身损失,若因此引发火灾或其他灾害,被损毁的其他财产是要赔偿的。

在基本险中,保险人不负责赔偿各项自然灾害造成的损失,投保人如有需要,可以投保附加险得以保障,包括各项列明自然灾害的附加险,同时还可以投保家用电器用电安全、管道破裂与水渍、盗抢等各项附加险。

(6)保险金额。第一,房屋、建筑物及其附属设施的保险金额,以该财产的购置价格、建造价格或市场价格来确定。因该类财产比较固定,类似于企业财产保险中的固定资产,因此在保险金额的确定和保险赔偿方式上也比较类似。第二,其他家庭财产则一般由投保人根据财产的实际价值自行估价确定。原因在于,居民家庭中的家庭财产很少有账册可查,而且财产的品种、质量和新旧程度等差别很大,保险人难以根据市场价格来一一确定保险财产的价值。保险金额一般应区分项目,分项列明,一般目前的室内财产分为衣物及床上用品、家用电器及文化娱乐用品、家具及其他生活资料,农村的被保险人还可包括农机、农具项目。

特约财产的保险金额应该由保险人和被保险人双方商定。

在家庭财产保险中,分项保险金额之间不能互相调剂。

(7)保险费率与保险期限。保险费率采用年费率。房屋的费率根据房屋结构确定,钢结构,钢、钢筋混凝土结构,钢筋混凝土结构的为 0.4‰,混合结构的为 0.6‰,砖木结构的为 1‰。允许对费率进行上下浮动。上下浮动的范围为 30%。如独立房屋费率上浮 10%,商住两用房屋，费率上浮 10%。

室内财产的费率根据保险单载明地址的房屋建筑面积和类型确定，如 S<60，费率为 0.070%，60≤S<80，费率为 0.081%，80≤S<100，费率为 0.091%等。

保险期限一般为一年，以约定起保日当天零时起到约定到期日二十四时止，如保险期限为 2003 年 4 月 12 日零时至 2004 年 4 月 11 日二十四时，即保险业内所称的零时起保原则。

(8)赔偿处理。前面已讲，在家庭财产保险中，房屋建筑物的损失采用比例赔偿方式，其他财产的赔偿采用第一危险赔偿方式。在理赔中，特别要注意进行详细的现场查勘、进行责任认定、合理计算赔款等工作，以有效避免道德风险，保护保险双方的合法权益。

2. 家庭财产综合保险

与家庭财产基本险相比，综合险的保险责任扩大到保险单列明的各项自然灾害，如雷击、台风、龙卷风、暴风、暴雨、洪水、雪灾、雹灾、冰凌、泥石流、崖崩、突发性滑坡、地面突然下陷等，但地震、海啸及其次生灾害仍不负责赔偿。

其他内容与基本险相似。

另外还有家庭住房装修工程保险，珠宝商综合保险，个人贷款抵押房屋保险等，以适应某些投保人的个性需求。

附加险中可以办理家用电器用电安全、管道破裂与水渍、盗抢等保险项目。

3. 附加险

家庭财产保险中有多种附加险，下面简要介绍其中几种。

(1)盗抢险。盗抢险是家庭财产保险附加险中最主要的险种。

①保险责任。在保险期间内，保险标的遭受经公安部门确认且 60 天内未能破案的，有明显现场痕迹的外部人员盗窃、抢劫行为所致丢失的直接损失，保险人按照本保险合同的约定负责赔偿；保险标的在被盗窃、抢劫过程中，受到损坏需要修复的，被保险人支付的必要的、合理的费用，保险人按照本保险合同的约定也负责赔偿。

②责任免除。下列原因造成的损失、费用，保险人不负责赔偿：无明显盗窃痕迹、窗外钩物行为；门未锁而遭盗窃；被保险人的雇佣人员、同住人员、寄宿人员的盗窃行为；房屋连续 60 天无人居住；战争、敌对行为、军事行为、武装冲突、罢工、骚乱、暴动、恐怖活动；现金、首饰、便携式电脑、摄像机、照相机、手机在保险单载明地址的房屋以外遭受盗窃、抢劫、抢夺；行政行为或司法行为。

除此之外，对贬值、经济纠纷、被诈骗等造成的损失也不负责赔偿。

(2)家用电器用电安全保险。

①保险责任：供电线路因遭受自然灾害和意外事故的袭击；供电部门或施工失误；供电线路发生其他意外事故。

②责任免除：被保险人及其家庭成员、寄宿人、雇佣人员的违法或故意行为；被保险人违章用电，偷电或错误接线；家用电器超负荷运行、自然磨损、固有缺陷、原有损坏、用电过度、自身发热以及超过使用年限；战争、敌对行为、军事行为、武装冲突、罢工、骚乱、暴动、恐怖活动；地震、海啸及其次生灾害所造成的一切损失；行政行为或司法行为；保险标的在维修、保养和试验过程中造成的损失；免赔额以内的损失。

(3)管道破裂及水渍保险。

①保险责任：被保险人室内的暖气管道(含暖气片)、自来水管道、下水管道突然破裂致使

水流外溢;被保险人楼上住户、隔壁邻居家的暖气管道(含暖气片)、自来水管道、下水管道突然破裂致使水流外溢。

②责任免除:施工使管道破裂;被保险人室内、楼上住户、隔壁邻居家的下水管道堵塞致使水流外溢;管道年久失修导致渗水、滴水;管道破裂致使供水中断造成的损失;因管道存在材料质量问题致使管道破裂,需由管道生产厂商承担的更换问题管道的费用;地震、海啸及其次生灾害所造成的一切损失;行政行为或司法行为导致的损失;免赔额以内的损失。

6.4 机动车辆保险

6.4.1 机动车辆保险的概念

机动车辆保险是以机动车辆本身及机动车辆的第三者责任为保险标的的一种运输工具保险,国外称为汽车保险。

机动车辆保险是我国城市商业保险业务中财产保险中的第一大险种。一般分为营业用汽车(用于客、货运输或租赁,并以直接或间接方式收取运费或租金的汽车),非营业用汽车(指在中华人民共和国境内(不含港、澳、台地区)行驶的党政机关、企事业单位、社会团体、使领馆等机构从事公务或在生产经营活动中不以直接或间接方式收取运费或租金的自用汽车,包括客车、货车、客货两用车),家庭自用汽车(中华人民共和国境内(不含港、澳、台地区)行驶的家庭或个人所有,且用途为非营业性运输的客车)几大类分别制定险种,对特种车、摩托车、拖拉机等一般单独制定险种。

6.4.2 机动车辆保险的险种

机动车辆保险的险种分基本险和附加险两大类。

机动车辆保险基本险一般分为车辆损失险、第三者责任险、盗抢险和车上人员责任险。

车辆损失险负责保险车辆遭受保险责任范围内的自然灾害或意外事故,造成保险车辆本身损失,保险人依照保险合同的规定给予赔偿。

第三者责任险负责保险车辆因意外事故,致使他人遭受人身伤亡或财产的直接损失,保险人依照保险合同的规定给予赔偿。**对该险种,世界上绝大部分国家采用强制保险,这是为了保护无辜受害者的利益。**

盗抢险负责被保险机动车由于被盗窃、抢劫、抢夺,经出险当地县级以上公安刑侦部门立案证明,满 60 天未查明下落的全车损失;或被保险机动车全车被盗窃、抢劫、抢夺后,受到损坏或车上零部件、附属设备丢失需要修复的合理费用;或被保险机动车在被抢劫、抢夺过程中,受到损坏需要修复的合理费用由保险人负责赔偿。

车上人员责任险负责在保险期间内,被保险人及其允许的合法驾驶人在使用保险车辆过程中发生意外事故,致使保险车辆车上人员遭受人身伤亡,对依法应由被保险人承担的经济赔偿责任,保险人按照保险合同的规定负责赔偿。

以上四个基本险一般单独出单承保,为了简化投保手续,提供优质服务,有的保险公司也将其进行整合,如中国人民财产保险股份有限公司的"尊贵人生"机动车保险条款就包含了机动车损失保险、第三者责任保险、车上人员责任保险和机动车盗抢保险。

机动车辆保险还有各类附加险,适应不同的个性化需要,一般不能单独出单承保,如玻璃单独破碎险、自燃损失险、车载货物掉落责任险、不计免赔特约险等。

6.4.3 机动车辆保险的保险责任

1. 车辆损失险的保险责任

(1)意外事故或自然灾害造成保险车辆的损失。第一,碰撞、倾覆、坠落。第二,火灾、爆炸、自燃。第三,外界物体坠落、倒塌。第四,暴风、龙卷风。第五,雷击、雹灾、暴雨、洪水、海啸。第六,地陷、冰陷、崖崩、雪崩、泥石流、滑坡。第七,载运被保险机动车的渡船遭受自然灾害(只限于驾驶人随船的情形)。

上述七款责任,在面向具体的车辆保险险种时有所不同,比如家庭自用汽车损失保险条款中第二款不包括自燃风险,营业用汽车损失保险条款则只有六款责任,没有"火灾、爆炸、自燃"责任。

(2)合理的施救、保护费用。即保险车辆在发生保险事故时,被保险人为了减少车辆损失,对保险车辆采取施救、保护措施所支出的合理费用,保险人负责赔偿。

2. 第三者责任险的保险责任

(1)机动车第三者责任保险。通称商业三者险:被保险人或其允许的合格驾驶员在使用保险车辆过程中发生意外事故,致使第三者遭受人身伤亡或财产的直接损毁,依法应当由被保险人支付的赔偿金额,保险人依照《道路交通事故处理办法》和保险合同的规定给予赔偿。一般情况下是对超过机动车交通事故责任强制保险各分项赔偿限额以上的部分负责赔偿。

(2)机动车交通事故责任强制保险。简称为交强险,其条例于2006年7月1日由国务院颁布正式实施。由保险公司对被保险机动车发生道路交通事故造成受害人(不包括本车人员和被保险人)的人身伤亡、财产损失,在责任限额内予以赔偿的强制性责任保险。

交强险主要是承担覆盖面极为广泛的基本保障。对于更多样、更高额、更广泛的保障需求,消费者可以在购买交强险的同时自愿购买商业三者险和车损险等商业车险,使自己具有更高水平的保险保障。

3. 盗抢险保险责任

见6.4.2相关内容。

4. 车上人员责任险保险责任

见6.4.2相关内容。

6.4.4 机动车辆保险的责任免除

1. 车辆损失险的责任免除

(1)风险责任免除。地震及其次生灾害;战争、军事冲突、恐怖活动、暴乱、扣押、收缴、没收、政府征用;竞赛、测试,在营业性维修、养护场所修理、养护期间;利用被保险机动车从事违法活动;驾驶人饮酒、吸食或注射毒品、被药物麻醉后使用被保险机动车;事故发生后,被保险人或其允许的驾驶人在未依法采取措施的情况下驾驶被保险机动车或者遗弃被保险机动车逃离事故现场,或故意破坏、伪造现场、毁灭证据;驾驶人有下列情形之一:

①无驾驶证或驾驶证有效期已届满。

②驾驶的被保险机动车与驾驶证载明的准驾车型不符。

③实习期内驾驶执行任务的警车、消防车、救护车、工程救险车以及载有爆炸物品、易燃易爆化学物品、剧毒或者放射性等危险物品的被保险机动车,实习期内驾驶的被保险机动车牵引挂车。

④持未按规定审验的驾驶证,以及在暂扣、扣留、吊销、注销驾驶证期间驾驶被保险机

动车。

⑤使用各种专用机械车、特种车的人员无国家有关部门核发的有效操作证。

⑥依照法律法规或公安机关交通管理部门有关规定不允许驾驶被保险机动车的其他情况下驾车。非被保险人允许的驾驶人使用被保险机动车；被保险机动车转让他人，被保险人、受让人未履行保险合同规定的通知义务，且因转让导致被保险机动车危险程度显著增加而发生保险事故；除另有约定外，发生保险事故时被保险机动车无公安机关交通管理部门核发的行驶证或号牌，或未按规定检验或检验不合格。

上述为营业用汽车和非营业用汽车损失保险的风险责任免除，家庭自用汽车损失保险条款风险责任免除中对驾驶人有下列情形之一者不包括③、⑤两款。

(2)损失和费用的免除。自然磨损、锈蚀、腐蚀、故障；玻璃单独破碎，车轮单独损坏；无明显碰撞痕迹的车身划痕；人工直接供油、高温烘烤造成的损失；自燃以及不明原因火灾造成的损失；遭受保险责任范围内的损失后，未经必要修理继续使用被保险机动车，致使损失扩大的部分；因污染(含放射性污染)造成的损失；市场价格变动造成的贬值、修理后价值降低引起的损失；标准配置以外新增设备的损失；发动机进水后导致的发动机损坏；被保险机动车所载货物坠落、倒塌、撞击、泄漏造成的损失；被盗窃、抢劫、抢夺，以及因被盗窃、抢劫、抢夺受到损坏或车上零部件、附属设备丢失；被保险人或驾驶人的故意行为造成的损失；应当由机动车交通事故责任强制保险赔偿的金额。

由于营业用汽车损失保险、非营业用汽车损失保险和家庭自用汽车损失保险在火灾、爆炸与自燃风险上责任不同，因此对此项损失与费用的免除条款也规定不一：家庭自用汽车损失保险中是自燃以及不明原因火灾造成的损失；非营业用汽车损失保险是自燃仅造成电器、线路、供油系统、供气系统的损失；营业用汽车损失保险是火灾、爆炸、自燃造成的损失。

2. 第三者责任险的责任免除

(1)机动车第三者责任保险。人员免除：被保险人及其家庭成员的人身伤亡、所有或代管的财产的损失；被保险机动车本车驾驶人及其家庭成员的人身伤亡、所有或代管的财产的损失；被保险机动车本车上其他人员的人身伤亡或财产损失。风险免除：类同营业用车辆损失险的责任免除，增加一款“被保险机动车拖带未投保机动车交通事故责任强制保险的机动车(含挂车)或被未投保机动车交通事故责任强制保险的其他机动车拖带”。损失和费用免除：被保险机动车发生意外事故，致使第三者停业、停驶、停电、停水、停气、停产、通讯或者网络中断、数据丢失、电压变化等造成的损失以及其他各种间接损失；精神损害赔偿；因污染(含放射性污染)造成的损失；第三者财产因市场价格变动造成的贬值、修理后价值降低引起的损失；被保险机动车被盗窃、抢劫、抢夺期间造成第三者人身伤亡或财产损失；被保险人或驾驶人的故意行为造成的损失；仲裁或者诉讼费用以及其他相关费用。

同时，应当由机动车交通事故责任强制保险赔偿的损失和费用，保险人不负责赔偿。

(2)交强险责任免除。第一，受害人故意造成的交通事故的损失。第二，被保险人所有的财产及被保险机动车上的财产遭受的损失。第三，被保险机动车发生交通事故，致使受害人停业、停驶、停电、停水、停气、停产、通信或者网络中断、数据丢失、电压变化等造成的损失以及受害人财产因市场价格变动造成的贬值、修理后因价值降低造成的损失等其他各种间接损失。第四，因交通事故产生的仲裁或者诉讼费用以及其他相关费用。

3. 盗抢险责任免除

(1)风险免除。地震及其次生灾害;战争、军事冲突、恐怖活动、暴乱、扣押、收缴、没收、政府征用;竞赛、测试、教练,在营业性维修、养护场所修理、养护期间;利用被保险机动车从事违法活动;驾驶人饮酒、吸食或注射毒品、被药物麻醉后使用被保险机动车;非被保险人允许的驾驶人使用被保险机动车;租赁机动车与承租人同时失踪;被保险机动车转让他人,被保险人、受让人未履行保险合同规定的通知义务,且因转让导致被保险机动车危险程度显著增加而发生保险事故;除另有约定外,发生保险事故时被保险机动车无公安机关交通管理部门核发的行驶证或号牌,或未按规定检验或检验不合格;被保险人索赔时,未能提供机动车停驶手续或出险当地县级以上公安刑侦部门出具的盗抢立案证明。

(2)损失和费用免除。自然磨损、锈蚀、腐蚀、故障;遭受保险责任范围内的损失后,未经必要修理继续使用被保险机动车,致使损失扩大的部分;市场价格变动造成的贬值、修理后价值降低引起的损失;标准配置以外新增设备的损失;非全车遭盗窃,仅车上零部件或附属设备被盗窃或损坏;被保险机动车被诈骗造成的损失;被保险人因民事、经济纠纷而导致被保险机动车被抢劫、抢夺;被保险人及其家庭成员、被保险人允许的驾驶人的故意行为或违法行为造成的损失。

另外,被保险机动车被盗窃、抢劫、抢夺期间造成人身伤亡或本车以外的财产损失,保险人不负责赔偿。

4. 车上人员责任险责任免除

(1)人员免除。被保险人或驾驶人的故意行为造成的人身伤亡;被保险人及驾驶人以外的其他车上人员的故意、重大过失行为造成的自身伤亡;违法、违章搭乘人员的人身伤亡;车上人员因疾病、分娩、自残、斗殴、自杀、犯罪行为造成的自身伤亡;车上人员在被保险机动车车外时遭受的人身伤亡。

(2)风险免除。类同营业用车辆损失险的责任免除。

(3)损失和费用的免除。精神损害赔偿;因污染(含放射性污染)造成的人身伤亡;仲裁或者诉讼费用以及其他相关费用;应当由机动车交通事故责任强制保险赔偿的损失和费用。

6.4.5 机动车辆保险的保险金额和赔偿限额

1. 车辆损失险的保险金额

(1)新车购置价。新车购置价是指在保险合同签订地购置与保险车辆同类型新车的价格,含车辆购置附加费。

(2)实际价值。实际价值是指同类型车辆市场新车购置价减去该车已使用年限折旧金额后的价格,折旧按每满一年扣除一年计算,不足一年的部分不计折旧,其折旧率则按国家有关规定执行,但最高折旧金额不超过新车购置价的80%。

(3)协商价值。协商价值是指由被保险人与保险人协商确定的价值,但保险金额不得超过保险价值,超过部分无效,保险价值是指投保时作为确定保险金额的保险标的价值。

2. 第三者责任险的赔偿限额

(1)机动车第三者责任保险。每次事故的责任限额,由投保人和保险人在签订本保险合同时按保险监管部门批准的限额档次协商确定。最高赔偿限额分为八个档次,即5万、10万、15万、20元、30万、50万、100万、100万以上。

(2)交强险责任限额。交强险责任限额是指被保险机动车发生道路交通事故,保险公司对每次保险事故所有受害人的人身伤亡和财产损失所承担的最高赔偿金额。

①被保险机动车在道路交通事故中有责任的赔偿限额为：死亡伤残赔偿限额 110 000 元人民币；医疗费用赔偿限额 10 000 元人民币；财产损失赔偿限额 2 000 元人民币。

②被保险机动车在道路交通事故中无责任的赔偿限额为：死亡伤残赔偿限额 11 000 元人民币；医疗费用赔偿限额 1 000 元人民币；财产损失赔偿限额 100 元人民币。

3. 盗抢险的保险金额

保险金额由投保人和保险人在投保时被保险机动车的实际价值内协商确定。本保险合同中的实际价值是指新车购置价减去折旧金额后的价格。无同类型新车市场销售价格的，由投保人与保险人协商确定。

4. 车上人员责任险的责任限额

驾驶人每次事故责任限额和乘客每次事故每人责任限额由投保人和保险人在投保时协商确定。投保乘客座位数按照被保险机动车的核定载客数(驾驶人座位除外)确定。

6.4.6　机动车辆保险的保险期限

机动车辆保险的保险期限通常为 1 年，自保险单载明之日起，到保险期满日 24 时止，对于当天投保的车辆，起保时间应为次日零时，期满续保需另办手续。

6.4.7　机动车辆保险保险费的计算

1. 机动车辆损失保险费率

按照被保险人类别、车辆用途、座位数/吨位数/排量/功率、车辆使用年限所属档次查找基础保费和费率。

$$保费=基础保费+保险金额\times费率$$

以表 6.5 为例说明保费的计算方法。

表 6.5　机动车损失保险费率表(节选)

家庭自用汽车与非营业用车		机动车损失保险			
		1 年以下		1～2 年	
		基础保费	费率	基础保费	费率
家庭自用汽车	6 座以下	539	1.28%	513	1.22%
	6－10 座	646	1.28%	616	1.22%
企业非营业客车	6 座以下	305	1.01%	290	0.96%
	6－10 座	365	0.96%	348	0.91%
	10－20 座	365	1.03%	348	0.98%
	20 座以上	381	1.03%	363	0.98%

例：假定某 5 座家庭自用汽车投保车损险，车龄为 1.5 年以下，保险金额为 15 万元。在费率表上查得对应的基础保费为 513 元，费率为 1.22%，则该车辆的保费＝513＋150 000×1.22%＝2 343 元。

营业用车与特种车的费率同样可以在表中查得，一般高于家庭自用汽车与非营业用车的费率。

2. 第三者责任险的保险费

(1)机动车第三者责任保险。第三者责任险的保险费是根据车辆种类、使用性质按投保人选择的赔偿限额档次从费率表中查出其保险费收费标准,它是一种固定保险费。我国机动车辆第三者责任险的固定保费是按不同车辆种类和使用性质对应的第三者责任险每次最高赔偿限额确定的。最高赔偿限额分为八个档次,即5万、10万、15万、20万、30万、50万、100万、100万以上。保险费按投保时确定的每次事故最高赔偿限额对应的固定保费收取。

如果责任限额为100万元以上,则保险费=A+0.9×N×(A-B),式中A指同档次限额为100万元时的保险费,B指同档次限额为50万元时的保险费;N=(限额-100万)/50万元,限额必须是50万元的整数倍。

表6.6所示为第三者责任险保险费率表(节选)

表6.6 第三者责任险保险费率表(节选)

营业用车与特种车		第三者责任保险						
		5万	10万	15万	20万	30万	50万	100万
出租租赁营业客车	6座以下	1,495	2,257	2,623	2,870	3,330	4,220	5,551
	6~10座	1,410	2,128	2,473	2,707	3,140	3,980	5,234
	10~20座	1,491	2,287	2,672	2,939	3,428	4,366	5,743
	20~36座	2,004	3,166	3,734	4,145	4,877	6,266	8,242
	36座以上	3,155	4,874	5,707	6,292	7,355	9,389	12,349
城市公交营业客车	6~10座	1,383	2,086	2,426	2,653	3,079	3,901	5,133
	10~20座	1,540	2,324	2,701	2,956	3,429	4,346	5,717
	20~36座	2,135	3,282	3,838	4,225	4,931	6,286	8,268
	36座以上	2,890	4,565	5,384	5,976	7,032	9,036	11,885

(2)交强险费率。交强险费率(2008年版)分八档确定,分别为家庭自用车,950~1 100元;非营业客车,950~1 320元;营业客车,1 800~4 690元;非营业货车,1 200~2 220元;营业货车,1 850~4 480元;特种车,1 080~3 980元;摩托车,80~400;拖拉机按保监产险[2007]53号文件实行地区差别费率。

资料链接 **特种车分类**

特种车一:油罐车、汽罐车、液罐车、冷藏车。

特种车二:用于牵引、清障、清扫、清洁、起重、装卸、升降、搅拌、挖掘、推土等的各种专用机动车。

特种车三:装有固定专用仪器设备从事专业工作的监测、消防、医疗、电视转播等的各种专用机动车。

特种车四:集装箱拖头。

(本文由作者改写自:太平洋汽车网)

3. 盗抢险费率

按照被保险人类别、车辆用途、座位数查找基础保费和费率。

$$保费 = 基础保费 + 保险金额 \times 费率$$

4. 车上人员责任险费率

按照被保险人类别、车辆用途、座位数查找费率。

驾驶人保费 ＝ 每次事故责任限额 × 费率

乘客保费 ＝ 每次事故每人责任限额 × 费率 × 投保乘客座位数

6.4.8　机动车辆保险无赔款优待

保险车辆在上一年保险期限内无赔款，续保时可享受无赔款减收保险费优待，优待金额为本年度续保险种应交保险费的10%。被保险人投保车辆不止一辆的，无赔款优待分别按车辆计算。上年度投保的车辆损失险、第三者责任险和附加险中任何一项发生赔款，续保时均不能享受无赔款优待；不续保者不享受无赔款优待。如果续保的险种与上年度相同，但投保金额不同，无赔款优待则以本年度保险金额对应的应交保险费为计算基础。

无赔款保险车辆优待的规定是为了鼓励被保险人及其驾驶员严格遵守交通规则安全行车，减少保险事故。

优待的条件为：保险期限必须满1年；保险期内无赔款；保险期满前办理续保等。

现行保险公司条款一般不明确规定无赔款优待，只在条款中做如下表述："本保险及其附加险根据上一保险期间发生保险赔偿的次数，在续保时实行保险费浮动"。

6.4.9　机动车辆损失险免赔的规定

1. 规定免赔额(率)

免赔额(率)又可分为绝对免赔额(率)和相对免赔额(率)。我国机动车辆保险一般实行绝对免赔额(率)，如某财产保险公司车险条款中规定500元为绝对免赔额。

2. 按责免赔

负次要事故责任的免赔率为5%，负同等事故责任的免赔率为10%，负主要事故责任的免赔率为15%，负全部事故责任或单方肇事事故的免赔率为20%；被保险机动车的损失应当由第三方负责赔偿的，无法找到第三方时，免赔率为30%；被保险人根据有关法律法规规定选择自行协商方式处理交通事故，不能证明事故原因的，免赔率为20%；违反安全装载规定的，增加免赔率5%；因违反安全装载规定导致保险事故发生的，保险人不承担赔偿责任；投保时约定行驶区域，保险事故发生在约定行驶区域以外的，增加免赔率10%。

3. 事故累进免赔

一般规定每多发生一次事故，在前次事故的免赔率基础上再增加一定的免赔率，某财险公司即规定"保险期间内发生多次保险事故的(自然灾害引起的事故除外)，免赔率从第三次开始每次增加5%"。但一般有最高限制，如因保险事故次数增加而相应增加的绝对免赔率不超过25%等。

6.4.10　机动车辆保险的赔偿

1. 车辆损失险的赔偿计算

(1)按投保时被保险机动车的新车购置价确定保险金额的。

①发生全部损失时，在保险金额内计算赔偿，保险金额高于保险事故发生时被保险机动车实际价值的，按保险事故发生时被保险机动车的实际价值计算赔偿。

保险事故发生时被保险机动车的实际价值根据保险事故发生时的新车购置价减去折旧金额后的价格确定。

保险事故发生时的新车购置价根据保险事故发生时保险合同签订地同类型新车的市场销售价格(含车辆购置税)确定，无同类型新车市场销售价格的，由被保险人与保险人协商确定。

折旧金额＝保险事故发生时的新车购置价×被保险机动车已使用月数×月折旧率

②发生部分损失时，按核定修理费用计算赔偿，但不得超过保险事故发生时被保险机动车的实际价值。

(2)按投保时被保险机动车的实际价值确定保险金额或协商确定保险金额的。

①发生全部损失时，保险金额高于保险事故发生时被保险机动车实际价值的，以保险事故发生时被保险机动车的实际价值计算赔偿；保险金额等于或低于保险事故发生时被保险机动车实际价值的，按保险金额计算赔偿。

②发生部分损失时，按保险金额与投保时被保险机动车的新车购置价的比例计算赔偿，但不得超过保险事故发生时被保险机动车的实际价值。

(3) 施救费用赔偿的计算方式同(1)、(2)，在被保险机动车损失赔偿金额以外另行计算，最高不超过保险金额的数额。

被施救的财产中，含有本保险合同未承保财产的，按被保险机动车与被施救财产价值的比例分摊施救费用。

保险公司一般在条款中并不明确写明计算公式，使很多保险客户觉得买了足够的保险，在出险后就可以得到足额的赔偿，这种想法是错误的，在考虑到事故责任比例、免赔等因素的时候，保险公司的赔款一般会低于实际损失。

实际上，上述内容中，计算公式如下：

(1)按投保时被保险机动车的新车购置价确定保险金额的。

①全部损失。全部损失时按保险金额计算赔偿，但保险金额高于实际价值时，以不超过出险当时的实际价值计算赔偿。

赔款=(保险金额－残值)×(1－事故责任免赔率)
×(1－绝对免赔率)－绝对免赔额

保险金额高于实际价值时，以不超过出险当时的实际价值计算：

赔款=(实际价值－残值)×(1－事故责任免赔率)
×(1－绝对免赔率)－绝对免赔额

②部分损失。

按照新车购置价投保的，发生部分损失按照实际修复费用赔偿。

即：赔款=(实际修复费用－残值)×(1－事故责任免赔率)×(1－绝对免赔率)－绝对免赔额

但实际修复费用不得超过保险事故发生时被保险机动车的实际价值。

(2)按投保时被保险机动车的实际价值确定保险金额或协商确定保险金额的。第一，全部损失。公式类同(1)中全部损失的公式。第二，部分损失。如果保险车辆的保险金额低于投保时的新车购置价，发生部分损失按照保险金额与投保时的新车购置价比例计算赔偿修复费用。

即：赔款=(实际修复价值－残值)×(保险金额/新车购置价)×(1－事故责任免赔率)×(1－绝对免赔率)－绝对免赔额

2. 第三者责任保险的赔偿计算

(1)机动车第三者责任险。保险车辆发生第三者责任事故时，按《道路交通事故处理办法》确定的赔偿范围、项目和标准以及保险合同的规定，在保险单载明的赔偿限额内核定赔偿数额。对被保险人自行承诺或支付的赔偿金额，保险人有权重新核定或拒绝赔偿。

当被保险人按事故责任比例，应负的赔偿金额超过赔偿限额时：

赔款＝赔偿限额×(1－免赔率)

当被保险人按事故责任比例，应负的赔偿金额低于赔偿限额时：

赔款＝应负赔偿金额×(1－免赔率)

机动车辆保险采用一次性赔偿结案的原则，保险人对第三者责任险保险事故赔偿结案后，对被保险人追加受害人的任何赔偿费用不再负责。

第三者责任险的保险责任为连续责任：保险车辆发生第三者责任保险事故，保险人赔偿后，每次事故无论赔偿是否达到保险赔偿限额，在保险期限内，第三者责任险的保险责任仍然有效，直至保险期满。

保险车辆、第三者的财产遭受损失后的残余部分，可协商作价归被保险人，并在赔款中扣除。

(2)交强险赔偿。相对于商业三者险20多条免责条款，交强险的免责为"受害人故意行为造成损失"、"被保险人自身财产损失"、"相关仲裁及诉讼费用"和事故造成的某些间接损失，保障范围要大许多。而且，无论事故中被保险车辆有没有责任，交强险在责任限额范围内都予以赔偿，并且没有免赔额和免赔率。

根据保监会相关规定，交强险是对第三者造成损失的赔偿，在事故发生过程中，将实行交强险先行，商业三者险补充的原则。

商业车险在扣除交强险赔偿金额后，对剩余理赔金额按照事故责任比例计算免赔率，最终确定相应理赔金额。

案例解析

新交强险案例

王先生一家外出游玩返程的途中，由于车速太快，撞死了一名横穿马路的摩托车驾驶员。车主王先生投保时仅购买了交强险，而未购买商业车损险和三责险。

责任判定：王先生负主要责任，骑摩托车的男子负次要责任。交强险中以王先生为全责进行判定和赔偿，被撞男子无责。

估损金额：车辆损失4 000元，摩托车损失2 500元，医疗抢救费用1.5万元，死亡赔偿金26.12万元，总损失超过26万元。

赔偿计算：

王先生所在保险公司赔付对方交强险损失，剩余损失由王先生与死者一方按照7:3比例分别赔偿。旧条款约定死亡赔偿金5万元、医疗费8 000元、车辆损失2 000元，共6万元；新条款约定死亡赔偿金11万元、医疗费1万元、车辆损失2 000元，共12.2万元。下面我们分别用新旧条款中规定的赔偿限额进行计算：

按照旧的条款，王先生应赔付对方损失计算方法为：(261 200－50 000)×70%＋(15 000－8 000)×70%＋(2 500－2 000)×70%＝15.30(万元)

按照新的条款，王先生应赔付对方损失计算方法为：(261 200－110 000)×70%＋(15 000－10 000)×70%＋(2 500－2 000)×70%＝9.48(万元)

通过对比可以看出，新条款为王先生省去了5.82万元的赔偿金，新交强险增加的保障也显而易见了。

本文由作者改写自：上海汽车网.

3. 盗抢险赔偿

被保险人索赔时，须提供保险单、损失清单、有关费用单据、《机动车行驶证》、《机动车登记证书》、机动车来历凭证以及出险当地县级以上公安刑侦部门出具的盗抢立案证明。

(1)全车损失，在保险金额内计算赔偿，但不得超过保险事故发生时被保险机动车的实际价值。

保险事故发生时被保险机动车的实际价值根据保险事故发生时的新车购置价减去折旧金额后的价格确定。

保险事故发生时的新车购置价根据保险事故发生时保险合同签订地同类型新车的市场销售价格(含车辆购置税)确定，无同类型新车市场销售价格的，由被保险人与保险人协商确定。

折旧金额＝保险事故发生时的新车购置价×被保险机动车已使用月数×月折旧率

(2)部分损失，在保险金额内按实际修复费用计算赔偿，但不得超过保险事故发生时被保险机动车的实际价值。

保险人确认索赔单证齐全、有效后，被保险人签具权益转让书，保险人赔付结案。

4. 车上人员责任险赔偿

每次事故车上人员的人身伤亡按照国家有关法律、法规规定的赔偿范围、项目和标准以及本保险合同的约定进行赔偿。驾驶人的赔偿金额不超过保险单载明的驾驶人每次事故责任限额；每位乘客的赔偿金额不超过保险单载明的乘客每次事故每人责任限额，赔偿人数以投保乘客座位数为限。

保险人按照国家基本医疗保险的标准核定医疗费用的赔偿金额。

6.5 建筑、安装工程保险

6.5.1 建筑、安装工程保险的概念

工程保险是以各类工程项目为保险标的的保险业务。传统的工程保险主要指建筑工程保险和安装工程保险，新兴的科技工程保险则主要包括航天保险、核能保险和海洋石油开发保险。本节只阐述建筑工程保险和安装工程保险。

工程保险作为一个相对独立的险种起源于 20 世纪初，第一张工程保险保险单是 1929 年在英国签发的承保泰晤士河上的拉姆贝斯大桥建筑工程的。所以，工程保险的历史相对于财产保险中的火灾保险来讲要短得多，可以说是财产保险家族中的新成员。

建筑工程保险和安装工程保险兴起于 20 世纪 30 年代中后期，大力发展于二战以后。二战给世界各国带来了深重的灾难，欧洲当时是二战的主战场，在战争结束后，各国为了恢复和发展经济，开展了大规模的工程建设，大兴土木，重建家园。在大规模建设的过程中，承包人为转嫁工程期间的各种风险，产生了对建筑工程保险的需求，并带来了安装工程保险业务的发展。

在财产保险经营中，建筑工程保险和安装工程保险适用于各种民用、工业用和公共事业用的建筑工程和安装工程，如房屋、道路、水库、桥梁、码头、娱乐场、管道以及各种市政工程项目的建筑。这些工程在建筑和安装过程中的各种意外风险，均可通过投保建筑工程保险和安装工程保险而得到保险保障。

6.5.2 建筑、安装工程保险的险种

1. 建安一切险的含义

建安一切险是建筑工程一切险和安装工程一切险的合称，因为这两种保险在很多地方有相似之处，因此在理论上经常合在一起介绍(注意在保险实务中是两种业务，分别出单承保)。

2. 责任范围

(1)物质损失部分的责任范围。建安一切险采用一切险的方式承保，即在保险责任中不列明承保风险，仅概括说明保险财产在列明的工地范围内，因任何自然灾害或意外事故造成的物质损失、列明费用损失、对第三者的赔偿责任，除保险单所载除外责任以外的，保险人均负责赔偿，保障范围相当大。一句话，建安一切险承保的是除除外责任以外的一切危险造成的损失，包括自然灾害、意外事故、人为风险等。

(2)第三者责任保险的责任范围。在保险期限内，因发生与承保工程直接相关的意外事故引起建设场地之内及邻近地区的第三者人身伤亡、疾病或财产损失，依法应该由被保险人承担的经济赔偿责任、诉讼费用及事先经保险人书面同意支付的其他费用。

3. 除外责任

通用的除外责任如战争、罢工、行政行为、故意行为、核风险、污染风险等不再赘述，现在只介绍建安一切险特有的除外责任。

(1)物质损失部分的除外责任。

①设计错误引起的损失与费用。物质损失部分的除外责任。建安工程的设计通常由被保险人自己或其委托的设计师来进行，而且设计错误出现损失是必然的，理所当然应为除外责任。对于此项责任，可以投保职业责任保险来得到保障。

②自然磨损、内在或潜在缺陷、物质本身变化、自燃、自热、氧化、锈蚀、渗漏、鼠咬、虫蛀、大气(气候或气温)变化、正常水位变化或其他渐变原因造成的保险财产自身的损失和费用。

③因原材料缺陷或工艺不善引起的保险财产本身的损失以及为换置、修理或矫正这些缺点错误所支付的费用。物质损失部分的除外责任。如果没有造成事故，则由制造商或供货人负责此项损失。造成事故，导致其他财产损失的，其他财产损失保险人负责赔偿，但本身损失仍由制造商或供货人负责。

④非外力引起的机械或电气装置的本身损失，或施工用的机具、设备、机械装置失灵造成的本身损失。物质损失部分的除外责任。若此项损失是由外来原因造成的，保险人负责赔偿。

⑤领有公共运输行驶执照，或已由其他保险予以保障的车辆、船舶和飞机损失。物质损失部分的除外责任。若这些运输工具领有公共运输行驶执照，则其行驶范围不仅限于工地，超出了保险保障的区域，风险较大，责任不易控制，故不在此处承保。但对于没有公共行驶执照的仅在工地行驶作业的推土机、吊车等，可以承保。

⑥由于超负荷、超电压、碰线、电弧、漏电、短路、大气放电及其他电气原因造成电气设备或电气用具本身的损失。本项属于安装工程一切险物质损失部分的除外责任(建筑工程一切险无此规定)。

(2)第三者责任险的除外责任。

①保险合同物质损失项下或本应在该项下予以负责的损失及各种费用。

②工程所有人、承包人或其他关系方或其所雇用的在工地现场从事与工程有关工作的职员、工人及上述人员的家庭成员的人身伤亡或疾病。

③工程所有人、承包人或其他关系方或其所雇用的职员、工人所有的或由上述人员所照管、控制的财产发生的损失。

④被保险人应该承担的合同责任，但无合同存在时仍然应由被保险人承担的法律责任不在此限。

⑤领有公共运输行驶执照的车辆、船舶、航空器造成的事故。

⑥由于震动、移动或减弱支撑而造成的任何财产、土地、建筑物的损失及由此造成的任何人的人身伤害和物质损失。建筑工程一切险第三者责任部分的除外责任（安装工程一切险无此规定）。

4. 保险项目与保险金额

(1)建筑工程或安装工程。包括永久工程和临时工程，保险金额为工程完工或安装完成时的总价值来确定，包括原材料费用、设备费用、建造费、安装费、运输费、保险费、关税、其他税项及费用，以及由业主提供的原材料和设备费用。

(2)工程所有人提供的材料和设备。指的是未包括在上述第一项中的工程合同之外的由所有人提供的物料和设备。其保险金额按照重置价值确定。

(3)施工用的机器及设备。指施工用的各种机器设备，如起重机、打桩机等，该类财产一般为承包人所有，不包括在承包工程合同价之内，因此需专项特约承保。保险金额按照重置价值确定。

(4)清除残骸费用。指发生承保风险所致的损失后为清理工地现场残骸所支付的费用。此项费用的赔偿限额是单独投保的，由投保人与保险人商定，特约承保。一般大的工程不超过合同价格或工程概算价格的5%，小的工程不超过合同价格或工程概算价格的10%。

(5)在保险工程开始以前已经存在或形成的，位于工地范围内或其周围的属于被保险人的财产。特约承保。此项财产的保险金额一般由双方商定，但不得超过财产的实际价值。也可以投保其他的保险来保障。

5. 物质损失部分的赔偿

对保险标的遭受的损失，保险人可选择以支付赔款或以修复、重置受损项目的方式予以赔偿，对保险标的在修复或替换过程中，被保险人进行的任何变更、性能增加或改进所产生的额外费用，保险人不负责赔偿。

保险标的发生保险责任范围内的损失，保险人按以下方式计算赔偿。

保险金额等于或高于应保险金额时，按实际损失计算赔偿，最高不超过应保险金额；

保险金额低于应保险金额时，按保险金额与应保险金额的比例乘以实际损失计算赔偿，最高不超过保险金额。

每次事故保险人的赔偿金额是根据上述内容计算的金额扣除每次事故免赔额后的金额，或者是上述内容计算的金额扣除该金额与免赔率乘积后的金额。

保险标的在连续72小时内遭受暴雨、台风、洪水或其他连续发生的自然灾害所致损失视为一次单独事件，在计算赔偿时视为一次保险事故，并扣减一个相应的免赔额（率）。被保险人可自行决定72小时的起始时间，但若在连续数个72小时时间内发生损失，任何两个或两个以上72小时期限不得重叠。

6. 第三者责任险的赔偿限额

责任限额包括每次事故责任限额、每人人身伤亡责任限额、累计责任限额，由投保人与保险人协商确定，并在保险合同中载明。

每次事故免赔额(率)由投保人与保险人在订立保险合同时协商确定，并在保险合同中载明。对于人身伤亡的赔偿不扣除每次事故免赔额。

7. 保险费率

建安一切险的费率，包括物质损失费率、第三者责任险费率、附加施工机器、设备保险费率，以上费率均为工期费率。表6.7所示为物质损失(工期费率)表。

表6.7 物质损失(工期费率)

项 目	建筑工程一切险费率(‰)	安装工程一切险费率(‰)	免赔额
1. 住宅大楼、综合性大楼、办公大楼、学校大楼、医院、饭店、商店、仓库及普通工厂厂房	0.12-6.0	0.12-6.0	每次事故免赔额：1 000元 RMB及以上
2. 机械工业、纺织工业	0.2-5.5	0.2-5.5	
3. 化学工业、冶金工业	0.3-8.0	0.3-8.0	
4. 机场(综合项目)	0.3-6.0	0.3-6.0	
5. 电子电器工业	0.2-7.0	0.2-7.0	
6. 火电站	0.35-7.5	0.35-7.5	每次事故免赔额：5 000元 RMB及以上
7. 水利、水电	0.8-10.0	0.8-10.0	
8. 普通铁路(非高速铁路)	0.5-9.0	0.5-9.0	
9. 码头、港口	0.6-15	0.6-15	
10. 桥梁	0.8-15	0.8-15	
11. 隧道、管道	0.8-15	0.8-15	
12. 其他行业	0.2-15	0.2-15	

第三者责任保险(工期费率)：设置累计赔偿限额和每次事故赔偿限额：0.02‰～5‰；仅设置每次事故赔偿限额：0.02‰～6‰；每次事故免赔额(财产损失)：300元 RMB及以上

附加施工机器、设备保险(工期费率)：年费率：0.08%－5%；每次事故免赔额：500元RMB及以上。

8. 免赔额

建安一切险的物质损失项目、第三者责任赔偿项目，均规定出了免赔额与免赔率，并实行两者以高者为准(注意第三者赔偿中，人身伤亡没有免赔的规定)。

本章小结

财产保险的概念包括广义的概念和狭义的概念，以各种财产物资及相关利益、责任、信用为保险标的的为广义的财产保险。仅以各种财产物资及相关利益为保险标的的为狭义的财产保险。其特征有财产保险的保险标的必须是可以用货币衡量价值的财产或利益，保障功能表现为经济补偿，当事人简约化，经营技术复杂，对现代财产保险发展推动最大的是火灾保险。

企业财产保险是对各种企业的各类财产提供保险保障的财产保险业务，因此凡是具有法人资格的从事生产、流通或服务性活动的可以独立核算的经济单位都可以投保本保险。目前国内保险市场上使用的财产基本险、综合险、一切险，即为企业财产保险的发展版本。

家庭财产保险，是以我国城乡居民个人财产为保险标的的一种财产保险，属于火灾保险的范畴。家庭财产保险的险种众多，包括家庭财产保险基本险（室内财产、房屋可单独投保），家庭财产保险综合险等。

机动车辆保险是以机动车辆本身及机动车辆的第三者责任为保险标的的一种运输工具保险，国外称为汽车保险。机动车辆保险是我国城市商业保险业务中财产保险第一大险种。机动车辆保险的险种分基本险和附加险两大类。机动车辆保险基本险一般分为车辆损失险、第三者责任险、盗抢险和车上人员责任险。机动车辆保险附加险，如玻璃单独破碎险、自燃损失险等。

工程保险，是以各类工程项目为保险标的的保险业务。传统的工程保险主要指建筑工程保险和安装工程保险。建安一切险是建筑工程一切险和安装工程一切险的合称。

思考练习

(1)财产保险的概念与特征是什么？

(2)企业财产基本险的保险责任有哪些？

(3)企业财产保险保险金额的确定方法有哪些？

(4)机动车辆保险的基本险有哪些？

(5)机动车辆保险的保险金额与赔偿限额确定方法有哪些？

(6)机动车辆保险的无赔款优待条件有哪些？

(7)机动车辆损失险的免赔规定有哪些？

(8)建筑、安装工程保险的保险项目有哪些？

案例分析

案例材料一　半年内中石油三度爆炸

2011年1月19日9点25分左右，中石油抚顺石化公司发生了一起“闪爆”事故。这是继2010年“7·16”大连中石油爆炸案、“9·7”爆炸事故之后，中石油三度发生的爆炸事件。而后两起爆炸事故的地点都在抚顺石化厂区。截至19日19点，最新一起事故造成了1人死亡、2人失踪、30多人受伤。

这次的爆炸地点位于抚顺石化公司石油二厂。据了解，整个爆炸是由于重油催化装置稳定单元发生闪爆所致。

所谓“闪爆”，是指当可燃气体达到一定浓度时，遇到明火并瞬间发生爆炸的现象。

对于事故原因，中石油官方并未透露，“今天出调查结果肯定是不太可能的，我们都在全力扑火和抢救伤员。”一位中石油内部人士对《第一财经日报》记者表示。

……

这次爆炸所在地——中国石油抚顺石化公司是中国石油股份有限公司(601857.SH)的主要炼化企业之一。其原油一次和二次加工能力均为1 000万吨/年,在国内来说都算是比较大的。该公司的主要生产装置为77套,年可产汽柴煤油等600万吨以上,化工生产能力为184万吨/年。此外,公司在“十一五”末期还完成了1 150万吨/年的炼油、100万吨/年乙烯的建设,资产总额209亿元,资产负债率35%;销售收入近500亿元。

2010年,大连地区的那场爆炸案未造成工作人员伤亡,但在随后的救援过程中,一位消防战士牺牲。而抚顺石化的这场爆炸案目前已有30多人入院治疗。另外,爆炸也造成了1 000多户居民的房屋受损,主要是窗框扭曲变形、玻璃破碎。一名网友称:“我正在搬家,忽然听到一声巨响,只见楼上玻璃和房顶的雪如瀑布一样下来,随后看到抚顺石化厂升起了巨大的白色气雾。”

由于当地当时正处于零下27摄氏度的低温,因而被损坏的房屋将使居民遭遇避寒问题,当地政府已组织相关部门走访房屋受损居民,多方筹措玻璃、塑料布等物资,帮助居民连夜修缮房屋,避免受冻。

2005年11月,中国石油吉林石化分公司双苯厂发生爆炸事故,且对松花江造成了污染。当时有8人死亡、60人受伤,直接经济损失6 908万元人民币。爆炸原因是有岗位外操人员在停机进料后,未关闭预热器蒸汽阀门,导致物料气化,且随后由于空气吸入系统、摩擦和静电等原因,导致硝基苯精馏塔发生爆炸,并引发其他装置及设施的连续爆炸。

而2010年7月,在大连新港地区附近发生的爆炸事故同样是因为中石油的外协单位员工操作失误而引起的。“在夏季和冬季时分,石油管道、石化炼化装置本身都比较敏感,因而操作步骤的正确对设施的保护是否到位都至关重要。”一位石油化工分析师如此表示。

据新华社报道,2010年9月7日,抚顺石油三厂芳烃车间P—308热油泵由于密封泄漏发生起火。经过采取各种措施,及时切断管线阀门,消防队全力施救,于12时55分将火扑灭。据抚顺石化公司石油三厂工作人员介绍,事故未造成人员伤亡,未造成环境污染。

安全事故频发、屡禁不止的情况也迫使国资委必须对央企安全生产再下严令。

2010年12月底,国资委副主任黄淑和在中央企业负责人经营业绩考核工作会议上表示,最近,国资委将以规章的名义,发布中央企业安全生产九条禁令,希望各中央企业最好划一道红线,红线以内的事情不能干,红线以内的钱不能挣。

据了解,下一步,国资委将下通知,要求中央企业严格遵守《禁令》要求,对违反《禁令》的各级子企业和有关管理人员要严肃查处。

(本文由作者改写自:第一财经日报.2011-01-20)

案例材料二 交通肇事车主逃逸,保险公司能否免责?

2009年9月24日,王某某驾驶小货车与刘某某驾驶的摩托车相撞,造成刘某某当场死亡。事故发生后,王某某心存侥幸,驾车逃逸,后交警部门认定王某某负事故的主要责任。肇事小货车挂靠在一家运输公司,且在中国人民财产保险股份有限公司泰和县支公司投保了“交强险”。王某某因交通肇事罪获刑四年有期徒刑后,死者刘某某家人诉到法院要求三被告承担民事赔偿责任。

[分歧]交通肇事车主逃逸,保险公司能否免责?保险公司是否要先行承担赔偿原告的各

项损失的责任？对此存在两种截然不同的意见。

第一种意见认为:《机动车交通事故责任强制保险条例》第二十二条已对保险公司交强险理赔权责进行了全部规定,这里没有关于“肇事逃逸”不予赔付的任何表述。本案肇事车辆证照齐全,保险在期;事故责任人持证驾驶,没有醉酒,没有故意。因此,保险公司对事故的赔偿责任不能免除,应当承担赔偿责任。

第二种意见认为:《机动车交通事故责任强制保险条例》第二十四条的规定:机动车肇事后逃逸的人身伤亡的丧葬费用部分或全部的抢救费用由救助基金先行垫付,救助基金管理机构有权向事故责任人追偿。依据该规定,保险公司可以免赔。

[评析] 笔者同意第一种意见,理由如下。

首先,交强险是为了使交通事故受害人得到及时救助而设立的公益性、强制性保险。《机动车交通事故责任强制保险条例》第一条就对交强险的目的做出了阐释:为了保障机动车道路交通事故受害人依法得到赔偿,促进道路交通安全。该条例的法律意义就在于使得交通事故受害人能及时得到有效的损失补偿和医疗治疗、减轻交通事故肇事方的经济负担。

其次,《机动车交通事故责任强制保险条例》第二十二条已对保险公司交强险理赔权责进行了全部规定,这里没有关于“肇事逃逸”不予赔付的任何表述。本案肇事车辆证照齐全,保险在期;事故责任人持证驾驶,没有醉酒,没有故意。因此,保险公司对事故的赔偿责任不能免除。

再次,《机动车交通事故责任强制保险条例》第二十四条是关于道路交通事故社会救助基金对在道路交通事故中导致人身伤亡抢救费用的规定,该规定规范的是社会救助机制的建立与运作方式,实施主体是国家设立的交通事故社会救助基金管理机构。这里的“追偿权”是授予道路交通事故社会救助基金管理机构的,而与保险公司的权责无涉。

最后,《机动车交通事故责任强制保险条例》所指的机动车肇事后逃逸的责任人,包括两个层面:一是没有加入交通事故责任强制保险的逃逸者,二是加入了交通事故责任强制保险的逃逸者。没有加入交强险的,所发生的赔付责任理应由肇事责任者自负。他们逃逸后,救助基金为其先行垫付的抢救费用,事后理应向肇事责任者追偿。加入了交强险的交通事故肇事逃逸者,所发生的赔付责任包括救助基金先行垫付的抢救费用追偿,应由承保的保险公司按照法定义务在死亡伤残赔偿责任限额内支付。超出支付责任限额的部分,再向肇事责任人追偿。

因此,笔者认为,本案原告方损失应先由被告保险公司在限额内先行垫付,不足部分再依被告王某在事故中应负的责任比例由被告运输公司垫付或被告王某某支付。

(本文由作者改写自:张晨菁　江西省泰和县人民法院　2011年9月8日)

推荐阅读

[1]郑功成,孙蓉. 财产保险[M]. 北京:中国金融出版社,2000.
[2]李虹. 涉外保险[M]. 成都:西南财经大学出版社,2008.
[3]付荣辉,李丞北. 保险原理与实务[M]. 北京:清华大学出版社,2010.

第 7 章　非寿险业务——人身意外伤害保险与健康保险

本章提要

人身意外伤害保险和健康保险是非寿险业务中以人的生命或身体作为保险标的的保险。本章主要介绍人身意外伤害保险的概念、可保风险、特点和种类、保险责任、给付方式、保险费；健康保险的概念、特点和种类、合同条款、费率、健康管理。

学习目标

1. 人身意外伤害保险的概念、特点和种类
2. 人身意外伤害保险的可保风险
3. 人身意外伤害保险的保险责任和给付方式
4. 健康保险的概念、特点和种类
5. 健康保险的合同条款
6. 健康保险的费率

框架结构

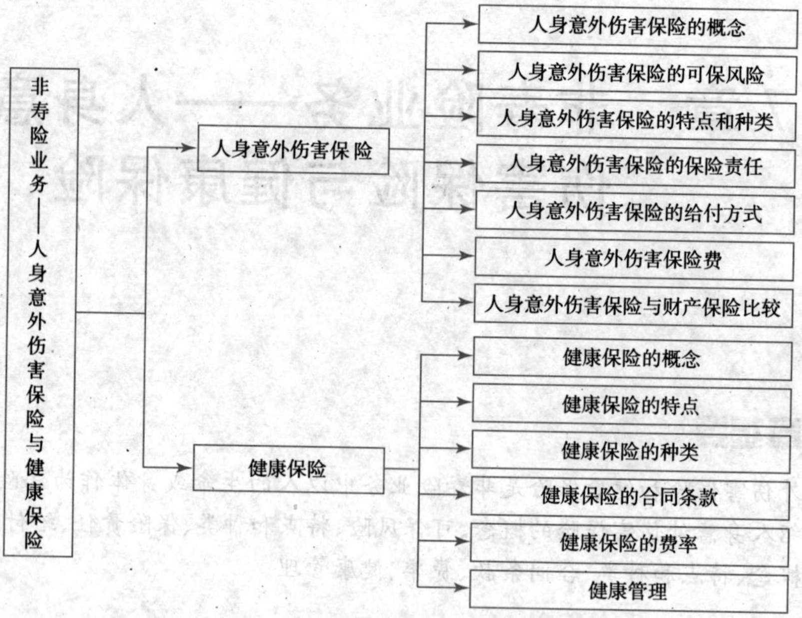

开篇案例

案例一　买意外险切忌贪多嚼不烂

近期，甬温线动车追尾等交通事故频发拉紧了不少读者的神经，意外险再次走进人们的视野。据多家保险公司透露，近期意外险等基础保障类保险销售明显升温。如何理性购买意外险成为读者关注的焦点，记者就此问题对行业内专家进行了采访。

据专家介绍，意外险主要针对三方面进行保障。一是因意外导致的身故或残疾。二是因意外产生的医疗费用。三是因意外导致的误工损失(津贴)。因意外导致身故或残疾是意外险的基本保障内容，后两者通常会单独或共同搭配在前者之上，从而形成五花八门的意外保险商品。

据了解，有读者为了加大保障力度，往往一人购买多份意外险。然而，据专家介绍，拥有多份保险，因意外导致的身故或残疾而产生的保险金和因意外导致的误工津贴可以叠加，但是因意外导致的医疗费用例外。主要是由于保险公司在做医疗费用理赔的时候，需要被保险人提供医疗发票，这些发票只能够报销一次。但是若医疗费用超过某家保险公司的保额，可以将剩下的费用拿到另一家保险公司理赔。如果被保险人获得的保险赔款超出了实际的医疗费用损失，这也是不符合保险“弥补损失”的基本原则的。因此，提醒广大读者，购买保险要科学搭配，并非越多越好。

(本文由作者改写自：齐鲁晚报. 2011 - 08 - 02)

案例二　买健康险注意等待期

被保险人王先生2005年10月投保了一款两全保险并附加意外伤害保险和重大疾病保险。两个月之后，他因腰部疼痛难忍住院，几天后被确诊为急性粒细胞白血病。2006年5月，在王先生完成造血干细胞移植术后，保险公司获悉他的病情并得知术后的排异反应，根据该公司产品的提前给付附加条款，公司立刻加紧办理提前给付，希望在客户生命的最后阶段送去一份安慰。

5月底，就在手续即将办妥之际，王先生不幸撒手人寰。事后，公司作出赔付王先生人寿保险等总计11.7万元保险金的决定。但遗憾的是，由于王先生在保单生效未满90天的等待期就查出病情，不能满足附加重大疾病保险理赔的条件，因此还有10万元的附加重疾保险金无法赔付。

在上述案例中，我们看到了投保健康险时很关键的一个词——"等待期"，它是指在医疗保险、重大疾病保险等健康保险中，被保险人首次投保此类险种时，从合同生效日起的一段时间，此间被保险人因患病所发生的费用，属于保险公司的除外责任，这类情况，保险公司通常不予进行理赔，或只是部分理赔，或无息退还保费。

"等待期"是一种"健康观察期"，是保险公司为了防止带病投保造成的对以健康体投保的人的不公平，也是为了控制保险公司的经营风险。通常，健康保险合同中都有明确的"等待期"的天数，一般说，短期健康保险产品的保险责任等待期不超过90天，长期健康保险产品的保险责任等待期不超过1年。

(本文由作者改写自：上海金融报．2011－02－11)

7.1　人身意外伤害保险

7.1.1　人身意外伤害保险的概念

1. 意外伤害的含义

意外就被保险人的主观状态而言，是指伤害的发生是被保险人事先没有预见到的，或伤害的发生违背了被保险人的主观意愿。

(1)被保险人事先没有预见到伤害的发生，可理解为伤害的发生是被保险人事先所不能预见或无法预见的；或伤害的发生是被保险人事先能够预见到但由于疏忽而没有预见到，且该伤害是偶然发生的事件或突然发生的事件。

(2)伤害的发生违背被保险人的主观意愿，表现为被保险人预见到伤害即将发生时，在技术上已经不能采取措施避免；或者被保险人已预见到伤害即将发生，在技术上也可以采取措施避免，但由于法律或职责上的规定，不能躲避。凡是被保险人的故意行为使自己身体所受伤害，均不属于意外伤害。

伤害是指外来的致害物以一定的方式破坏性地接触致使身体受到伤害的客观事实。伤害由致害物、侵害对象、侵害事实三个要素构成。致害物即直接造成伤害的物体或物质。没有致害物，就不可能构成伤害。在意外伤害保险中，只有致害物是外来的，才被认为是伤害。侵害对象是致害物侵害的客体。在意外伤害保险中，只有致害物侵害的对象是被保险人的身体，才能构成伤害。侵害事实即致害物以一定方式破坏性地接触、作用于被保险人身体的客观事实。

意外伤害是在被保险人没有预见到或违背被保险人意愿的情况下，突然发生的外来致害物明显、剧烈地侵害被保险人身体的客观事实。

2. 人身意外伤害保险的定义

人身意外伤害保险简称意外伤害保险，是指以意外伤害而致身故或残疾为给付保险金条件的人身保险。具体表现在：

(1)客观上必须有意外事故发生，事故原因为意外的、偶然的、不可预见的。

(2)被保险人必须有因客观事故造成人身死亡或残废的结果。

(3)意外事故的发生和被保险人遭受人身伤亡两者之间有着内在的、必然的因果关系。如果被保险人突然死亡并且原因不明，或未经医学鉴定证实其死亡为意外伤害所致，不能构成意外伤害保险的保险金给付条件。

人身意外伤害保险的内容：投保人向保险人交纳一定量的保险费，如果被保险人在保险期限内遭受意外伤害，并以此为直接原因或近因，在自遭受意外伤害之日起的一定时期内造成死亡、残废、医疗费支出或暂时丧失劳动能力，则保险人给付被保险人或其受益人一定量的保险金。

人身意外伤害保险的保障项目主要包括死亡给付和残废给付。前者是指被保险人因遭受意外伤害造成死亡时，保险人给付死亡保险金。后者是指被保险人因遭受意外伤害造成残废时，保险人给付残废保险金。

意外死亡给付和意外残废给付是意外伤害保险的基本责任，其派生责任包括医疗给付、误工给付，丧葬费给付和遗属生活费给付等责任。

7.1.2 人身意外伤害保险的可保风险

人身意外伤害保险承保的风险是意外伤害，但是并非一切意外伤害都是意外伤害保险所能承保的。按照是否可保划分，意外伤害可以分为不可承保意外伤害、特约承保意外伤害和一般可保意外伤害三种。

1. 不可保意外伤害

(1)被保险人在犯罪活动中所受的意外伤害。意外伤害保险不承保被保险人在犯罪活动中受到的意外伤害，是由于两个原因。第一，保险只能为合法的行为提供经济保障，只有这样，保险合同才具有法律效力。一切犯罪行为都是违法行为，所以，被保险人在犯罪活动中所受的意外伤害不予承保。第二，犯罪活动具有社会危害性，如果承保被保险人在犯罪活动中所受意外伤害，即使该意外伤害不是由犯罪行为直接造成的，也违反了社会公共利益。

(2)被保险人在寻衅斗殴中所受的意外伤害。寻衅斗殴指被保险人故意制造事端挑起的斗殴。寻衅斗殴不一定构成犯罪，但具有社会危害性，属于违法行为，因而不能承保。

(3)被保险人在酒醉、吸食(或注射)毒品(如海洛因、鸦片、大麻、吗啡等麻醉剂、兴奋剂、致幻剂)后发生的意外伤害。酒醉或吸食毒品对被保险人身体的损害，是被保险人的故意行为所致，不属意外伤害。

(4)由于被保险人的自杀行为造成的伤害等。

对于不可保意外伤害，在意外伤害保险条款中应明确列为除外责任。

2. 特约承保意外伤害

特约承保意外伤害是指只有经过投保人与保险人特殊约定，有时还要另外加收保险费后才予承保的意外伤害。

(1)战争使被保险人遭受的意外伤害。由于战争使被保险人遭受意外伤害的风险过大,保险公司一般没有能力承保。战争是否爆发、何时爆发、会造成多大范围的人身伤害,往往难以预计,保险公司难以拟订保险费率。所以,对于战争使被保险人遭受的意外伤害,保险公司一般不予承保,只有经过特别约定并另外加收保险费以后才能承保。

(2)被保险人在从事登山、跳伞、滑雪、江河漂流、赛车、拳击、摔跤等剧烈的体育活动或比赛中遭受的意外伤害。被保险人从事上述活动或比赛时,会使其遭受意外伤害的概率大大增加。因而保险公司一般不予承保,只有经过特别约定并另外加收保险费以后才能承保。

(3)核辐射造成的意外伤害。核辐射造成人身意外伤害的后果,往往在短期内不能确定,而且如果发生大的核爆炸,往往造成较大范围内的人身伤害。从承保技术和承保能力上考虑,保险公司一般不承保核辐射造成的意外伤害。除非经过双方特别约定并加收保费后,保险人才会承保。

(4)医疗事故造成的意外伤害(如医生误诊、药剂师发错药品、检查时造成的损伤、动手术切错部位等)。意外伤害保险的保险费率是根据大多数被保险人的情况制定的,而大多数被保险人身体是健康的,只有少数患有疾病的被保险人才存在医疗事故遭受意外伤害的危险。为了使保险费的负担公平合理,保险公司一般不承保医疗事故造成的意外伤害。

对于上述特约承保意外伤害,在保险条款中一般列为除外责任,经投保人与保险人特别的约定承保后,由保险人在保险单上签注特别约定或出具批单,对该项除外责任予以剔除。

3. 一般可保意外伤害

一般可保意外伤害,即满足意外伤害保险构成要件,在一般情况下可以承保的意外伤害。除不可承保意外伤害、特约承保意外伤害以外,均属一般可保意外伤害。包括:爆炸、倒塌、烫灼、碰撞、雷击、触电、扭折、冻伤、中暑、淹溺、窒息、坠跃、急性中毒、被野兽袭击、车、船和飞机失事以及劳动操作、使用机器时发生的工伤事故等引起的伤害。

7.1.3　人身意外伤害保险的特点和种类

1. 人身意外伤害保险的特点

(1)分布规律。人身意外伤害保险具有季节性,与人们不同季节的活动规律相联系。比如从意外伤害保险的业务数量看,春秋季节是旅游者意外伤害保险的旺季;夏季游泳者平安保险相对集中;冬季跌滑致伤事故较多。

(2)保险期限。人寿保险期限一般在10年以上,健康保险既可以是短期的,也可以是长期的。人身意外伤害保险期限较短,最多3年或5年,一般不超过1年,有的甚至只有几天或几个小时。如旅客意外伤害保险只承保旅客从上车到下车这一段时间。这是因为意外伤害保险的保险费率取决于被保险人的职业、工种或从事活动的危险程度,与被保险人的年龄和健康关系不大。

(3)保费计算。意外伤害保险的纯保费根据保险金额损失率计算。由于被保险人遭受人身意外伤害的概率与其从事职业有关,而与被保险人的年龄关系不大,因此人身意外伤害保险的纯保险费率取决于被保险人的职业、工种和从事活动的危险程度。疾病在人身意外伤害保险中属于除外责任,因此,保险公司在承保意外伤害保险时,不要求被保险人进行体检。

(4)责任准备金。人身意外伤害保险的年末未到期责任准备金计提的方法有年平均法、月比例法和逐日计算法。在我国一般按年平均法计算责任准备金,即按当年有效保费的50%计提未到期责任准备金。

(5)保险单。在办理人寿保险、年金保险、医疗保险、疾病保险等业务时，保险人必须向投保人出具专门的保险单作为保险合同的法定文件。而在人身意外伤害保险中，保险人既可以出具专门的保险单，也可以在某些情况下不出具专门的保险单，如索道游客意外伤害保险，就以索道票作为保险凭证，保险人不另外签发保险单。

(6)保险金给付。在意外伤害保险中，保险事故发生时，死亡保险金按约定的保险金额给付，残废保险多按保险金额的一定百分比给付。

2. 人身意外伤害保险的种类

(1)按承保的风险性质分类。人身意外伤害保险可以分为普通意外伤害保险和特种意外伤害保险。普通意外伤害保险是以意外事故造成被保险人死亡或者残疾为保险责任，但不具体规定事故发生的原因和地点，在保险期内，凡因意外事故导致被保险人死亡或者残疾，均可按合同规定领取保险金。普通人身意外伤害保险的保险期限一般为1年。特种意外伤害保险的保险责任一般仅限于在特定时间、特定地点遭受的意外伤害或者由于特种原因造成的意外伤害。例如，游泳者平安保险的保险责任仅限于被保险人在游泳池内发生的溺水死亡；滑雪者意外伤害保险的保险责任仅限于被保险人在滑雪时遭受的意外伤害；索道游客意外伤害保险的保险责任仅限于被保险人在使用索道时遭受的意外伤害等。特种人身意外伤害保险的保险期限一般比较短。

(2)按保险责任分类。人身意外伤害保险可以分为意外伤害死亡残废保险、意外伤害医疗保险和意外伤害收入损失保险。意外伤害死亡残废保险是以被保险人因遭受意外伤害，造成死亡或残废为给付保险金条件的人身保险业务。意外伤害死亡残废保险是意外伤害保险的最基本险种。意外伤害医疗保险是以被保险人因遭受意外伤害需要治疗时支出的医疗费用为给付保险金条件的人身保险业务。意外伤害收入损失保险是以被保险人因遭受意外伤害而暂时丧失劳动能力，在不能工作期间的收入损失作为给付保险金条件的人身保险业务。

(3)按投保方式分类。人身意外伤害保险可分为个人人身意外伤害保险、团体人身意外伤害保险。个人人身意外伤害保险是指一份意外伤害保险保单只为个人的死亡或残废提供保险保障的人身保险业务。团体人身意外伤害保险是以团体方式投保，一张意外伤害保险单可以为团体的所有成员提供死亡或残废保障的人身保险业务。

(4)按保险期限分类。人身意外伤害保险可分为1年期人身意外伤害保险、极短期意外伤害保险和长期意外伤害保险。1年期的人身意外伤害保险是指保险期限为1年的人身意外伤害保险。我国目前开办的个人人身意外伤害保险，附加意外伤害保险等均属于1年期人身意外伤害保险，如学生团体平安保险、个人综合意外伤害保险等。极短期的意外伤害保险是指保险期限不足1年的人身意外伤害保险。有些险种的保险期限甚至只有几天、几小时或几分钟。如索道游客意外伤害保险就属于极短期的意外伤害保险。长期意外伤害保险的期限一般为3年、5年和8年。

(5)按投保动因划分。意外伤害保险可分为自愿意外伤害保险和强制意外伤害保险，后者是指国家通过颁布法律、行政法规、地方性法规强制施行的意外伤害保险。

7.1.4 人身意外伤害保险的保险责任

1. 人身意外伤害保险责任范围界定

人身意外伤害保险的保险责任是指由保险人承担的被保险人因意外伤害所导致的死亡和残废给付保险金的责任，不负责疾病所致的死亡。死亡保险的保险责任是被保险人因疾病或意外伤害所致的死亡，不负责意外伤害所致的残废。两全保险的保险责任是被保险人因疾病或意外伤害所致的死亡以及被保险人生存到保险期结束。

2. 人身意外伤害保险责任构成条件

人身意外伤害保险的保险责任是被保险人因遭受意外伤害而导致死亡、残废时，由保险人承担给付保险金的责任。由三个必要条件构成，即被保险人在保险期限内遭受了意外伤害；被保险人在责任期限内死亡或残废；被保险人所受意外伤害是其死亡或残废的直接原因或近因。上述三个必要条件缺一不可。

(1)被保险人遭受了意外伤害。被保险人在保险期限内遭受意外伤害是构成意外伤害保险的保险责任的首要条件。这一首要条件包括以下两方面的要求。

①被保险人遭受意外伤害必须是客观发生的事实，而不是臆想的或推测的。

②被保险人遭受意外伤害的客观事实必须发生在保险期限之内。如果被保险人在保险期限开始以前曾遭受意外伤害，而在保险期限内死亡或残废，不构成保险责任。

(2)被保险人死亡或残废。被保险人在责任期限内死亡或残废，是构成意外伤害保险的保险责任的必要条件之一。这一必要条件包括以下两方面的要求：

①被保险人死亡或残废。死亡即机体生命活动和新陈代谢的终止。在法律上产生效力的死亡包括两种情况，一是生理死亡，即已被证实的死亡；二是宣告死亡，即按照法律程序推定的死亡。《中华人民共和国民法通则》第二十三条规定："公民有下列情形之一的，利害关系人可以向人民法院申请宣告他死亡：第一，下落不明满四年的；第二，因意外事故下落不明，从事故发生之日起满二年的。"残废包括两种情况，一是人体组织的永久性残缺(或称缺损)，如肢体断离等；二是人体器官正常机能的永久丧失，如丧失视觉、听觉、嗅觉、语言机能、运动障碍等。

②被保险人的死亡或残废发生在责任期限之内。

(3)意外伤害是死亡或残废的直接原因或近因。在意外伤害保险中，被保险人在保险期限内遭受了意外伤害，并且在责任期限内死亡或残废，并不意味着必然构成保险责任。只有当意外伤害与死亡、残废之间存在因果关系，即意外伤害是死亡或残废的直接原因或近因时，才构成保险责任。意外伤害与死亡、残废之间的因果关系包括以下三种情况。

①意外伤害是死亡、残废的直接原因。即意外伤害事故直接造成被保险人死亡或残废。当意外伤害是被保险人死亡、残废的直接原因时，构成保险责任，保险人应该按照保险金额给付死亡保险金，或按照保险金额和残废程度给付残废保险金。

②意外伤害是死亡或残废的近因。即意外伤害是引起直接造成被保险人死亡、残废的事件或一连串事件的最初原因。

③意外伤害是死亡或残废的诱因。即意外伤害使被保险人原有的疾病发作，从而加重后果，造成被保险人死亡或残废。当意外伤害是被保险人死亡、残废的诱因时，保险人不是按照保险金额和被保险人的最终后果给付保险金，而是比照身体健康遭受这种意外伤害会造成何种后果给付保险金。

3. 人身意外伤害保险的责任期限

责任期限是人身意外伤害保险和健康保险特有的概念，指自被保险人遭受意外伤害之日起的一定期限(即责任期限内，如90天、180天、360天等)。在人寿保险和财产保险中，没有责任期限的概念。

如果被保险人在保险期限内遭受意外伤害，在责任期限内生理死亡，则显然已构成保险责任。但是，如果被保险人在保险期限内因意外事故下落不明，自事故发生之日起满 2 年、法院宣告被保险人死亡后，已经超过责任期限。为了解决这一问题，可以在意外伤害保险条款中订立失踪条款或在保险单上签注关于失踪的特别约定，规定被保险人确因意外伤害事故下落不明超过一定期限（如 3 个月、6 个月等）时，视同被保险人死亡，保险人给付死亡保险金，但如果被保险人以后生还，受领保险金的人应把保险金返还给保险人。

责任期限对于意外伤害造成的残废实际上是确定残废程度的期限。如果被保险人在保险期限内遭受意外伤害，治疗结束后被确定为残废，且责任期限尚未结束，可以根据确定的残废程度给付残废保险金。但是，如果被保险人在保险期限内遭受意外伤害，责任期限结束时治疗仍未结束，尚不能确定最终是否造成残废以及造成何种程度的残废，那么，就应该推定责任期限结束时这一时间点上被保险人的组织残缺或器官正常机能的丧失是否是永久性的，即以这一时间点的情况确定残废程度，并按照这一残废程度给付残废保险金。以后，即使被保险人经过治疗痊愈或残废程度减轻，保险人也不追回全部或部分残废保险金。反之，即使保险人加重了残废程度或死亡，保险人也不追加给付保险金。

7.1.5 人身意外伤害保险的给付方式

意外伤害保险属于定额给付性保险，当保险责任成立时，保险人按保险合同中约定的保险金额给付死亡保险金或残废保险金。在意外伤害保险合同中，死亡保险金的数额是保险合同中规定的，当被保险人死亡时如数支付。残废保险金的数额由保险金额和残废程度两个因素确定。残废程度一般以百分率表示，残废保险金数额的计算见式如下：

$$残废保险金=保险金额\times残废程度百分率 \tag{7.1}$$

在意外伤害保险合同中，应列举残废程度百分率，列举得越详尽，给付残废保险金时，保险方和被保险方就越不易发生争执。但是，列举不可能完备穷尽，残废程度百分率列举得无论如何详尽，也不可能包括所有的情况。对于残废程度百分比率中未列举的情况，只能由当事人之间按照公平合理的原则，参照列举的残废程度百分率协商确定。协商不一致时可提请有关机关仲裁或由人民法院审判。

在意外伤害保险中，保险金额不仅是确定死亡保险金、残废保险金数额的依据，而且是保险人给付保险金的最高限额，即保险人给付每一被保险人死亡保险金、残废保险金累计以不超过该保险金额为限。

当一次意外伤害造成被保险人身体若干部位残废时，保险人按保险金额与被保险人身体各部位残废程度百分率乘积之和计算残废保险金，但如果各部位残废程度百分率之和超过 100%，则按保险金额给付残废保险金。被保险人在保险期限内多次遭受意外伤害时，保险人对每次意外伤害造成的残废均按保险合同中的规定给付保险金，但给付的保险金累计不超过保险金额。

7.1.6 人身意外伤害保险费

意外伤害保险所承担的只是外来的、剧烈的、偶然的危险，因此危险的发生与否基本与被保险人的年龄大小无必然的内在联系。另外，意外伤害保险属于短期保险，保险期限一般不超过 1 年，因此，意外伤害保险的保险费计算一般也不考虑预定利率的因素。意外伤害在计算意外伤害保险费率时，应根据意外事故发生频率及其对被保险人造成的伤害程度、对被保险人的危险程度进行分类。针对不同类别的被保险人分别制定保险费率。

在实务中，1 年期意外伤害保险费的计算一般按被保险人的职业分类而确定，例如美国的意外伤害保险费率,因职业危险不同被分为十档。我国 1 年期的意外伤害保险,通常把被保险人的职业危险分为三档,第一档为机关、团体、事业单位和一般工商企业单位的职工。第二档为从事建筑、冶金、勘探、航海、伐木、搬运、装卸、筑路、地面采矿、汽车驾驶、高空作业的人员。第三档是从事井下采矿、海上钻探、海上打捞、海上捕鱼、航空执勤的人员。投保人在投保意外伤害保险时,应将被保险人的职业、性别如实填报,保险人根据被保险人从事的不同职业的危险大小,确定不同的保险费率。投保人如填报不实,或故意遗漏,保险人可以终止合同。如果被保险人在合同有效期间变更职业,危险增加,也应及时通知保险人,以便保险人重新调整费率或决定是否继续承保。

对不足 1 年的短期意外伤害保险费率的计算,一般是按被保险人所从事活动的性质分类,例如,对飞机旅客、旅游者、游泳者、登山者、大型电动游艺旅客等分别确定保险费率。

7.1.7　人身意外伤害保险与财产保险的比较

1. 人身意外伤害保险与财产保险的相似点

(1)从保险期限来看,意外伤害保险与财产保险都属于短期性的险种,保险期限一般不超过1年。

(2)从保险事故发生来看,在意外伤害保险中,一旦发生意外伤害,必然造成被保险人的伤残或死亡。而在财产保险中,一旦发生责任范围内的保险事故,必然造成保险标的物损失。

(3)从纯费率的厘定来看,无论是意外伤害保险还是财产保险,都是根据灾害事故发生的概率来厘定纯费率。意外伤害保险的纯费率取决于意外事故发生的概率,其与被保险人的职业关系最为密切;而财产保险的纯费率取决于自然灾害和各种意外事故发生的概率。

(4)从未到期责任准备金的计提来看,无论是意外伤害保险还是财产保险,未到期责任准备金均采用年平均法、月比例法或逐日计算法计提。年平均法,就是根据当年有效保费的50%计提未到期责任准备金。月比例法,是以每月实际保费收入为基数,将一年分为 24 个半月计算汇总未到期责任准备金。逐日计算法,是根据有效保单的天数与有效保单的保费来计提未到期责任准备金。

2. 人身意外伤害保险与财产保险的不同点

(1)从保险标的来看,意外伤害保险的保险标的是被保险人的生命和身体,具有不可估价性;而财产保险的保险标的是有形的财产及相关的利益。

(2)从保额的确定方式来看,意外伤害保险的保险金额是由投保人与保险人双方约定的,投保人根据自己的保险需求和保费的缴付能力确定;而财产保险的保险金额是根据保险标的的实际价值来确定的。

(3)从保险金的赔付来看,意外伤害保险属于定额给付性业务,死亡保险金按保险金额给付,残废保险金按保险金额与残废程度对应的给付比例给付。如果包括医疗费用,则在保额的限度内补偿实际支出的医疗费用;而财产保险是补偿性业务,在保险金赔付时必须严格遵循保险的补偿原则、代位追偿原则和重复保险的分摊原则,使被保险人获得赔偿仅限于它的实际损失,且最高不超过保额。

(4)从保险主体来看,在意外伤害保险中,投保人和被保险人可以是同一个主体,也可以是两个分离的主体。投保人可以是自然人,也可以是法人。但被保险人只能是自然人,而且必须指定受益人。而在财产保险中,投保人与被保险人是同一个主体,可以是自然人,也可以是法人。

7.2 健康保险

7.2.1 健康保险的概念

1. 健康保险的定义

健康保险是以被保险人的身体为保险标的，使被保险人在疾病或意外事故所致伤害时发生的费用或损失获得补偿的一种保险。健康保险以被保险人在保险期限内因患病、生育所致医疗费用支出和工作能力丧失、收入减少，以及因疾病、生育致残或死亡为保险事故。按照保险责任，健康保险分为疾病保险、医疗保险、收入保障保险等。疾病保险指以疾病为给付保险金条件的保险；医疗保险指以约定的医疗费用为给付保险金条件的保险；收入保障保险是指以因意外伤害、疾病导致收入中断或减少为给付保险金条件的保险。

2. 健康保险中疾病的含义

健康保险中的疾病与伤害是两个完全不同的概念。疾病是指由于人体内在的原因，造成精神上或肉体上的痛苦或不健全。构成健康保险所指的疾病必须满足以下三个条件。

(1)由于非明显的外来原因所致。健康保险所承保的疾病应当是由于人体内在生理原因所致。对于明显外来原因所致的被保险人的人身伤害，属于人身意外伤害保险范畴。但因病菌病毒传染、气候变化、误食有毒食物等外来因素所致的疾病，需要经过人体内部的反应才能产生，也属于内在的生理原因引起的疾病范围。

(2)由于非先天性的原因所致。疾病是指身体由健康状态转变为不健康状态，这种转变须发生在保险责任期间，才属于保险人应承担的责任。对于保险合同订立前即已先天存在的疾病或器官性能上的残缺不全或畸形均不属于健康保险范围。但是，对于遗传性疾病，其长期潜伏在人体内，在保险有效期内可能转为病态，也可能不转化，此类疾病在保险有效期内转化为病态的，仍属于疾病范围。

(3)由于非自然的生理现象所致。人的生命周期都要经历由盛到衰的过程，在趋于衰老期间的一些病态是必然的生理现象，这些生理现象属于自然现象。如人的衰老表现出的视觉减退，记忆力下降等病态是必然的生理现象，不属于健康保险所承保的疾病范围，但因衰老所诱发的其他疾病因具有偶然性，仍属于疾病范围。

7.2.2 健康保险的特点

1. 补偿性

健康保险中，保险人支付的保险金不是对被保险人的生命或身体的伤害进行补偿，而是对被保险人因为疾病医治所发生的医疗费用支出和由此而引起的其他费用损失的补偿。

2. 保险人代位追偿权

健康保险中，保险人拥有代位追偿权。根据保险损害补偿的基本原理，任何人都不应该因为参加保险后因保险事故的发生而得益。保险人所支付的保险金至多只是对保险事故所造成实际损失之补偿，被保险人不能因事故发生而得到额外的补偿。健康保险也不能例外，被保险人参加健康保险发生医疗费用支出后，如果该医疗费用已经从第三方得到全部补偿或部分补偿，保险人就可以不再给付医疗保险金，或只给付第三方补偿后的差额部分。如果保险人已经支付了医疗保险金，而事故责任应由第三方承担时，被保险人应将向第三方的追偿权转移给保险人。因此，尽管保险代位追偿权的有关规定不适用于人寿保险和伤害保险，但却适用于健康保险，可以说健康保险是一种带有损害保险性质的人身保险。

3. 变动性和不易预测性

健康保险涉及不少医学上的技术问题，尤其是危险如何估计，保险费如何测定都比较复杂，即使已经积累了相当时间的统计资料，也不一定能掌握规律，进行统盘核算。同时，在医疗费用的开支中也有不少人为因素不易控制。加之医疗技术日益发展，医疗器械和药品不断更新，医疗支出的水平也不断上升。因此，健康保险在日益增长的医疗费用中，既有合理的因素，也有不合理的因素，且二者有时很难区分清楚，从而使得健康保险的危险具有不易预测性。有鉴于此，健康保险大都采用短期保险合同，通常不超过1年。保险合同期满续保时，保险人可以有选择权，更新时，也可以更新费率，不像人寿保险那样，保险人没有权利中止保险效力，只能作有利于被保险人利益的费率更改。

4. 综合性

健康保险内容广泛而复杂，凡不属于人寿保险、人身意外伤害保险的人身保险都可归入健康保险。疾病、生育、意外事故等原因造成的残废、死亡、医疗费用支出、收入损失都属于健康保险的责任范围，具有综合保险的性质。

7.2.3　健康保险的种类

1. 医疗保险

医疗保险是指以约定的医疗费用为给付保险金条件的保险，即提供医疗费用保障的保险，它是健康保险的主要内容之一。医疗费用是病人为了治病而发生的各种费用，它不仅包括医疗费和手术费用，还包括住院、护理、医院设备使用等的费用。医疗保险就是医疗费用保险的简称。医疗保险的范围很广，医疗费用则一般依照其医疗服务的特性来区分，主要包含医生的门诊费用、药费、住院费用、护理费用、医院杂费、手术费用、各种检查费用等。各种不同的健康保险保单所保障的费用一般由其中的一项或若干项之组合。

常见的医疗保险包括普通医疗保险、住院保险、手术保险和特种疾病保险、住院津贴保险、综合医疗保险等。

(1)普通医疗保险。普通医疗保险给被保险人提供治疗疾病相关的一般性医疗费用，主要包括门诊费用、医药费用、检查费用等。这种保险比较适用于一般社会公众，这种保险的保费成本较低。由于医药费用和检查费用的支出控制有一定的难度，因此这种保单一般也具有免赔额和比例给付规定，保险人支付免赔额以上部分的一定百分比(比如80%)。每次疾病所发生的费用累计超过保险金额时，保险人不再负责任。

(2)住院保险。由于住院所发生的费用是相当可观的，故将住院的费用作为一项单独的保险，住院保险的费用项目主要是每天住院的床位费用、住院期间医生费用、使用医院设备的费用、手术费用、医药费等，住院时间长短将直接影响其费用的高低。由于住院费用比较高，因此，这种保险的保险金额应根据病人平均住院费用情况而定。为了控制无必要的长时间住院，这种保单一般规定保险人只负责所有费用的一定百分比，例如90%。

(3)手术保险。这种保险提供因病人需做必要的手术而发生的费用。这种保单一般是负担所有手术费用。

(4)综合医疗保险。综合医疗保险是保险人为被保险人提供的一种全面的医疗费用保险，其费用范围则包括医疗和住院、手术等的一切费用。这种保单的保险费较高。一般确定一个较低的免赔额连同适当的分担比例，如85%。

(5)特种疾病保险。某些特殊的疾病往往给病人带来的是灾难性的费用支付。例如癌症、心脏疾病等,这些疾病一经确诊,必然会产生大范围的医疗费用支出。因此,通常要求这种保单的保险金额比较大,以足够支付其产生的各种费用。特种疾病保险的给付方式一般是在确诊为特种疾病后,立即一次性支付保险金额。

医疗费用保险一般规定一个最高保险金额,保险人在此保险金额限度内支付被保险人所发生的费用,超过此限额时,保险人则停止支付。免赔额条款则是医疗保险的主要特征之一,在此基础上,比例给付条款经常采用。如果是一个家庭投保,则免赔额可规定在整个家庭成员所需费用之和的基础上。

2. 疾病保险

疾病保险指以疾病为给付保险金条件的保险。某些特殊的疾病会给病人带来巨额的费用支付。例如癌症、心脏病、尿毒症等,这些疾病一经确诊,必然会产生巨大的医疗费用支出。因此,这类保单的保险金额通常比较大,以足够支付产生的各种费用。疾病保险的给付方式一般是在确诊为特种疾病后,立即一次性支付保险金额。

(1)疾病保险的特点。

①个人可以任意选择投保疾病保险,疾病保险作为一种独立的险种,不必附加于其他某个险种之上。

②疾病保险条款一般都规定了一个等待期或观察期,等待期或观察期一般为 180 天(不同的国家规定可能不同),被保险人在等待期或观察期内因疾病而支出的医疗费用及收入损失,保险人概不负责,观察期结束后保险单才正式生效。

③疾病保险为被保险人提供切实的疾病保障。疾病保险保障的重大疾病,均是可能给被保险人的生命或生活带来重大影响的疾病项目,如恶性肿瘤等疾病。

④保险期限较长,保费交付方式灵活多样,且通常设有宽限期条款。

⑤疾病保险的保险费可以按年、半年、季、月分期交付,也可以一次交清。

(2)重大疾病保险的种类。重大疾病保险在国内比较流行,保障的疾病一般有心肌梗塞、冠状动脉绕道手术、癌症、脑中风、尿毒症、瘫痪、严重烧伤、重要器官移植手术和动脉手术等。

①重大疾病保险按保险期间划分,可分为定期和终身两类。

• 定期重大疾病保险为被保险人在固定的期间内提供保障,固定期间可以按年数确定(如 10 年)或按被保险人年龄确定(如保障至 70 岁)。有的公司将定期重大疾病保险设计为“两全”形态,即被保险人在保险期间内未患重大疾病且生存至保险期末也可以获得保险金,有的还提供等额的身故和高度残疾保障。

• 终身重大疾病保险为被保险人提供终身的保障。其形式有两种,一种是重疾保障为被保险人终身提供,直至被保险人身故;另一种是指定一个极限年龄(如 100 周岁),当被保险人健康生存至这个年龄时,保险人给付与重大疾病保险金额相等的保险金,保险合同终止。终身重大疾病保险产品都会含有身故保险责任,费率相对比较高。

②按给付形态划分,重大疾病保险有提前给付型、附加给付型、独立主险型、按比例给付型、回购式选择型 5 种。

• 提前给付型重大疾病保险产品保险责任包含有重大疾病、死亡和(或)高度残疾,保险总金额为死亡保额,包括重大疾病和死亡保额两部分。如被保险人患保单所列重大疾病,被保险人可以将一定死亡保额比例的重大疾病保险金提前领取,用于医疗或手术费用等开支;身故时由身故受益人领取剩余部分的死亡保险。如果被保险人没有发生重大疾病，则全部保险金作为死亡保障，由受益人领取。

• 附加给付型重大疾病保险产品通常作为寿险的附约，保险责任也包含有重大疾病和死亡高残两类。该型产品有确定的生存期间。生存期间是指被保险人身患保障范围内的重大疾病始至保险人确定的某一时刻止的一段时间，通常为30天、60天、90天、120天不等。如果被保险人死亡或高残，保险人给付死亡保险金；如果被保险人患重大疾病且在生存期内死亡，保险人给付重大疾病保险金，被保险人身故时再给付死亡保险金。此种产品优势在于死亡保障始终存在，不因重大疾病保障的给付而减少死亡保障。

• 独立主险型重大疾病保险产品包含的死亡和重大疾病责任是完全独立的，各自保额为单一保额。如被保险人未患重大疾病，则给付死亡保险金。该型产品较易定价，只需考虑重大疾病的发生率和死亡率，但对重大疾病的描述要求严格。

• 按比例给付型重大疾病保险产品针对重大疾病的种类而设计，同时可应用于以上各型产品中，主要考虑某一种重大疾病的发生率、死亡率、治疗费用等因素，被保险人患某一种重大疾病时，按照重大疾病保险金总额的一定比例给付，其死亡保障不变。

• 回购式选择型重大疾病保险产品针对提前给付型产品存在的因领取重大疾病保险金而导致死亡保障降低的不足，规定保险人给付重大疾病保险金后，如被保险人在某一特定时间后仍存活，可以按照某固定费率买回原保险总额的一定比例，使死亡保障增加；如被保险人在经过一定的时间仍存活，可再次买回原保险总额的一定比例。最终使死亡保障可以达到购买之初的保额。此类型产品最早出现在南非，在澳大利亚和英国非常普遍，在我国尚属空白。回购式选择存在较大的逆选择风险，因此对于“回购”的前提条件设定非常重要。

3. 收入保障保险

收入保障保险指以因意外伤害、疾病导致收入中断或减少为给付保险金条件的保险。具体是指当被保险人由于疾病或意外伤害导致残疾、丧失劳动能力不能工作以致失去收入或减少收入时，由保险人在一定期限内分期给付保险金的一种健康保险。其主要目的是为被保险人因丧失工作能力导致收入的丧失或减少提供经济上的保障，但不承担被保险人因疾病或意外伤害所发生的医疗费用。

收入保障保险一般可分为两种，一种是补偿因伤害而致残废的收入损失，另一种是补偿因疾病造成残废的收入损失。实际生活中，因疾病而致残的更为常见。

(1)给付方式。根据被保险人的选择，每月或每周可提供金额相一致的收入补偿。收入保障保险所提供的保险金不一定能完全补偿被保险人因伤残而遭致的收入损失。一般设有最高给付限额，该限额低于被保险人在伤残以前的正常收入水平以避免道德风险。如果没有这一限制，残疾的被保险人会失去重返工作岗位的动力，故意延长残疾失能的期间，甚至为骗保而自残。同时，给付额也不能太低，使被保险人的正常生活受到影响，达不到保障目的。残疾收入保险金应和被保险人伤残前的收入水平相联系，对低收入者，每月所偿付的保险金一般不得高于原收入的85%，此比例随原收入的升高而降低。在确定最高限额时，保险公司需参考投保人的下述收入。

①税前的正常劳动收入。

②非劳动收入，如股利与利息，被保险人能在残疾期间继续获取的收入。

③残疾期间的其他收入来源，如团体残疾收入保险和政府残疾收入计划所提供的保险金。

④适用的所得税率，因投保人的正常劳动收入属于应税收入，而个人保险单所提供的残疾收入保险金不属于应税收入。

收入保障保险除了在被保险人全残时给付保险金外，还可提供其他利益，包括残余或部分伤残保险金给付、未来增加保额给付、生活费用调整给付、残疾免缴保费条款，以及移植手术保险给付、非失能性伤害给付、意外死亡给付。这些补充利益作为特殊条款通过缴纳附加保费的方式获得。

(2)给付期限。给付期限是收入保障保单支付保险金的最长时间，有短期失能和长期失能两种形态的给付期限。短期补偿是为补偿在身体恢复前不能工作的收入损失；长期补偿则规定较长的给付期限，一般是补偿全部残废而不能恢复工作的被保险人的收入。失能保险期间不论是生病致残还是受伤致残均相同，从 13 周、26 周、52 周到 2 年、5 年或给付至 65 岁，如全残始于 55 岁、60 岁或 65 岁，可提供终身给付。多数失能为短期失能，约 98％的失能者在 1 年或 6 个月内可恢复，若恢复期超过 12 个月，恢复工作能力的几率锐减。

(3)免责期间。又称等待期间或推迟期，是指在残疾失能开始后无保险金可领取的一段时间，即残废后的前一段时间，在这期间不给付任何补偿。免责期的设定目的在于排除一些不连续的疾病或受伤，因为所致丧失劳动能力可能只有几天，或者在短时间内，被保险人还可以维持一定的生活，这样可以通过取消对短期残废的给付而减少保险成本。各保险公司的免责期不同，如 30 天、2 个月、3 个月、6 个月或 1 年等，越长的免责期保费越低。此外免责期间允许中断，如被保险人在短暂恢复后(通常为 6 个月以内)再度失能，可将两段失能期间合并计算免责期。

4. 长期护理保险

长期护理保险是为因年老、疾病或伤残而需要长期照顾的被保险人提供护理服务费用补偿的健康保险。长期护理保险是健康保险的重要组成部分，在国外比较流行，目前我国的健康保险分类中还没有长期护理保险。典型长期看护保单要求被保险人不能完成下述 5 项活动中的 2 项即可：吃、沐浴、穿衣、如厕、移动。除此之外，患有老年痴呆等认知能力障碍的人通常需要长期护理，但他们却能执行某些日常活动，为解决这一矛盾，目前所有长期护理保险已将老年痴呆和阿基米德病及其他精神疾患包括在内。

7.2.4 健康保险的合同条款

健康保险的基本责任主要是指疾病医疗给付责任，即对被保险人的疾病医治所发生的医疗费用支出，保险人按规定给付相应的疾病医疗保险金。由于健康保险有风险大、不易控制和难以预测的特性，使得健康保险市场存在严重的逆向选择风险和道德风险，为防范风险，在健康保险中，保险人对所承担的疾病医疗保险金的给付责任通常带有很多限制或制约性条款，常见的条款有以下几种。

1. 免赔额条款

在健康保险中，一般均对一些金额较低的医疗费用采用免赔额的规定。这样做，一方面是金额较低的医疗费用，被保险人在经济上可以承受，同时，也可以省去保险人因此而投入的大量工作。另一方面，免赔额的规定可以促使被保险人加强对医疗费用的自我控制，避免不必要的浪费。

2. 等待期或观望期条款

即健康保险合同生效一段时间后，保险人才对被保险人因疾病发生的医疗费用履行给付责任。在此之前，尽管保险合同已经签订，但保险人并不履行给付义务。这一规定是对已经患病或在等待期或观望期中出现的疾病或发生的费用不予负责，以防止可能出现的逆选择。

3. 比例给付条款

或称共保比例条款。在健康保险中，由于是以人的身体为标的，不存在是否足额投保问题，同时由于健康保险的危险不易控制，因此，在大多数健康保险合同中，对于保险人医疗保险金的支出均有比例给付的规定，即对免赔额以上的医疗费用部分采用保险人和被保险人共同分摊的比例给付办法。比例给付，既可以按某一固定比例（例如，保险人承担 70%，被保险人自负 30%）给付，也可以按累进比例给付，即随着实际医疗费用支出的增大，保险人承担的比例累进递增，被保险人自负的比例累进递减。这样规定，既有利于保障被保险人的经济利益，解除其后顾之忧，也利于被保险人对医疗费用的控制。

4. 给付限额条款

由于健康的危险大小差异很大，医疗费用支出的高低也相差很大，为了加强对健康保险的管理，保障保险人和广大被保险人的利益，一般对被保险人医疗保险金的最高给付均有限额规定，以控制总支出水平。当然，在以某些专门的大病为承保对象的健康保险中，也可以没有赔偿限额的规定，但这种合同的免赔额比例则比较高，被保险人自负的比例一般也较高。

5. 健康保险的除外责任

一般包括战争或军事行动，故意自杀或企图自杀造成的疾病、死亡和残废，堕胎导致的疾病、残废、流产、死亡等。健康保险中将战争或军事行动除外，是因为战争所造成的损失程度，一般来讲是较高的，而且难以预测，在制订正常的健康保险费率时，不可能将战争或军事行动的伤害因素以及医疗费用因素计算在内，因而把战争或军事行动列为除外责任。而故意自杀或企图自杀均属于故意行为，与健康保险所承担的偶然事故相悖，故亦为除外责任。

7.2.5　健康保险的费率

健康保险的保险费率的确定必须满足充足、公平、合理的原则。决定健康保险费率的因素较多，而且这些因素很难获得可靠和稳定的测量。这些因素主要包括：疾病发生率、残疾发生率、疾病持续时间、利息率、费用率、失效率、死亡率等。另外还有其他因素，如展业方式、承保习惯、理赔原则及其公司的主要目标等也会影响健康保险费率。而其他一些因素，如医院管理和医疗方法、经济发展、地理环境等条件的变化则同样给我们对将来赔款的预测带来影响，但这些因素不容易被完整地、准确地预测。所以这些决定了其保险费率的计算方式与一般寿险有着明显的不同。下面是四种基本的计算原则。

（1）统一费率原则。根据这种原则，保险费的收取不以年龄的变化而变化，或在较大的年龄档次间（如所有在职职工），所有被保险人适用统一的费率。这种方法一般在赔付率与年龄关系不大的条件下被采用。

（2）阶梯费率原则。根据这种原则，规定被保险人在不同的年龄段内交纳不同的保险费，一般来说，保险费在达到某个规定的年龄时，就被增加。例如费率每 10 年增加一次，其费率随年龄段呈现阶梯形式。

（3）逐年变动费率原则。这种原则规定了费率每年都发生变化，即每年都采用新费率。这种方法一般适用于医疗费用保险费，医疗费用的增加是一种不好预测的因素。

（4）均衡保险费原则。这种方法规定每年收取相等的保险费，这与一般寿险的平均保险费原理相同，要求逐年建立准备金以应付将来责任。

7.2.6 健康管理

健康管理作为一门学科及行业兴起于20世纪70年代的美国。健康管理是指采用一、二、三级预防并举的措施，对个人及群体的健康危险因素进行全面管理的过程。其目的是要调动其自觉性和主动性，有效利用有限的资源来达到最大的健康改善效果，保护和促进人类的健康，真正达到预防疾病的发生，提高生命质量，降低医疗费用的目的。

1. 健康管理的特点

(1)以控制健康危险因素为核心。健康管理与疾病治疗不同。疾病治疗注重对疾病症状的治疗，如血压高了降血压，血糖高了降血糖。健康管理注重对影响人的健康危险因素进行干预与控制。例如，同样面对一个糖尿病人，从健康管理的角度看，既要看到，多吃少动，营养过剩是导致糖尿病的主要危险因素；同时糖尿病又是导致心血管病、肾衰竭等疾病的重要危险因素。因此，不仅需要采取措施降血糖，更重要的还需要对其主要危险因素进行有效控制，从根本上降低与减少并发症的发生率。

(2)一、二、三级预防并举。一级预防是指通过健康教育、健康促进手段，达到对一般人群的心理、行为、社会、生物可控制的危险因素的综合一级预防目标，从而来改善健康状况，降低疾病的发生率。二级预防是通过对危险因素的预测，有针对性地进行干预，达到早发现、早诊断、早治疗，规范化管理的二级预防目标。三级预防是指通过健康管理，提高现患人群的自身化管理技能，减少疾病的危害，达到预防各种并发症的发生，有效降低病人残疾和死亡率的三级预防目标。

(3)预防医学与临床医学相结合。形成一种真正以人为中心，以健康为中心的新的医学模式，即从单纯的生物医学模式向生物、心理、社会医学模式的转变；从手段与措施上，将群体健康教育与个体指导相结合，不仅需告知影响其健康的危险因素是什么，使其明白应如何采取有效措施，积极予以防治；还需针对其健康危险因素进行分析，提出有利于控制其健康危险因素、提高其身心健康水平的干预方案。

2. 健康管理基本内容

健康管理由三部分组成。一是收集健康信息，进行健康检测。通过收集个人的健康及生活方式相关的信息，发现健康问题，为评价和干预管理提供基础数据。二是健康危险因素评价。通过对个人的健康现状及发展趋势做出预测，以达到健康警示作用，提高人们的健康意识，为干预管理和干预效果的评价提供依据。三是健康危险因素干预管理与健康促进。通过个人健康改善的行动计划及指南，对不同危险因素实施个性化的健康指导，这是解决健康问题最实质性、最重要的一个环节。

健康信息收集、监测与危险因素评价有助于对客户的健康状况及其发生疾病的危险性进行较为充分的了解与掌握，有利于我们实现保前和保中的风险控制。健康危险因素干预管理与健康促进有助于从源头上控制疾病发生率不断增长的风险，大幅度地减少医疗费用的支出，是实现保中与出险后的风险控制的有效措施。

3. 健康管理的运作模式

(1)健康维护组织。健康维护组织(HMO)运作模式主要有团体模式、雇员模式和网络模式。团体模式是参保人根据保险合同向HMO缴纳保费，HMO与医师团体(如医师协会)商议，确定医疗服务价格，并按一定比例将保费拨给医师团体。参保人生病时，从与HMO有协议的医师那里得到医疗服务。雇员模式是医师作为HMO自己的雇员，从HMO领取工资。

参保人向 HMO 交保费，生病时从 HMO 的医师那里得到医疗服务，省却了理赔环节。网络模式与团体模式相似，区别在于 HMO 与多个医师团体签订协议，向不同的参保人群提供医疗保障。

(2)优先选择提供者组织。优先选择提供者组织(PPO)通过多种措施引导病人去那些费用控制得好的医师处求医，从而达到节省费用的目的。比 HMO 更为灵活，给参保者更大的自由来选择医疗服务提供者。PPO 结合了传统的按服务项目付费补偿的特点和 HMO 的做法。一般是由保险公司组织、管理，但也有的是由医疗服务提供者自己来组织、管理。PPO 与医疗服务提供者网络或团体签订合同，医疗服务提供者根据商定的价格为参保人提供医疗服务，参保人可以到指定以外的医师处看病，但费用大部分需自理。PPO 一般根据费用及效率情况来挑选医生，系统自己监测运作情况。

(3)专有提供者组织。专有提供者组织(EPO)是 PPO 的极端形式。EPO 的参保人员只能找指定的医师看病，否则费用全部自担。指定医生按服务项目价格收费，但收费可打折。

(4)定点服务计划。定点服务计划结合了健康维护组织(HMO)与优先选择提供者组织(PPO)的特点，使用医疗服务提供者网络，或自己挑选医疗服务提供者，参保人从中选择一名初级保健医生为自己治疗，并由其负责转诊。到自己选定的医生处看病时几乎不用再掏钱，也不用提出理赔。到别的医生处看病需先交钱，然后找保险人申请赔付，而且自付比例较高。

4. 医疗费用的结算方式

(1)按人头收费。保险人按照参保人的数量，将一定比例保费预付给医疗服务提供者。之后保险人和投保人不再向医疗服务者支付费用。这种结算方法主要是针对初级保健医生，其最大的优点是能充分发挥医疗服务提供者控制费用的主动性，有效降低医疗费用。缺点是医生可能会因为注重节省费用而造成医疗服务提供不足的现象。由于投保人每年有重新选择指定医生的权利，所以为了稳定病人数量，医生在节省费用的同时，也得考虑病人的需求和满意度。

(2)按项目收费。保险人与医疗服务提供者协商，对每一具体的医疗服务项目都制定出明确的价格，并确定折扣价。参保人看完病后，根据账单，找保险人申请赔付，或由医疗服务提供者与保险人结账。这种结算方法主要针对专科医生。优点是理赔时明码实价，参保人心理感受好。但对于一项服务是否必要、合理，往往难以判定。

(3)按日给付。主要针对医院的住院和门诊治疗。参保人到医院住院和门诊治疗时，保险人按住院天数和门诊次数定额给付，超出部分由参保人自付。

本章小结

意外伤害保险是以保险人因被保险人在保险期限内遭受意外伤害造成死亡、残废为给付保险金条件的人身保险业务。意外伤害保险中要注意意外伤害的含义、意外伤害保险的可保风险等概念。意外伤害保险责任构成包括：被保险人在保险期限内遭受了意外伤害、在责任期限内死亡或残废、意外伤害是死亡和残废的直接原因或近因。意外伤害保险的给付方式、费率和准备金不同于其他保险。

健康保险是以人的身体为保险标的，保证被保险人在疾病或意外事故所致伤害时发生的费用或损失获得补偿的一种保险。按照保险责任，健康保险分为疾病保险、医疗保险、收入保障保险等。疾病保险指以疾病为给付保险金条件的保险；医疗保险指以约定的医疗费用为给付保险金条件的保险；收入保障保险是指以因意外伤害、疾病导致收入中断或减少为给付保险金条件的保险。虽然我国的健康保险分类中还没有长期护理保险，但长期护理保险是健康保险的重要组成部分。健康保险的保费、准备金等有其特殊性。

思考练习

(1)简述意外伤害保险的构成要素。

(2)简述意外伤害保险的含义及特点。

(3)简述意外伤害保险的责任构成。

(4)简述意外伤害保险的保险内容。

(5)简述我国意外伤害保险有哪些主要险种。

(6)简述健康保险的含义及特点。

(7)简述健康保险合同的重要事项。

(8)简述健康保险有哪些种类。

案例分析

案例材料一　谁才属于意外保险责任中的人身意外伤害事故

1. 王先生 2003 年 9 月 13 日为自己投保了保险金额为 25 万元的人身意外伤害综合保险，保险期限为一年，指定其儿子小王为受益人。2004 年 7 月，王先生参加单位组织的外出旅游活动，不幸中暑死亡，受益人小王以意外伤害为由向保险公司提出保险索赔。

2. 某公司安排全体职工出外旅游，当他们乘坐的大巴在高速公路行驶时，不幸与一辆货车相撞，坐在大巴里的刘某颅脑受到重度损伤，因失血过多抢救无效死亡。就在事发前的一个月，公司为全体职工每人投保了 5 万元保额的人身意外伤害保险，事后其家属向保险公司提出索赔申请。

（本文由作者改写自：华股财经．2008 - 11 - 03）

以上两个事故，谁属保险责任中的意外伤害死亡事故？谁应得到保险公司的赔付？

案例材料二　人身保险合同当事人能否约定损失赔偿条款

2005 年 10 月 27 日，原告胡某与被告平安人寿保险股份有限公司某某分公司签订了一份保险合同。合同约定原告胡某投保主险平安康泰人身险，保险金额为 20 000 元，附加险为意外伤害保险、保险金额为 10 000 元。附加意外伤害保险条款约定“被保险人因遭受意外伤害事故，自事故发生之日起 180 日内进行治疗，本公司就实际支出的合理医疗费用超过 100 元的部分给付意外伤害保险金。”附加意外伤害保险条款还规定了十一项免责条款。双方在合同特别约定条款上约定原告如受第三人侵权而得到第三人赔偿，被告对第三人已经赔偿的部分不支付保险金。合同签订后,双方按约履行合同义务。

2006年8月6日,原告胡某驾驶摩托车与第三人章某驾驶的农用运输车相撞而受伤,该事故经当地公安交警大队处理,认定农用车主章某负事故主要责任,原告胡某负事故的次要责任。原告胡某因伤住院治疗,共支出医疗费用20 000元。该医疗费用由肇事车主支付了15 000元,原告胡某支付了5 000元。此后,原告胡某依据意外伤害保险条款向被告主张意外伤害保险金10 000元。被告平安人寿保险股份有限公司某某分公司仅向原告支付保险金5 000元,拒付差额5 000元。原告即以特别约定条款违反人身保险合同不适用损失赔偿原则,应当认定无效为由提起诉讼,请求判令被告支付保险金5 000元。

本案在审理中,出现两种不同意见。第一种意见认为我国人身保险合同不适用损失赔偿原则,保险合同双方不能随意约定适用损失赔偿原则,故应当支持原告的诉讼请求。第二种意见认为,尽管我国人身保险合同采取不适用损失赔偿原则,但保险合同双方仍然可以约定适用损失赔偿原则,本案中的特别约定条款有效,故应当驳回原告的诉讼请求。

(本文由作者改写自:中国法院网)

本案应如何理赔,请说明理由。

案例材料三　罹患重大疾病获赔10万元保险金

日前,家住新疆伊宁市的王某得到了中国人寿新疆伊犁分公司赔付的10万元保险理赔金。

2010年7月中旬,一直忙碌于建材生意的王某感觉出现间断性头晕及持续半小时的剑突下疼痛,以为是天热中暑了,没有放在心上,而天气转凉的秋季依然出现头晕现象。9月中旬,王某半夜时分突然感到剧烈胸痛,被送到伊犁某医院进行检查,被诊断为主动脉夹层(I型)、急性冠脉综合症和高血压3级,经主动脉造影显示,主动脉夹层(I型)伴升主动脉假性动脉瘤,王某不得不住进了医院进行治疗。在治疗期间王某还出现了突发性胸痛,持续21天。不得已,王某于10月6日转入中国医学院心血管病医院进行治疗。经查得知,王某因主动脉壁外侧撕裂,形成夹层瘤,夹层附壁血栓,引起头晕胸痛。10月11日,王某在北京接受了中国医学院进行的心血管病医院升主动脉、全弓置换、支架象鼻植入术,手术十分成功。

2010年11月底,王某处于身体康复期,他向中国人寿伊犁分公司递交了理赔申请书。据公司调查,2009年王某的妻子为他投保了国寿康宁定期保险,年交保险费4 700元,保险金额达10万元。日前,根据王某提供的本人银联卡号,中国人寿新疆伊犁分公司将10万元理赔金打入了王某的银行卡。

(本文由作者改写自:中国保险报.2011-01-28)

结合材料,分析本案中王某获得理赔的依据。

案例材料四　妻子七份保单变"废纸"生病后保险公司拒理赔

2010年9月,牟先生的妻子突然确诊得了肺动脉高压,没想到牟先生手拿妻子的七份保单,最后换来的却是保险公司拒绝理赔的通知书,让他很是不解。

从2001年至今,他的妻子辛女士已经陆续买了某保险公司的七份寿险。牟先生让记者看了一张纸,上面列着妻子买的七份保险,时间和险种都列得很清楚。2010年9月份的时候,妻子突然感冒,觉得胸闷,喘不动气,到医院一查,是得了肺动脉高压,医生说这是一种罕见病,基本上治不好，只能用药物维持，而且这些药都是从国外进口的，一个月至少得花5 000多元，而且这种药还不在医保范围之内，属于自费药。这时候，牟先生一家人想通过保险理赔缓解一下全家人的压力，然而最后到手的却是一张保险公司拒绝理赔的通知书，将这条路彻底堵死了。保险公司建议他如有异议，可以走法律程序。

“2010年9月中旬查出这个病后，我就找了保险公司的业务员，把理赔的资料都准备齐了，交给了他们，10月20日，业务员将情况上报给了他们公司理赔部。进行了两个月的调查后，他们却给我下发了一张拒绝理赔的通知书。”说着，牟先生拿出一张《理赔决定通知书》，保险公司对辛女士的理赔申请作出如下处理：不予给付保险金；不予豁免保险费；解除被保险人辛女士名下全部保险合同；不予退还保险费等四项。保险公司作出上述决定的理由是：被保险人违反如实告知义务。

“我妻子的身体一直好好的，从来没有这方面的病，直到2010年9月份才得病，发生在我们买保险之后。而且在我们买保险的时候，妻子也去他们保险公司进行了体检，也没有查出问题，现在妻子的身体真出事了，他们却说我们违反如实告知的义务，如果妻子身体早就有问题，他们体检的时候能查不出来吗？这合理吗？”牟先生气愤地说。

就此事，记者也联系了该保险公司。公司理赔部的一位工作人员在询问客户的名字后进行了查询，随后告知记者说，总公司确实已经驳回了客户申请理赔的要求，原因就是“客户在投保时没有履行自己的告知义务。”这位工作人员具体解释说，“我们这边处理理赔的要求都是总公司在详细了解了客户材料和客户合同后，在法定规定时间内给出的答复。目前我们这边的电脑系统无法显示具体的原因，但是可以肯定的是，一旦总公司做出了这样的决定，那么他们肯定是掌握了客户在投保时已经了解自己病情这一结论的相关证据。我们公司保证对客户负责，不会轻易就下结论。”最后，该工作人员还补充说，“如果客户对我们的这个决定有任何异议，他们可以直接过来跟我们沟通。我们会给他相应的答复。”

（本文由作者改写自：城市信报. 2011－03－09）

讨论保险公司拒绝理赔是否合理，并说明原因。

推荐阅读

[1]魏华林，林宝清. 保险学[M]. 北京：高等教育出版社，2006.

[2]张代军. 保险学[M]. 杭州：浙江大学出版社，2010.

[3]付菊，徐沈新. 保险学概论[M]. 北京：电子工业出版社，2007.

[4]刘子操，杜能. 人身保险[M]. 北京：中国金融出版社，2003.

[5]许谨良. 保险学原理[M]. 上海：上海财经大学出版社，2005.

[6]严黎昀，崔惠贤. 当代保险学[M]. 上海：上海社会科学院出版社，2005.

[7]吴小平. 保险公司非寿险业务准备金评估实务指南[M]. 北京：中国财政经济出版社，2005.

第 8 章 寿险业务

本章提要

人寿保险是以人的生命作为保险标的的一种保险，是保险业的重要组成部分。人寿保险标的的特殊性决定了其理论与实务操作具有自身的特点和规律。本章主要介绍寿险业务的概念与特征、寿险业务主要险种、寿险业务的主要条款及人寿保险的核保与理赔。

学习目标

1. 寿险业务的概念与特征
2. 普通型人寿保险险种
3. 新型人寿保险险种
4. 寿险业务的主要条款
5. 人寿保险的核保与理赔

框架结构

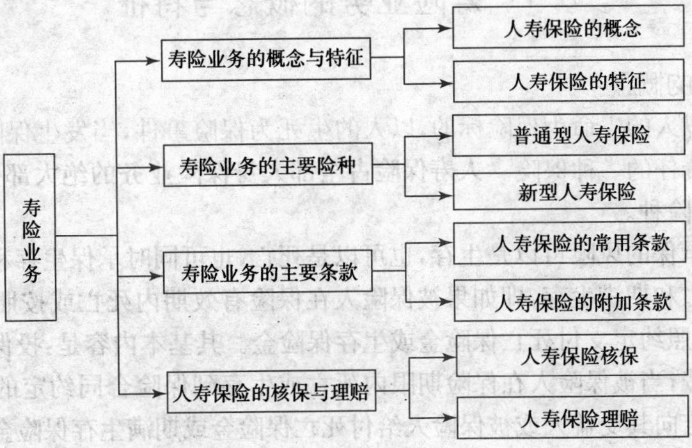

开篇案例

一妇女住院期间买人寿险5年后死亡保险公司拒赔

一妇女投保人寿险,5年后患红斑狼疮死亡。她的女儿作为保险金受益人将保险公司告上法院,索赔37万元。近日,台江区法院认为,投保人隐瞒了自己的病史,保险公司依合同可以拒付保险金。

2005年,周女士在平安人寿保险公司福建分公司的业务员多次劝说下,签下一份"保险合同",约定:保险期20年,交费年限15年,基本保险金额37万元,保险费每年555元;身故保险金受益人为她的女儿小陈。

之后,周女士每年都按约交了保险费。2010年7月1日,周女士因发热、腹胀等原因在重庆市永川区人民医院住院治疗,被诊断为系统性红斑狼疮、狼疮危象。次日因抢救无效死亡。此后,小陈依约向保险公司提出理赔身故保险金37万元的请求。两个多月后,保险公司发了一张不给付保险金、不退还保险费并解除合同的通知单,理由是周女士违反如实告知义务。

平安人寿保险公司福建分公司称,周女士在投保前已被福建省立医院确诊为"亚急性坏死性淋巴结炎"、"低蛋白血症",同时医院陈述《住院经过报告》时表明"亚急性坏死性淋巴结炎有发展成为'系统性红斑狼疮或淋巴瘤'"的可能,该疾病属于可能造成重大威胁的重大疾病,她在投保时故意隐瞒了既往病情。

台江法院认为,周女士在省立医院住院治疗期间,与保险公司签订保险合同填写《人身保险投保书》询问事项时,所询问的各种疾病均予否定回答,且在《客户权益确认书》"本人已详细阅读条款和产品说明书并明确以上事项"一栏中签字,说明周女士已经知晓不如实告知或因过失未能履行如实告知义务的后果。所以,周女士隐瞒既往病史,故意不履行如实告知义务,保险公司有权依法解除合同,并有权拒付身故保险金。

(本文由作者改写自:海峡都市报.2011-05-31)

8.1 寿险业务的概念与特征

8.1.1 人寿保险的概念

人寿保险是以人的生命为保险标的,以人的生死为保险事件,当发生保险事件时,保险人履行给付保险金责任的一种保险。**人寿保险占全部人身保险业务的绝大部分,是人身保险中最基本、最主要的险种。**

人寿保险所承保的风险可以是生存,也可以是死亡,也可同时承保生存和死亡。人寿保险保障项目包括死亡和期满生存,即如果被保险人在保险有效期内死亡或按照合同规定到期仍生存时,保险人按照约定支付死亡保险金或生存保险金。其基本内容是:投保人向保险人缴纳一定数量的保险费,当被保险人在保险期限内死亡或生存到保险合同约定的年龄、期限时,保险人按照合同约定向其受益人或被保险人给付死亡保险金或期满生存保险金。

人寿保险采用的保费不是自然保费，而是均衡保费，即每期都相等(不随年龄的变化而变化)的保费。均衡保费是将被保险人在整个保险期间的死亡成本运用精算原理重新分摊计算而得的。

8.1.2 人寿保险的特征

1. 生命风险的特殊性

以生命风险作为保险事件的人寿保险，其保费收缴主要的依据是被保险人在一定时期内的死亡率。死亡率的规律直接影响人寿保险的经营成本，对于死亡保险而言，死亡率越高则费率越高。在财产保险中，每一保险标的因自然灾害或意外事故遭受损失的概率，在不同时期不完全相同，不存在逐年增大或减少的规律性。而在人寿保险中，每个人在不同年龄阶段死亡概率或生存概率是不同的。死亡的概率会随着年龄的增长而逐年增大，这种规律非常明显。许多专业机构对死亡率经验的研究结果表明，死亡率因素较其他非寿险风险发生的概率波动是相对稳定的，所以寿险经营中的巨灾风险较少、稳定性好，从而使得寿险经营中对于再保险手段运用较少。

2. 保险标的的特殊性

人寿保险的保险标的是人的生命，而人的生命是难以用货币衡量其价值的，具有不可估价性。人的寿命所反应的两个层面，即死亡或生存，都无法与货币进行等价交换，不具有商品的性质。财产保险的保险标的在投保时的实际价值是确定保险金额的客观依据，而人寿保险金额的确定却没有人的生命实际价值作为客观依据。在实务中，人寿保险的保险金额是由投保人和保险人双方约定后确定的，此约定金额既不能过高，也不宜过低。约定该保险金额的依据，一方面是被保险人对人寿保险的需要程度，另一方面是投保人缴纳保费的能力。对于人寿保险的需求程度可以采用“生命价值”理论或者“人寿保险设计”的方法来进行粗略的测算，而缴纳能力则主要通过投保人的职业和经济收入来判断。

3. 保险利益的特殊性

由于人寿保险的保险标的是人的生命，人寿保险的保险利益与财产保险有很大的不同.

(1)人寿保险不具有量的规定性。在财产保险中，保险利益有量的规定性，不仅要考虑投保人有没有保险利益，还要考虑保险利益的金额是多少。投保人对保险标的的保险利益就是保险标的的实际价值，其保险利益不应超出财产的实际价值。如果保险金额超过财产的实际价值，超过部分因无保险利益而无效。由于人的生命是无价的，不能用货币来衡量，因此，虽然人寿保险的保险标的是被保险人的寿命，但所保险的对象并非是寿命，而是与寿命相关的经济利益，具体体现在被保险人死亡丧葬费，其亲人的赡养费、抚育费等；被保险人生存期间的吃、穿、住、行等生活保障费用，这些事先均无法用货币进行准确的量化。从理论上来说，人寿保险没有金额上的限制，人寿保险的保险利益没有量的规定性，只是考虑投保人有无保险利益，而不考虑保险利益的金额是多少，即保险利益一般是无限的。在实际中，人寿保险的保险金额要受投保人的缴费能力的限制。在某些特殊情况下，人寿保险的保险利益有量的规定性。例如债权人以债务人为被保险人投保死亡保险，保险利益以债权金额为限。

(2)保险利益的相对独立性。在财产保险中，保险利益不仅是订立保险合同的前提条件，而且也是维持保险合同效力、保险人支付赔款的条件，一旦投保人对保险标的丧失保险利益，即使发生保险事故，保险人也不负赔款责任。在人寿保险中，保险利益只是订立保险合同的前提条件，而不是维持保险合同效力、保险人给付保险金的条件。只要投保人在投保时对被保险人具有保险利益，此后即使投保人与被保险人的关系发生变化，投保人对被保险人已丧失保险利益，也不影响保险合同的效力，发生了保险事故，保险人仍需给付保险金。例如，丈夫为妻子投保人身保险后，夫妻离婚；企业为雇员投保人身保险后，雇员与企业解除劳动合同调离原企业，在这两种情况下，虽然投保人对被保险人已丧失了保险利益，但人寿保险合同并不因此而失效，发生保险事故后，保险人仍要给付保险金。

4. 保险金额的确定与给付的特殊性

人寿保险金额的确定与给付的特殊性是由人的生命价值无法用货币衡量这一特性决定的。人寿保险是定额给付性保险。损失补偿原则以及由其派生出来的重复保险分摊原则和代位追偿原则是保险经营中非常重要的原则。人寿保险标的的特殊性使得当被保险人发生保险责任范围内的保险责任时，保险人对其损失的处理并不是根据事故发生时损失的实际程度支付保险赔款。人寿保险只能按照保险合同规定的保险金额支付保险金，不能有所增减。因此，人寿保险不适用损失补偿原则，也不存在重复保险分摊和代位追偿的问题。在人寿保险中一般没有重复投保、超额投保和不足额投保问题。《保险法》第四十六条规定："被保险人因第三者的行为而发生死亡、伤残或者疾病等保险事故的，保险人向被保险人或者受益人给付保险金后，不享有向第三者追偿的权利。但被保险人或者受益人仍有权向第三者请求赔偿。"

5. 保险期限的特殊性

相对于其他种类的保险而言，人寿保险的保险期限较长，5 年以下的人寿保险都很少见，一般都长达十几年、数十年或一个人的一生，这种长期性的特点使寿险具有特殊性。人的死亡率随年龄的增加而增加，人寿保险通过采用均衡保险费，投保人早期缴纳的保费高于其当年的死亡成本，多余的部分保险公司则以预定的利率进行积累，可以避免随着被保险人的年龄增长、风险增大、保险费率增高而无力承受高额保险费的压力，这也是人寿保险期限较长的根源所在。但保险期限的长期性也使人身保险的经营受到外界因素的影响。

(1)利率因素的影响。人身保险合同的投保人缴纳保费的时间与保险人支付保险金的时间之间有较大的时间跨度，保险人对投保人缴纳的保费承担保值增值的责任，因此在人寿保险的长期合同中都有预定利率假设，即保险公司承诺给投保人的利率保证。这种预定利率与银行利率的变动有着直接的关系。一年期业务和短期业务通常可以忽略利率因素的影响，而对于长期合同利率因素则会产生很大的影响，时间越长，利率的影响越大，如表 8.1 所示。

表 8.1 利率积累值比较表

利率 \ 年	5	10	15	20	25	30	35	40
4%	1.22	1.48	1.8	2.19	2.67	3.24	3.95	4.8
6%	1.34	1.79	2.4	3.21	4.29	5.74	7.69	10.29
8%	1.47	2.16	3.17	4.66	6.85	10.06	14.79	21.72
利率 \ 年	45	50	55	60	65	70	75	80
4%	5.84	7.11	8.65	10.52	12.8	15.57	18.95	23.05
6%	13.76	18.42	24.65	32.99	44.14	59.08	79.06	105.8
8%	31.92	46.9	68.91	101.26	148.78	218.61	321.2	471.96

(2)通货膨胀的影响。传统寿险的最主要特征是固定利率和固定给付，即保险合同规定的预定利率和约定的保险金额不会因为通货膨胀的存在而改变，因此持续的通货膨胀将导致人身保险实际保障水平下降。表 8.2 给出了 1981 年的 1000 元在通货膨胀情况下在不同年份的实际货币价值。

表 8.2 通货膨胀与货币价值对应表

年 份	81	82	83	84	85	86	87	88	89	90
通胀率(%)	2.4	1.9	1.5	2.8	9.3	6.5	7.3	18.8	18.0	3.1
实际价值(元)	1000	976	958	944	918	840	789	735	619	524
年 份	91	92	93	94	95	96	97	98	99	00
通胀率(%)	3.4	6.4	14.7	24.1	17.1	8.3	2.8	−0.8	−1.4	0.4
实际价值(元)	509	492	462	403	325	277	256	249	251	255
年份	01	02	03	04	05	06	07	08	09	10
通胀率(%)	0.7	−0.8	1.2	3.9	1.8	1.5	4.8	5.9	−0.7	0
实际价值(元)	254	252	254	251	242	238	234	223	211	213

注：通货膨胀率数据来自中国统计局 2010 年 11 月 11 日新闻发布。

根据上表，1981 年的 1 000 元在通货膨胀下，到 2010 年其实际货币价值仅为 213 元，由此可见，通胀问题是人身保险经营的重大困难之一，许多国家保险业务都经历了相当长的困难时期，同时也在不断寻找克服通货膨胀影响的途径。最主要的办法是进行险种的不断变革。目前世界上比较流行的利率敏感性险种，主要包括万能寿险、变额寿险、变额万能寿险、变额年金等，这些险种都可以在一定程度上克服通货膨胀对人身保险的影响。

(3)预测因素的偏差。人身保险合同的长期性使保险公司对于未来因素的预测变得十分困难，例如我国利率自 1996 年以来已下调 6 次，使保险公司的实际收益水平不断下降，但是保险公司承诺给客户的利率是不能因此而改变的，显然这将给保险公司的经营稳定带来很大的冲击，使公司处于极为困难的境况。更为困难的是利率因素永远是动态的，它不可能长期稳定于某个固定值周围，而寿险业务又是长期合同，因此对于利率因素可能发生的变动及对寿险业务的影响必须进行非常谨慎的预测。国际上通行的分红保单和利率敏感性保单都可在一定程度上克服利率波动对寿险的影响。一般而言，保险公司对于长期因素的预定是十分保守的，当保险公司经营较好的时候则通过险种本身的特点或者分红的方法返还给保单持有人，以实现保险的公平性原则。与利率因素类似，对于死亡率因素、费用因素、失效因素等同样存在预测因素偏差的问题。

6. 寿险保单的投资储蓄的特殊性

购买商业保险的主要目的是获得风险保障，人身保险在为被保险人提供经济保障的同时，兼有储蓄性的特点。储蓄的主要特征是返还性和收益性。人寿保险的返还性在于，投保人缴纳保险费后，除定期死亡保险和生存保险，保险人有不给付保险金的可能性以外，其他险种中保险人都要给付保险金，只是在给付的时间和金额方面存在不同。人寿保险的收益性，即保险费的增值性。保险人通过开办人寿保险，将建立规模较大、期限较长和较稳定的人寿保险基金，通过对这笔资金的有效运用，可使其不断增值，并使保险人的保障能力不断增强。人寿保险的保费可以分为风险保费和储蓄保费两部分，某些险种的储蓄性极强，如终身死亡保险和两全保险，储蓄保费的投资收益使得投保人不仅可以获得保障，同时可以享受投资所带来的收益。

8.2 寿险业务的主要险种

8.2.1 普通型人寿保险

寿险产品的结构及其为客户所提供的各项保障，与当时的社会背景是无法分割的，当越来越多的人需要寿险保障时，简单的寿险已不能适应客户的需求，因此保险公司不断地发展新业务以满足公众的不同要求。从历史上看，寿险的典型形式是定期寿险、两全保险、终身寿险和年金保险。以上几种产品为被保险人由于过早死亡或退休后经济问题提供了保障，其主要特点是固定给付。

1. 定期寿险

定期寿险是指以死亡为给付保险金条件，且保险期限为固定年限的人寿保险。定期寿险只对在保险期限内死亡的被保险人负支付保险金的责任，保险期限的长短是非常灵活的，可长可短。具体地讲，定期寿险在合同中规定一定时期为保险有效期，若被保险人在约定期限内死亡，保险人即给付受益人约定的保险金，如果被保险人在保险期限届满时仍然生存，契约即行终止，保险人无给付义务，不退还已收的保险费。对于被保险人而言，定期保险最大的优点是可以用极为低廉的保险费获得一定期限内较大的保险保障。不足之处在于若被保险人在保险期限届满时仍然生存，则不能得到保险金的给付，而且已交纳的保险费不再退还。

2. 生存保险

生存保险是以被保险人于保险期满或达到某年龄时仍生存为给付条件的一种人寿保险。生存保险的保障目的与死亡保险的保障目的不同，它主要是为年老的人提供养老保险，或者为子女提供教育金等。在寿险实务中，生存保险一般不作为独立的险种。

3. 两全保险

两全保险是指在保险期间内以死亡或生存为给付保险金条件的人寿保险，也称为生死合险，是将定期死亡保险和生存保险结合起来的保险形式，即被保险人在保险合同规定的年限内死亡或合同规定时点仍生存，保险人按照合同均负给付保险金责任的生存与死亡混合组成的保险。两全保险是储蓄性极强的一种保险。两全保险的纯保费由危险保险费和储蓄保险费组成，危险保险费用于当年死亡给付，储蓄保险费则逐年积累形成责任准备金，既可用于中途退保时支付退保金，也可用于生存给付。两全保险中的死亡给付对象是受益人，而期满生存给付的对象是被保险人。两全保险既保障死亡又保障生存，不仅使受益人得到保障，同时也使被保险人本身享受其利益。

从数学的概念上看，两全保险的保险人提供两种承诺，一是若在保险有效期内被保险人死亡，则向其受益人支付保单规定数额的死亡保险金。二是若被保险人生存至保险期满，则向其支付保单规定数额的生存保险金。这样，在生存保险期内提供死亡给付，只需在生存保险中增加一个同期的定期寿险。可以看出，两全保险中的两个要素：均衡定期寿险及生存保险合在一起，构成了两全保险的保障。从经济学的角度看，两全保险可以分为两个部分，保额递减的定期寿险及保额递增的储蓄性保险。储蓄部分的价值，保单持有人可以通过退保及保单贷款获得，递增的储蓄部分与递减的定期寿险部分相结合，恰好等于保单规定的保额。

两全保险可有许多变化。保险期限可以为5年、10年、20年等，也可以设定为被保险人达到某一年龄期满时，如60岁、65岁、70岁等。除标准的两全保险外，还有其他变形的两全保险，如退休收入保险，死亡给付为保单规定的金额或保单现金价值中两者较大的额度为给付额。这种保单通常用于个人养老金计划。再如准两全保险，生存给付额为死亡给付额的一半，即储蓄部分较少而死亡保障较高。还有子女教育保险，为家庭子女到一定年龄时提供教育费用以助其完成学业，这种保险在我国、韩国较为流行。

4. 终身寿险

终身寿险是指以死亡为给付保险金条件，且保险期限为终身的人寿保险。终身寿险是一种不定期的死亡保险，即保险合同中并不规定期限，自合同有效之日起，至被保险人死亡为止。也就是保险人对被保险人要终身负责，无论被保险人何时死亡，保险人都有给付保险金义务。终身寿险最大的优点是可以得到永久性保障，而且有退费的权利，若投保人中途退保，可以得到一定数额的现金价值(或称为退保金)。

几乎所有的终身寿险都基于生命表所假设的100岁为人的寿命极限，尽管实际上许多被保险人能生存至100岁以后，但保险人在定价时，假定所有被保险人的最大寿命为100岁。我国生命表中规定的最高年龄为105岁。为求得公平，保险人应在被保险人生存至100岁或105岁时就支付全部保险金，而不是等到被保险人在100岁(或105岁)后死亡时支付。这就是终身寿险有时被看做保险期限至被保险人100岁(或105岁)时的两全保险的原因。另一种观点认为，终身寿险是一种至被保险人100岁或105岁时的定期寿险。这是从精算定价的角度看的，终身寿险定价方式与定期寿险定价方式相同，只不过保险期间为从投保时至被保险人100岁或105岁为止。在被保险人生存至100岁或105岁时的给付，被视为死亡给付，因为从精算角度或从生命表看，相当于被保险人已经死亡。

终身寿险保额通常保持不变，除非保单有特约条款允许在一定情况下进行调整，如按物价指数调整；分红性的终身寿险通过分红使整个给付额不断增长。大多数终身寿险的保费采取均衡形式，但如果保单另有规定也可以采取非均衡形式。

终身寿险可分为分红终身寿险和不分红终身寿险。但由于保险人很难准确预测未来几十年的变化，因而非分红保单较少。而较保守的保险人定价较高，同时向保单持有人提供参与分享经营业绩的机会。分红性保单的分红可采取多种形式，使得这种保单更具灵活性。有的保险人向投保人提供分红说明表，显示未来的死亡费、费用率及利息率在各种情况下该保单的分红情况。这种分红说明往往基于公司过去几年的经营数据。保险人分红方式的不同，会使实际分红额与预计的分红额产生较大差别。

起初的终身寿险只有两种类型，一种是均衡缴费的终身寿险；另一种是限期缴费的终身寿险。目前，终身寿险在缴费方式、保单选择权及给付形式上产生了许多变化。主要种类有如下几种。

(1)普通终身寿险。这种保险终身缴费提供永久的死亡保障。普通终身寿险每年的保费相对较低，保单现金价值几乎按固定比例增长，直至在被保险人达到最高年龄时，现金价值达到保险金额。现金价值的存在可以增加保单的灵活性。近年来，由于万能寿险的出现，使得这种寿险逐渐失去竞争力。为增加该险种的灵活性和竞争力，许多保险人允许投保人在一定范围内选择未来缴费模式和水平。为使保单持有人可以支付较一般保费水平低的保费，保险人推出了低附加费的定期附加条款，这种附加定期险保额最多可达主险保额的10倍。

(2)限期缴费终身寿险。限期缴费终身寿险的缴费期为某一确定期间，经过这段缴费期，全部保费就已缴清。缴费期的限制一般规定一定年数或达到被保险人某一年龄，如果缴费期规定为20年，则称这种保单为20年缴费终身寿险。如果规定被保险人达65岁之前为缴费期，则称这种保单为缴费至65岁的终身寿险。缴费期越长，这种保单的年缴费就越接近于普通终身寿险。限期缴费的一种极端形式是趸缴保费。这种缴费形式的保单一开始就具有现金价值，可以进行保单贷款等。另一种极端形式是终身缴费，即缴费期限至被保险人最高年龄以前。

(3)保费不确定的终身寿险。为了与分红终身寿险相竞争，有的寿险公司推出了保费不确定的终身寿险。这种非分红保险确立了一个保费上限，在业务开展的前几年，保费要远低于这个上限，而后几年的缴费额是在保费上限额度内，一般根据公司这种业务的经营状况而确定。

(4)利率敏感型终身寿险。传统的终身寿险通过分红将利率风险及死亡率风险的一部分转嫁给保单持有人。这种终身寿险根据当前的投资收益以及死亡率状况，通过保单现金价值的调整将利率风险及死亡率风险的一部分转嫁给保单持有人，使得实际经营结果与保单预计结果的差异得到补偿。

如果评价时的各种假设与保单签订时或前一周期相同，保费及死亡给付就会继续保持一个周期。如果这些假设与上一周期相比发生了较大的变化，则新的保费或死亡给付额就会做相应的变化。如果保费调整后低于前期保费，保单持有人可以选择以下三种方式之一。

①按新的标准支付保费，保额保持不变。

②按原有的标准支付保费，保额保持不变，保费差额存入累积基金，增大保单的现金价值。

③按原有的标准支付保费，若被保险人仍具有可保性，保费之差用于增加死亡保险金。

如果保费调整后高于前期保费，保单持有人可以选择以下三种方式之一。

①按新的标准支付保费，保额保持不变。

②按原有的标准支付保费，相应降低保险金额。

③按原有的标准支付保费，保额保持不变，但要用保单现金价值弥补新旧保费的差额。

5. 年金保险

年金保险是指以生存为给付保险金条件，按约定分期给付生存保险金，且分期给付生存保险金的间隔不超过1年(含1年)的人寿保险。年金保险的主要形态有如下几种。

(1)按缴费方式划分，年金保险可以分为：

①趸缴年金。一次性缴清保费的年金，即指年金保险费由投保人一次全部缴清后，于约定时间开始，按期由年金受领人领取年金。

②期缴年金。在给付日开始之前，分期缴付保险费的称为期缴年金，即指保险费由投保人采用分期缴付的方式，然后于约定年金给付开始日期起按期由年金受领人领取年金。

(2)按被保险人数划分，年金保险可以分为：

①个人年金。以一个被保险人生存作为年金给付条件的年金称为个人年金。

②联合年金。以两个或两个以上的被保险人均生存作为年金给付条件的年金称为联合年金。这种年金在数个被保险人中第一个死亡时即停止其给付。

③最后生存者年金。以两个或两个以上的被保险人中至少尚有一个生存作为年金给付条件且给付金额不发生变化的年金称为最后生存者年金。这种年金的给付持续到其中最后一个生存者死亡为止，且给付金额保持不变。

④联合及生存者年金。以两个或两个以上的被保险人中至少尚有一个生存作为年金给付条件,但给付的金额随着被保险人数的减少而进行调整的年金称为联合及生存者年金。这种年金的给付持续到其中最后一个生存者死亡为止,但给付金额根据仍存活的被保险人数进行相应的调整。

(3)按给付额是否变动划分,年金保险可分为:

①定额年金。每次按固定数额给付的年金称为定额年金。这种年金的给付额是固定的,不随投资收益水平的变动而变动。

②变额年金。年金给付按资金账户的投资收益逐年进行调整。这种年金的设计被用来克服定额年金在通货膨胀下保障水平降低的缺点。

(4)按给付开始日期划分,年金保险可以分为:

①即期年金。合同成立后,保险人即按期给付年金,这种年金称为即期年金。

②延期年金。合同成立后,经过一定时期或达到一定年龄后才开始给付的年金称为延期年金。

(5)按给付方式(或给付期间)划分,年金保险可以分为:

①终身年金。年金受领人在有生之年一直可以领取约定的年金,直到死亡为止,这种年金称为终身年金。

②最低保证年金。为了防止年金受领人早期死亡而过早丧失领取年金的权利,产生了最低保证年金。最低保证年金又分为两种:一种是确定给付年金,即规定了一个最低保证确定年数,在规定期间内无论被保险人生存与否均可得到年金给付。另一种是退还年金,即当年金受领人死亡而其年金领取总额低于年金购买价格时,保险人以现金方式一次或分期退还其差额。

③定期生存年金。年金的给付以一定的年数为限,若被保险人一直生存,则给付到期满;若被保险人在规定的期限内死亡,则年金给付立即停止,这种以被保险人在规定期间内生存为给付条件的年金称为定期生存年金。

8.2.2 新型人寿保险

普通型人寿保险缺乏灵活性,在经济环境变动较大的时期不能为客户提供更好的保障。随着寿险业竞争的日趋激烈,以及市场风险的加大,出现了一些新的能较适应市场需求及规避风险的险种。新型寿险产品的突出特点是既具有保障功能,又具有投资功能,这已成为目前寿险公司新的业务增长点,主要有变额寿险、万能寿险及变额万能寿险、分红寿险等。

1. 变额寿险

变额寿险是一种死亡保险金和现金价值随投资账户资金的投资业绩上下波动的保险产品。变额寿险以通货膨胀为时代背景,为保持保险金额的实际价值而开发,这种产品被认为可有效抵消通货膨胀给寿险带来的不利影响。变额寿险于1956年首先在荷兰出现,接着英国于1961年,德、法、意于1970年,美国于1976年推出该险种。在亚洲,日本于1986年,新加坡于1990年开办该险种。1999年中国内地也推出第一代变额寿险。变额寿险在不同国家叫法不同:美国称为变额寿险、万能变额寿险;英国称为基金连锁产品;德国和加拿大称为投资连结保险;新加坡称为投资连结产品;香港称为挂钩保单。

(1)变额寿险的特征。与普通型寿险相比,变额寿险具有以下几个特征。

①设置投资账户。普通型寿险只设一个综合性账户,所有的保费收入、保险金给付以及其他的资金往来都通过综合性账户进行。变额寿险除了设置综合性账户之外,还要设置投资账

户，用来进行投资运作；大多数保险公司所推出的变额寿险还依风险大小和可能获得收益的大小，将投资账户再分立几个账户，以满足不同客户的投资偏好。

②投资回报取决于投资业绩。投资账户的价值增减取决于投资业绩，保单的死亡保险金和现金价值也依赖于投资账户中资金运用的好坏。但无论投资账户的业绩如何，一旦发生保险事故，给付被保险人的保险金都不会低于保险金额。保险公司的投资业绩受多种因素制约，政治、经济环境、经济周期、货币政策、资本市场的总体情况以及保险公司的投资决策、投资技能等，都会影响投资回报率。

③具有保障和投资双重功能。变额寿险用保单所有人交纳的部分保费为被保险人提供保障，当被保险人在保险期内因病或意外伤害身故时，给付保险金。保单所有人交纳的另一部分保费则进入投资账户，由保险公司的投资专家以利润最大化为目标进行运作，收益全部归客户所有。

④由保险人与被保险人分别承担不同的风险责任。保险公司对变额寿险的保障部分承担与普通寿险同样的风险，但风险量小了；投资部分风险则完全由保单所有人承担。

⑤可有效地消除通货膨胀影响。办理变额寿险业务的保险公司的理财专家根据形势的变化，采取灵活机动的资金运用方式，获得较高的投资回报返还给被保险人，能在一定程度上抵消通货膨胀的冲击。

⑥透明度高。保险公司定期向客户公布有关信息，包括投资账户的设置及资金投向，投资收益率，投资单位价格，各项费用的收取比例、收取金额以及收取的依据，投资账户转移的操作方法，投资单位的计价频率等等。客户在年末会收到年度报告，说明保单的各个项目，各分立账户的投资收益、现金价值以及保单的财务状况、投资组合等。

变额寿险有些类似于证券，实际上变额寿险是一种证券化的寿险产品。一些国家将其视为一种投资产品，进行类似于证券的监管。例如美国的证券交易委员会就将变额寿险作为一种投资产品管理，受联邦法规约束，开办变额寿险的保险公司必须作为投资公司在证券交易委员会注册；同时出售的各种变额寿险保单也必须在证券交易委员会注册，而且只有那些取得经纪人或交易商许可证的销售代理人才有资格销售变额寿险。

(2)变额寿险的主要内容。

①投资账户。投资账户是指保险公司为进行资金运作而设立的专门账户。为满足不同投资者的不同投资偏好，保险公司通常设立几个投资账户，采取不同的投资策略，以供保单所有人选择。例如，中国平安保险公司推出的投资连结保险设立三个投资账户。一是保证收益投资账户，其特点是保证投资收益率，资金主要存入银行和进行同业拆借，风险小。二是发展投资账户，其特点是不承诺投资收益，资金主要存于银行、购买证券基金，风险适中。三是基金投资账户，其特点是不承诺投资收益，资金主要投向基金市场，风险较大。

投资账户的资产以投资单位来计量，每月保费中转入投资账户的部分按照每投资单位的买入价计算相应的投资单位数。投资单位数只是在变额寿险的存续期间用来评估投资账户的资产价值；在发生保险事故或者保险合同到期时，投资单位数再按当时每一投资单位的卖出价换算成投资资产价值总和。

例如，甲购买了一份变额寿险，选择了投资账户 A，现已连续交费 3 年，每年转入 A 账户的金额为 1 200 元。A 账户每一投资单位买入价这 3 年的变化依次是 2 元、3 元、2.5 元，则甲在这 3 年中累积的投资单位数为 1 480 个单位(1 200÷2+1 200÷3+1 200÷2.5)。在变额寿险的满期日，甲的投资账户中共积累投资单位数10 000个，此时A账户每一投资单位的卖出价为2.5元，则甲所购买的变额寿险保单的资产总值为25 000元。

②保险责任。从国外来看，变额寿险实际上是一种普通终身寿险，提供可变的死亡保险金给付，给付的金额为保单项下保险金额与投资账户资产总值的较大者。

③保险金额和保险费。保险金额由投保人和保险人约定并在保单上注明。保险费一般限期以均衡保费的方式交纳，每期保费除满足保险公司承担死亡保险保障和营业费用外，余者进入投资账户。

2. 万能寿险

万能寿险是一种缴费灵活、保额可调整、非约束性的寿险。万能寿险于1979年在美国寿险市场上出现，当时是为了满足那些要求保费支出较低且方式灵活的寿险消费者的需求而设计的。万能寿险确实为保单持有人选择灵活的缴费方式提供了便利，但保费支出的高低与其他寿险险种一样，取决于保险人是如何定价的。

万能寿险的保费缴纳方式灵活，保险金额可以根据规定进行调整。保单持有人在缴纳一定量的首期保费后，可以按自己的意愿选择任何时候缴纳任何数量的保费，只要保单的现金价值足以支付保单的相关费用，有时甚至可以不再缴费。而且，保单持有人可以在具备可保性前提下，提高保额，也可以根据自己的需要降低保额。万能寿险的经营透明度高，保单持有人可以了解到该保单的内部经营情况。保单持有人可以得到有关保单的保费、死亡给付、利息率、死亡率、费用率、现金价值之间相互作用的各种预期的结果说明。保单经营的透明度并不意味着保单持有人能对保单价值作出精确估计，而是可以了解保单基金的支配情况。万能保险具有通明度的一个重要因素是其保单的现金价值与纯保险保额是分别计算的，具有非约束性。保单现金价值每年随保费缴纳情况、费用估计、死亡率及利息率的变化而变化。纯风险保额与现金价值之和就是全部的死亡给付额。

与其他寿险相比，万能寿险的特殊之处在于如下方面。

(1)死亡给付模式。万能寿险主要提供两种死亡给付方式，投保人可以任选其一，给付方式可随时改变。这两种方式习惯上称为A方式和B方式。A方式是一种均衡给付的方式，死亡给付额固定，净风险保额每期都进行调整，使得净风险保额与现金价值之和成为均衡的死亡给付额，净风险保额随着现金价值的增加而递减，这种方式与其他普通型具有现金价值的给付方式的保单较为类似。B方式是保单的死亡保险金随着保单的现金价值变化，等于保险金额与保单现金价值之和，净风险保额始终等于保险金额。如式(8.1)所示：

A型保单

死亡保险金＝保险金额

净风险保额＝死亡保险金－现金价值

B型保单

死亡保险金＝保险金额＋现金价值

风险保额＝保险金额　　(8.1)

在A方式中，净风险保额每期都进行调查，以使得净风险保额与现金价值之和成为均衡的死亡受益额。这样，如果现金价值增加了，则风险保额就会等额减少。反之，若现金价值减少了，则风险保额会等额增加。这种方式与其他传统的具有现金价值的给付方式的保单较为类似。在方式B中，规定了死亡给付额为均衡的净风险保额与现金价值之和。如果现金价值增加了，则死亡给付额会等额增加。

(2)保费缴纳。万能寿险的保单持有人可以在保险公司规定的幅度内，选择任何一个数额，在任何时候缴纳保费。

(3)保单附加费。通常有两种等价的保单费用附加方法：预先附加和事后附加，早期的万能寿险主要采用预先附加的方法，而新的万能寿险主要采用事后附加的方法，也称作退保费用。

(4)死亡及其他给付费用。死亡给付成本每月从万能寿险的现金价值中扣除，每月死亡给付成本是按照保单的净风险保额计算的。

(5)现金价值。万能寿险保费扣除各种分摊额后的累积价值为其现金价值。

3. 变额万能寿险

变额万能寿险是融合了保费缴纳灵活的万能寿险与投资灵活的变额寿险后而形成的新的险种。变额万能寿险遵循万能寿险的保费缴纳方式，而且保单持有人可以根据自己意愿将保额降至保单规定的最低水平，也可以在具备可保性时，将保额提高。与万能寿险不同，变额万能寿险的资产保存在一个或几个分离账户中，这一特点与变额寿险相同。其现金价值的变化也与变额寿险现金价值的变化相同，而且，变额万能寿险也没有现金价值的最低承诺，即保单现金价值可能降至零。

变额万能寿险的投资通常是多种投资基金的集合。保单持有人可以在一定时期将其现金价值从一个账户转至另一个账户，而不用缴纳手续费。

变额万能寿险保单适合那些将寿险保单现金价值视为投资而非储蓄的人，保单持有人承担了投资风险。

4. 分红寿险

分红寿险是指保险公司将其实际经营成果优于定价假设的盈余，按一定比例向保单持有人进行分配的人寿保险产品。保单持有人是指按照合同约定，享有保险合同利益及红利请求权的人。保户在按期缴纳保费后不仅可以享受到一般的保险保障，还可以定期获得保险公司对资金运作的所得利润。分红寿险、非分红寿险以及分红寿险产品与其附加的非分红寿险产品必须分设账户，独立核算。分红寿险采用固定费用率的，其相应的附加保费收入和佣金、管理费用支出等不列入分红寿险账户；采用固定死亡率方法的，其相应的死亡保费收入和风险保额给付等不列入分红寿险账户。

在保险业发达的国家，分红寿险已成为寿险中的一个主要险种。分红寿险起源于18世纪的英国，是为抵御通货膨胀和利率波动风险而设计推出的。近年来，分红寿险已成为世界寿险市场的主流产品。在北美地区，80％以上的产品具有分红功能；在德国，分红寿险占市场份额的80％以上。

(1)分红寿险的特征。

①消除通货膨胀对保险业的不利影响。通货膨胀将会使很多潜在的客户改变资金使用方向，把本来准备购买保险保障的钱投入到其他方面，这将导致保险业务的萎缩。分红寿险为保户解决了因通货膨胀、货币贬值而造成的实际保障水平下降问题。

②保单持有人享受经营成果。分红寿险不仅能够获得合同规定的各种保障，而且保险公司每年要将经营分红险种产生的部分盈余以红利的形式分配给保单持有人，目前中国保监会规定保险公司应至少将分红业务当年度可分配盈余的70％分配给客户。这样投保人就可以

与保险公司共享经营成果,与不分红寿险相比增加了投保人的获利机会。

③客户承担一定的投资风险。由于每年保险公司的经营状况不一样,客户所能得到的红利也会不一样。在保险公司经营状况良好的年份,客户会分到较多的红利;如果保险公司的经营状况不佳,客户能分到的红利就较少,甚至没有。因此,分红寿险使保险公司和客户在一定程度上共同承担了投资风险。

④增加保费厘定的自由度。与分红寿险相对应的无分红寿险,由于被保险人不能分享保险盈余,所以在费率厘定上难以把握,费率高了损害保户利益;费率低了,损害保险人利益。寿险产品在定价时主要以预定死亡率、预定利率和预定费用率三个因素为依据,这三个预定因素与实际情况的差距直接影响到寿险公司的经营成果。分红寿险将预定死亡率、预定利率和预定费用率高于实际的盈余以红利的形式返还给被保险人,高费率对应的是高分红率,低费率返回的红利就少,费率高低都不会损害被保险人的利益,更能为被保险人所接受,这就给保险人厘定费率提供了较大空间,有利于保险经营的灵活性。分红寿险定价时对精算假设估计较为保守,即保单价格较高,从而在实际经营过程中可能产生更多的可分配盈余。

⑤保险给付、退保金中含有红利。分红寿险的被保险人身故后受益人在获得投保时约定的保额的同时,还可以得到未领取的累积红利和利息。在满期给付时,被保险人在获得保险金额的同时,还可以得到未领取的累积红利和利息。分红寿险的保单持有人在退保时得到的退保金也包括保单红利及其利息之和。

(2)保单红利。分红产品从本质上说是一种保户享有保单盈余分配权的产品,即将寿险公司的盈余按一定比例分配给保单持有人。分配给保户的保单盈余,就是保单红利。

①利源分析。分红寿险的红利是保险公司的盈余分配。盈余是保单资产份额高于未来负债的那部分价值。一般而言,分红寿险的红利来源于5部分:一是实际死亡率低于预定死亡率的死差益,即在营业年度内收取的危险保险费总额大于当年实际给付的死亡保险金的结余部分。二是投资收益率大于预定收益率的利差益,既包括将保险基金存入银行所得的利息高于按预定利率计算的差额,也包括其他保险投资的回报率高于预定投资收益的部分;三是附加保费超过实际经费与偶发风险的费差益;四是不动产增值,即某项资产的现实价值超过其账面价值部分,从各国情况看,物价总水平呈上涨趋势,通货膨胀经常导致不动产增值;五是契约依现金解约价格所付出的金额低于解约时责任准备金的差额,当已经成立的保险合同中途解约时,由该合同产生的后备基金被分割成两部分:一部分因合同的解除退还给被保险人,另一部分则留给保险人,成为保险公司的解约收益。通常将前三部分作为盈余的主要来源。

②死差益(损)的确定。预定死亡率大于实际死亡率,或预定死亡率小于实际死亡率,其结果表现为死差益和死差损,具体可通过式(8.2)加以计算:

$$\begin{aligned}\text{死差益} &= (\text{预定死亡率}-\text{实际死亡率})\times\text{危险保险金额}\\ &= \text{危险保险费总额}-\text{当年死亡的危险保险金总额}\end{aligned} \tag{8.2}$$

上式中若计算结果为负,则为死差损。死差益(损)与危险保险金额正相关,危险保险金额即当年死亡给付金额,随保险经过有限年数而逐渐减少,从而死差益(损)也随之缩小。

③利差益(损)的确定。寿险公司在计算纯保费时,对资金的收益是根据现存资料并对未来趋势加以预测而确定的,确定的利率与实际利率间会产生一定差异。如果资金运用的实际收益大于预定利率,则产生盈余即所谓的利差益,反之则产生利差损。利差益(损)可通过式(8.3)计算:

利差益＝(实际资金运用收益率－预定利率)×责任准备金

＝实际资金运用收益率×责任准备金－预定利率×责任准备金

＝实际利息收入及红利－依预定利率应收的利息 (8.3)

上述计算若出现负值则为利差损。利差益(损)同责任准备金成正相关关系，实际资金运用收益率大于预定利率时，责任准备金数额越大，则利差益越大；反之，实际资金运用收益率小于预定利率时，责任准备金数额越大，则利差损越大。责任准备金随保单经过年期而增加，在开始几年利差益(损)金额很小，随着保单增多，年期增加，将变得越来越大。可将利差计算分为寿险公司的整体利差与个别契约所产生的利差或部分险种的利差。

④费差益(损)。费差益或费差损又称附加差益或附加差损，指年度内各类寿险业务中营业保费的附加保费减去年度实际支出的营业费的差额。费差益可按式(8.4)计算：

费差益＝(预定费用率－实际费用率)×保险金总额

＝预定附加保费总额－实际支出费用总额 (8.4)

上述计算如出现负值则为费差损。

新契约费可能会因第一年的实际费用支出更多而出现亏损，特别是近几年推出的供代理人推销的险种，佣金高，其他原始费用也很多，新契约费用大约占保险储金的70%左右。这就会产生一种特殊现象，在当年业务结构中，如新业务所占比重大，则会出现总体上的费差损。但新业务将为企业的后续发展蓄势，初年度因新契约费用开支过大而产生的费差损将随经过年数增加、有效契约的累加，最终转为费差益。

保险公司在厘定费率时，应将未来的不确定因素考虑在内，采用的预定死亡率、预定利率和预定费用率都略高于实际水平。所以，一般情况下保险公司会产生死差益、利差益和费差益，为分红寿险提供了红利的来源。

⑤红利分配。《个人分红保险精算规定》要求：红利分配应满足公平性原则和可持续性原则，采用适当方法将死差益、利差益和费差益的绝大部分分配给保单所有人。保险公司每一会计年度向保单持有人实际分配盈余的比例不低于当年可分配盈余的70%。

红利分配有两种方式。第一，现金红利。现金红利分配指直接以现金的形式将盈余分配给保单持有人。保险公司可提供多种红利领取方式，如现金、抵交保费、累积生息以及购买交清保额等。采用累积生息的红利领取方式的，红利累积利率的有效期至少为6个月。第二，增额红利。增额红利分配指在整个保险期限内每年以增加保额的方式分配红利，增加的保额作为红利一旦公布，不得取消。采用增额红利方式的保险公司可在合同终止时以现金方式给付终了红利。

8.3 寿险业务的主要条款

8.3.1 人寿保险的常用条款

1. 不可争条款

不可争条款又称不可抗辩条款，是指自人身保险合同订立时起，超过法定时限后，保险人将不得以投保人在投保时违反如实告知义务，误告、漏告、隐瞒某些事实为理由，而主张合同无效或拒绝给付保险金。投保人申报被保险人年龄不真实，并且真实年龄不符合合同约定的年龄限制的，保险人可以解除合同，并在扣除手续费后，向投保人退还保险费，但在合同成立之日起逾两年的除外。有关被保险人的年龄问题，在允许保险人对投保人是否履行如实告知义务提出异议并解除合同的同时，对保险人行使这一权利做了时间限制，期限为 2 年，这称为可抗辩期；超过 2 年以后，保险人则失去这一权利，称为不可抗辩。国际上对被保险人的健康方面的问题也适用这一规定，而我国只适用于年龄方面。

2. 年龄误告条款

年龄误告条款又称误报年龄条款，是指由于投保人在投保时误告了被保险人年龄，造成年龄不真实的情况。年龄误告条款主要针对投保人申报的被保险人年龄不真实，而真实年龄又符合合同约定限制的情况下设立。在投保人投保时，可能会产生投保人无意或有意报错被保险人年龄的情况，而在人寿保险中，被保险人年龄直接影响到保费的多少、保险合同承保及履行。为保护保险公司及多数被保险人利益，产生了年龄误告条款。

年龄误告的保险费或保险金的调整有以下两种情况。一是合同约定的保险事件尚未发生或期限尚未到达时发现投保人申报被保险人年龄不真实。保险人应及时进行调整，发现投保人支付保险费少于应付保险费的，及时通知投保人补交过去少交的保险费或按原缴纳的保险费数额，调整保险金给付额；发现投保人支付保险费多于应交保险费的，应予以及时清算，退还投保人或根据投保人意见，按原缴纳的保险费数额，调整保险金给付额。二是合同约定的保险事件发生或期限到达时，发现投保人申报被保险人年龄不真实。如果投保人支付的保险费少于应付保费的，保险人在投保人自愿的情况下，可以要求投保人补交保险费，在补交保险费后，保险人可按合同约定给付保险金；如果投保人不愿补交保险费，保险人可以在给付保险金时按照实付保险费与应付保险费比例支付；如果投保人实付的保险费多于应付保险费的，保险人应该将多收的保险费退还投保人；如果由于投保人申报被保险人年龄不真实，导致保险人多支付保险金，被保险人或受益人或领取保险金的人应将多领的保险金退还保险人。

3. 自杀条款

在人寿保险合同中，一般都规定自杀作为责任免除条款，主要是为避免蓄意自杀者通过保险方式谋取保险金，防止道德风险的发生，但自杀毕竟是死亡的一种，有时被保险人遇意外事件的打击或心态失常也会做出结束自己生命的行为，并非有意图谋保险给付金。为更好地保障投保人、被保险人、受益人的合法权益，也出于维护自己的利益，有些保险公司的人寿保险合同将自杀列入保险条款，但规定在保险合同生效较长的期限后，保险人才对被保险人的自杀行为承担给付保险金责任，通常是 2 年，以防止被保险人预谋保险金而签订保险合同。自杀条款是保险合同中关于对自杀死亡是否承担保险责任的规定，被保险人在合同生效或复效 2 年内自杀身亡，保险人不负保险责任，按退保处理；但在两年后自杀身亡，保险人按合同给付保险金。

根据有关调查和科学分析，一个人不大可能在 1 或 2 年以前就开始预谋自杀计划，或某一自杀意图能够持续 2 年。因为即使在投保时有自杀意图，也极可能随着时光的推移而改变初衷。因此，这样规定既可避免道德风险的发生，也可最大限度地保障被保险人、受益人的利益。

4. 宽限期条款

在人寿保险合同中，如果保险合同约定分期支付保险费，当投保人支付首期保险费后未按时缴纳第二期及以后各期保险费时，在合同约定期限内，即使未缴纳保险费，保险合同依然有效。

宽限期条款一方面保证了投保人、被保险人的利益，延长了保险合同的效力。另一方面延长了保险缴费日期，避免合同失效，有利于投保人缴纳保费，也保证了保险公司的利益，我国寿险合同条款一般采用60天宽限期，自投保人应缴保险费之日起计算，宽限期满后次日起为复效期。

5. 复效条款

保险合同效力中止是指保险合同在有效期内，由于缺乏某些必要条件而使合同暂时失去效力，称为合同中止；一旦在法定或约定的时间内所需条件得到满足，合同可以恢复原来的效力，称为合同复效。

复效条款是指当保险合同失效后，投保人可在失效后的两年内提出复效申请，经保险人同意后，缴纳所欠保费及利息，保险合同效力即行恢复的规定。但自合同效力中止之日起2年内双方未达成协议的，保险人有权解除合同。如果投保人已交足2年以上保险费，保险人应按照合同约定退还保险单的现金价值；投保人未交足2年保险费的，保险人应当在扣除手续费后，退还保险费。

寿险合同是长期合同，投保人有时由于经济上的原因或疏忽，未能按合同约定时间缴纳保费以致保单失效，但投保人还有继续投保的意愿，在此情况下，复效条款不但保证了投保人意愿的实现，也使保险公司的利益得到了保证。

8.3.2 人寿保险的附加条款

寿险保单提供的保障可以通过附加条款加以扩展。保单附加条款无论对保险人还是保单持有人都具有一定的好处。因为不需要签订新的合同就可提供另外的保障，即通过保单的附加条款及缴纳相应的保费，可以获得多种保障。

1. 保证可保性附加条款

这一附加条款使得保单持有人无须提供新的可保性说明，就可以在规定时间重新购买一份一定保额的与原来同样的保险，即这种附加条款保证了被保险人具有可保性，而不管事实上是否真的具有可保性。通常，附加条款规定保单持有人在规定日期内可另外购买的保险保额限制在原有保额之内或另行规定。另外，也可规定在某些事件发生后，如被保险人结婚及其小孩出生时，购买额外的保险。当这种条款附加到万能寿险上时，相当于允许保单持有人可以增加万能寿险的保额而无需提供可保性说明。

附加条款所规定的权利是自动的，而实际的购买却不是。保单持有人须采取主动的行动去购买。有的保证可保性附加条款规定，如果保单持有人在规定的时间不行使该项权利，则该权利过期失效。

2. 免缴保费条款

投保人只需要每次额外缴纳一点保费，就可获得在被保险人丧失劳动能力后的保费免缴优惠。许多这类附加条款对“丧失劳动能力”给予了定义：即被保险人丧失了从事自己的职业或其他可从事职业的能力。与常规定义上的残废概念不同。例如，受多年教育及训练的某外科医生丧失手指，被认为是丧失了劳动能力。免缴的保费实际上是由保险公司支付了，因此，如果该保单是有现金价值的保单，则其现金价值会继续正常增值，与保单持有人仍然缴费效果相同。保费免缴条款几乎可以附加到任何寿险险种上，如每年续保的、可转换的定期寿险。如果每年续保的定期寿险在续保时免缴保费，则该保单自动续保。这样，这份保单就一直续保到被保险人恢复劳动能力或保单规定的最后续保时间。对于免缴保费的可转换的定期寿险，在保险期满后，仍可转换为终身寿险，但是否可以免缴保费，就要看具体的条款规定了。

3. 意外死亡给付附加条款

意外死亡条款为被保险人死于意外事故提供了额外的保障。这部分额外保障通常与主保单的保额相等。这时，这种给付通常称为双重保障意外死亡保险，金额可以是主保单保额的数倍，也可以与主保单保额无关。通常，若要满足意外死亡条款的条件，被保险人的死因必须是直接的、独立于所有其他原因的意外的身体伤害。意外死亡条款一般都规定许多除外责任及限制。除外责任明确规定若被保险人死于某几种特定的原因，保险公司不负意外死亡的给付责任。通常的除外责任有：自杀，死于战乱，死于飞行活动（如参加飞行比赛是个人爱好，而不是作为乘客），从事非法活动或吸毒引起的死亡。

4. 配偶及子女保险条款

这种条款可以附加到任何种类的终身寿险上，为配偶及子女提供寿险保障，这种附加保险往往是一种定期险，保额为几个基本单位。如一个单位保额可以为配偶 5 000 元，子女 1 000 元，两个单位保额为配偶 10 000 元，子女 2 000 元等等。许多保险公司允许的最大保额为 5 个单位保额。

子女附加保险是一种定额的定期寿险，当子女达到某一规定年龄时，保险就结束了，保费是一特定的固定额，且不随子女的数量而改变，即缴纳一定的保费可向所有子女提供保障。这样，若购买这种附加险后，又有子女出生，就会自动享受这种保障而不用增加保费的缴纳数量。另外，这种附加条款还可提供其他的额外优惠，如：将该定期寿险转化为终身寿险；当主险被保险人死亡后，子女就可以免缴附加保险费；如果配偶死亡，则其保费可以降低，或保额自动增加。

保险公司也常常销售一种称为家庭保单的保险。这是一种附加配偶及子女保险的终身寿险。这种保险中，配偶及子女的保额往往是主险保额的一定比例，如 1/4 或 1/5。

5. 生活费用调整条款

这种条款可以附加到各种定期保险及终身寿险上。该条款规定，保单保额可以随着消费价格指数的上升而自动增加。例如，如果消费价格指数一年内上升了 5 个百分点，则保额自动增加 5%，保费相应也增加 5%，而不需新的可保性证明。如果消费价格指数下降，则保额保持不变。当然，保单持有人也可以拒绝这种保额及保费的增加。有的条款规定，如果保单持有人拒绝了保费的增加，这种附加条款也就自动终止了。因为这种条款的保额是随价格指数的上升而增加，而不是签发新的保单，因而保险公司的费用就能够降低，导致这种附加保费的保费就相对较低。

8.4　人寿保险的核保与理赔

8.4.1　人寿保险核保

1. 人寿保险核保原理

核保又称风险选择，是指保险公司根据保险标的的不同风险水平进行审核、筛选、分类，以决定是否签发保单以及如何签发保单的过程。其过程包括：选择与分类。选择是保险公司评估每件投保单申请并确定被保险人风险程度的过程；分类是将被保险人分配到期望损失概率与其最接近的被保险人一组。

风险选择的目的在于如下方面。

(1)保证寿险合同的公平性。不同风险的被保险人应按不同的保险费率或保险条件进行承保。

(2)防止逆选择。保证保险公司的持续稳定经营并能从中获利。

(3)有利于代理人推销的原则。核保过程和费率收取要清楚明了,便于被保险人理解并配合支持,利于保险业务的开展。

2. 人寿保险核保风险因素

(1)健康因素。

①年龄。在寿险核保中,年龄是决定承保费率和是否承保的最重要因素。

②性别。通常情况下,女性的平均预期寿命要高于男性,因此同样年龄但不同性别的被保险人采取的费率是不同的。

③体格。体格是遗传所致的先天性体质与后天各种因素的综合表现。

④既往病史。核保员要根据投保单和健康告知书等资料详细了解客户的既往病史,如果被保险人有住院史,应当查看其病历和住院记录,必要时进行抽查体检或生存调查,以避免逆选择的产生。

⑤个人现有疾病。包括客户投保时告知正患疾病和体检时发现的疾病并针对性地采取不同的承保措施或拒保。

⑥家族病史。主要是了解准保户的父母兄弟姐妹的健康状况,必要时还要扩大范围,了解其祖父母和外祖父母的相关情况,以了解是否存在遗传性疾病或家族的特殊健康状况。

(2)非健康因素。

①职业。不同职业所代表的风险程度不同,职业按其危险程度可分为事故危险职业、健康危险职业、工作环境危险职业三类。针对不同的职业类型,保险公司应收取不同的保险费,职业变更时,费率同时进行调整。

②生活习惯。第一,吸烟。吸烟会严重地影响身体健康状况,据统计吸烟致死的人数几乎为交通事故的10倍。第二,酗酒。轻度喝酒通常认为是正常的,但对某些职业除外,酗酒严重则可能引起肝硬化等健康风险及行为不端,因此保险公司应区别对待。第三,药物滥用。对于吸毒者,一般予以拒保,其他一些非医疗目的的反复、大量地使用一些具有依赖性的药物如兴奋剂等,也会带来严重的健康危害。第四,业余爱好。对那些爱好登山、攀岩、潜水等危险性运动的被保险人要注意承保条件,应收取更多的附加保费或将这些活动列为除外责任。第五,兼职情况。兼职者一般处于过分紧张状态,其危险性高于无兼职者。第六,生活环境。生活环境通常与收入和生活状况相关,亦与教育程度、家庭成员、社交环境是否复杂相关。

(3)道德或心理因素。

①投保动机。投保动机是否纯正可从以下几方面衡量。第一,选择的保险种类。如果选择保险保障大而保费低的保单,一般逆选择的情况较严重。第二,投保时间。短期内陆续多次投保或增加保额者,动机未必纯正,多是对自己健康状况无信心者或财务状况出现问题等原因造成的。第三,主动投保者。对于主动投保者应认真审查其投保动机。第四,跨区域投保者。对于不在自己居住或工作的区域就近投保而又无合理原因的人应提高警觉。第五,催促保单生效者。

②保费缴纳方式。趸缴方式下危险相对小些,年缴其次,如果投保人坚持以月缴方式投保高额保险,尤其是有保费豁免和意外事故加倍给付的险种,核保人员应认真审核调查。

③受益人指定。

④可保利益。注意评估每个申请人在可能损失中的可保利益及大小。

(4)财务因素。

①个人现有收入。它是直接决定投保人缴费能力和可保利益大小的重要因素,同时也应关注投保人的潜在收入状况。

②保费支付能力。一般情况下,投保人最多可用总收入的20%购买保险。

3. 人寿保险核保风险因素信息获取

要了解上述相关因素情况,可从下列资料中获取相关信息。

(1)投保单。包括保险合同当事人、关系人的相关情况,投保险种及保费缴纳与保险金领取,被保险人的健康告知等信息。

(2)体检报告书。根据投保书的内容,有的申请人会被要求进行体检,通过不同的体检等级来确定其风险状况。体检的等级通常与被保险人的年龄、保额有关。体检报告书通常包括三方面的内容。

①被保险人对体检医师的书面健康陈述。

②医师对被保险人进行体检结果的记载。

③体检医师对被保险人的综合健康评价。

(3)代理人报告。通常要求代理人填写业务员报告书,对其展业过程进行详细陈述。

(4)医生报告书。当核保师需要了解更多的被保险人的健康信息时,可要求提供医生报告书,并查看有既往病史客户的病历报告,调取病历摘要报告书。

(5)调查报告。若核保师需要了解被保险人更多的健康状况以外的情况,如职业、品行、习惯、经济状况等,可通过实地考察来了解或证实,对于高额保单可进行生存调查。

(6)医疗信息中心。在美国,寿险公司核保的另一个信息来源是同业健康信息中心,它是由多家寿险公司组成的一个非营利机构,成员可以利用该中心的档案来核实被保险人的健康状况。

8.4.2 人寿保险理赔

1. 人寿保险理赔原理

人寿保险理赔,又称核赔,是指当被保险人发生寿险保单所约定的保险事故,向保险人提出索赔申请和相关索赔资料后,经保险人审核、调查并做出赔付或拒赔的行为。

(1)寿险理赔基本原则。

①信用原则。保险人应依据保险合同的约定进行理赔,不得无故拒赔或进行不合理赔付。

②实事求是原则。保险人应本着从实的原则来进行保险核赔,不能仅考虑自身的经济利益而损害被保险人或受益人的权益,遇到复杂理赔案时,应根据实际情况进行灵活处理。

③合理原则。保险人在收取保险费后就承担了保险事故发生后的理赔义务,当保险事故发生时,保险人应主动、迅速地采取行动,并准确合理地估算理赔金额,及时将保险金给付受益人。

(2)理赔的时效问题。保险人对保险事故的发生要承担给付保险金的责任,同时被保险人或受益人也应承担保险事故发生的通知义务,只有及时通知了保险人才有利于保险人展开调查和准确的核赔。我国《保险法》第二十六条规定:“人寿保险以外的其他保险的被保险人或者受益人,向保险人请求赔偿或者给付保险金的诉讼时效期间为3年,自其知道或者应当知道保险事故发生之日起计算。人寿保险的被保险人或者受益人对保险人请求给付保险金的诉讼时效期间为五年，自其知道或者应当知道保险事故发生之日起计算。”

(3)寿险理赔的特殊性。与财产保险和其他非寿险险种相比，寿险理赔的特殊性体现在：

①寿险保险金给付的确定性。寿险合同一般是定额给付，只要约定的保险事故发生，保险人不得就保险金额进行增减。

②寿险理赔不适用损失补偿原则。由于人的生命是无价的，因此不存在损失金额的衡量与补偿问题，自然寿险理赔中对由损失补偿原则派生出来的重复保险分摊原则和代位追偿原则不适用。

③寿险理赔中不存在对施救费用进行补偿的问题。被保险人发生疾病、意外等原因而造成的死亡所导致的医疗费用、救治措施等虽然是合理的、必要的支出，但不能要求保险人承担，保险人也仅对合同约定的给付金额进行给付而不承担其他费用。

2. 寿险理赔中的欺诈

保险欺诈是指投保人、被保险人、受益人以骗取保险金为目的，以虚构保险标的、编造保险事故发生原因、夸大损失程度及故意制造保险事故等手段，使保险人因错误认识而支付保险金的行为。保险欺诈具有极强的隐蔽性和严重的社会危害性。

(1)保险欺诈的原因。

①社会原因。社会道德体系对人们约束力下降，个人欲望的非正常膨胀和急功近利等思想的蔓延是保险欺诈滋生的温床。

②经济原因。很多保险欺诈案件中，骗保人是出于经济上或财务上的原因而铤而走险的。

③诚信原因。因为信息不对称而导致的保险欺诈案件屡见不鲜，这与保险业与社会诚信体系建设不完善有关。

④技术原因。保险人风险管理与控制水平不高，保险核保技术能力不强。

⑤法制原因。法制体系不完善、法律制度空白与处罚不力，导致的保险欺诈成本过低也是一个重要原因。

(2)常见寿险欺诈类型。

①虚构事实。指投保人、被保险人或受益人在未发生保险事故的情况下，谎称发生保险事故并索取保险金的行为。

②故意不如实告知。指投保人或被保险人在投保时隐瞒既往病史和现有病症，或者隐瞒真实年龄、真实职业等，以达到影响保险人承保的目的。

③先出险后投保。指被保险人已经发生风险事故，然后为骗取保险金而进行投保并伪造或修改相关凭证以达到骗取保险金的目的。

④冒名顶替。将被保险人进行冒名顶替，或者顶替投保，或者顶替索赔。

⑤预谋杀人。投保人先骗取被保险人信任并为其投保，然后谋杀被保险人伪装为意外事故等以诈取保险金。

⑥医患勾结。出具伪证，达到骗取更多保险金的目的。

3. 寿险欺诈防范

(1)法律防范。加强立法和司法处理力度，从制度上进行防范。国家通过完善法律法规体系，细化保险欺诈的相关规定，加大处罚打击力度，提高寿险欺诈的违法成本。

(2)承保预防。加大风险管控力度，提高核保人员的风险防范意识，提高保险从业人员的道德素质水平，建立一整套科学合理的核保体系，从程序上堵塞漏洞。

(3)信息共享。建立保险行业信息交换系统，加强全社会诚信体系建设，形成畅通的资源共享渠道。保险人在核保和理赔时可通过信息共享来挤压保险欺诈的空间。

(4)理赔体系建设。规范理赔与调查程序，健全审核制度，加强监督管理，从而防止内外勾结、恶意骗保。

(5)联系合作。加强与其他行业和司法部门的联系与合作。通过加强与医院、交通部门等行业和与公安、交警、法院等国家机关的联系与合作，多方获取相关信息，借助他方技术力量达到防止保险欺诈的目的。

(6)法制宣传。提高人们的法律意识和社会整体道德水平，从源头上杜绝保险欺诈的产生。

本章小结

人寿保险是以被保险人的生命为保险标的，以生存和死亡为给付保险金条件的人身保险。人寿保险的特点主要表现在：生命风险的特殊性、保险标的的特殊性、保险利益的特殊性、保险金额确定与给付的特殊性、保险期限的特殊性等。

人寿保险产品按照设计类型分为普通型人寿保险和新型人寿保险。普通型人寿保险按照保险责任分为定期寿险、终身寿险、两全保险、年金保险。新型人寿保险包括变额寿险、分红寿险、万能寿险等。

人寿保险的条款是长期经营人寿保险的经验总结。人寿保险常用条款包括不可争条款、年龄误告条款、自杀条款、宽限期条款、复效条款等。人寿保险的附加条款包括保证可保性附加条款、免缴保费条款、意外死亡给付附加条款、配偶及子女保险条款、生活费用调整条款。

人寿保险的核保是指保险公司根据保险标的的不同风险水平进行审核、筛选、分类，以决定是否签发保单以及如何签发保单的过程。人寿保险理赔是指当被保险人发生寿险保单所约定的保险事故，向保险人提出索赔申请和相关索赔资料后，经保险人审核、调查并做出赔付或拒赔的行为。

思考练习

(1)人寿保险及主要特征有哪些？

(2)简述定期寿险的特点。

(3)终身寿险有哪些种类？

(4)简述变额寿险及其特征。

(5)简述万能寿险及其特征。

(6)试对红利来源进行分析。

(7)简述红利分配中的问题及解决方法。

(8)人寿保险有哪些常用条款?

案例分析

案例材料一 农民遇车祸 衡水国寿赔付16万

近日,中国人寿衡水分公司理赔工作人员来到深州市某村,将159 450元理赔款送到被保险人李某家人手中。

李某是深州市某村农民,年仅26岁。2010年3月,李某的妻子在生孩子时不幸因大出血死亡,丢下一个年仅4岁的女儿和一个刚出世的儿子。2010年5月,本着理财和保障的双重意愿,李某为自己投保了国寿鸿丰两全保险(分红型),一次性交费5万元,基本保险金额53 150元,每年可分红;如遇意外将按基本保险金额的3倍进行赔付。

2010年10月29日,不幸再次降临到这个家庭,李某外出打工,不幸遭遇车祸身故。此时,家中只剩下年迈的父母和幼小的孩子,一家人陷入了无限的悲痛中,同时也面临着生活上的困难。

接到报案后,中国人寿衡水分公司迅速展开理赔调查走访工作,经调查确属保险责任,快速做出理赔决定,将理赔款交到李某父母手中,为这个不幸的家庭带去了希望。

(本文由作者改写自:中国保险报.2010-11-16)

结合以上材料,谈谈你对两全保险的认识。

案例材料二 被保险人带病投保成功 申请理赔被新华保险拒绝

原告张占胜诉被告新华人寿保险股份有限公司开封中心支公司兰考营销服务部、新华人寿保险股份有限公司开封中心支公司人身保险合同纠纷一案,日前在河南省兰考县人民法院宣判(新华人寿保险股份有限公司,以下简称新华保险)。

原告张占胜称,2005年2月25日,经被告方业务员联系,原告以其母亲田珍为被保险人与新华保险在兰考签订了定期寿险(A)保险合同。保险合同生效后,原告每年按时交纳保险费。5年以后,田珍病故,按合同约定,该保险公司应赔付40 000元的保险金。当张占胜申请理赔时,新华保险无故下发拒赔通知书。张占胜诉二被告连带赔付其保险金40 000元。

可是,新华保险辩称,张占胜的母亲田珍于2005年2月14日入住开封肿瘤医院,诊断结果为左下肺腺癌。在签订合同时,张占胜故意隐瞒了被保险人身患癌症的事实,没有按照合同约定履行如实告知义务,存在严重违约行为,保险公司有权依法解除合同,并对合同解除前发生的保险事故不承担保险责任。

经审理查明,法院认为,被告方保险代理员在明知被保险人有病的情况下,为其办理保险业务,应视为被告方同意原告为被保险人带病投保,故原告与被告之间的保险合同成立有效。被告新华保险兰考营销服务部系被告新华人寿开封中心支公司的下属机构,没有独立的主体资格。

(本文由作者改写自:中国经济网)

针对本案,你认为法院应如何判决,并说明原因。

案例材料三 央行加息倒逼预定利率 传统寿险产品收益直面考验

加息对于寿险公司而言，可谓喜忧参半。高度依赖投资收益贡献经营利润的寿险公司，可以在投资领域分享加息的成果，协议存款利率和债券收益率都将攀升。不过，另一方面却是加息后2.5%的一年期存款基准利率已经和传统寿险预定利率持平，传统寿险收益的劣势再度凸显！加之分红险本就不高的分红水平、逐月下降的万能险结算利率，寿险产品在收益方面的竞争力顿显苍白。总之，在央行加息倒逼传统寿险预定利率的情况下，到底什么时候由哪家公司"打第一枪"，率先推出突破2.5%利率的传统寿险产品？人们拭目以待。

传统寿险瓶颈凸显

目前市场上出售的传统寿险产品，大多是在银行利率最低时设计出炉的，预定利率上限为2.5%。加息之后，这些险种在收益方面的瓶颈劣势被再度放大。2010年前3个季度，沪上传统寿险实现保费收入40.3亿元，在寿险总保费中的占比由2009年同期的10.95%下降至8.36%。而随着加息，2.5%的1年期存款基准利率已经和传统寿险预定利率上限持平，这意味着传统寿险竞争力进一步下降，其在寿险规模中的占比也将可能持续下降。由于产品竞争力的缺失，传统寿险在寿险公司销售榜单中只能起到"装点门面"的效果。2010年前3个季度，沪上传统寿险保费收入过亿的寿险公司仅有7家，其中平安人寿11亿元、中国人寿9.2亿元、友邦保险7.3亿元分居前三。同期，分红险保费收入352.5亿元，万能险保费收入68.2亿元。"上海保险市场的一大特点在于，客户对于寿险产品的收益情况敏感。如果传统寿险产品不能突破2.5%预定利率的枷锁，其尴尬的市场定位很难改变。"国寿上海分公司精算部相关人士认为，传统寿险现在的卖点仅限于纯保障，这样的卖点实在难以打通市场。"在如今保险市场环境下，纯保障的卖点几乎等于没有卖点。加息或许会倒逼传统寿险预定利率上调。"有业内人士如是指出。

分红万能面临压力

虽然保费增幅较高，但分红险和万能险仍需面对收益率不高的发展痛楚。"保监会此前规定不对分红险作明确的收益预测，因此短期内分红险产品是否收益不如预期，现在还很难断言。一般而言，客户能够拿到基本的保底收益，即不低于1年期的存款利率，但是如何和3年期和5年期的存款利率比较，还要看各家公司的投资能力和分红水平。"沪上某中资寿险银保业务部负责人坦言。有业内人士表示，从2008年开始，证券市场开始不景气，导致寿险公司投资收益缩水明显，对于分红险而言，其收益水平的下降是可以预期的。"不过现在分红险占据寿险市场的销售大头，如何在满期给付时达到客户购买时期望的分红水平，确实是一大难题。"从3大上市保险公司给出的分红收益率来看，去年平安人寿给出的分红险回报为4.5%至5%；中国人寿次之，平均约在3.5%至3.6%，最高可达4%；太平洋寿险的分红率相对少一些，平均在3%至3.5%。市场人士预计，2010年分红险的分红率平均在4%以上。

万能险同样面临结算利率持续下滑的尴尬。2010年前10个月，结算利率一路下滑的阳光财富稳健型万能险，最终坚守在4%的水平。一度高歌猛进的正德人寿"幸福人生"万能险结算利率，也下调在3.85%的水平上。泰康人寿"爱家赢家"万能险结算利率同样失守4%大关。这些一度引领沪上万能险结算利率新高的险种都不约而同调低了万能险结算利率。"每月公布的万能险结算利率，并不能直接反应保险资金的运作情况。其实，保险公司在经营万能险时，通常将保底收益、初始费用、浮动利率进行通盘考虑，但必须确保保险公司自身利益水平不受影响。”有专家指出，和分红险情况不同，寿险公司对于万能险结算利率的调控力度更大。逐月下调的结算利率已经使得万能险遭遇信任危机。2010 年上半年，上海万能险业务累计给付保险金 1.36 亿元，同比增加 6 100 万元，增幅高达 81%。其中，海康人寿和中德安联上海地区万能险给付保险金分别达到 3 990 万元和 3 658 万元，位列所有寿险公司前 2 位。某寿险公司客户服务部负责人透露，对万能险来说，这显然不是一个正常的给付增长率，很大程度上反映了消费者对结算利率的不满。

利率市场化现分歧

2010 年 7 月，保监会发布《关于人身保险预定利率有关事项的通知(征求意见稿)》，明确提出，传统寿险预定利率将由保险公司按照审慎原则自行决定，这意味着实施 11 年的 2.5% 这一传统寿险预定利率将被突破。业内人士一度预期，在通胀压力以及加息预期下，预定利率的市场化有望促成传统寿险产品转化，进而促成销售转机。不过，近 4 个月的市场现状表明，预定利率市场化“只闻楼梯响”，市场上至今仍没有出现突破 2.5%预定利率的传统寿险新产品。本刊顾问、中央财经大学保险学院院长郝演苏指出，中小寿险公司可能会为了争夺市场份额对产品进行微调，但变动不会很大。预定利率上调必然意味着寿险公司给付风险相应增高，鉴于目前经济形势的不明朗，传统寿险新产品近期出现的可能性并不大。

对于利率市场化的革新，不同的寿险公司有着不同的考虑。“大型寿险公司成立多年，在市场上已经形成较为稳定的品牌和资金优势；相比之下，中小寿险公司出于拓展业务的考虑或许会在产品设计上提高产品回报率来吸引客户。”有专家指出。国寿、平安、太平洋人寿等大型寿险公司经历过 1999 年之前的高利率市场发展，虽拥有了市场，却留下了利差损的伤痛，背上了包袱。如果预定利率不变，还可以在银行储蓄、国债投资等渠道获利，填补一部分利差损的窟窿。但如果要实施市场化，补窟窿的算盘将会落空。大型寿险公司无暇创新，中小寿险公司也有所顾忌。“虽然监管部门已经给予传统寿险市场化的空间，但考虑到寿险市场产品同质化严重，新产品容易很快被模仿等因素，没有寿险公司愿意充当市场先驱。”有知情人士透露，担心新产品遭遇同业抄袭是中小寿险公司对于传统寿险创新动力不足的另一原因。而对于寿险产品面临收益的考验，人保寿险总裁李良温在相关论坛上表示，预定利率 2.5%的上限导致传统寿险产品价格比较高，对消费者缺乏吸引力，需求难以得到有效的释放。而传统产品利率市场化，可以完善和丰富保险产品的供给，满足消费者不同风险偏好的差异化需求。

不过，国寿集团副总裁万峰也在相关论坛上表示，保监会不应以“传统型保险产品”的概念来界定放开预定利率的条件，应该以返还型和非返还型来划分。凡是返还型产品，有利差损风险的产品还是需要管制，不应该放开，否则风险太大，对已有业务将产生很大冲击。“从现在整个寿险市场发展环境看，利率放开已经成为未来发展趋势之一，虽然现在受限于政策细则不明朗、大小寿险公司相互博弈，导致短期内推行存在难度。但寿险产品收益偏低的问题最终还是有待费率市场化加以解决。”郝演苏如是指出。

(本文由作者改写自：解放日报 . 2010 - 12 - 08)

根据以上材料，谈谈你对普通型人寿保险产品和新型人寿保险产品的认识。

推荐阅读

[1]熊福生,姚壬元．保险学[M]. 北京:经济管理出版社,2011.
[2]张洪涛,郑功成．保险学[M]. 北京:中国人民大学出版社,2005.
[3]尹成远,闫屹．保险学[M]. 北京:人民邮电出版社,2003.
[4]杨忠海．保险学原理[M]. 北京:清华大学出版社,北京交通大学出版社,2008.
[5]王福新．中国寿险业偿付能力风险评价[M]. 北京:经济科学出版社,2004.
[6]石玉凤．寿险产品优化理论[M]. 北京:中国经济出版社,2006.
[7]周伏平．个人风险管理与保险规划[M]. 北京:中信出版社,2005.
[8]江生忠等．中国保险业改革与发展前沿问题[M]. 北京:机械工业出版社,2006.

第9章　保险基金

本章提要

保险基金是保险人承担保险赔款或给付责任的资金源泉。从其属性来看，属于社会后备基金的一种。其构成、资金提存与运用也是具有自身独特的内容。第一节介绍的是社会后备基金与保险基金，第二节介绍的是保险基金的构成，包括保险基金的构成与责任准备金的提存，第三节介绍的是保险基金的运用，包括运用的原则、投资方式等。

学习目标

1. 社会后备基金的概念与种类
2. 自留后备的局限性
3. 保险基金的概念与特点
4. 保险基金的构成内容
5. 保险投资的原则与方式

框架结构

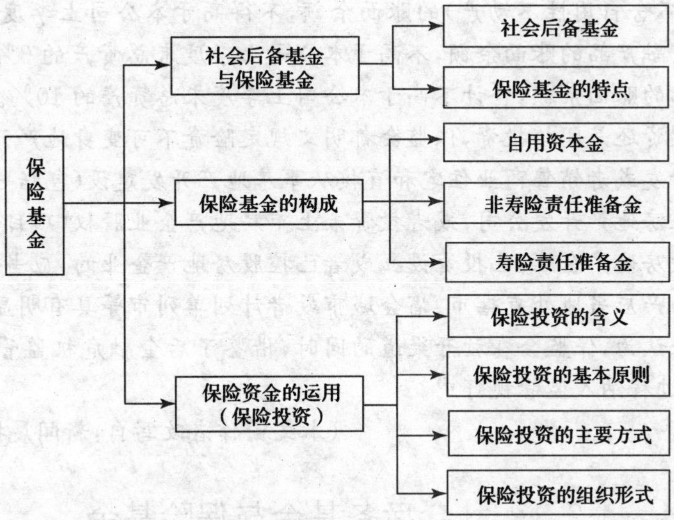

开篇案例

险资投资房地产正式放行　千亿资金有新投资渠道

2010年9月5日晚间，保监会发布《保险资金投资股权暂行办法》和《保险资金投资不动产暂行办法》，正式允许保险资金投资未上市企业股权和不动产，这是我国首部私募股权投资办法和保险行业首部完整不动产投资办法，意味着险资可名正言顺投资房地产和私募股权了。

千亿保险资金有新投资渠道

“两个办法”对投资主体、资质条件等事项，进行了全面的规定。《保险资金投资股权暂行办法》指出，保险资金只能投资处于成长期或成熟期的企业股权，不能投资创业风险投资基金，不能投资高污染、高耗能等不符合国家政策和技术含量较低、现金回报较差的企业股权。

针对股权和不动产的投资特点及风险特征，上述办法对风险控制做了系统性安排，明确了投资股权不超净资产。按照规定，保险机构投资未上市企业股权的账面余额，不高于本公司上季末总资产的5%；投资“股权投资基金”等未上市企业股权相关金融产品的账面余额，不高于本公司上季末总资产的4%，两项合计不高于本公司上季末总资产的5%；直接投资股权的账面余额，不超过本公司净资产，除重大股权投资外，投资同一企业股权的账面余额，不超过本公司净资产的30%；投资同一投资基金的账面余额，不超过该基金发行规模的20%。

业内分析人士指出，按照二季末，保险公司45 235亿总资产计，三季度可以有超过4 500亿元和2 200亿的资金进入不动产和PE市场，“两个办法”的发布将缓解当前2万亿的保险投资压力。

保险公司严禁变身开发商

保险资金将可以合法进入不动产领域，但必须严格控制风险，投资总额不能高于保险公司投资总额的10%。《保险资金投资不动产暂行办法》指出，如以债权、股权、物权方式投资的不动产，其剩余土地使用年限不得低于15年，且自投资协议签署之日起5年内不得转让。保险公司投资不动产(不含自用性不动产)的账面余额，不得高于本公司上季度末总资产的10%，投资不动产相关金融产品的账面余额，不高于本公司上季度末总资产的3%；投资不动产及不动产相关金融产品的账面余额，合计不高于本公司上季度末总资产的10%。

但无论直接投资还是间接投资，保监会都明文规定险资不可变身地产开发商。办法明确：险资不可以投资开发或者销售商业住宅和直接从事房地产开发建设(包括一级土地开发)。保监会禁止险资设立房地产开发公司，或者投资未上市房地产企业股权(项目公司除外)，或者以投资股票方式控股房地产企业，已投资设立或者已控股房地产企业的，应当限期撤销或者转让退出。投资的不动产应当地处直辖市、省会城市或者计划单列市等具有明显区位优势的城市。

市场分析人士认为，保监会在放开渠道的同时，借鉴了后金融危机监管经验教训，为了防范风险，将投资全过程纳入监管视野中。

(本文由作者改写自：新闻晨报.2010-09-07)

9.1 社会后备基金与保险基金

保险基金属于社会后备基金的一种，因此，在学习保险基金之前，首先要学习社会后备基金。

9.1.1 社会后备基金

社会后备基金，是指通过对社会总产品中国民收入部分的分配和再分配而形成的、具有特定用途的后备，既包括物质后备，也包括货币后备。

在中国，社会后备基金包括全国性的后备、地方性的后备和生产单位的后备。它们各有分工、相互配合，形成有计划的社会主义后备基金体系。大的方面有国家战略性后备金，如国家战略性石油储备就是一种，还有如粮食、钢铁、贵金属等；小的方面有地方性、行业性甚至家庭的后备金。

社会后备基金的建立，其目的是为了防备社会再生产过程中出现的中断和保持国民经济的平衡，调整国民经济发展过程中可能出现的比例失调，消除特大自然灾害、意外事故造成的经济损失，以及为了稳定社会生活，对公民提供社会福利、经济保障，预防不测事件对公民个人的生活带来困难，还有国家战略后备的需要等。

社会后备基金的种类，基于上述不同目的可区分为以下几种。

1. 国家储备

国家储备指国家为保证社会再生产正常进行和满足人民的生活需要，通过对国民收入的再分配，直接掌握动用的、同国计民生有重大关系的生活资料和生产资料的物资储备。如粮食、燃料、钢铁等储备。

国家储备包括国家掌握的长期性储备和当年准备，以及地方政府掌握的地方性储备，用以解决严重自然灾害、战争等突发事件需要，国民经济计划执行中的特殊需要以及援外任务中的特殊需要等。

我国目前的国家储备由国家物资储备局负责管理。

国家物资储备局是国家发展和改革委员会管理的司局级机构，负责拟订国家战略物资储备的战略和规划，组织国家战略物资的收储、动用、轮换和日常管理。

我国国家物资储备始建于1953年，经过50多年的发展，逐步形成了国家物资储备局、储备物资管理局(办事处)、基层单位的三级垂直管理体制，建设了完善的储备仓库体系，储备了一定规模的国家战略储备物资。50多年来，国家物资储备在支持国防建设、经济建设、抗灾、救灾等方面做出了积极贡献。

2008年5月12日，四川汶川发生特大地震，国家物资储备局发挥了重要作用，见章后案例资料一。

2. 财政后备

财政后备是指在一个财政年度内，国家为应付自然灾害或意外事故的损失和其他一些临时性的特殊需要，而在国家预算中设置的一项货币资金。建立的目的是，防备国民经济发展中难以预见的比例失调，保证社会再生产过程不致中断；弥补自然灾害和其他意外事故造成的损失；应付战争等突发事件的特殊需要。

财政后备的种类，一般包括：国家预算预备费，主要是用于解决预算执行中一些临时需要追加的支出；国家预算周转金，是为解决由于财政资金收支在时间上的不一致所引起的资金需要；财政历年净结余，是由历年财政年度内财政收入大于支出的差额转为下年度机动使用而形成，主要是用来解决财政收支年度之间的不平衡。

财政部公布的2011年中央公共财政支出预算表共包括25个支出项目，总计预计支出54 360亿元，其中第21项即为预备费，500亿元。

3. 社会保障基金

社会保障基金是根据国家有关法律、法规和政策的规定，为实施社会保障制度而建立起来、专款专用的资金。社会保障基金一般按不同的项目分别建立，如社会保险基金、社会救济基金、社会福利基金、社会优抚基金等。其中，社会保险基金是社会保障基金中最重要的组成部分。目前，我国社会保险基金分为养老保险基金、失业保险基金、医疗保险基金、工伤保险基金和生育保险基金等；其中养老保险基金数额最大，在整个社会保险制度中占有重要地位。

社会保险基金在第12章中有详细介绍。

社会救济基金是指国家和社会为保证每个公民享有基本生活权利，而对贫困者提供物质帮助而建立的基金。主要包括自然灾害救济、孤寡病残救济和城乡困难户救济等。国家和社会以多种形式对因自然灾害、意外事故和残疾等原因而无力维持基本生活的灾民、贫民提供救助。包括提供必要的生活资助、福利设施，急需的生产资料、劳务、技术、信息服务等。

社会福利基金是指为兴办社会福利而建立的基金。

广义的社会福利是指提高广大社会成员生活水平的各种政策和社会服务，旨在解决广大社会成员在各个方面的福利待遇问题。

狭义的社会福利是指对生活能力较弱的儿童、老人、母子家庭、残疾人、慢性精神病人等的社会照顾和社会服务。社会福利所包括的内容十分广泛，不仅包括生活、教育、医疗方面的福利待遇，而且包括交通、文娱等方面的待遇。社会福利是一种服务政策和服务措施，其目的在于提高广大社会成员的物质和精神生活水平，使之得到更多的享受。

社会优抚基金是针对军人及其家属所建立的社会保障基金，是指国家和社会对军人及其家属所提供的各种优待、抚恤、养老、就业安置等待遇和服务的保障制度。

优抚的对象是为革命事业和保卫国家安全做出牺牲和贡献的特殊社会群体，由国家对他们的牺牲和贡献给予的补偿和褒扬。优抚对象主要包括以下人员：中国人民解放军现役军人和武警官兵；革命伤残军人；复员退伍军人；革命烈士家属；因公牺牲军人家属；病故军人家属；现役军人家属等。据有关资料统计，目前中国有优抚对象 4 000 多万人，其中享有国家抚恤补助的各类优抚对象为 450 万人。

4. 自留后备

自留后备是指经济组织自身提存的后备基金。这是由个别经济单位自身提存、自留自用、解决本单位财产和其他损失的一种后备基金。这种形式的后备基金出现较早。

自留后备是一种自给自足性质的损失补偿资金，具有一定的局限性。

(1)不合理与不稳定性。从资金运动来考察，一个经济单位只有储备与自身资产价值量相等的货币资金，才能实现自我补偿的目的；但储备与自身资产价值量相等的货币资金，退出资金运动搁置不用，显然违背了资金运用的最佳经济原则，因为资金运动会带来更多的价值量，因此，它体现了不合理性。如果一个经济单位用于后备的货币资金，投入本单位的生产和流通，参加资金周转，那么一旦遭遇意外和危险，该项资金也连同其他财物一起，被损毁或灭失了，补偿则成为不可能，因此，它表现了不稳定性。

(2)不科学性。从价值量来考察，一个经济单位究竟要储备多少数额的货币资金？由于意外和危险是受偶然性内部规律所支配，根据大数定律，只有大量标的才能科学地预测出其发生的规律，即相对确定的一个数值，而一个经济单位无论如何是不能预测出来的，因而，它体现了不科学性。

自留后备，虽然具有上述局限，但对于小额损失，仍然具有一定的积极意义，是作为保险形式的保险基金的一个补充形式。因为一个经济单位对于小额损失进行保险，是不经济的；从保险人角度来看，小额损失手续繁琐，会增加管理费用，而投保人会多付保险费，收益甚小。

5. 自保形式的后备基金

专业自保公司是那些由其母公司拥有的，主要业务对象即被保险人为其母公司的保险公司。它是一种由其组织上隶属的母公司紧密控制的，专为其母公司提供保险服务的组织机构。

随着经济的增长及单个经济组织经济实力的增强，世界上一些巨型企业自留形式的后备基金也随之发展起来。

国际上从 20 世纪 70 年代开始形成一种名为专业自保公司的自保机构，它起源于美国，既有自留形式后备基金的性质，又具有专业保险公司的某些性质。

专业自保公司在 19 世纪中期就出现了。当时由于投保人发现传统的保险险种和保险费率无法满足他们的保险需求，因而创建了自己的保险机构。例如，在 19 世纪 40 年代，美国的一些船东不满意于伦敦劳合社承保人提供的海上保险服务，因而创办了 Atlantic Mutual；1845 年，伦敦的一些货栈主因为无法从保险人那里获得所需的保险保障，于是创办了 Royal Insurance Company 来满足其承保要求。然而这只是一些相互独立的事件，只能看作是专业自保公司的萌芽和雏形。直到 20 世纪 70 年代，专业自保公司才开始真正发展起来，20 世纪 70 年代中期，美国财产保险业发生了历史上最严重的承保亏损，投资收益也不能弥补承保亏损，一些巨型企业竞相设立专业自保公司，后来欧洲国家也纷纷仿效，一般称之为专属保险公司。现在已成为国际保险市场上一支十分重要的力量。截至2005年底，全球范围内专业自保公司的数量已超过5 000家，总保费收入接近260亿美元，总投资已逾1 400亿美元。国际上越来越多的企业拥有了自己的专业自保公司，据统计，目前在世界财富500强企业中有超过70%的企业设立了专业自保公司。

中国铁路和民航系统内部自办的旅客意外伤害保险及一些中央大型企业都办理了自我保险。

6. 保险形式的后备资金

保险基金指专门从事风险经营的保险机构，根据法律或合同规定，以收取保险费的办法建立的、专门用于保险事故所致经济损失的补偿或人身保险事故给付的一项专用基金，是保险人履行保险义务的条件。它是由保险机构集中起来的后备基金，由保险机构根据大数法则，经过科学的测算，订出各种不同的保险费率，向参加保险的投保人收取不同的保险费汇聚而成。这种基金不仅为生产提供保障，而且对消费和个人生、老、病、死、伤残提供保障。

保险形式的后备基金具有明显的资金来源分散、使用集中的特点。保险基金来源于社会分散资金，由保险人汇聚为雄厚的基金，解决经济单位或个人无法解决的损失补偿。保险的补偿责任，可按参加者的需要，以合同的形式加以规定。只要发生保险责任范围内的损失，就能及时地获得经济赔偿。保险基金既有灵活性，又十分安全可靠。它具有分散自保基金在使用上的灵活性，而无资金分散、力量有限的缺陷。同时，它又具有集中形式后备基金力量雄厚的优势，而又不受国家财力物力多用途的约束。所以，建立保险基金是一种经济、合理、有效的保障制度。

9.1.2 保险基金的特点

1. 来源分散、使用集中，体现一种合理分担的性质

保险基金来源于参加保险的千家万户，有集体的、有个人的；其用途是补偿少数被保险人因为灾害事故的破坏所遭受的损失。这种"一人为众，众为一人"的性质是保险互助性的集中体现。同时，这种经济行为反映了保险人用于补偿损失的基金主要是通过保险行为凝聚的外来资金，不是自有资金(营业之初除外)，也就是说，受灾的被保险人从保险人那里取得的经济补偿来源于众多的被保险人所交纳的保险费，可见保险基金是一种分担金。这也体现了保险基金的互助性。

这种分担金之所以是合理的，是因为保险人向被保险人收取的保险费不是取决于保险双方的意愿，而是在被保险人自愿投保的基础上，按照保险费率收取。而保险费率则体现出非常强的合理性。参见第五章保险数理基础。

2. 保险基金是一种责任准备金

将保险基金作为责任准备金看待是根据其收入与支出时间上的不一致、保险补偿经济损失的客观依据和保险责任的连续性认定的。保险人要进行经济补偿或给付，首先必须建立保险基金，否则，就无法实现补偿或给付。赔款要以保险事故发生的客观事实为依据，保险标的不出险、不发生保险事故，就不能动用保险基金，不能依人的主观意愿随意进行补偿或给付。由于收取保险费在前，而且是定期或集中收缴；赔款在后，并且要以保险事故的发生为依据；同时，灾害事故的发生又是不确定的，所以就决定了在合同有效期间保险人的保险责任是不能解除的。也就是说，在保险合同有效期内，在保险事故发生之前，保险人必须将保险基金置于准备状态，以随时用于进行经济损失的补偿或履行保险金的给付。因此，保险基金是一种责任准备金,实际上它是保险人的经济负债。

3. 保险基金的返还性

保险基金的主体是各类准备金,而这些准备金大都属于保险公司的负债,需要在将来某一时刻返还给被保险人或受益人。因此,返还性是保险基金很重要的一个性质,这个性质决定了保险基金在进行投资时必须始终把安全性放在首位。

将保险基金作为返还性资金看待是根据其支付对象和条件认定的。保险的补偿或给付要以保险合同为依据,不是对遭灾受损的任何人,而必须是与保险人订有契约、缴纳保险费的受灾的被保险人。也就是说,谁缴纳保险费,保险人就对谁补偿或给付,不参加保险,不缴纳保险费,就不能取得保险人的赔款。这一缴一补(给),体现了保险基金的返还性。这种返还性是从保险基金收支的总体上讲的,如果就某个具体的被保险人来说则不完全如此。保险基金的返还对每个被保险人来说不是绝对的,可能返还,也可能不返还,这要根据具体险种和情况而定。有的险种要返还,如人寿保险,特别是"两全人寿保险",谁缴纳保险费,谁领取保险金在保险合同中事先约定,达到约定的返还条件就返还给保险合同约定的受益人,而且缴纳多少保险费与领取多少保险金(返还)存在着很强的正相关。有的险种不一定返还,如财产保险,缴纳保险费的被保险人如果遭灾受损了,可以取得补偿,领取赔款;如果没有遭灾受损就得不到补偿,不能领取赔款。

9.2 保险基金的构成

9.2.1 自有资本金

保险公司的自有资本金,包括注册资本(或实收资本)和公积金。

1. 注册资本金

在保险企业创办初期,在筹措保险资本时,要特别筹集一部分现金资本即资本金,作为营业之初赔款或给付保险金的准备金。因为在营业之初,保险公司未必能筹措到很大规模的保险基金,在此期间如果发生保险事故,保险公司还必须履行赔偿或给付的责任,因此,保险公司在筹备开业时,必须筹集一定的现金资本作为准备金。该项资本金的来源,国有独资保险公司由国家财政拨款拨付,股份有限保险公司则采取股份筹资方式。

我国《保险法》中规定:"设立保险公司,其注册资本的最低限额为人民币二亿元。""保险公司的注册资本必须为实缴货币资本。"

《保险法》中还规定:"保险公司应当按照其注册资本总额的百分之二十提取保证金,存入国务院保险监督管理机构指定的银行,除公司清算时用于清偿债务外,不得动用。"

《保险法》中还规定:"保险公司需要缴纳保险保障基金。保险保障基金应当集中管理,并在下列情形下统筹使用:(一)在保险公司被撤销或者被宣告破产时,向投保人、被保险人或者受益人提供救济;(二)在保险公司被撤销或者被宣告破产时,向依法接受其人寿保险合同的保险公司提供救济;(三)国务院规定的其他情形。保险保障基金筹集、管理和使用的具体办法,由国务院制定。"保监会、财政部、中国人民银行于 2008 年 9 月 16 日联合发布《保险保障基金管理办法》,办法中要求成立保险保障基金公司,依法管理保险保障基金。

2. 公积金

公积金包括资本公积金和盈余公积金。

(1)资本公积金。资本公积金是在公司的生产经营之外,由资本、资产本身及其他原因形成的股东权益收入。股份公司的资本公积金主要来源于股票发行的溢价收入、接受的赠与、资产增值、因合并而接受其他公司资产净额等。其中,股票发行溢价是上市公司最常见、最主要的资本公积金来源。

资料链接　　**幸福的烦恼:八成超募资金闲置(节选)**

一边是大量中小企业流动性匮乏,国务院不得不加大对小微型企业的金融、财税支持力度;一边是众多新上市的创业板公司超募资金闲置。这种"错位"使众多创业板公司遭遇着"幸福的烦恼",且超过八成的超募资金闲置于银行也使其饱受诟病。

自创业板推出以来,IPO高超募的现象一直普遍存在。截至2011年10月13日,共有269家公司在创业板上市融资,其中265家公司实现了超募,只有4家公司没有超募。上述公司预计募资660.17亿元,扣除发行费用后实际募资1 777.09亿元,总计超募资金高达1 116.92亿元。公司超募比例多在100%～200%区间内,平均超募比例为179.15%。

信贷紧缩背景下,巨额超募资金无疑为创业板上市公司带来了资金优势,但如何合理使用这些超募资金,将资金优势转化为竞争优势,则成为多数创业板公司"幸福的烦恼"。和资金越多越好的观点不同,平安证券首席策略研究员王韧认为,募集资金的使用效率决定股东权益的回报,超募资金实际上是一把"双刃剑",目前超募资金使用效率低下使创业板公司可能正步入"破坏性成长"的歧途。

八成超募资金闲置于银行

截至2011年10月13日,创业板获得超募资金的265家公司总计超募1 116.92亿元,其中已经公布了使用计划的资金总额为352.26亿元,高达764.66亿元的超募资金尚无规划,占全部超募金额的68.46%。而在公布了使用计划的项目中,也仅有48%的资金已实际投入。无使用计划以及尚未投入计划项目的共计有934.52亿元,这部分资金主要以定期或者活期存款的方式存放于银行,因此目前闲置于银行的资金占到了创业板公司超募资金的83.67%。

对一些新上市公司而言,超募资金闲置的部分原因是获取超募时间过短,公司尚未有充分时间决定其使用方式,因此对各年度上市公司的超募资金使用情况进行分类统计。结果显示,超募资金的使用比例与上市时间正相关,但早期上市公司的超募资金的使用情况仍不能令人满意,即使是在2009年完成IPO融资的创业板公司,截至目前其超募资金的实际投入比例也仅为36.22%。

……

以美国纳斯达克市场为例,现金分红是公司高速成长期结束和股价走低的重要分水岭,其背后原因就在于现金分红实质上隐含了公司无法再继续找到高回报的投资项目。微软曾17年不发放现金股利,于2003年1月17日宣布开始使用现金分红,投资者认为微软无法再次实现过去的高速增长,此后微软股价长期低迷。

(本文由作者改写自:大众证券报.2011-10-14)

(2)盈余公积金。盈余公积金是指企业按照规定从税后利润中提取的积累资金。盈余公积金按其用途,分为法定盈余公积金和公益金。法定盈余公积金在其累计提取额未达到注册资本50%时,均按税后利润10%提取,已达到注册资本50%时不再提取。公益金原按5%～

10%提取，是指企业计提的专门用于职工福利设施的支出，如购建职工宿舍、托儿所、理发室等方面的支出。最新的《公司法》对公益金的提取比例不再做强制规定，公益金提取比例由公司董事会决定。

企业提取的法定盈余公积金的用途，主要用于以下几个方面。第一，弥补亏损。第二，扩大企业经营规模或者转增资本金。第三，分配股利。

9.2.2 非寿险责任准备金

1. 保费准备金

(1)概念。保费准备金是指保险人为保证其如约履行保险赔偿或给付义务，根据政府有关法律规定或业务特定需要，从保费收入或盈余中提取的与其所承担的保险责任相对应的一定数量的基金。为了保证保险公司的正常经营，保护被保险人的利益，各国一般都以保险立法的形式规定保险公司应提存保险准备金，以确保保险公司具备与其保险业务规模相应的偿付能力。

保费准备金通常按照未到期责任准备金来提存。未到期责任准备金指按规定从本期保险责任尚未到期，应属于下一年度的部分保险费中提取出来形成的准备金。按照我国《保险公司非寿险业务准备金管理办法(试行)》的规定，未到期责任准备金是指在准备金评估日为尚未终止的保险责任而提取的准备金，包括保险公司为保险期间在一年以内(含一年)的保险合同项下尚未到期的保险责任而提取的准备金，以及为保险期间在一年以上(不含一年)的保险合同项下尚未到期的保险责任而提取的长期责任准备金。

如此的未到期责任准备金计提主要是因为会计年度和保险年度的不一致，所以按照权责发生制的原则，对于每一个会计年度结束时未到期的保险单必须提存未到期责任准备金，作为下一会计年度保险公司履行责任的准备。

(2)未到期责任准备金的计提方法。未到期责任准备金的计提方法通常有年平均法、季度平均法、月平均法和逐日计提法。在我国，从 2005 年 5 月 15 日起，会计年度末未到期责任准备金按照 1/24(月平均法)、1/365 法(年平均法)提取，对于某些特殊险种，根据其风险分布状况可以采用其他更为谨慎、合理的方法。

①年平均法。年平均法是以“年”为计提的时间点，该方法假设保险公司每年 365 天中平均每天签订的保险合同数量是相同的，且每份保险单的保险金额以及收取的保险费都是处于大致相当的水平，同时假设一年期以内的保单在会计年度末还有 50%未到期，则应提存有效保单保险费的 50%作为未到期责任准备金。其计算公式为：

$$未到期责任准备金=当年自留保险费总额\times 50\%$$

②季度平均法。季度平均法又称为 8 分法，该法和年度平均法类似，假设保险单在每一季度中是逐日开出的，而且假设所开保单的数量、保险金额和保险费都是大体相当的。所以，在每一季度末已到期的责任即为保单责任的 1/8，那么未到期责任就是 7/8，然后每过一个季度未到期责任减少 2/8。因此，

$$未到期责任准备金=第一季度自留保费\times 1/8+第一季度自留保费\times 3/8+第一季度自留保费\times 5/8+第一季度自留保费\times 7/8$$

③月平均法。月平均法即 1/24 法，假设保险单在每一月中是逐日开出的，而且假设所开保单的数量、保险金额和保险费都是大体相当的。对于一年期的保单来说，每个月末保单的已到期责任为 1/24，未到期责任为 23/24。以此类推，则月平均法下未到期责任准备金的计算公

式为：

$$未到期责任准备金=一月份自留保费\times 1/24+二月份自留保费\times 3/24+\cdots\cdots+十二月份自留保费\times 23/24$$

④逐日计提法。逐日计提法是根据有效保险单的实际天数来计提未到期责任准备金的一种方法。该法计算未到期责任准备金的公式为：

$$P_n=\frac{A_n(2n-1)}{730}$$

其中，P_n表示某日的未到期责任准备金；A_n表示某日的自留保费；$n=1,2,3,\cdots\cdots,365$；$(2n-1)/730$为未到期责任准备金的时间系数。

如果用P表示该方法下全年度的未到期责任准备金，则：

$$P=P_1+P_2+P_3+\cdots\cdots+P_{365}$$

2. 赔款准备金

赔款准备金又称未决赔款准备金。未决赔款准备金是指保险公司在会计年度决算以前发生保险责任而未赔偿或未给付保险金，在当年收入的保险费中提取的资金。提取未决赔款准备金的目的在于保证保险公司承担将来的赔偿责任或给付责任，切实保护被保险人及其受益人的权益。未决赔款准备金不是保险公司的营业收入而是保险公司的负债。

(1)赔款准备金一般包括下面两种情况。

①已发生未报告赔款准备金。保险公司已知保险事故发生，但被保险人或其受益人因种种原因未提出赔付要求，且在索赔时效内对于保险责任范围内的损失，保险公司有义务支付，因而保险公司需提留资金准备。

②已决未付赔款准备金。投保人或者被保险人或者其受益人已经依据保险合同的约定，对保险事故导致的经济损失提出来索赔，保险人已经确认应该赔偿但尚未支付的赔案提取的准备金。对于索赔要求，保险公司往往要经过核查手续，如勘定该损失是否在保险责任内、审核损失金额是多少等等。在处理理赔之前，可以先从保险费中扣除一部分资金，转入未决赔款准备金中。

(2)计算方法。在保险实践中，普遍采用的计算未决赔款准备金的方法有逐案估算法、统计法以及赔付率法。

①逐案估算法。所谓的逐案估算法就是由保险公司的理赔人员逐一查阅索赔案件登记表，并对尚未赔付的案件进行逐案分析，估计每个赔案的赔款金额，同时考虑到部分已经出险但是尚未报案的保险赔款金额汇总后即可得出赔偿该项未决款准备金的数额。

逐案估算法的工作量对于业务量比较大的保险公司而言无疑是十分沉重的，而且该法计算的未决赔款准备金会受到来自理赔人员主观判断的影响。所以这种方法比较适用于赔款金额确定或者索赔数额相差比较悬殊或者赔付整体分布不均的保险业务。

②统计法。统计法又称均值法，这种方法需要根据保险公司以往的历史索赔记录计算出每个赔案的平均赔款金额，在此基础上参考未来保险赔付的变动趋势对计算出的历史平均赔款金额进行修正。

统计法适用于索赔数量较多但是索赔数额不大且基本相同的保险业务。

③赔付率法。该法用同类保险业务所假定的赔付率来计算最终的赔付数额，然后从按照预计赔付率估计的最终赔付额中扣除已支付的赔款和相关理赔费用而得出未决赔款数额。这

种方法的特点即在于计算相对比较简单，但是毕竟计算基础的赔付率是一个预计值，因此难免会与实际情况出现出入，此时计算出的未决赔款准备金就不太准确。

3. 总准备金

总准备金或称自由准备金是用来满足风险损失超过损失期望以上部分的责任准备金。它是从保险公司的税前利润中提取的。

总准备金是保险人从决算后的利润中按一定比例提取并逐年积累，用以应付巨大赔款时弥补亏损的资金。

设置总准备金，既是保持保险人业务经营稳定和组织经济补偿的需要，也是巨型灾害和特大事故的发生在年度间不平衡的必然结果，它对于保障被保险人和受益人的合法权益，保障保险公司的财务稳定性，具有十分重要的意义。

提取总准备金的计算方法是：

总准备金＝当年实现的利润－当年所得税－调节税－利润留成

9.2.3 寿险责任准备金

寿险准备金也称为寿险责任准备金，是指经营寿险业务的公司对保单生效后应承担的来到期责任，依据精算结果计算提取的准备金。

寿险的保险责任一般是长期性的，保险期间短则数年、长则数十年。保费或一次性趸缴，或按月、季、年均衡缴付。

寿险准备金的计算过程很复杂。为简化计算过程，保险公司都有自己厘定纯保险费的死亡表，和预定利率在不同保险类型下的复利、现值和年金换算表，从而大大简化了寿险准备金的计算过程。

寿险准备金的计算方法包括过去法和将来法，均依据收支相等原则，其原理可见第5章。

9.3 保险基金的运用

保险基金的运用主要包括用于对被保险人或受益人的赔偿或给付、保险保障基金的运用和保险投资等。而在一般情况下所谈及的保险基金的运用侧重指的是保险投资。

9.3.1 保险投资的含义

保险投资又称保险资金运用，是指保险公司在经营活动中，将自有资本金、各种责任准备金及其他可投资的资金，通过法律许可的渠道进行投资，使保险资金得到增值的业务。

1. 保险投资的必要性

(1)保险业务经营中存在着闲置资金，可用于投资。保险公司之所以能够将其资金进行投资，主要是因为保险资金在实际应用中存在着时间滞差和数量滞差，使部分资金处于闲置状态。

时间滞差是指保险资金的筹集与使用在时间上存在着较大的间隔。

数量滞差是指保险基金的建立规模与其支付数额之间存在的差额。

(2)保险业激烈的市场竞争使保险公司必须依靠投资收益来维持生存。保险投资对保险公司而言至关重要。在承保市场上，由于竞争的激烈和保险商品的特色属性，保险公司可以获得的利润实际上已经十分低廉，甚至有些业务处于亏损局面，比如美国的责任险市场，尽管保险费率非常高，但由于赔偿额度的不可估测性，使美国责任险市场近些年一直处于亏损状态。

而美国责任险市场又占据其非寿险业务的半壁江山,因此其整个非寿险业务在承保市场上的经营业务可想而知。但美国的保险公司却在保险市场上以资产巨大、实力雄厚而著称,原因就在于在投资市场上他们取得了巨大的收益。用投资市场取得的收益来补偿责任险市场的亏损,是金融危机前美国非寿险保险公司普遍存在的现象。

2. 保险投资的意义

保险投资对保险业的长期、健康、稳定发展,保险公司经营管理和社会经济运行均有重大意义。保险资金存在运用的可能性和运用空间,对它合理利用有着很强的必要性和紧迫性。

(1)首先,保险资金投资可以促进资本市场的健康发展。

①保险资金投资增加了资本市场的资金来源。保险资金是发达资本市场的重要资金来源,相比于财险公司而言,寿险公司因为其经营业务的长期性和稳定性的特点,更是为资本市场提供了长期稳定的资金来源。例如,在资本市场最为发达的美国,保险公司是美国证券市场的最重要的持有人。

②保险资金投资的安全性要求拓展了资本市场的金融工具。保险资金运用要求符合安全性、盈利性、流动性等原则,其中盈利性是目标,安全性、流动性是基础,因为保险资金担负着随时补偿灾害损失和给付保险金的任务,因此保险公司必须采取适当措施应付风险,所以保险公司在保险资金的投资过程中对股票指数、期货、期权等避险工具的需求非常强烈,而这些需求是稳定资本市场的重要因素。而且机构投资者占主体的市场是崇尚长期投资、战略投资的市场,因此,保险资金投资能够促进我国资本市场的健康发展。

(2)保险资金投资能够促进我国保险业的长期发展。

①保险资金投资增强了保险公司的偿付能力。偿付能力充足是对保险公司的最基本要求。随着我国保险公司的增加,特别是外资保险公司的进入,保险行业的竞争日益激烈,保费的降低,经营成本大幅度上升,使承保利润明显下降。我国当前的保险资金多为长期资金,特别是人寿保险资金,有的长达三四十年,在如此长的时间内,如果把这笔资金大部分存放于银行,通过银行利息保值、增值,就可能使保险业务入不敷出,如由于我国近十几年来利率持续下降,使很多公司的原有业务出现亏损,因此如何很好地利用保险资金以增强企业的偿付能力是保险公司面临的问题。根据保监会资金运用监管部统计,2005 年全年保险资金直接投资股票市场的平均收益率高于 6%,单家保险公司直接投资股票的最好成绩高达 20%,2004 年至 2010 年 8 月,保险机构共实现投资收益 8 859.9 亿元,年均投资收益率超过 5%。但即使如此,目前,我国保险公司的偿付能力相比较于国际保险业还是很低的,因此,保险资金入市有利于保险公司拓展新业务,提高投资收益,增强保险公司的偿付能力。

②保险资金投资增强了保险公司的风险控制能力。

保险资金是一种特种资金,专门用于应付自然灾害和意外事故可能对生产、生活造成的不利后果,因此保险公司的保费收入是对被保险人的负债,而不是保险公司的实际收益。由于保险责任是连续的、不确定的,随时可能承担各种保险业务的未到期责任,所以保险公司在资金运用时要全面实行资产负债管理,将保险资产进行合理投资,使资产与负债相匹配,增强保险公司抵御风险的能力。此外,保险投资收益为公司降低保费提供了可能性,而保费的降低有助于提高保险的深度,激发市场的潜在需求,增加保费收入,改善保险业的经营环境,增强保险公司竞争力,使保险行业进入一个良性发展的状态。

9.3.2 保险投资的基本原则

保险投资原则说法众多，一般公认有安全性、流动性和收益性原则。

1. 安全性

安全性是保险投资应遵循的首要原则，原因在于保险公司的资金大部分是属于负债性质的，尤其是长期寿险资金，最终大部分都要以养老保险金、死亡保险金支付给被保险人或受益人。如果一旦出现了保险公司偿付能力不足而导致保险公司的亏损或破产，会引发非常严重的社会影响。从这个意义上说，保险公司在投资时必须保证本金的安全。

投资的安全性可以从以下几个方面确定。

(1)选择正确的投资方向，优化投资结构。以证券投资为例，一般来说，投资债券比投资股票更安全。债券是债务凭证，可以保证还本付息，而股票则是所有权的凭证，一般无期限，风险较大。尽管主要资本主义国家的股份经济很发达，但保险投资均以债券投资为主，而且法律对保险公司的股票投资均有所限制。从投资结构来说，投资者要遵循投资的一些基本规则，如分散投资等，“不要把你所有的鸡蛋放在一个篮子里”，要进行投资结构的优化。

(2)正确认识趋势，把握投资时机。一般来说，一个投资趋势一旦形成，短期内就不容易被扭转，因此，我们要做的就是与趋势为伍，而不是与趋势为敌。同时，还要把握一个趋势大致的周期范围，这样可以在趋势末端进行反趋势的操作，以保证投资既有收益，又很安全。

资料链接 **股神巴菲特(节选)**

巴菲特是当今世界具有传奇色彩的证券投资家，他以独特、简明的投资哲学和策略投资可口可乐、吉列、所罗门兄弟投资银行、通用电气等著名公司股票、可转换证券并大获成功。

以下我们介绍巴菲特的投资理念——赢家暗语：5+12+8+2

巴式方法大致可概括为5项投资逻辑、12项投资要点、8项选股标准和2项投资方式。

5项投资逻辑

(1)因为我把自己当成是企业的经营者，所以我成为优秀的投资人；因为我把自己当成投资人，所以我成为优秀的企业经营者。

(2)好的企业比好的价格更重要。

(3)一生追求消费垄断企业。

(4)最终决定公司股价的是公司的实质价值。

(5)没有任何时间适合将最优秀的企业脱手。

12项投资要点

(1)利用市场的愚蠢，进行有规律的投资。

(2)买价决定报酬率的高低，即使是长线投资也是如此。

(3)利润的复合增长与交易费用和税负的避免使投资人受益无穷。

(4)不在意一家公司来年可赚多少，仅有意未来5至10年能赚多少。

(5)只投资未来收益确定性高的企业。

(6)通货膨胀是投资者的最大敌人。

(7)价值型与成长型的投资理念是相通的；价值是一项投资未来现金流量的折现值；而成长只是用来决定价值的预测过程。

(8)投资人财务上的成功与他对投资企业的了解程度成正比。

(9)“安全边际”从两个方面协助你的投资：首先是缓冲可能的价格风险；其次是可获得相对高的权益报酬率。

(10)拥有一支股票，期待它下个星期就上涨，是十分愚蠢的。

(11)就算联储主席偷偷告诉我未来两年的货币政策，我也不会改变我的任何一个作为。

(12)不理会股市的涨跌，不担心经济形势的变化，不相信任何预测，不接受任何内幕消息，只注意两点：A. 买什么股票；B. 买入价格。

8项投资标准

(1)必须是消费垄断企业。

(2)产品简单、易了解、前景看好。

(3)有稳定的经营史。

(4)经营者理性、忠诚，始终以股东利益为先。

(5)财务稳健。

(6)经营效率高、收益好。

(7)资本支出少、自由现金流量充裕。

(8)价格合理。

2项投资方式

(1)卡片打洞、终生持有，每年检查一次以下数字：A. 初始的权益报酬率；B. 营运毛利；C. 负债水准；D. 资本支出；E. 现金流量。

(2)当市场过于高估持有股票的价格时，也可考虑进行短期套利。

某种意义上说，卡片打洞与终生持股构成了巴式方法最为独特的部分。也是最使人入迷的部分。

(本文由作者改写自：百度百科)

2. 流动性

流动性要求保险公司投资的资产或项目具有很好的变现能力，保证保险公司在需要时可以随时将资产或项目卖掉以回笼资金，以满足保险公司应对被保险人的索赔请求或向被保险人、受益人支付保险金。在出现一些巨大的财产损失或特大自然灾害、空难等出现众多人员伤亡时，这一点显得尤为重要。在2001年美国遭受“9·11”恐怖袭击、2008年中国遭遇春季南方冰雪灾害、“5·12”四川汶川大地震等事件，保险公司都进行了巨额赔付。如果保险公司投资的资产或项目不具有变现性，则在这种情况下就会出现偿付能力不足的现象。

寿险合同一般是长期性合同，而且保险金的给付时间也比较固定，长期的源源不断的保费收入能够支撑保险公司的投资，具有较长的投资回报期，同时也对流动性给予了支持，因此国外寿险投资的相当一部分是不动产抵押贷款之类。非寿险合同一般是短期合同，而且一般要求理赔迅速，赔付率变动也较大，应特别强调流动性原则，因此，国外非寿险保险资金大部分投向商业票据、短期债券和其他货币市场短期票据，以保证充裕的流动性。

3. 收益性

收益性要求保险投资应该保证保险资产的保值增值。保险公司作为市场上的经营主体，同样也要追求利润的最大化。但保险商品的特殊性决定了在承保市场上，保险公司的成本是非常相近的，保险公司也不能通过降低保险商品的售价来增强其竞争能力，这是严格禁止的行为。因此，保险公司要想扩大其资本规模，增强其市场竞争能力，取得较高的利润回报，就必须在投资市场上大有作为。

9.3.3 保险投资的主要方式

保险资金运用的渠道和方式是与金融市场的发育程度相关的。在高度发达的金融市场上，融资渠道多种多样，可供保险人选择的投资范围广；反之，可选择的范围就小。

2009年新修订的《保险法》第一百零六条规定："保险公司的资金运用必须稳健，遵循安全性原则。保险公司的资金运用限于下列形式：(一)银行存款；(二)买卖债券、股票、证券投资基金份额等有价证券；(三)投资不动产；(四)国务院规定的其他资金运用形式。保险公司资金运用的具体管理办法，由国务院保险监督管理机构依照前两款的规定制定。"

据保监会资料显示，截至2011年末，中国保险行业总资产6.01万亿，可运用资产总额5.54万亿，其中银行存款1.77万亿，占31.95%，其余投资总额3.77万亿，占68.05%。一般的，可供保险人运用的投资方式有以下几种。

1. 存款

指保险公司将保险资金存入银行或其他金融机构以获取利息收入的活动。其特点是安全性高，但收益率低，在通货膨胀率高于银行利率时，保险基金难以保值，国外保险公司均不把存款作为资金运用的主要形式，而只是留作必要的、临时性的机动资金，一般不会保留太多的数额。在一般情况下，除非一个国家的金融市场非常落后，可供保险公司选择的投资渠道很少，保险公司才会选择这种投资方式。

由于国家的严格管控，银行存款尤其是定期存款仍然是我国保险人资金运用的一种主要形式。由此产生的一个严重后果就是一旦银行大幅下调利率，保险公司则会蒙受巨额的利差损失，即对银行下调利率之前出具的保险单仍需按照未调整前的利率支付，而保险公司实际获得的是按调整后的利率得到利息，因此会出现利差损失。1999年，国内各家保险公司对条款进行了大幅调整，这就是主要原因。

2. 有价证券投资

有价证券是指具有一定券面金额、代表股本所有权或债权的凭证，包括债券和股票两大类，是许多国家保险资金运用的主要对象。

(1)债券投资。债券是政府、金融机构、工商企业等直接向社会借债筹措资金时，向投资者发行，承诺按一定利率支付利息并按约定条件偿还本金的债权债务凭证。债券的本质是债的证明书。债券购买者与发行者之间是一种债权债务关系，债券发行人即债务人，投资者(债券持有人)即债权人。

①政府债券(亦称公债)。包括中央政府发行的债券和地方政府发行的债券。政府债券定期偿还本息，信用度高，税收优惠，且利息水平较高，称为"金边债券"；政府债券的收益率一般高于同期银行存款利率，但比其他债券要低。

②金融债券。一般由金融机构发行，其利息固定，大多高于公债，但信用度次于公债。

③企业债券。由具有一定信用度的企业发行，其利息在各类债券中应该是最高的，但风险也最大。

2003年6月2日，中国保监会公布了新的《保险公司投资企业债券管理暂行办法》(以下简称"办法")。新《办法》的出台，不仅使保险公司投资企业债券的范围扩大，而且投资比例也有了很大的提高。《办法》规定，保险公司可投资的企业债券是指经国家主管部门批准发行，且经监管部门认可的信用评级机构评级在AA级以上的企业债券。

近年来，适应我国保险业快速发展的形势，保险资金运用渠道不断拓宽。1999 年 5 月，经国务院批准保险公司可以购买铁路、电力、三峡等中央企业债券。2001 年 3 月，又允许购买电信通信类企业债券。1999 年 8 月，中国人民银行同意保险公司在全国银行间同业市场开办债券回购业务。1999 年 10 月，经国务院批准，保险资金允许通过证券投资基金的方式间接进入证券市场。1999 年 10 月，中国人民银行允许中资保险公司总公司与中资商业银行试办大额协议存款。2000 年保监会三次提高了保险公司间接入市资金比例；2001 年 3 月 1 日保监会再次提升平安、新华等三家保险公司投资连结类保险在证券业务上的投资比例。

(2)股票。股票是股份公司发给股东的股权凭证。它也是一种财产价值的所有权证书，持有者享有盈余分配权、剩余财产分配请求权、新股认购权、表决权等多项权利，同时也能获得较高的收益。其缺点在于股市价格变动频繁往往难以准确预测，风险较高，安全性低，需要具备专门知识和经验的人员操作。保险人既要尽可能追求高收益又要保证资金的安全性，债券投资和股票投资应有适当组合，并与其他资产结构相匹配。

国内保险公司入市(股市)历程简介如下。

1999 年至 2004 年底，保险资金可间接投资股票市场。

2004 年 10 月份，《保险机构投资者股票投资管理暂行办法》公布，保险资金原则上可直接入市。

2004 年 10 月 24 日，中国保监会和中国证监会共同制定了《保险机构投资者股票投资管理暂行办法》。《办法》明确规定了保险资金的入市方式，规定保险公司委托保险资产管理公司进行股票投资，或保险公司以内设资金运用部门进行股票投资两种管理方式。采用一级市场申购和二级市场交易两种交易方式，其中一级市场申购包括市值配售、网上网下资金申购、以战略投资者身份参与配售等。保险资金入市限于投资以下品种：人民币普通股票、可转换公司债券、中国保监会规定的其他投资品种。

2005 年 2 月份，《关于保险机构投资者股票投资交易有关问题的通知》、《保险机构投资者股票投资登记结算业务指南》、《保险公司股票资产托管指引》和《关于保险资金股票投资有关问题的通知》等配套文件出台，保险资金直接投资股票市场进入实质性操作阶段。这些文件明确了保险资金直接投资股票市场涉及的证券账户、交易席位、资金结算、资产托管、投资比例、风险监控等问题，保险资金直接投资股票市场的操作技术问题已得到解决。2005 年 3 月，中国人寿、泰康人寿、新华人寿等保险公司的高调入市以及平安保险完成 A 股第一单的投资标志着保险资金直接投资股票市场进入实质性操作阶段，入市比例暂定 1%。

2006 年，入市比例由 1%提高至 3%，后又上调至 5%。

2007 年 7 月，入市比例由 2006 年的 5%提高至 10%。

2009 年 4 月，允许中小保险公司入市。

保险公司对股票市场的重要性来说，就是充当了重要的机构投资者。这一点，可以从保险公司股票投资占股票市场总市值的比重中清晰反映出来。

美国保险资金在股票市场的作用越来越明显。1950 年，包括个人退休基金、政府退休基金和保险公司在内的全社会保险，持有上市公司股票 58 亿美元，仅占美国股票市场总市值 4.1%。1970 年，这一比重上升到 12.4%，1995 年为 28.2%，1998 年达到 29.6%。就商业保险公司来说，1950 年，寿险公司和产险公司持有股票的市值仅占总市值的 3.3%，1990 年为 5.1%，1995 年为 6%，1996 年达到 6.2%，其中寿险公司为 4.5%，产险公司占 1.7%。1998

年，美国寿险公司资产分布中，有价证券占比80.34%，其中，公司债券为40.32%，政府债券为13.42%，股票为26.82%。

日本股票持有结构中，个人、银行、企业法人和保险公司的持股占股票市场总市值的90%以上。日本保险公司作为股票市场的重要参与者，股票投资一般占股票市场总市值的15%左右，其中寿险公司持股11%左右，产险公司持股4%左右。

3. 贷款投资

指保险公司作为信用机构以一定利率和到期归还为条件直接将资金提供给需要者的一种放款活动。其形式有信用贷款、抵押贷款、担保贷款、保单贷款等种类。其中，抵押贷款又分为有价证券抵押贷款、不动产抵押贷款等；担保贷款包括银团担保贷款、银行保付贷款等；保单贷款是指向寿险保单持有者的贷款。它以人寿保险合同的退保金为限度，以保单为抵押。这是在保险金请求权上设立的抵押权贷款，是一种非常安全可靠的资金运用方法，保险人不仅可防止合同解约、失效，同时还可使资金获得安全可靠的利息，而且对投保人也是方便有利的。由于贷款投资一般有抵押品、担保人或具有现金价值的寿险保单等为条件，具有较高的安全性和较高的收益性，而且有利于加强公司与客户之间的联系，从而受到保险公司的高度重视。

4. 不动产投资

指保险公司将资金直接投向房产、地产等经营中以赚取收益的投资活动。作为保险公司资金运用的一种形式，它始于19世纪中叶。尽管不动产投资收益回报率高，利润丰厚，但其风险较大，有可能蚀本，因而保险公司对投资不动产采取审慎的态度，政府也要限定这方面的投资比例，如日本政府将不动产投资法定限制在10%以下。

事实上，任何一个国家保险资金运用的形式和比例都是随着经济发展动态变化的，或者说与其经济发展阶段相联系。例如，美国寿险公司资产分布中，1925年股票仅占0.7%，20世纪90年代以前都没超过10%，但1998年达到26.82%。日本、韩国等后起工业国家的保险业也是如此，其保险投资与经济发展密切联系，在经济发展起飞时期，保险资产中，贷款或不动产的比重较高，这主要是因为国民经济发展对资金的需求很大，这些投资项目回报高，带来了保险投资的高盈利。当经济发展到一定阶段，伴随着金融市场的完善，其保险投资逐渐由贷款或不动产转向有价证券投资为主。如日本寿险公司资产分布中，贷款的占比从20世纪70年代末的近70%降低到21世纪初的不到30%，就是因为在20世纪70年代日本经济处于高速发展时期，投资需求高涨，信贷需求旺盛收益稳定且丰厚，但21世纪初日本经济持续低迷，信贷资金需求大大下降，贷款利率极低。韩国寿险业自1950年以来，随着经济形势的变迁，其保险投资中，不动产投资从50%以上下降到2000年的7.9%，也与其不动产投资过热导致的经济"泡沫"有关。

5. 项目投资

指保险公司利用所拥有的保险资金，直接投放到生产和服务经营中去，或建立独资的非保险企业，或与其他单位合伙建立企业，并通过其生产经营活动获取收益的活动。它属于长期投资，变现能力差，有可能形成呆账，需要进行严格的立项评估，并参与项目的生产经营管理，确保取得收益。

9.3.4 保险投资的组织形式

保险投资属于风险投资的范畴，归纳世界各国风险投资的组织模式，大致有如下几种。

(1)有限合伙制投资公司。

(2)准政府投资机构，如美国的小企业投资公司，英国的技术集团，日本的研究开发企业培植中心。

(3)金融机构的分支(银行，证券、保险公司等金融机构下设风险投资公司，如英国工商金融公司下设的风险投资部，日本的风险企业开发银行)。

(4)产业或企业附属投资公司。

(5)小型私人投资公司(如天使投资人和风险资本家)。在日本金融机构附属风险投资公司是日本风险投资的主要组织形式，有52%的风险投资企业的母公司是各类商业银行和保险公司，有25%的企业的母公司是证券公司，银行、证券商等金融机构所属风险投资企业占整个行业的77%。由此可见，保险投资是风险投资的重要形式。

1. 内设投资机构:投资部运作模式

投资部一般管理保险公司的一般账户资产，因为一般账户资产与其他产品的资产不同，必须准确分析其负债特性，计算退保率和到期偿付的数量以及定期预测现金流量，同时，一般账户的投资主要在固定收益品种上，而这是保险公司投资的长处。按部门进行运作，有利于公司对其资产直接管理和运作。美国大都会人寿就是采用这种资金运作模式。内设投资部门投资模式的优点在于保险公司可以直接掌握并控制着保险投资活动，因为投资部门仅仅是公司内设的一个部门，所以比较能够节约成本。其缺点是内设投资机构往往容易产生内部黑箱作业，风险较大。西方国家一些投资失败导致保险公司经营失败的个案通常就是以这种模式运作保险投资的结果。

2. 委托专业化投资机构运作:第三方投资管理公司运作模式

除自行管理其资产外，还有一些保险公司将全部或部分资产委托给其他专业化投资机构管理。实行委托管理较多的是再保险公司、财险公司和一些小型寿险公司。部分大型保险公司也将个别自己管理能力较弱的投资品种(如投资连结产品)交由基金公司运作。提供委托管理的机构主要是一些独立的基金公司和部分综合性资产管理公司，主要是为保险资金、基金、捐赠基金、养老金及其他机构投资者提供服务，其中有的机构专门管理特定保险产品的资金，如养老金、年金、投资连结产品，有的兼营管理保险公司的一般账户资金，如安联昂斯资本管理公司、威灵顿资产管理公司。一般而言，保险公司与专业投资公司必须根据立法签订一个详尽的投资管理协议，其中包括保险公司的投资目标、资产分配和风险控制要求，资产管理公司进行投资决策和操作的权利，信息披露、收费以及托管机构等条款。

将保险资金委托专业化机构运作，这样有利于减少资产管理中的各项成本支出，包括信息技术、人力资源、管理费用，还可以充分利用专业机构的专业化优势和成熟的经验。独立的投资机构由于只进行单一的资产管理业务，与保险公司没有利益冲突，容易获得客户的信任。缺点是外部委托投资模式的风险很大，因为保险人选择外部委托不仅要承担投资失败的风险，而且还要承担第三者即外部投资公司的操作风险，包括交易作弊及非法挪用资产等风险，因此，这种投资组织模式容易使其他行业、其他性质的风险波及保险公司。

3. 通过全资或控股子公司运作:投资管理公司运作模式

这是目前国际上大型寿险公司比较普遍采用的模式，如纽约人寿、美国国际金融集团、澳大利亚联邦银行集团等。这种模式又细分成专业化控股投资模式和集中统一投资模式两种。在这种模式下，子公司除重点管理其母公司的资产外，还经营管理第三方资产。许多规模庞大的保险公司不仅拥有一家全资的资产管理公司，还收购或控股了其他的基金管理公司，以满足其不同的投资需求。

(1)专业化控股投资模式。这种保险投资组织模式是指在一个保险集团或控股公司之下设产险子公司、寿险子公司和投资子公司等,其中投资子公司分别接受产险子公司和寿险子公司的委托进行保险投资活动,从而可以视投资子公司是代产险子公司和寿险子公司理财,而集团或控股公司则只负责日常资金安全与正常运作的计划、协调和风险控制。例如美国国际集团的投资组织模式:

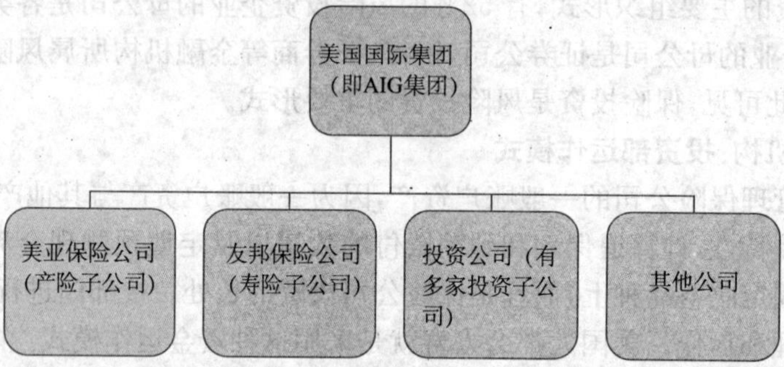

专业化控股投资模式能够有效防范投资风险,有利于建立集团或控股公司总部的双重双层风险监控体系,同时在投资经营方面的透明度也高,对市场变化的反应快,资金进出速度高,子公司之间也可以防止内部交易。但是,这种投资模式要求集团或控股公司有较高的控制力度。在这种模式下,保险公司与投资公司之间的关系相对于集中统一投资模式而言,显得较为松散。

(2)集中统一投资模式。这种投资组织模式是指在一个保险集团或控股公司下设产险子公司、寿险子公司和投资子公司,其中产险子公司和寿险子公司均将保险资金统一上划到集团或控股公司,再由集团或控股公司将保险资金下拨到专业投资子公司,专业投资子公司为产、寿险子公司的资金分别设立账户,独立进行投资。如英国皇家太阳联合保险集团的组织模式:

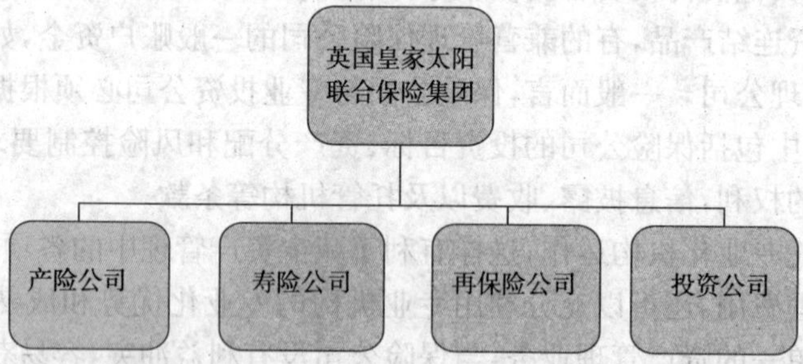

集中统一投资模式的优点与专业化投资组织模式有相似之处,且有利于形成较大的投资规模,有利于稳健经营;其不足是对技能、人才等的要求过高,还要求有优秀的电脑资讯系统等。

4. 资产管理公司

内设投资部模式是保险公司传统上通行的做法,但因其不适应管理专业化和服务多样化的要求,现在渐由保险公司全资或控股的子公司模式取代,特别是绝大多数股份化的保险公司都通过收购兼并或整合重组拥有自己的资产管理公司。

成立独立的资产管理公司管理保险资金是我国保险业发展的必然趋势。成立独立的资产管理公司是保险业经历的一次结构变革，使之开始向资产管理业务渗透，这是金融机构综合化发展的必然结果。其优势在于：有利于吸收资本市场的优秀人才，保险人才和资产管理人才的知识结构不同，市场价格不同，在保险公司内部一味地提高投资人才的薪酬容易引起矛盾，专门的资产管理公司则与资本市场贴近，投资人才队伍可以快速形成，有利于明确保险公司与投资管理的责任和权力，加强对投资管理的考核，促进专业化运作；有助于保险公司扩大资产管理范围，为第三方管理资产，从而为公司争取更多的管理费收入，还可以通过其他机构理财及时掌握市场新的发展趋势，同时也为控股公司适应金融行业经营趋势，向国际金融保险集团发展积累有益的经验。

《保险法》第一百零七条规定："经国务院保险监督管理机构会同国务院证券监督管理机构批准，保险公司可以设立保险资产管理公司。保险资产管理公司从事证券投资活动，应当遵守《中华人民共和国证券法》等法律、行政法规的规定。保险资产管理公司的管理办法，由国务院保险监督管理机构会同国务院有关部门制定。"

设立独立的专业资产管理公司是我国保险业的制度创新，对保险公司的资金运用和保险监管都有着积极的意义。

(1)从保险公司的角度看，有利于提高保险资金运用水平和风险管控能力。专业资产管理公司的成立，实现了保险业务和投资业务的分离。这一模式的建立，将从根本上改变保险资金的组织管理结构，建立有效的激励约束机制，建立与保险公司自身负债相匹配的资产结构。同时，保险资产管理公司可以按照市场化原则，对保险资金运用实行集约、统一和高效的管理；通过区别对待各类保险资金，有效地降低利率变动和物价变动对保险公司经营的不利影响，提高保险公司的盈利能力。

(2)从保险监管的角度来看，有利于提升保险资产管理监管水平。专业化资产管理机构实现了保险资金运用集约、规范、高效的管理，为保险监管部门进一步强化保险资金运用监管创造了有利条件。规范化的组织管理模式使监管部门可以针对保险资金运用的特点来确立更加合理的财务核算体系，建立更加科学有效的风险监管体系，从而提高监管的科学化、专业化、规范化水平，更加有效地防范金融风险。

2003 年 7 月，中国人民保险公司正式更名为中国人保控股公司，并发起设立了中国人民财产保险股份有限公司和中国人保资产管理有限公司。中国人保资产管理有限公司也是我国第一家由保险企业成立的资产管理公司。

本章小结

社会后备基金，是指通过对社会总产品中国民收入部分的分配和再分配而形成的、具有特定用途的后备，既包括物质后备，也包括货币后备。社会后备基金包括国家储备、财政后备、社会保障基金、自留后备、自保形式的后备和保险形式的后备。

保险基金指专门从事风险经营的保险机构，根据法律或合同规定，以收取保险费的办法建立的、专门用于保险事故所致经济损失的补偿或人身保险事故给付的一项专用基金，是保险人履行保险义务的条件。其特点有来源分散，使用集中，体现一种合理分担的性质；是一种责任准备金；具有返还性。其构成包括自有资本金、非寿险责任准备金和寿险责任准备金。

保险投资，也称为保险资金运用，是指保险公司在经营活动中，将自有资本金、各种责任准备金及其他可投资的资金，通过法律许可的渠道进行投资，使保险资金得到增值的业务。保险投资原则一般有安全性、流动性、收益性。保险投资方式包括：存款、有价证券投资、贷款、不动产、项目投资等。

思考练习

(1)什么是社会后备基金，它包括哪几种形式？

(2)什么是保险基金，它有哪些特点？

(3)保险基金的构成包括哪些方面？

(4) 非寿险未到期责任准备金的提存方法有哪些？

(5)什么是保险投资？其必要性与意义是什么？

(6)请分析保险投资的一般原则。

(7)阐述保险投资的一般方式。

案例分析

案例材料一　国家物资储备局组织储备物资保障灾区急需紧急发运1万顶救灾帐篷入川

2008年5月12日汶川特大地震发生后，当晚21时，作为民政部中央救灾物资储备定点库的储备局三三八处，接到湖北省备灾中心紧急调运1万顶救灾帐篷的发运任务。备灾中心要求该处务必于13日凌晨7点前完成发运任务。

灾情就是命令。接到任务后，三三八处迅速启动救灾物资发运预案，组织人力物力开展准备工作。12日22时30分，20个救灾车皮到达专用线，70多名干部职工和附近驻军400余名官兵迅速投入战斗。13日凌晨3时，第一个专列10个车皮装运完毕，提前启运。13日凌晨5时30分，第二个专列10个车皮装运完毕，驶往四川灾区。整个发运工作比要求时间提前1个半小时完成。这是三三八处首次一次性发运帐篷过万套，总用时7个小时。

汶川特大地震发生后，国家物资储备局立即启动应急预案，成立了抗震救灾领导小组，由国家发展改革委党组成员、国家物资储备局局长苏波任组长，全力以赴做好成品油等应急物资保障工作，履行国家物资储备应对突发事件的职责。

根据四川、甘肃政府的请求，国家物资储备局按照国家发展改革委批准的储备成品油动用方案，于5月16日开始紧急组织出库储备成品油，保障灾区急需。截至5月19日16时，累计出库发运成品油9 512吨。5月17日开始，位于四川成都的储备仓库主动承担救灾物资接转任务，截至5月19日12时，已累计接转各类救灾物资10万余件，为抗震救灾做出了积极贡献。

(本文由作者改写自：国家物资储备局网站)

案例材料二　平安投资富通之劫

2008年9月29日，十一国庆节长假的第一天，刚刚乔迁至深圳星河发展中心大厦16层的平安集团总部气氛却异常紧张。马明哲、张子欣、梁家驹、孙建一等核心决策层齐齐聚首，在电脑前等待来自欧洲的最新消息。

当天，其投资的富通集团宣布，比利时、荷兰及卢森堡政府联合出资112亿欧元，持有富通集团下属富通银行在三地49%的股权，富通股价应声狂跌33%。此时，平安投资富通的238.74亿人民币，账面损失已达188亿人民币，相当于2007年全年的利润总额。

此后的72小时内，马明哲与其他高管白天开会，到了欧洲市场开盘时便紧盯着富通集团的股票。"我们一共吃了5顿汉堡充饥。"平安集团副董事长孙建一回忆起那几天的情形，仍然唏嘘不已。从平安成立开始，孙几乎经历了这家公司的所有重大事件：从摩根士丹利和高盛成为平安的战略投资者、引入汇丰作为股东、投连险退保风波，到香港内地的两地上市。几乎没有什么事件让这位身材不高，声音洪亮的平安高管愁眉不展。然而，这次的情况完全不同。

10月2日，平安集团在香港证交所发布公告，宣布解除此前与富通集团签署的并购其资产管理公司50%股权的协议。10月6日，国庆假期结束后第一天，平安表示，将截至9月30日的账面损失157亿人民币计入第三季度利润表。10月28日，中国平安的第三季度报告显示，公司在前三季度亏损7亿元人民币，每股收益－0.10元。

至此，这个中国保险行业海外投资第一单从财务上已经完败。平安今年前三季度累计的利润消弭于无形。"从投资动机到尽职调查以及具体谈判，整个决策都是理性的，但结果我们必须面对。"孙建一告诉《环球企业家》。

巧合的是，2008年恰逢平安成立20周年，也正是在今年，平安首次进入《财富》"世界500强"。长久以来，平安作为中国第二大保险公司在市场上始终享有良好的声誉。在上市公司中，平安从全球各地招聘来的管理层是最受人尊敬的团队之一；在大多数投资者眼中，平安的股票是值得长期持有的价值投资。除此之外，平安也是中国最具国际化雄心的金融机构，在董事长马明哲的蓝图中，平安的未来应该同汇丰(HSBC)、荷兰国际集团(ING Group)一样，成为业务遍及保险、银行业和资产管理的跨国金融公司。

然而让所有人都没有料到的是，平安竟以如此惨痛的代价完成了其国际化成人礼。到目前为止，这是中国企业在海外投资中损失最大的一宗。"我们在业内最早推行国际化构架和人才建设，现在看来，20年的积累迈出的第一步仍然暴露出太多对市场认识的不足。"孙建一说。然而从更广泛的意义上看，此次失败为刚刚走向海外不久的中资金融机构提供了相当深刻的经验和教训，而若要重建其国际化雄心尚需时日。

(本文由作者改写自：环球企业家．2008－11－08)

案例材料三　试水不动产：5 000亿险资步步惊心(节选)

自保监会2010年底出台《保险资金运用管理暂行办法》和《保险资金投资不动产暂行办法》，到2011年9月，保险资金不动产投资开闸正好一年。

近日保险同业召开内部研讨会，热议不动产投资进展，近一年来保险公司相继涉足养老地产、保障房投资，同时在商业地产上多有斩获。近日，中国平安获保监会不动产投资牌照，获得了在监管规定额度内自主投资的通行证。据测算，其可用于不动产投资的规模高达762亿元。

不过一年前市场预计，理论上险资可投资不动产的资金可达近 5 000 亿元，但保险公司同业交流却发现，实际上近一年险资不动产投资处于胶着状态。

“不温不火，并没有大跃进。”一家保险公司人士表示。

细究各种不同类型不动产投资，险资均遭遇一定挑战。记者调查发现，人口老龄化带来养老地产巨大商机，但由于获取土地过程存在多方博弈，以及养老产业盈利前景难测，目前仍大多是纸上谈兵。

而一些险资开始试水进军保障房建设，但在加息周期，产品投资收益率偏低困境显现，近期类似投资于北京保障房建设前期土地供应资金的“蓝德计划”，已出现募资难题。

此外，险资通过市场化方式投资办公、商用不动产或者自用不动产由于土地价格高涨，在经济波动加大背景下，保险公司犹如火中取栗。浙商财险今年高价拿地后戏剧性退地就是一个例子。

“保险投资不动产，仍略显生涩。寻找合适的投资项目需要时间，专业地产投资人才储备不足，以及相关配套政策尚未完全明确等，都制约了部分保险公司投资不动产的积极性。”上述保险公司人士称，今年以来宏观调控政策的不断深化对地产影响重大，更使得保险公司走得步步惊心。

数位知名券商保险分析师分析认为，近 1～2 年险资不动产投资仍将以试探性投资为主。

（本文由作者改写自：21 世纪经济报道 . 2011 - 10 - 09）

推荐阅读

[1]陈继儒 . 保险学概论[M]. 北京：中国财政经济出版社，1997.

[2]刘金章 . 保险学教程[M]. 北京：中国金融出版社，1998.

[3]何惠珍 . 保险学基础[M]. 北京：中国金融出版社，2006.

[4]郭忠林 . 保险投资[M]. 北京：电子工业出版社，2009.

第 10 章　保险业务经营

本章提要

保险公司作为依法成立的法人组织，必须通过一系列经营活动，占领市场份额，取得经济效益，才能在市场上占有一席之地。保险公司的业务经营活动从业务层次上主要分两大类，一类是直接保险业务，简称直保业务，主要包括保险展业、核保与承保、防灾防损、保险理赔等环节，第二类是再保险业务，又称分保业务，本章第一节介绍直接保险业务的经营环节，第二节介绍再保险。

学习目标

1. 保险展业的概念、方式与内容
2. 保险核保的原则与内容
3. 保险防灾防损的含义、阶段与方法
4. 保险理赔的含义与原则
5. 再保险的概念、作用、责任分配方式、合同签订方式与组织形式

框架结构

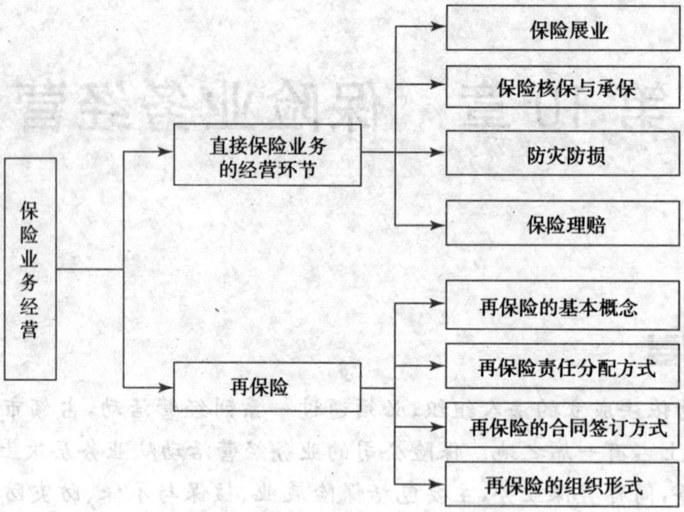

开篇案例

一枚假公章骗财5百万　亳州一保险代理人被判无期徒刑

身为两个保险公司的代理人，不好好工作，却想着钻工作的空子，私刻印章、虚构险种进行诈骗。日前，亳州市中级人民法院依法审理了这样一起诈骗案，一审判决被告人李×犯诈骗罪，判处无期徒刑，剥夺政治权利终身，并处没收个人全部财产；同时追缴其违法所得。

1969年出生的蒙城人李×，自2001年2月1日与××保险公司蒙城支公司签订代理合同后，成为该公司的一名保险代理人。2006年10月9日李×又与另一家保险股份有限公司亳州中心支公司签订保险代理合同，兼任该公司的保险代理人。在工作中李×发现保险公司对营销员开展业务的提成、奖励很高，遂产生骗取群众存款，再投入保险公司赚取提成及分红差额的念头。

2004年，李×私刻了一枚带有“××股份有限公司蒙城支公司发票专用章”字样的公章、一枚带有“楚艳”字样的私章，私自印刷了100本“××保险蒙城县支公司人身保险费收据”。

其后，李×虚构了保险公司开展一种“鸿丰两全存款”保险业务，宣扬吸收这种存款投入国家大型工程赚取利润，再给投保人分红，年息6%。受骗的群众纷纷把保险费直接交给李×，李×收款后给“投保人”开具人身保险费收据或直接给“投保人”开具收条。李×将诈骗所得的一部分钱以其他群众的名义私自投入到××人寿保险公司“××两全保险”险种上，自己掌握保单、保费，将另外一部分钱用于其买房、购车、买彩票等。2004年至2009年间，李×骗取了徐某、李某等186人共计3 750 215元。

2008年至2009年期间，因资金无法周转，李×以高额利息为诱饵，或以急用周转为借口，从陈某、刘某等18人处骗取1 643 335元。由此，李×共骗取他人财物共计5 393 550元。

（本文由作者改写自：安徽商报. 2011-03-08）

10.1 直接保险业务的经营环节

直接保险业务是保险人与投保人直接通过签订保险合同，转嫁风险、分散风险、分摊损失，完成保险赔偿或给付的业务过程，简称为直保业务。对应再保险而言，直保业务也就是原保险业务。一般而言，直接保险业务的经营环节包括保险展业、保险核保与承保、防灾防损、保险理赔等环节。在直接保险业务中，投保人缴纳保险费，形成保险基金，保险公司对保险资金进行运用，是保险投资活动。保险投资活动也是直接保险业务的重要环节，但因其重要性与特殊性，故用专门章节进行介绍。

10.1.1 保险展业

1. 保险展业的含义与意义

(1)保险展业的含义。保险展业，不少国家称之为“保险招揽”，即保险人开展业务，是指通过组织同类风险的投保人，以缴纳保险费的方式，参加保险以建立保险基金，用以补偿或给付约定的自然灾害和意外事故造成的财产损失或人身伤亡、疾病等事件的行为。保险展业的主要工作内容是推销保险单，它是保险展业人员引导具有保险潜在需要的人参加保险的行为，也是为投保人提供投保服务的行为，它是保险经营的起点。

(2)保险展业的意义。保险展业的根本目的就是要增加保险标的，以分散风险、扩大保险基金。展业面越宽，承保面越大，获得风险保障的风险单位数越多，风险就越能在空间和时间上得以分散。展业所具有的重大意义是由保险服务本身的特点所决定的，主要表现在以下几个方面：

①通过展业唤起人们对保险的潜在需求。保险所销售的产品是保险契约，是一种无形商品，它所能提供的是对被保险人或受益人未来生产、生活的保障，即使购买了保险商品，也不能立即获得效用，这就使人们对保险的需求比较消极。因此，有必要通过保险展业一方面满足被保险人现实的需求，另一方面唤起潜在需求，促使人们购买保险。

②通过展业对保险标的和风险进行选择。西方国家一般把保险公司的行为分为三类，即营销、投资和管理。其中为了完成营销任务所占用的人力和费用成本最高，因为在营销过程中可能出现逆选择。保险展业过程也是甄别风险、避免逆选择的过程。这一过程远比其他一般商品的销售更为重要。

③通过展业争夺市场份额，提高经济效益。保险企业之间的竞争主要是市场的争夺。只有通过积极有效的营销活动，才能建立起充足的保险基金和可靠的运营资金，保证整个经营活动的顺利进行。展业面越大，签订的保险合同越多，由保费形成的责任准备金就越多，保险经营的风险会随之降低，也为进一步降低保险价格、吸引更多的保户创造了条件。保险展业的顺利开展可为保险经营带来良性循环。

④通过展业提高人们的保险意识。随着改革的深入，社会经济结构发生了深刻的变化，社会在为人们提供更多机遇的同时，也使人们所面临的各种风险相应增加了。广泛而优质的保险展业工作不仅能为保险企业带来新客户，而且也可唤起全社会的风险意识，对树立整个保险业的良好形象起到重要作用。

2. 保险展业的方式

(1)直接展业。直接展业是指保险公司的专职业务人员直接向客户销售保险单的过程。在实际业务中又把这种业务称为直接业务。它较适合那些经营规模大、实力雄厚、分支机构健全的保险公司。从事直接展业的专职业务人员一般在保险公司有公司正式编制，享有"五险一金"或"三险一金"的基本社会福利保障，并有上升的渠道和发展空间。

直接展业的特点是保险公司直接与客户联系，保险关系的达成没有任何中间环节，业务质量较高。业务由保险公司直接承办，与保户保持联系，可以不断向他们灌输有关保险知识，增强防灾防损能力，加深投保人对保险企业的信任感，并在直接为投保人服务中了解保险标的实际情况，有助于保险人掌握业务质量。在保险市场上，由于财产保险，特别是企业财产保险业务，因保险标的的情况比较复杂且标的价值较高，这不仅要求业务人员必须有较强的专业知识，而且还需要一些其他专业技术知识和技能，甚至还需要其他非保险业务人员的密切配合，因此，一般适宜采用直接展业。人身保险的团体业务，也具有上述特点，且被保险人集中，也适宜于直接展业。

直接展业的员工具有职业安全感和归属感，收入稳定，流动性大大降低，有利于为客户提供更长期的后期服务。同时从业员工的业务素质较高、经营技巧娴熟、道德修养较好、责任心较强，能够获得客户的信任，并能把展业与核保、防灾防损、理赔等相关环节紧密结合起来，从而保证业务质量。

但是，直接展业需要配备大量的业务人员、增设机构，在业务旺季时，人员可能显得不够，而在业务淡季时，人员又过多，增加营业费用支出，提高了业务成本，影响保险的经济效益。很多保险公司的解决方法是给其下达业务考核指标，平日工资发 70%左右，完成业务指标后，另 30%的工资以奖金的形式发放。

(2)间接展业。间接展业就是利用保险代理人、保险经纪人进行客户招揽的过程。间接展业的特点是保险关系的建立必须通过中间人才能达成保险协议。保险公司把通过中间人获得的业务称为间接业务。除上述提到的适宜采用直接展业的企业财产保险、团体业务外，许多客户分散的业务，如面向千家万户的个人寿险业务和家庭财产保险业务、机动车辆保险业务，若依靠公司职员展业，则成本高昂，因此，一般宜采用间接展业方式。间接业务的佣金提取一般与业务量直接挂钩，无业务无佣金。这样就避免了更多的工资支出、办公费用支出，也无需增设机构。同时，因代理人和经纪人都具有较好的业务素质以及良好的社会关系，因此也降低了公司的展业成本，如公关费用和培训费用支出等。

①保险代理人展业。保险代理人是根据保险人的委托，向保险人收取代理手续费，并在保险人授权的范围内代为办理保险业务的单位或者个人。保险代理人根据保险人的授权代为办理保险业务的行为，由保险人承担责任。

保险代理人展业是根据保险人的委托，在保险代理协议规定的范围内代保险人办理保险业务。在我国，保险代理人分为专业保险代理人、兼业保险代理人和个人保险代理人。三种代理人的代理权限不完全相同。

专业保险代理人的权限：代理销售保险产品、代理收取保费、代理相关业务的损失勘查和理赔；兼业保险代理人的权限：代理销售保险产品、代理收取保费；个人保险代理人的权限：代理推销保险产品和代理收取保险费。个人代理人不得办理企业财产保险业务和团体人身保险业务，任何个人不得兼职从事个人保险代理业务，不得签发保险单。

如果是专业代理人和兼业代理人，就要符合《保险代理机构管理规定》的相应条件，例如高管任职资格、资本金、职员人数、持有代理资格证书的人数、办公条件等。如果是选择个人保险代理人，要求：持有资格证书、热爱保险事业、性格开朗、熟悉金融保险及相关知识、具备良好的职业道德等。

②保险经纪人展业。保险经纪人是基于投保人的利益，为投保人与保险人订立保险合同提供中介服务，并依法收取佣金的单位。从这一定义可以看出，保险经纪人只能以保险经纪公司的形式出现，这一点与保险代理人中的个人代理人形式不一样。保险经纪人展业是指保险公司利用保险经纪人招揽保险业务。

保险经纪人展业的业务权限主要包括以下几方面。为投保人拟定投保方案，选择保险人，办理保险手续；协助被保险人或受益人进行索赔；为委托人提供防灾、防损或风险评估、风险管理咨询服务；中国保监会批准的其他业务。

3. 保险展业的内容

(1) 进行准确的市场定位与细分，明确目标群。对保险业务员来说，市场定位就是根据公司经营状况、信誉、市场占有率、所销保险商品的特点等方面进行全面细致的研究和分析，以便在制定和实施展业规划过程中准确定位，扬长避短。

市场细分是企业根据消费者需求的不同，把整个市场划分成不同的消费者群的过程。进行市场细分的主要依据是异质市场中需求一致的顾客群，实质就是在异质市场中求同质。市场细分的目标是为了聚合，即在需求不同的市场中把需求相同的消费者聚合到一起。

一般而言，市场定位与细分是保险公司发展规划、市场调研等部门的工作，但保险展业人员一定要了解其原理，才能在展业时有的放矢。

通过市场定位与细分，就可以明确保险产品主要的推销对象，也就是找到了目标群体，保险业内称为准客户。

准客户的具备条件有人形象地表述为“有钱有权有意愿”，有钱就是有经济支付能力，有权就是有购买的决策权，有意愿就是有风险意识，有购买保险的主观意愿。这些条件是最重要的，至于该准客户是不是容易沟通，能不能通过公司的核保，那是要在与准客户接触之后才能发现的事情。

寻找准客户的方法很多，主要有陌拜法、缘故法(从展业人员自己的社会关系中寻找和发掘客户，如亲戚、朋友、同学等)、连锁介绍法(也称转介绍，就是请那些已经购买保险的客户介绍他的社会关系)、群体开拓法、咨询业务法、利用公共资料法、随机寻找法、网络寻找法、服务寻找法、信函寻找法等。保险推销员不仅要熟悉其内涵，把握其要领，而且要反复演练，直到能灵活自如地巧妙运用。同时，应结合保险行销实际，创造性地进行工作，逐步形成适合自己的、行之有效的寻找准客户的方法组合，以不断提高寻找准客户的效率。

(2) 拜访准客户。

①拜访前的准备。

第一，详细了解准客户的各类资料。对准客户的了解主要包括他从事的行业、经济实力、风险状况、保险意识等与展业直接或间接相关的因素。在充分了解的基础上，对其进行分类，归纳出各类顾客的共同保险需求及不同顾客的特殊保险需求，以便根据具体情况准确开展展业活动。

第二，做好出勤前的各项准备。根据展业工作的需要，备齐必要的各种单证、条款、费率表、宣传资料和其他宣传工具，做好出勤前的各项准备工作。

第三，行动与心理的准备。在行动上，要找到适合与准客户洽谈的地点，合适的时间，同时一定要注意个人仪表，一个人的内在价值、个性行为等固然重要，但别人要经过长时间的交往才能评断，最直接且最迅速造成印象的，则是他的外表形态。而个人的穿着打扮和身体动作则是决定他外表形象的重点。展业人员是否受到其谈话对象的重视、尊敬和好感，或者是反感藐视，看外表就差不多确定了。心理上，要克服恐惧心理，很多保险展业人员很难坦然、轻松地面对客户，这都是人性使然，是一种很正常的心理反应。需要靠内心的自我调节，要培养自己的职业自豪感。保险是一项利国利民的事业，购买保险是一个双赢的经济行为。

②与准客户进行沟通，尤其要注意沟通技巧。一般沟通失败的结果是不被客户接纳，或者客户不了解，所说的东西全部无效。拥有沟通技巧就可以说服别人，生意上的商谈也有可能达到极佳的沟通效果。而所谓沟通，正是一种使别人信服的艺术。推销是说服的艺术，展业人员要特别注意词语的选择和表达。注意“谈些什么”是很重要的，如果能预先感受自己所选择的重要词汇，并将自己的身份和对方互换进行预演，将有助于达到最佳的推销效果，同时取得顾客的亲切感和信任感。

③针对客户的需求进行方案设计并讲解方案。清楚不同客户的不同需求，进行有针对性、可操作性的需求分析，是设计保险方案的前提。不同的人生阶段，不同的收入水平，就会产生不同的保险需求，因此必须有的放矢，综合分析。比如人生阶段可以分为婴儿期、幼儿期、青少儿期、青年期、中年期、老年期等，从青年单身生活期如果开始有收入，就可以考虑保险的需求了。青年单身生活期、成家立业期、老年退休期有不同的需求，当然需要不同的保障。以成家立业期为例，需要考虑的保障就有家庭保障费用、子女教育费用、养老储备、大病储备，最主要的还有一些房屋贷款储备等。而从收入层次看，客户可以分为富翁阶层、富裕阶层、小康阶层、温饱阶层、贫困阶层等。富翁阶层一般就不考虑重病需求、养老需求之类，他们购买保险一是体现身价，二是有合理避税的需求（我国尚未征收遗产税，一旦征收，对富翁阶层影响极大，而保险金是不征税的）。富裕阶层、小康阶层则要考虑重病需求、医疗需求、养老需求、意外保障需求，部分人还会考虑投资理财需求。温饱阶层与贫困阶层则重点考虑重病需求、医疗需求、意外保障需求。

因此在设计保险方案上，要综合考虑养老保险、医疗保险、重大疾病保险、意外保险、投资分红保险等的组合问题，以充分满足各类客户的需求。

讲解方案时，一定要做到以客户需求为导向，把无形的产品变为有形的服务。表述解决方案时应做到资料准备充分、信息传递明朗、语言简练通俗。方案讲解必须包括对推荐保险险种的保险责任、功能、责任免除、交费方式和告知义务等的解释。内容简单化，解说生活化，只有客户真正了解了保险的内容，才有可能引起他的购买欲望。

④解答准客户的疑问，促成保险业务的达成。在展业过程中，准客户常常提出许多疑问或不同的意见，展业人员要耐心倾听，并正确地解答问题，使其加深对保险的理解。通过对一些问题的探讨和交流，不仅可以提高人们对保险的认识，而且也加强了展业人员和展业对象之间的理解和信任。为了更加准确、科学地回答人们提出的各种问题，要求展业人员刻苦钻研业务，不断提高保险理论和实务工作水平，同时掌握一些财务、金融、投资、法律、医学等相关知识，更好地为客户服务。

促成就是运用技巧让客户对保险产品的需求迫切，并以主动、积极、明确、果断的专业立场，协助客户及时做出决定，购买保险产品。在促成的过程中，要注意调动准客户的主动情绪，适时引导，增强客户对自己和未来的信心，并对自己做出的决定产生一种自豪感和满足感。当客户仔细观看投保单，并在展业人员的提示下开始填写它的时候，基本完成了保险业务的促成。

(3)递送保单和售后服务。保险展业人员将准客户填写的投保单带回公司，通过核保人员核保后，作出承诺，出具保险单，由展业人员递送给客户，完成保险销售活动。在递送保单时，展业人员应对客户表示肯定和赞许，进一步解释保单条款并回答客户的问题，承诺优质的售后服务，顺势索取转介绍，以取得新的准客户名单，开始另一个展业循环。

保险售后服务是指营销员在完成保单销售后，以客户为中心，与客户建立信任的关系，以及协助客户处理与保单有关的事宜，通过各种服务维护客户利益，已达到维护保险合同有效，并开发新业务的综合服务行为。售后主要包括：随时解答并解决客户在整个展业过程中所遇到的问题；向客户介绍最新险种；协助客户进行保单事项的变更；帮助客户进行保险索赔；通知续保或催收续期保费；与客户保持联系，了解客户的动向，并根据客户的经济状况和保险需求的变动，提出新的方案。优质的售后服务，是保单展业过程的延续。对于保险产品，尤其是长期性的寿险产品，售后服务可以大大减少保单的退保和失效，提高持续率，对客户和保险公司都有利。售后服务工具包括节日礼品、生日礼品、紧急救助卡等。

10.1.2 保险核保与承保

1. 保险核保

(1)保险核保的含义。保险核保是指保险人对投保申请进行审核，决定是否接受承保这一风险，并在接受承保风险的情况下，确定保险费率的过程。在核保过程中，核保人员会按标的物的不同风险类别给予不同的费率，保证业务质量，保证保险经营的稳定性。核保是承保业务中的核心业务，而承保部分又是保险公司控制风险、提高保险资产质量最为关键的一个步骤。

(2)保险核保的原则。

①实现长期的承保利润。直保业务的各环节中，核保业务是保险人把好保险业务质量关的第一道关口。这道关口把好了，才能将那些不符合投保条件的准客户剔除，才能为那些真正需要保险服务的投保人提供保险保障，从而保证了保险公司的业务质量，也能够使保险公司的承保利润不断上升，实现长期的良性发展。

②提供高质量的专业服务。通过核保工作，剔除那些不符合投保条件的准客户，可以使保险公司将有限的资源投入到真正需要保险保障的投保人身上，集中保险公司的品牌、资金、人才、渠道等因素，为投保人提供高质量的专业服务。

③争取市场的领先地位。领先市场地位的取得，其要素包括具有前瞻性的企业核心决策团队、以品牌为核心的市场运作体系、具有创新能力的核心竞争力以及最重要的还要有一个稳定的长期盈利的模式。在长期稳定的盈利模式中，保险企业的业务质量尤为重要，而保险企业业务质量的优劣则取决于核保能力。因此核保关系到保险公司的竞争能力，进而影响到其市场地位。

④防止逆选择。逆选择是指身体状况较差或职业危险较高的人，隐瞒危险或投保动机，有目的地投保某一险种的倾向。逆选择会引起风险集中，导致保险公司实际损失高于预期损失，

最终造成保险给付过多，形成亏损。潜在的投保人总是比保险人更清楚自己面临哪些风险、风险程度如何，会造成什么样的损失。虽然保险合同要求投保人遵循最大诚信原则，如实告知保险人自己真实的风险状况。但作为一个理性的人，以自身的经济利益为标准，在不违背法律的前提下，投保人一定会利用各种可能来为自己谋利，这种隐藏信息的行为改变了保费制订的基础——损失概率，这可能对保险人不利，影响到保险公司的经营乃至整个保险市场的运行。通过核保，对准保户进行分类，并对风险程度不同的被保险人收取不同的保费，能有效地避免逆选择的发生。

(3)保险核保的内容。

①投保人资格的审核，即审核投保人是否具有保险利益。结合保险利益原则来确定保险利益。

②保险标的的审核。财产险中一般审核保险标的的坐落地址、使用性质、结构性能、工艺流程、防灾设施、安全管理、以往损失记录等。人身保险则审核投保人的支付能力、被保险人的身体健康状况、被保险人的以往疾病史、工作环境、职业性质、生活习惯等。

③保险金额的审核。财产保险中审核保险金额的确定方法，避免出现超额投保。人身保险则需根据投保人的经济支付能力合理确定其选择的保险金额，避免发生道德风险。

④保险费率的审核和确定。审核适用费率是否准确，是否存在加费或优惠因素等。

⑤投保人或者被保险人的信誉审核。若是企业投保人，有没有取得专业评估机构的价值评估、品牌评估、经营能力评估等。若是个人投保人，有没有个人信用记录上的违约等情况的发生。

(4)保险核保的流程。保险核保的流程因不同的保险业务而有所侧重，下面以人寿保险为例，介绍其流程。

①第一次核保。第一次核保是业务员的选择，它在整个危险选择中占最重要的地位，因为在业务拓展过程中，直接与投保人和被保险人接触，对其情况最了解，尤其是免费体验，业务员扮演尤为重要的角色。它可以稳定经营，通过良好的一线核保，保险公司可获得大量良质契约，达到稳健经营的目的。提高效率，遇到劣质客户，可在一线时就拒之门外，避免二、三、四次选择，浪费时间和人力。拓展市场：可以规范经营，减少合同纠纷，提高公司的声誉，创立品牌。第一次核保有以下四个步骤：面晤、观察、询问、报告。

②第二次核保。第二次核保为医务检查，即体检，体验医师对客户进行健康状况方面的检查。业务人员要积极配合公司体检人员，引导客户完成体检工作。在体检中一般应注意：验明身份，避免由人代替；体检报告中，应有客户与医师的亲笔签名；仔细询问并记录客户的家族病史和既往症；体检结果不可由客户或业务员代交。

③第三次核保。第三次核保即核保人的选择，由公司的核保人员根据前面的各种报告书，判断是否可以承保及以何种条件承保。核保人进行判断的资料来源有以下途径：a. 投保书。里面包含投保人、被保险人的基本资料、被保险人的健康财务告知、业务员报告等等。b. 体检报告书。被保险人告知及健康声明，医师健康检查的结果及体检医师的评估建议。c. 病历。d. 特别问卷。

另外的核保指财务核保。保险的最终目的是经济补偿，即在保险事故发生时，避免投保人、受益人因为被保险人的死亡使生活水平下降，所以，核保人会注意投保人年收入与保险金额的倍数关系，以及所交保费年收入的比例等。如果比例过分，也会引起注意。

④第四次核保。第四次核保也称生存调查,其主要功能是辅助核保,防止逆选择和道德危险,指核保人为了解可否承保并以什么样的条件承保的有关资料,或将具有道德危险或较大逆选择倾向的被保险人排除出被保险人集团,而对生存中的被保险人进行的调查,称为生存调查。生存调查的方式可分为直接调查与间接调查。

2. 保险承保

(1)保险承保的含义。保险承保是保险人对愿意购买保险的单位或个人(即投保人)所提出的投保申请进行审核,做出是否同意接受和如何接受的决定的过程。保险业务经过要约,即投保人填写了投保单,保险人按照核保的原则、流程完成了核保工作后,对符合条件的投保人提出的投保申请,就要进行承诺,这个过程就是承保。

(2)承保控制。保险人在进行承保工作时,通常会通过一些方法或措施完成承保控制。

①控制逆选择。保险人控制逆选择的方法很多,比如设计更合理的投保单,收集更多的投保人、被保险人信息;再比如设计出层次分明的保险费率,对风险意识较高、安全措施到位的投保人给以优惠的费率等。

②控制保险责任。对保险人自身承担的风险责任范围进行准确界定,不该承担的风险不要承担。保险责任一定在保险单中详细列明,采用一切险承保的业务,除外责任一定要认真研究,准确列明。

③控制保险金额。对于某些风险,针对投保人、被保险人的道德风险和心理风险,可以采用比例共保的方式,即采用低额或不足额的保险方式,规定被保险人自己承担一部分风险,或者规定免赔额(率),从而督促被保险人注重安全管理,减少保险事故的发生。

(3)承保流程。

①根据核保结果,确认是否进入承保流程。如人身保险,核保人会根据各种情况,将被保险人进行分类,给出按不同条件承保的结果:

·标准体:被保险人健康状况符合《生命表》的基本范畴,体格标准,无现症,无既往症,非危险职业,按照正常费率承保。

·次标准体:被保险人风险程度较高不能按标准费率承保,但可附加条件承保,如存在递增性危险(如高血压),递减性危险(如乳腺癌)。

·拒保体:健康因素的拒保,道德危险因素的拒保,地区性的不受理。

②缮制保单。制单内勤将暂收收据号快速连续输入,电脑则根据暂收收据号自动生成保单号并连续打印出正式保单,根据保单号由专人负责打印正式收据并加盖保费业务结算专用章。清分人员将投保单、暂收收据、委托银行代扣保险费协议书、保单和正式收据等单证按其所列用途进行清分,加盖保险合同专用章,并配齐保险合同的封面、投保单副本和保险合同送达书等文件,然后将其成套装订,在相应交接本上登记后装箱,再由业务员交到客户手中。

③递送保单。业务员从递交投保单的窗口领取保险合同,登记后送达客户的同时,请客户填写《保险合同送达书》,并将回执部分剪下交由业务人员送回公司存档。

④整理归档。承保内勤每天分险种将当天的业务汇总成日报表,连同保费暂收收据和保险费交给财务部门,财务人员核对后在保费暂收收据业务留存联上加盖财务收讫章后返回承保内勤。内勤人员每天将回执单录入,将保费收据、保险合同副本和原始投保材料整理好放在一起,装进档案袋中,放进卷柜,月底统一登记后归入档案室保存。

10.1.3 防灾防损

1. 防灾防损的含义

防灾防损是指通过建立有效的防灾制度，采取一定的技术手段和措施，防止各种自然灾害和意外事故的发生和防止损失的继续扩大。防灾是事先的风险预防工作，防损是事中与事后的损失抑制工作，因此防灾防损实际上贯穿了保险公司经营的各个环节。

2. 防灾防损的意义

(1)防灾防损是保险社会管理职能的重要内容，保障社会财富安全，提高风险管理意识和水平。保险公司在业务经营中应充分发挥其社会管理功能，包括社会保障管理、社会风险管理、社会关系管理、社会信用管理，达到减少社会损失，保障人民生命财产的目的。保险公司由于其业务的特殊性，承担了比一般企业多一层的社会责任，就是要帮助投保企业进行风险管理，达到保护社会财产和人民生命安全的目的。

(2)防灾防损是保险人有效益发展的重要保障。加强防灾防损工作对保险公司自身经营发展来讲也有十分重要的意义。保险企业最大的经营成本是赔付成本，赔付率的高低直接关系到保险公司的经营效益，而这一指标的高低，很大程度上取决于保险标的出险率，因此，通过加强防灾防损工作，降低保险标的出险率和损失程度是保险公司实现经营效益的重要保障。因降低出险率而减少的赔款损失，会直接转变成保险公司的经营利润，从这个角度讲，加强防灾防损也是提高保险公司经营效益的一条捷径。国外很多保险企业很重视通过充分发挥防灾防损功能，来减少保险标的的出险率。美国有一家名为 FM(Factory Mutual)的防灾科研咨询机构，拥有 2 000 多名技术和科研人员，并拥有全球最大的火灾试验馆和设备齐全的检测中心。美国排名靠前的几大保险公司都规定，投保企业只有通过 FM 的标准，才可在保险公司投保，享受低费率、高赔付的好处。通过这种方式，保险公司就可以在最大程度上减少经营风险，保证企业经营利润。

(3)开展保险防灾防损，可以为降低保险费率创造条件，有利于减轻投保人的保险费负担。确定保险费率的主要依据是保险标的的出险频率和损失程度，通过开展防灾防损活动，既可以降低保险事故发生频率，又可以减轻保险标的的损失程度，相应地减少赔款支出，进而降低保险费率。

(4)防灾防损是拓展客户服务的重要领域。随着保险业的发展，客户对服务的要求越来越高，出险后保质保量的赔偿，只是体现了保险公司对合同的诚信履行，拓展和增值服务才是一家保险公司品牌和价值的体现。因此，保险公司要从单纯的卖产品向提供综合风险管理服务转化。加强防灾防损工作，正是为客户提供拓展服务的重要领域。防患于未然，是客户和保险公司共同的追求，即使有保险公司的足额赔付，客户也不希望发生事故或遭受灾害，如果保险公司能在出险前协助客户预防损失发生，出险后帮助客户减少损失程度，将会大大提高险企客户服务水平，从而赢得客户，赢得市场。

3. 防灾防损的阶段与方法

(1)承保前严格准确的风险评估。通过风险评估对保险标的风险状况进行全面了解，对于存在严重隐患的标的，要求被保险人整改后方可承保，从而有效降低标的危险程度，确保风险可控。通过风险评估要求对资产进行详细识别和评价，对可能引起风险的威胁和弱点水平进行评估，根据风险评估的结果来识别和选择安全措施。

(2)保期内防灾检查。在保期内定期开展防灾防损检查，建立防灾档案，为客户提供安全提示和自然灾害预警，协助和督促客户整改隐患，完善防灾设施和制度。检查可以采用定期检查与不定期检查相结合，全面检查与重点检查相结合等多种方式。针对某些重点单位，保险公司每年都要有专业人员上门查勘潜在风险隐患，并及时要求其进行整改。如果企业不整改或者仅作部分整改，而导致事故损失扩大的，那么保险公司将考虑提高其次年承保费率或不予承保。

(3)出险后协助施救。对出险的保险标的及时施救，可以有效地避免损失的进一步扩大，从而降低保险公司的赔款。投保人、被保险人出险后要在第一时间赶赴现场，提供人员和技术支持，及时处理残值，避免贬值或二次损失，最大限度地减少灾害事故造成的损失。

保险防灾防损在上述三个阶段中综合使用法律方法、经济方法和技术方法来完成。法律方法即通过法律规定来实施防灾防损。我国《保险法》第五十一条规定："投保人、被保险人未按照约定履行其对保险标的的安全应尽责任的，保险人有权要求增加保险费或者解除合同。"经济方法是保险人通过调整保险费率来促进投保人重视防灾活动。对于防灾措施完备的投保人采用优惠费率，以资鼓励；反之，对懈怠防灾，缺乏必要防灾措施的投保人则采用较高的费率，促使其加强防灾。保险防灾的技术方法一般有：

①通过制定保险条款和保险责任等技术来体现保险的防灾精神。保险条款中明确被保险人防灾防损的义务。保险理赔时要提出抢救和保护受灾财产的要求。

②运用科学技术成果从事保险防灾活动。

4. 防灾防损的主要内容

(1)制定完善的防灾防损制度。这是最基本的工作，使防灾防损工作有章可循。一是建立各种灾害、事故等应急预案，灾害、事故一旦发生立即响应，并严格按照预案处理，完善防灾档案、检查以及隐患整改制度，明确责任，落实任务，严格奖惩考核机制。灾害事故发生后，要对防灾工作进行"回头看"，对于防灾存在疏漏的，严格按照规定处罚、处理。二是建立防灾防损专门机构，加大费用投入，引进一批专业防灾防损技术人才，为客户提供防灾指导和技术支持。聘请防汛、消防、气象等方面的专家建立专兼职专家协作网。三是严格承保理赔政策，与防灾工作挂钩，对于防灾工作好的客户给予费用优惠，对于防灾工作不利的客户提高费率；在理赔过程中，对于因未尽到安全防范义务而造成的损失部分，坚决拒赔。通过这些政策有效激发客户防灾防损工作热情和积极性。

(2)加强宣传工作。保险公司应根据不同时期的不同特点，研究制定针对投保企业的宣传计划，使该项工作制度化，保持工作的连续性，要使投保企业从根本上转变思想，树立防损理念。保险公司要主动参与社会各类防灾宣传活动，配合政府职能部门做好防灾害、防事故的宣传，通过印发宣传资料、在新闻媒介开设防灾宣传专栏、举办防灾防事故讲座等多种途径，引导公民和社会团体自觉维护公共安全，自觉做好灾害事故的防范工作。

(3)进行防灾防损的检查，及时处理安全隐患。保险公司要加强日常的防灾防损管理，组织相关人员经常地、深入地对投保客户进行防灾安全检查，如发现事故隐患，督促其及时整改，把事故消灭在萌芽状态，必要时可以给予资金补助，帮助企业及时整改。同时保险公司应主动配合消防、交通、安检、公安、劳动等政府执法部门组织好检查工作，特别要做好对保险标的一年两次的防台、防汛和防火专项检查。

(4)建立防灾防损合作机制，形成社会化防灾防损的网络体系。保险公司应建立健全横向协调机制，主动与政府各职能部门密切联系，特别是与公安、消防、卫生、法律、民政、气象等部门要建立制度化的合作，整合资源，实现信息共享，共同探索防灾防损的方法和途径。保险公司之间建立联席会议机制，加强防灾防损信息交流与沟通，借助保险行业协会平台，共同研究制定防灾防损体系建设和行业标准，共同参加社会防灾工作，对共保的重点客户联合组织防灾安全大检查。

(5)参与抢险救灾。参与抢险救灾，不仅可以抢救所承保的保险标的，减少保险赔款，而且可以提高保险企业的声誉，加深与保户之间的关系，扩大保险的社会影响，为保险展业开辟道路。因此，参与抢险救灾，是保险防灾防损的一项十分重要的工作。抢险救灾主要包括两个方面：一是灾害正在蔓延时，与被保险人一道，组织抢救保险财产，防止灾害蔓延。二是在灾害之后，同被保险人一道，对受灾财产进行整理、保护和妥善处理残余物资。为做好抢险救灾工作，保险企业要对全体干部职工进行抢险救灾技术培训，使其掌握在危险环境中的各种救灾技术，并且能够在救灾过程中有效地保护各种财产和个人生命安全，减少不必要的人员伤亡。

(6)开展灾情调查，积累灾情资料。保险企业要搞好防灾防损工作，除了配合有关部门具体参与防灾防损活动外，还要经常对各种灾情进行调查研究和积累必要的灾情资料，以便了解掌握灾害发生的规律性，提高防灾防损工作的效果。在保险防灾防损工作中，无论是制订防灾防损计划，还是开展防灾防损宣传，都离不开真实、系统的灾情资料，而且完备的灾情资料也是制定保险费率、进行保险理论研究和业务开拓的重要依据。因此，保险防灾防损工作中的一项重要内容就是要广泛地开展灾情调查，认真地、实事求是地搜集、整理灾情资料，然后按照档案资料管理规程，妥善保管。为使积累的灾情资料更加全面和具有代表性，保险企业应主动与社会防灾防损部门合作，并建立持久的资料交换关系。

10.1.4 保险理赔

1. 保险理赔的含义与原则

(1)含义。保险理赔是指在保险标的发生风险事故后，保险人履行保险合同承诺、处理被保险人提出的索赔要求的行为。

在保险经营活动中，理赔是保险经济补偿功能的体现。通过保险理赔，可以检验承保工作的质量，发现防灾防损工作中的漏洞和问题，从而为改进工作提供依据。保险理赔能及时恢复被保险人的生产，安定其生活，促进社会生产顺利进行与社会生活的安定，提高保险的社会效益。因此，理赔在保险业务经营中占有重要的地位。保险理赔工作主要由理赔人员来完成。保险理赔人员可以分为以下两类人员：一类是保险公司的专职理赔人员；另一类是保险公估人。

(2)原则。保险理赔工作有公认的原则，主要包括以下三项。

①重合同、守信用原则。保险理赔是保险人履行保险合同所规定义务的具体体现。保险合同明确规定了保险双方的权利和义务，保险合同双方当事人都应恪守合同约定，保证合同的顺利实施。在处理各种赔案时，要重合同、守信用，严格按照保险合同条款办事，既不能惜赔，也不能滥赔。理算赔偿金额时，应提供充足的证据，拒赔时更应如此。这不仅关系到保险职能的充分发挥与被保险人正当权益的保障，而且关系到保险业的信誉。重合同、守信用原则是保险理赔过程中应遵循的首要原则。

②实事求是原则。实事求是就是要依据风险损失的实际情况，依据保险条款合情合理地进行理赔工作。被保险人提出的索赔案件的案情往往是形形色色的，案发原因是错综复杂的，保险合同不可能面面俱到地把所有情况都包括进去，有时根据合同条款很难作出是否属于保

险责任的明确答案，加之合同双方对条款认识和解释上的差异，便出现了赔与不赔、赔多与赔少的纠纷。在这种情况下，既要严格按合同条款办事，又应合情合理，实事求是地对不同案件的具体情况进行具体分析，灵活处理赔案。尤其是对一些重大疑难案件，更要慎重处理。实事求是的原则还体现在对被保险人的通融赔付方面。通融赔付是指按照保险合同条款的规定，保险人对于本不应由保险人赔付的经济损失，由于一些其他原因的影响，给予全部或部分补偿或给付。当然，通融赔付是对保险损失补偿原则的灵活运用，而不是毫无原则地随意赔付。

③主动、迅速、准确、合理原则。主动、迅速、准确、合理的原则是衡量和检查保险理赔工作质量的标准，是保险公司提高服务质量、在市场竞争中取得优势的基本要求。这一原则又称理赔工作的"八字方针"，其中，"主动"是要求理赔人员在办理索赔案件时，积极主动受理，不推诿；"迅速"是指办理赔案不拖延，赔付及时；"准确"是要求理赔人员在损失案件查勘、定责定损、赔款计算等方面，力求做到准确无误，不发生错赔现象；"合理"是指理赔人员根据保险合同的规定和实事求是的原则，分清责任，合理定损，合情合理地处理赔案。

2. 保险理赔的程序

保险理赔的程序，一般包括以下环节。

(1)受理案件，登记立案。保险事故发生后，被保险人(或受益人)应立即或尽快通知保险人，便于保险人及时派员到现场进行调查检验，并采取施救措施，避免损失继续扩大。同时也有利于防止或识破道德风险。出险通知一般采用书面形式，也可以先以口头或函电形式通知，然后补交书面通知。出险通知一般包括的内容有：被保险人的姓名、地址、保单号码、出险日期、出险原因、受损财产项目和保险金额等。保险公司接受报案后，要立即进行出险登记、查抄底单、核对报案记录、登记立案等工作。

(2)审核报案材料。保险公司将出险通知与保单副本核对，并就以下事项进行审核：一是保单的有效性，即危险事故是否发生在保单有效期内，发生的地点是否在承保范围内，投保方是否履行了有关告知、保证、交费、危险通知等义务。二是是否构成保险事故，即损失是否是承保风险引起的，损坏的是否是保险标的，其损失是否构成索赔条件等。三是要求补偿或给付的索赔人是否有提出此项要求的权利，重点审查申请赔偿的人在索赔当时是否对保险标的具有可保利益，或是否为指定受益人或合法继承人等。核对无误后，安排人员进行现场查勘或委托代理查勘。

(3)现场查勘。现场查勘是理赔工作的重要环节之一，是了解出险情况、掌握第一手资料、处理赔案的必要步骤。查勘工作的质量，对准确、合理定损和赔付起着关键性的作用。现场查勘的主要内容包括：查明出险的时间、地点、原因与经过、施救整理受损财产、妥善处理损余物资、索取出险证明和核实损失数额等。

现场查勘总的要求是：准备充分，及时深入事故现场，按照保险合同规定和尊重事实的原则，依靠地方政府和企业主管部门及广大人民群众的支持和协助，认真调查分析，做到"现场情况明、原因清、责任准、损失实"。现场查勘完成后，要形成"现场查勘报告"。对损余物资，保险公司要根据其可利用程度，实事求是、合情合理地作价折给被保险人，并从赔款中扣除。若双方不能达成协议，也可由保险人收回自行处理。但损余处理后的收入，必须冲减赔款，不得转移和挪用。

(4)核定损失。核定损失，是在现场查勘的基础上，根据被保险人提供的损失清单及施救费用清单，对照有关的账册、报表、单据或其他凭证，逐项核实受损保险标的的品种、数量、价值、损失程度和损失金额等内容，以及查清修理费用和施救整理费用等是否合理的工作。该项工作的目的是为计算赔款提供真实可靠的依据。

(5)赔款计算。在保险赔款的计算上，不同的险种、不同的保险合同分别有着不同的规定。保险公司应严格按照合同规定的赔偿方式计算应赔金额，并相应扣除残值和免赔额，编制出“赔款计算书”作为支付赔款的正式凭证。

(6)赔付结案。当保险人与被保险人或受益人就赔付金额达成协议后，保险人就应及时支付赔款或给付保险金。审核员在赔款计算书上签章并送主管经理审批，赔案经审批后应及时支付赔款。赔付后，保险人应将赔案编号、被保险人名称、保单号码、出险日期、保险责任、赔付日期、金额等内容登入“赔款案件登记簿”，赔案即告处理完毕。

如果被保险人对保险人的赔付金额有异议，应与保险人协商处理。双方不能达成一致意见时，可通过仲裁或诉讼解决。如果涉及第三者责任，那么在保险人支付赔款的同时，被保险人应把对第三方追偿的权利转交给保险人，并协助保险人向第三方追偿。

3. 赔偿金额的确定

以我国财产保险的赔款为例，赔偿金额的计算方式主要有以下四种。

(1)第一损失赔偿方式。第一损失赔偿方式，是将保险财产的价值分为两部分，其中一部分为保险金额，把保险金额限度内的损失作为第一损失，超过保险金额的损失作为第二损失。保险人对第一损失负责十足赔偿，第二损失由被保险人自负，它与保险赔偿责任无关。第一损失赔偿方式的特点是：赔偿金额一般等于损失金额，但以不超过保障金额为限，即当损失金额低于或等于保险金额时，赔付损失额；当损失金额超过保险金额时，最高赔付保险金额。

采用第一损失赔偿方式计算赔款额，一般来讲对被保险人有利。因为在一般情况下，保险财产全损的情况比较少，大量出现的是部分损失。在保险财产遭受保险事故，而损失又在保险金额以内时，采用这种方式可以使被保险人得到十足的赔偿。我国家庭财产保险就采用这种赔偿方式计算赔款。

(2)比例赔偿方式。比例赔偿方式是以保险金额与出险时保险财产实际价值的比例来计算赔偿金额的，即保险赔偿与损失数额的比例，等于保险金额与出险时保险财产实际价值的比例。其计算公式为：

保险保障程度＝保险金额/出险时保险财产的实际价值×100％

保险保障程度最高为100％，如果保险金额超出实际价值，则超出部分无效。

保险赔款＝损失金额×保险保障程度

比例赔偿方式的特点是：当保险金额等于或超过出险时保险财产的实际价值时，保险赔偿金额即等于损失金额；当保险金额低于出险时保险财产的实际价值时，保险赔偿金额则按比例计算。

例1：保险金额30 000元，损失金额15 000元，保险财产的实际价值30 000元，求保险赔款额。

保险保障程度＝30 000/30 000×100％＝100％

保险赔款额＝15 000×100％＝15 000(元)

例2：保险金额7 000元，损失价值4 000元，保险财产实际价值10 000元。请计算赔款额应为多少？

保险保障程度＝7 000/10 000×100％＝70％

保险赔款＝40 000×70％＝28 000(元)

采用这种赔款计算方式，可以促使投保人按财产的实际价值确定保险金额，同时也体现了保险双方权利和义务的平等关系。因为保险费是按照保险金额计算的，所以比例赔偿方式在财产保险中得到普遍的应用，适用于各类不定值保险品种。但这一方式要求投保人根据财产价值的变化情况及时调整保险金额，使其接近保险财产的实际价值，因而手续繁琐，且保险估价也比较困难。

另外，农业保险中还有限额赔偿方式，定值保险则使用比较特殊的比例赔偿方式。

10.2　再　保　险

10.2.1　再保险的基本概念

1. 再保险的概念

再保险又称分保，是指保险人将自己承担的部分风险或责任向另一个保险人进行转嫁的行为。

保险人经营中不时会面对巨灾风险、巨额风险，对这些风险，如果保险公司不承接，会损失大量的保费收入，同时对保险人的经营信誉也会产生不良的影响，而如果承接下来，这些风险一旦发生，损失十分惊人，严重时会影响到保险公司的生存发展。为保持自身财务稳定性，充分保证被保险人的利益，需要将风险进行再一次的分散，办理再保险。

再保险业务中，向外办理风险与责任转嫁的保险人为分出人，又称原保险人。接受分出人转嫁的风险与责任的保险人，为接受人，又称分入人、再保险人。分保费是分出人向接受人办理风险与责任转嫁而支付的风险代价金。分保佣金，也称分保手续费，是接受人从分保费中提取的，用于补偿分出人展业费用支出的资金。盈余佣金，也称利润手续费，是当接受人有了盈余，从盈余中提取一部分支付给接受人。

2. 再保险的作用

(1)分散风险。保险是风险管理的一种方法，凭借该方法，风险损失的冲击力得以分散。再保险也符合这一目的，它是原保险人能够借以分散风险损失的方法。

(2)扩大承保能力。由于业务量的计算不包括分保费，保险公司可以在不增加资本额的情况下通过再保险增加业务量，扩大承保能力。

很多国家出于保护被保险人的利益，稳定保险公司的业务经营，对保险公司的最低资本额进行限定，同时对每一笔业务或每一危险单位的最高自留额进行限定。比如我国《保险法》第六十九条规定："设立保险公司，其注册资本的最低限额为人民币二亿元"。第一百零三条规定："保险公司对每一危险单位，即对一次保险事故可能造成的最大损失范围所承担的责任，不得超过其实有资本金加公积金总和的百分之十；超过的部分应当办理再保险。"

(3)控制责任，稳定经营。再保险通过控制风险责任使保险经营得以稳定，具体做法分两个方面：一是控制每一风险单位的责任，即保险人规定每一风险单位自留额，对未来可能超过自留额的责任分保出去，这种控制通常也称为险位控制。二是对累计责任的控制，即对大数法则而言，每个风险单位是单独面对可能发生的损失，但在实际经营中常有累积责任的情况。

(4)降低营业费用，增加运用资金。通过再保险，可以在分保费中扣存未满期保费准备金，还可以获得分保佣金收入。这样，保险人由于办理分保，摊回了一部分营业费用。同时，办理分保须提未满期保费准备金和未决赔款准备金，保险人可在一定时间内加以运用，从而增加了保险人资金运用总量。

(5)有利于拓展新业务。再保险具有控制责任的特性，可使保险人通过分保使自己的赔付率维持在某一水平之下，所以，准备拓展新业务的保险公司可以放下顾虑，积极运作，使很多新业务得以发展起来。

10.2.2 再保险责任分配方式

按照责任分配方式，再保险合同分为比例再保险和非比例再保险，比例再保险是以保险金额为基础分配的，非比例再保险是按照赔款为基础分配的。

1. 比例再保险

比例再保险是按照保险金额为基础来确定分出人与接受人的责任额的再保险方式。在比例再保险中，保险金额、保险费与赔款均保持同一比例，这也是该再保险命名的由来。这种再保险又分为成数再保险、溢额再保险和成数和溢额混合再保险。

(1)成数再保险。成数再保险是再保险双方在合同中约定保险金额的分配比率，将每一危险单位的保险金额，均按照约定的比例在再保险双方进行分配的再保险方式。

在已经订立成数再保险合同的前提下，不论原保险人承保的每一风险单位的保险金额有多大，只要该保险金额在合同规定的限额之内，都要按合同规定的比率来分配保险金额，每一风险单位的保险费和所发生的赔款，也按这一比率进行分配和分摊。总之，成数分保最大的特征是“按比例”的再保险，即原保险人与再保险人保险金额的分配、保险费的分配、赔款的分摊都是按照合同规定的同一比例来进行的。因此，成数再保险是最典型的比例再保险。也是最简单的再保险业务。

一般按照其分出的比例来称呼成数再保险，如双方签订了一份自留 35%，分出 65%的再保险合同，则称之为 65%的成数再保险合同。

(2)溢额再保险。溢额分保是由原保险人与再保险人签订合同，对每一风险单位确定一个由原保险人承担的自留额，保险金额超过自留额的部分称为溢额，分给再保险人承担。分入公司按承担的溢额责任占保险金额的比例收取保费、分摊分保赔款和分保费用。

在溢额再保险合同项下，原保险人与再保险人之间保险费的分配、赔款的分摊都是按实际形成的保险金额的比率进行分配的，因此，溢额再保险也属于比例再保险。

溢额再保险的三要素有如下几个。

①自留额。自留额是分出公司按业务质量的好坏和自己承担责任的能力，在订立溢额再保险合同时确定的，通常以固定数额表示。

②分保限额。在溢额再保险中，双方签订的再保险合同中再保险人所承接的最高额度称为分保限额。在一般情况下，这个限额通常以自留额的一定倍数来表示。

③线数。分保限额与自留额的比例称为线数，如分出公司自留额为 50 万元，分保限额为自留额的 5 倍，即 250 万元，可以称之为 5 线合同。

对于分出公司承保的巨额业务，可以签订多个溢额再保险合同，按合同签订的顺序，有第一溢额再保险、第二溢额再保险和第三溢额再保险等。

溢额再保险在计算保额、保费与赔款时，先分配保额，再计算保额之比，然后用这个比例去计算保费与赔款。

(3)成数和溢额混合再保险。成数和溢额混合分保是将成数分保和溢额分保组织在同一合同里，以成数分保的限额作为溢额分保的起点，再确定溢额分保的限额。

2. 非比例再保险

非比例再保险是以赔款为基础来确定再保险双方的责任，故又称损失再保险或超过损失再保险。这种再保险是对原保险人赔款超过一定额度或标准时，再保险人对超过部分负责，故又称第二危险再保险。

(1)险位超赔再保险。险位超赔再保险是按每一危险单位确定再保险双方的责任额的。

如再保险合同为超过 50 万元以后的 100 万元，其中 50 万为原保险人的自负责任额，100 万为险位超赔再保险人的责任额。

(2)事故超赔再保险。事故超赔再保险按一次巨灾事故发生的赔款总和来确定再保险双方的自负责任额与分保额，又称异常损失再保险。

由于事故超赔再保险是按照一次巨灾事故发生的赔款总和来在再保险双方分配赔款的，因此其关键就在于一次事故的界定，这涉及赔款的具体分配问题。一般情况下，在确定一次事故时使用的条款有下面两个。

①时间条款。按照时间来确定一次事故的标准，如台风、飓风、暴风等连续 48 小时为一次事故，地震、洪水连续 72 小时为一次事故等。

②地区条款。按照区域来确定一次事故的标准，对有些风险，同时使用时间和地区条款，如洪水连续 72 小时为一次事故，同时以河谷或分水岭来划分，罢工、暴动连续 72 小时为一次事故，同时限定市、镇、村等范围。

(3)赔付率超赔再保险。按赔款与保费的比例来计算，又称停止损失再保险或损失中止再保险。在赔付率超过一定标准时，超过部分分给再保险人承担。再保险人为了控制自己的责任太大，会对承接的比例进行限额限制。同时，为了避免原保险人因为有了再保险而不注重业务质量导致赔付率上升，会有共同再保险的规定，即在计算出再保险人应承担的赔款之后，对该赔款原保险人也要承担一部分。再保险人承担的比例一般规定为营业费用率的两倍。

假设营业费用率为 25%，则原保险人能承担的最高赔付率为 75%(再赔就亏损了)，则再保险人负担的是 50%，也就是赔付率自 75%～125%的部分。

10.2.3 再保险的合同签订形式

1. 临时再保险

临时再保险又称临时分保，是指原保险人与再保险人之间并没有再保险合同关系，只是当原保险人有再保险需要时才同再保险人洽谈的再保险。

当原保险人需要分保时，将分出业务的详情和分保条件逐笔告知，接受人是否接受及接受多少均可自由选择。原保险人视危险情况和自留能力以决定是否办理临时分保，但即使需要分保，也可以不办理。所以，有时也称“随意再保险”或“随时再保险”等。

临时再保险最大的优点是，双方均有自主选择权。

2. 合同再保险

合同再保险是以合同的方式安排再保险业务，原保险人和接受人通过契约将业务范围、地区范围、责任、除外责任、分保佣金、自留额和合同最高限额等分保条件固定下来，明确双方权利义务的一种分保方法，又称固定分保。

合同一经签约，即具有法律效力，双方均应按规定参加分保。其最大特点是具有强制性。

3. 预约再保险

预约再保险又称“临时—合同再保险”，它是介于临时再保险和合同再保险之间的一种再保险形式。此种再保险，就原保险人来说，对于各项业务是否分出，可以自由决定，具有临时分保性质；就再保险人来说，原保险人分给的再保险业务受合同约束，有接受之义务，因为这种再保险已于合同上订明，原保险人在一定全额范围内将符合条件的直接业务分给再保险人，再保险人不得拒绝。

10.2.4　再保险的组织形式

1. 保险公司兼营再保险业务

保险公司兼营再保险可以说是最早的再保险承保人形式，在再保险业务尚不发达的时候，通常都是由直接承保公司兼营的。随着再保险业的发展，这种保险公司在经营直接业务的同时，也接受再保险业务，更经常的是以他们自己分出业务与同业进行分保交换，形成互惠分保。比较著名的互惠分保伙伴是日本的东京海上火灾保险株式会社与安田火灾海上保险公司。这种互换业务，再保险双方既是分出公司，又是分入公司，可以相互抵消分保费支付，节约外汇流出，扩大风险分散面，达到互惠互利的目的。它们在保险市场上既是分出公司，也是接受公司。在 1996 年中保再保险有限公司成立之前，中国人民保险公司即属于兼营再保险的性质，中国人民保险公司设再保部办理再保险业务。

2. 专业再保险公司

随着对再保险需求的增加和保险公司之间竞争的加剧，专门从事再保险业务的保险公司应运而生。这种专业再保险公司自身不承保业务，而专营再保险业务——主要接受分来的业务，也将一部分业务转分给其他保险公司，但对转分保业务的成分一般都有严格的控制。专业再保险公司是在再保险需求不断扩大、再保险业之间竞争加剧的情形下由兼营再保险业务的保险公司中独立出来的，以适应再保险业的发展。世界上最早的专业再保险公司德国科隆再保险公司成立于 1846 年，1852 年才开始经营业务。目前世界上约有 240 多家专业再保险公司，大多分布于欧美。影响最大的慕尼黑再保险公司和瑞士再保险公司一直名列前茅。

专业再保险公司在全球各地设有分支机构，进行再保险营运时，可称为跨国性公司，其规模庞大、单位众多，在市场上举足轻重，直接影响市场的行情。

3. 再保险联营

再保险联营是由若干家保险公司或再保险公司经共同协议联合组成的再保险组织，这种再保险组织有国家的，也有地区性的、跨区域性的，其组织形式也各不相同，如承保组织、保险集团和协会等。

再保险联营的创建一般有两大原因。

(1)发展中国家为减少对发达国家的依赖而创建。二战以后，一些第三世界国家在完成政治独立以后，大多数已认识到保险和再保险的经济价值，同时又受到联合国的鼓励，促进了发展中国家发展自己的保险和再保险市场，以减少对发达国家的依赖。如亚非再保险联合会，土巴伊火险(土耳其、巴基斯坦和伊朗)等。

(2)专业联营。为解决特殊风险而成立。如英国、日本等建立的原子能再保险组织等。

4. 专属保险公司

专属保险公司主要是根据某个大企业或某一专业系统自身需要而设立的内部保险公司，也称专业自营保险公司，简称自保公司。

这种保险公司经营本系统(母公司)的直接业务并向外办理分保,也承保外界风险和分人业务,进入国际再保险市场。专属公司发展于20世纪60年代,其中大部分公司成立于20世纪70年代至80年代。目前,美国有1 000多家专属保险公司,占世界总数的一半以上,包括医生、会计师或建筑师行业的保险公司。大多数专属保险公司为享受免税优惠,都在百慕大、开曼群岛和男人岛(曼恩岛)等免税岛注册,因为当时这些岛国都享受免税优惠,这三大免税岛被称为世界三大再保险市场。专属保险公司在英国和欧洲大陆及澳大利亚也有较快的发展,如著名的澳大利亚坤泰斯航空公司就设立了自己的保险公司。专属保险公司一般规模不大,业务质量良莠不齐,通常也将主要风险转嫁给再保险市场。

5. 劳合社

伦敦是最大的国际再保险市场,一年交易额达数百亿美元,而劳合社又是其中最重要的组成部分。劳合社成立于1688年,是一个规模庞大的保险集团,同时也是全球最大的再保险集团。劳合社是许多大型再保险业务的主要承保者,同时也是许多保险市场的再保险首席承保人。传统的劳合社作风保守、谨慎、详实、稳健与可靠。近年来再保险市场虽然已有变化,劳合社仍然是最令人信赖的市场。劳合社是一个特殊的市场,非其成员不得入内经营。劳合社的分保业务涉及水险、非水险、航空险和汽车险等各个领域。近年来由于保险业务蓬勃发展,核保技术大幅改变,往日保守拘谨的英国传统的承保人已趋没落,劳合社面对欧美大型保险公司及再保险公司在国际市场上的强势竞争已感到力不从心,为求业务的发展,能与其他公司竞争,劳合社进行了一系列的改革,如实施电脑化作业、承保人出国考察、与伦敦保险协会合作、发展超额赔款再保险、直接承受业务等。

本章小结

保险公司的业务经营活动从业务层次上主要分两大类,一类是直接保险业务,简称直保业务,主要包括保险展业、核保与承保、防灾防损、保险理赔等环节,第二类是再保险业务,又称分保业务。

保险展业,即保险人开展业务,是指通组织同类风险的投保人,以缴纳保险费的方式,参加保险以建立保险基金,用以补偿或给付约定的自然灾害和意外事故造成的财产损失或人身伤亡、疾病等事件的行为。展业的方式包括直接展业和间接展业。

保险核保是指保险人对投保申请进行审核,决定是否接受承保这一风险,并在接受承保风险的情况下,确定保险费率的过程。核保原则有实现长期的承保利润,提供高质量的专业服务,争取市场的领先地位,防止逆选择。

保险承保是保险人对愿意购买保险的单位或个人(即投保人)所提出的投保申请进行审核,做出是否同意接受和如何接受的决定的过程。

防灾防损是指通过建立有效的防灾制度,采取一定的技术手段和措施,防止各种自然灾害和意外事故的发生和防止损失的继续扩大。防灾防损的阶段与方法有承保前严格准确的风险评估,保期内防灾检查,出险后协助施救。

保险理赔是指在保险标的发生风险事故后,保险人履行保险合同承诺、处理被保险人提出的索赔要求的行为。理赔原则,包括重合同、守信用原则,实事求是原则,主动、迅速、准确、合理原则。

再保险又称分保，是指保险人将自己承担的部分风险或责任向另一个保险人进行转嫁的行为。再保险作用有分散风险，扩大承保能力，降低营业费用，增加运用资金，有利于拓展新业务。责任分配方式有比例再保险和非比例再保险。再保险的合同签订形式有临时再保险、合同再保险、预约再保险。组织形式有保险公司兼营再保险业务、专业再保险公司、再保险联营、专属保险公司、劳合社。

思考练习

(1)简述保险展业的概念与方式。

(2)保险展业的内容有哪些？

(3)保险核保的原则有哪些？

(4)保险核保的内容有哪些？

(5)保险防灾防损的含义与意义是什么？

(6)保险防灾防损的阶段与方法有哪些？

(7)保险理赔的含义与原则有哪些？

(8)再保险的概念与作用是什么？

(9)比例再保险和非比例再保险各包括哪些形式？

(10)再保险合同有哪些签订方式？

(11)再保险有哪些组织形式？

案例分析

案例材料一　保险展业进入E时代　多方完善移动展业模式

近年来保险业飞速发展，在金融系统和整个国民经济中的重要作用日益显现。当前，一方面消费者对保险的需求不断提高、产业结构升级加速，另一方面随着更多市场主体加入，保险行业竞争越来越激烈，在此背景下，信息化建设水平对保险公司保持竞争力的促进作用日益凸显。通过使用先进的IT技术，保险营销员能提供更加专业、高效、优质的产品和售前、售中及售后服务，大幅提高生产效率，保险营销员及公司整体形象也得到显著改善。

信息化推动保险展业变革

如果说金融是国民经济的核心，信息化就是金融业的生命线。要适应国际、国内形势的要求和国民经济的快速发展，保险行业必须不断创新，而创新则离不开科技的进步，这是客观的必然。

同时，信息化是保险业得以持续、快速发展的重要保障。近10年以来，移动展示、移动支付、移动保全、移动理赔等移动平台越来越多地渗透到保险业务的每一个环节，有效地推进了行业标准化、优化了客户体验、提高了业务效能、树立了行业形象。

从未来趋势看，移动展业模式(E－agency)不仅仅是保险行业的需求，在整个金融行业的应用范围也越来越广泛。比如今后越来越多银行的高端理财顾问、证券行业高端顾问也将是移动展业的重要应用领域。

以客户为中心转型

近年来,保监会和各个保险公司有一个很明显的发展趋势,就是把以保单为中心的业务模式转型为以客户为中心的模式。而这个转型可谓知难行易。因为要改变保险公司现存的业务系统需要做大量的工作,并且和金融业很多领域一样,要考虑很多安全、稳定以及法规性的问题。而针对移动展业终端来说,保险行业目前可以做的是首先把流程规范化、电子化、自动化。

有数据表明,中国保险行业信息化建设正处在关键时间,2010 年保险行业信息化建设的投入达到 80 亿元。这些大的投入更多的是会花在整个保险价值链的挖掘和整合上,移动展业将是其中一个很重要的方面。

对于保险公司而言,所有展业形态都是为了公司业务的推进,都是在提高效率和客户的满意度。目前备受关注的移动展业模式,在快速灵活、提高客户满意度、提高销售效率方面无疑具有很多优势。移动展业需要一个强大的信息网络,能够实时无缝地完成不同硬件之间的数据转换。

营销员以 IT 技术结合保险业务实践,运用“笔记本电脑+保险软件”,通过互联网进行产品销售、客户服务和流程管理,较好地实现了客户与代理人之间的“无缝沟通”。

(本文由作者改写自:中国保险报.2011-02-22)

案例材料二　理财险在寿险纠纷中拔了头筹 误导销售是主因

2007 年至 2010 年 4 年间,我国金融经济快速增长,保险行业蓬勃发展,民众的保险意识和维权意识不断增强,人身保险合同纠纷也不断增加。随着人们理财观念的增强,以分红险为代表的投资理财类的保险成了人身保险市场的主流,也引发了一系列问题。

投资理财保险纠纷成为人身险纠纷的大头

随着人们理财观念的增强,以分红险为代表的投资理财类的保险成了人身保险市场的主流,2009 年,北京地区仅分红险保费收入就占到了人身险总保费的 57.1%,同比提高 18.2 个百分点。

与此同时,随着投资理财类保险的普及式的热卖,因购买分红险、万能险、投资连结险等投资理财型保险引发的纠纷日益增多。2010 年西城法院受理的投资理财型保险纠纷与 2009 年相比大幅增加,该类纠纷已经占到全部人身保险合同案件的 46%。

营销员误导与投保人误解成为退保和诉讼的重要原因

陈先生在银行存钱时遇到了某保险公司的一位业务员,业务员极力劝说陈先生购买某款万能型投资理财保险,业务员介绍说该保险和存款一样,可以随时提取保险金,比存款收益高,又能收获一份保障。陈先生听了业务员的介绍,感觉这款保险比自己单纯存款有优势,于是就购买了该款终身寿险,并交纳了 5 万元保费,其后又陆续交纳了 2 万元保费。依据合同约定,上述保费均被保险公司扣除了初始费用。

投保半年后,陈先生和老伴急需 4 万元现金,想到业务员曾说过该款保险和存款一样,可以随时提取,于是陈先生向保险公司申请提取了 4 万元现金。一个月后,陈先生将 4 万元现金又打入了保险账户,却发现该 4 万元又一次被扣除了 3 200 元的初始费用。陈先生十分不解,找到业务员询问,业务员说这 4 万元被认定为陈先生追加的保费,因此需要扣除初始费用。

陈先生认为自己只是还回保险账户中提出的资金，不属于追加保费，不应当再扣除初始费用，保险公司并没有告诉投保方领取部分现金再存回去要再次扣除初始费。于是陈先生诉至法院，要求判令保险公司退回收取的初始费用 3 200 元及其利息。

陈先生在投保时签署了投保书和《人身保险投保提示》，同时陈先生在提取以及归还 4 万元保费时均签署了委托书和保险合同变更书，上述书面证据内容表明了保险公司对保险条款进行了明确说明，陈先生对归还的 4 万元属于追加保费的性质认可。书面证据的内容与陈先生构成误解的陈述不一致，陈先生解释当时只是盲目签字，轻信了业务员的介绍，并没有阅读相关内容。在陈先生的单方陈述和书面证据的内容相冲突的情况下，法院也只能依据书面证据判决驳回了陈先生的诉讼请求。

保险代理人的销售误导和投保人对于保险产品的错误认知是引发人身保险合同纠纷的一大原因，尤其是在投资理财类保险纠纷中。

（本文由作者改写自：经济参考报．2011－05－18）

案例材料三　国际著名的再保险公司

瑞士再保险公司

瑞士再保险公司于 1863 年成立于苏黎世，现有员工（全球范围）约 9 000 人，苏黎世总部有 2 500 人左右，在世界上 30 多个国家设有 70 多家办事处。公司总资产达 1 426 亿瑞士法郎（约合 8 556 亿元人民币），其核心业务是为全球客户提供风险转移、风险融资及资产管理等金融服务。目前它已发展成为一家世界领先的具有雄厚财务实力和偿付能力的再保险集团企业，并被公认为是风险转移组合最多元化的全球再保险公司，跻身于世界四大再保险公司之列。为了扩大与中国保险业的合作，瑞士再保险公司早在 1983 年就与中国人民保险公司签订了第一份再保险合同。此后，瑞士再保险公司与中国保险业的合作不断加强。自中国保险市场对外开放以来，瑞士再保险公司先后于 1996 年和 1997 年分别在北京和上海设立了两家代表处，并于 1999 年 4 月正式向中国保监会递交了申请经营性分公司的信函，成为第一家申请在华营业的再保险公司。2002 年 7 月 10 日终于获得了中国保监会的经营许可，业务范围包括产、寿险再保险业务。

（本文由作者改写自：百度百科）

慕尼黑再保险公司

慕尼黑再保险公司创立于 1880 年，注册地为德国慕尼黑，在全世界 150 多个国家从事经营非人寿保险和人寿保险两类保险业务，并拥有 60 多家分支机构。慕尼黑总部及世界 60 多家再保险公司的附属机构、分支机构、服务公司与代表处、联络处共有 3 000 多名职员。慕尼黑再保险公司多年来连续被美国标准及普尔评级公司评定的等级为 AAA 级。同样，另一家美国的评级公司（A. M. Best 公司）多年来也一直给予其以最高的赔偿能力评级"A＋＋（优秀）"。继 1997 年之后，慕尼黑再保险公司连续第二次被亚洲最具权威的保险专业杂志——"亚洲保险观察"评为 1998 年以来亚洲最佳再保险公司。

慕尼黑再保险公司同中国保险行业的合作可追溯到中国人民保险公司建立之初，在 1956 年就有了再保险业务联系。期间经过短暂的停止后，又于 1973 年恢复合作关系。这种合作是建立在相互信任和配合的基础上的，因而得以持续发展。1997 年慕尼黑再保险公司在北京和上海分别成立了代表处，不仅为慕尼黑再保险公司翻开了一页新的篇章，更可以通过慕尼黑再保险公司总部和香港分公司的支持，在中国初步形成一个服务网络。2003年10月，慕尼黑再保险公司在中国的机构在北京宣告成立。由此，慕尼黑再保险成为第一家可以在中国经营人民币业务的外资再保险公司。

（本文由作者改写自：百度百科）

中国再保险(集团)股份有限公司

中国再保险（集团）股份有限公司（原名中国再保险公司）（以下简称“中再集团”）是经国务院批准，在原中保再保险有限公司（1996年1月成立）基础上组建的中国唯一一家国有独资专业再保险公司，于1999年3月18日正式成立，于2003年8月在原中国再保险公司基础上改制成立的国有独资保险集团公司，其注册资本为人民币39亿元。

2007年10月10日中国再保险（集团）公司自去年获得中央汇金投资有限责任公司40亿美元注资之后，已完成整体改制。10日，由其整体改制而成的中国再保险（集团）股份有限公司在京召开了创立大会暨第一次股东大会。会议宣布，经国务院批复同意，中国保监会批准，中国再保险（集团）股份有限公司由财政部和中央汇金投资有限责任公司共同发起设立，注册资本金361.49亿元人民币，财政部和中央汇金公司分别持有14.5%和85.5%的股权。公司整体承继原中国再保险（集团）公司及6家子公司的资产、负债、业务及员工，简称仍为“中再集团”。

中再集团是目前内地最大的再保险公司，在国内再保险市场占有近80%的份额。此前已披露的信息显示，中再集团未来将在保持国家绝对控股原则的基础上引进境内外战略投资者，并择机实现股票公开发行上市，以进一步增强资本实力及承保能力。据保监会预测，2010年中国保费收入可达1万亿元，再保险需求达1 000亿元左右。

经国务院批复，中国保监会批准，中国再保险（集团）公司由国家注资整体改制为股份公司并于2007年10月30日揭牌成立。公司以361.49亿元注册资本金在再保险行业排名亚洲第一、全球第五。

中再集团拥有6家控股子公司，分别为：中国财产再保险股份有限公司、中国人寿再保险股份有限公司、中国大地财产保险股份有限公司、中再资产管理股份有限公司、中国保险报业股份有限公司、华泰保险经纪有限公司，拥有1家附属机构——保险职业学院。其经营业务涉足再保、直保、投资、传媒、保险经纪、教育培训等多个领域，形成了多元化和专业化的集团经营架构与管理格局。

（本文由作者改写自：百度百科）

推荐阅读

[1]兰虹．保险学基础[M]．成都：西南财经大学出版社，2005.

[2]何惠珍．保险学基础[M]．北京：中国金融出版社，2006.

[3]付荣辉，李丞北．保险原理与实务[M]．北京：清华大学出版社，2010.

[4]李丞北．保险理论与实务[M]．北京：中国财政经济出版社，2005.

[5]胡炳志．再保险[M]．北京：中国金融出版社，2008.

第 11 章　保险市场

本章提要

保险市场是金融市场的重要组成部分，是保险商品交易的场所，既具有一般商品市场的共性，同时又有其自身特点。本章第一节中对于保险市场的基本原理进行了讲解，包括保险市场的概念、特征以及基本要素，第二节中主要介绍了国际保险市场中现有的几种市场类型，第三节中对于我国保险市场的历史、现状以及前景和国际保险市场的发展趋势进行介绍。

学习目标

1. 保险市场的含义
2. 保险市场的特征
3. 保险市场的类型
4. 保险市场的构成要素
5. 国际保险市场的发展趋势
6. 我国保险市场的历史沿革

框架结构

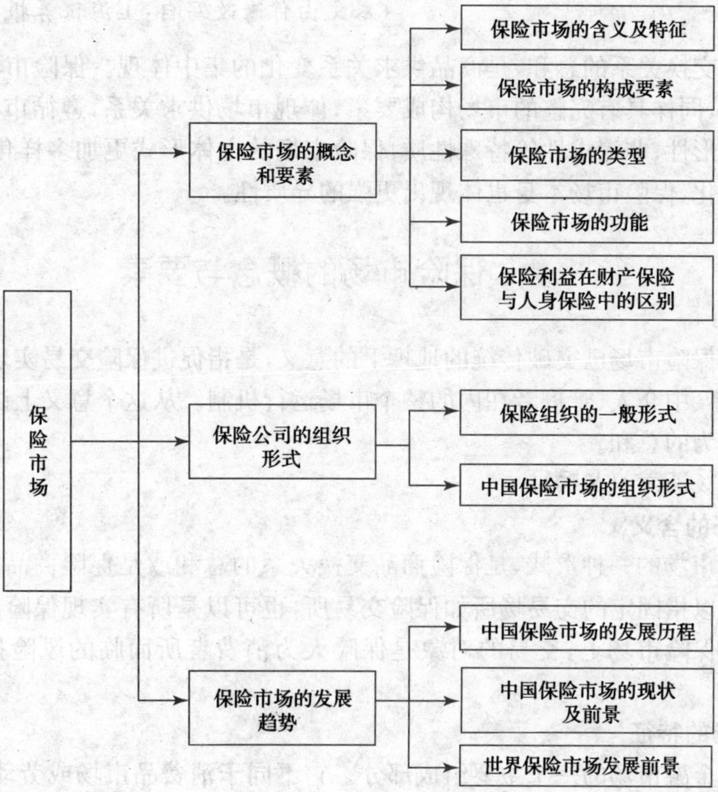

开篇案例

保监会李克穆:中国成为全球增长最快保险市场

中国保监会副主席李克穆在泛美担保协会(PASA)2010年北京年会上讲话时透露,2002年以来,中国保费收入世界排名平均每年上升1位,目前排名第6位,成为全球增长最快的保险市场。

20世纪80年代以来,中国保险业开始恢复业务并取得迅速发展。近年来,中国政府更加注重发挥保险在市场经济条件下的功能作用,政府引导和政策支持的力度不断加大,中国保险业的整体面貌发生了深刻变化。恢复国内业务以来,中国保险市场规模年均增长近30%。

李克穆表示,近年来,中国保险业坚持市场化改革,严格履行入世承诺,逐步建立起统一开放、竞争有序的保险市场体系,市场效率不断提高。中国保险市场从过去的高度垄断逐步转变为市场机制作用得到较好发挥的市场,竞争的压力正激发出更大的市场活力。

截至2009年底,全国共有保险集团公司8家,保险公司122家,保险资产管理公司10家。其中,外资保险公司53家,包括外资财产险公司20家,外资寿险公司27家,外资再保险公司

6家。共有15个国家和地区的43家外资保险公司在华设立了115个营业性机构。而共有16个中资保险公司在境外设立了44家营业性机构。中国人保、中国人寿、中国平安、中国太保、中国太平等5家保险公司实现境内外上市。

（本文由作者改写自：上海证券报．2010－05－25）

市场是商品交换关系的总和，是商品供求关系变化的集中体现。保险市场作为商品市场的一个构成形式，同样具有完整的市场构成要素，体现市场供求关系，遵循市场规律。但是由于保险商品的无形性、非渴求性等特殊性质，保险市场的主体形式更加多样化，保险商品的供求关系更加复杂化，保险市场本身也体现出更强的异质性。

11.1 保险市场的概念与要素

现代意义的保险市场已突破传统的地理上的意义，是指促进保险交易实现的诸多环节，包括供给者、需求者、中介人、管理者在内的整个市场运行机制。从这个意义上讲，保险市场就是保险商品买卖行为的总和。

11.1.1 保险市场的含义及特征

1. 保险市场的含义

保险市场是市场的一种形式，是保险商品交换关系的总和或是保险商品供给与需求关系的总和。它既可以指固定的交易场所如保险交易所，也可以是所有实现保险商品让渡的交换关系的总和。在保险市场上，交易的对象是保险人为消费者所面临的风险提供的各种保险保障。

2. 保险市场的特征

保险市场是金融市场的一个主要组成部分。它不同于消费品市场或劳动力市场，有其独有的特征。

(1)保险市场是无形市场。现代保险经济活动特别是再保险活动，基本上是通过电脑设施随时进行的。这种没有固定场所和时间，通过现代化技术手段进行的交易行为，即为无形市场。现代市场经济，特别是金融市场绝大多数为无形市场；保险这一金融活动包括展业、投保、签单、索赔、理赔、追偿等环节，都可以通过现代化通信手段进行，不受固定场所和时间的限制，因此保险市场从空间概念来说是无形市场。

(2)保险市场是直接的风险市场。这里所说的直接风险市场，是就交易对象与风险的关系而言。尽管任何市场都存在风险，交易双方都可能因市场风险的存在而遭受经济上的损失，但是，一般商品市场所交易的对象，其本身并不与风险联系，而保险市场所交易的对象是保险保障，即对投保人转嫁于保险人的各类风险提供保险保障，所以本身就直接与风险相关联。保险商品的交易过程，本质上就是保险人聚集与分散风险的过程。风险的客观存在和发展是保险市场形成和发展的基础和前提。“无风险，无保险”，也就是说，没有风险，投保人或者被保险人就没有通过保险市场购买保险保障的必要。所以，保险市场是一个直接的风险市场。

(3)保险市场是非即时结清市场。所谓即时结清的市场是指市场交易一旦结束，供需双方立刻就能够确切知道交易结果的市场。无论是一般的商品市场，还是金融市场，都是能够即时结清的市场。而保险交易活动，风险的不确定性和风险的射幸性使交易双方都不可能确切地知道交易结果。因此，保险交易不能立刻结清。相反，在保险交易中还必须通过订立保险合同，来确定双方当事人的保险关系，并且依据保险合同履行各自的权利和义务。因此，保险单的签发，看似保险交易的完成，实质是保险保障的开始，最终的交易结果还要看双方约定的保险事故是否发生。所以，保险市场是非即时清结市场。

(4)保险市场是特殊的"期货"交易市场。由于保险的射幸性，保险市场所成交的任何一笔交易，都是保险人对未来风险事件发生所致经济损失进行补偿的承诺。而保险人是否履约，即是否对某一特定的对象进行经济补偿，则取决于保险合同约定的时间内是否发生约定的风险事故，以及这种风险事故造成的损失是否达到保险合同约定的补偿条件。只有在保险合同所约定的未来时间内发生保险事件，保险人才可能对被保险人进行经济补偿，这实际上交易的是一种"灾难期货"。因此，保险市场是一种特殊的"期货"市场。

(5)保险市场是信息不对称市场。在普通商品市场上，信息不对称往往是单向的，也即信息优势只存在于交易双方中的一方。然而在保险市场上，由于保险机制的固有特性，信息不对称却是双向的，即被保险人和保险人都可能存在信息优势。首先，从被保险人来看，由于被保险人总是比保险人更了解保险标的的风险状态，所以被保险人在投保时容易通过隐藏信息作出有利于自己而不利于保险人的选择行为，即保险市场中的逆选择，而且，在购买保险后，保险标的的一切权利仍然归属于被保险人，被保险人会出现疏忽大意甚至欺诈等败德行为，或者在风险发生之后消极减损，即出现道德风险。另外，从保险人的角度来看，由于保险合同的专业性、技术性较强，保险人可能利用被保险人的相关知识缺乏而对被保险人进行误导、隐瞒或欺骗，从而损害被保险人的利益。因此，保险市场是信息不对称市场。

(6)保险市场具有较高的交易成本。与普通市场相比，保险市场的交易成本要更高一些。这主要表现在两个方面。首先，合同阅读成本，保险产品涉及精算、法律、金融、医学等多学科的专业知识，条款相对复杂，用语比较严谨，普通客户在阅读相关内容的时候往往不能完全理解，这在客观上提高了合同的阅读成本。面对较高的阅读成本，许多顾客会谨慎购买甚至会放弃购买，而保险营销人员在营销过程中也需要更多的努力。其次，合约不完全带来的成本。尽管保险合约在订立时力求严谨、详细，但可能还是无法涵盖所有不可预期的意外状况出现。如果合约对约定风险事故的定义不清晰，或者对损失范围的界定不明确，或者对法律责任的认定出现偏差，被保险人和保险公司之间就可能会产生理赔纠纷，而解决纠纷的成本往往十分高昂。

3. 保险市场的主要衡量指标

(1)市场份额。市场份额指一个企业的销售量(或销售额)在市场同类产品中所占的比重，直接反映企业所提供的商品和劳务对消费者和用户的满足程度，表明企业的商品在市场上所处的地位。市场份额是企业的产品在市场上所占份额，也就是企业对市场的控制能力。市场份额越高，表明企业经营、竞争能力越强。企业市场份额的不断扩大，可以使企业获得某种形式的垄断，这种垄断既能带来垄断利润又能保持一定的竞争优势。保险市场份额是指各国总保险费占世界保险费的比例。

(2)保险深度。所谓保险深度是指保险费占 GDP(国内生产总值)的比例。保险深度可以反映出一个国家的保险业在整个国家经济中占的重要地位。

(3)保险密度。所谓保险密度指的是人均保险费的数量。它是衡量一个国家国民经济和保险业发展水平的重要指标之一。

(4)寿险与非寿险保费比例。这一指标发展的趋势是寿险保费比例在不断增长。20 世纪

80年代初全世界保费收入中寿险与非寿险之比为40∶60，到20世纪90年代为52∶48。目前世界平均寿险保费收入在总保费中所占比例已达到65%以上。

11.1.2 保险市场的构成要素

现代保险市场是保险商品交换关系的总和，是参与保险市场交易的各类要素及相互作用，使保险交易得以实现的机制。保险市场作为市场经济的组成部分，同样受价值规律、竞争规律和供求规律的支配。

保险市场构成要素主要有四个：保险市场供给方、需求方、交易价格和中介。这四个要素相互依存、相互作用，共同构成了完整的保险市场体系。

1. 保险市场供给方

经济学中，供给是生产者在某一特定时期内，在每一价格水平上愿意而且能够供应的商品量。保险供给，就是在一定保险价格条件下，保险市场各家保险公司愿意并且能够提供的保险商品的数量总和。保险市场供给包括质和量两个方面的内容，保险市场供给的质既包括保险企业所提供的各种不同的保险商品品种，也包括每一具体的保险商品品种质量的高低；保险市场供给的量既包括保险企业为某一保险商品品种提供的经济保障额度，也包括保险企业为全社会所提供的所有保险商品的经济保障总额。

保险市场的供给方主要是指保险人，包括国有保险人、私营保险人、合营保险人、合作保险人、个人保险人等，他们必须是经过国家有关部门审查认可并获准专门经营保险业务的法人组织。根据我国《保险法》的规定，保险人的组织形式只能是法人组织，不允许个人经营保险。因而在我国提供各类保险商品的各类保险公司，构成我国保险市场的供给方。目前世界上只有唯一一家经营保险业务的自然人保险组织，这就是英国的“劳合社”承保人。

2. 保险市场需求方

经济学中，需求是居民户在每一特定的价格水平时愿意而且能够购买的商品量。保险需求，是指在一定的费率水平上保险消费者愿意并有能力从保险市场上购买的保险商品的数量。

保险市场需求包括三个基本要素：有保险需求的人、为满足保险市场需求的购买能力和购买意愿，即：保险市场需求＝人口＋缴费能力＋投保意愿。保险市场需求的这三个要素是相互制约，缺一不可的，只有三者结合起来才能构成现实的保险市场需求，才能决定需求的规模和容量。与一般需求的表现不同，保险市场需求的表现形式有两方面，一方面体现在物质方面的需求，即在约定的风险事故发生并导致损失时，它能够对经济损失予以充分的补偿；另一方面则体现在精神方面的需求，即在投保以后，转嫁了风险，心理上感到安全，从而消除了精神上的紧张与不安。

保险市场的需求方是指保险市场上所有现实的和潜在的保险商品的购买者，即各类投保人。根据保险消费者不同的需求特征，可以把保险市场的需求方划分为个人投保人、团体投保人、农村投保人、城市投保人等。根据保险需求的层次还可以把保险市场的需求方划分为当前的投保人与未来的投保人等。

3. 保险价格

保险价格是指某种保险的单位保险金额（一定数额的货币量作为该种保险的一个计量单位）的保险费。保险价格的具体形式是保险费，保险费计算的基础是保险费率。

保险费率一般由纯费率和附加费率两部分组成。习惯上，将由纯费率和附加费率两部分组成的费率称为毛费率。纯费率也称净费率，是保险费率的主要部分，它是根据损失概率确定的。按纯费率收取的保险费称为纯保费，用于保险事故发生后对被保险人进行赔偿和给付。附加费率是保险费率的次要部分，按照附加费率收取的保险费称为附加保费。它是以保险人的营业费用为基础计算的，用于保险人的业务费用支出、手续费支出以及提供部分保险利润等。

保险费率＝纯保险费率＋附加费率

纯保险费率＝(保险赔款总额/总保险金额×1 000‰)＋稳定系数

附加费率＝(保险业务经营的各项费用＋适当的利润)/纯保险收入总额

4. 保险市场中介

保险市场的中介方是指活动于保险人与投保人之间，充当保险供需双方的媒介，把保险人和投保人联系起来并建立保险合同关系的人。保险市场中介包括保险代理人、保险经纪人、保险公估人等。

(1)保险代理人。保险代理人是根据保险人的委托，向保险人收取代理手续费，并在保险人授权的范围内代为办理保险业务的单位或个人。

(2)保险经纪人。保险经纪人是基于投保人的利益，为投保人与保险人订立保险合同提供中介服务，并依法收取佣金的单位。

(3)保险公估人。保险公估人是指受保险当事人委托，专门从事保险标的的评估、勘查、鉴定、估损、赔偿和理算等业务的单位。

保险公估人的主要任务是在保险合同订立时对危险的勘验、评估及危害发生后，对损失的原因及程度进行勘验和估计。未经中国保监会批准，任何单位和个人不得在中华人民共和国境内以保险公估机构名义从事保险标的的评估、勘查、鉴定、估损、理算等业务。

保险公估人只站在公正的第三者的立场上，凭借专门的技术知识和经验，对客观实际作出实事求是，公正准确的判断和证明。

经中国保监会批准，保险公估机构可以经营下列业务：保险标的承保前的检验、估价及风险评估；对保险标的出险后的勘查、检验及理算；经中国保监会批准的其他业务。

11.1.3 保险市场的类型

(1)按保险市场的竞争程度不同，可分为自由竞争型保险市场、垄断型保险市场、寡头垄断型保险市场、垄断竞争型保险市场。

①自由竞争型保险市场，是保险市场上存在数量众多的保险人、保险商品交易完全自由、价值规律和市场供求规律充分发挥作用的保险市场。在这种模式下，保险市场处于不受任何阻碍和干扰的状态中，同时，由于存在大量的保险公司，且每个保险公司在保险市场上所占的份额都很小，因而任何一个保险公司都不能单独左右市场，而应由保险市场自发地调节保险商品的价格。保险资本可以自由流动，价值规律和供求关系充分发挥作用。政府保险监管机构对保险企业管理相对宽松，保险行业协会在市场管理中发挥重要作用。

一般认为完全竞争模式是一种理想的市场模式，它能充分、适度、有效地利用生产资源。因此，保险业发展较早的西方发达国家在早期多为该种模式。但是，自由竞争发展的结果，必然导致垄断。

②垄断型保险市场，是由一家或几家保险人独占市场份额的保险市场，包括完全垄断和寡头垄断型保险市场。在完全垄断的市场上，价值规律、供求规律和竞争规律受到极大的限制，市场上没有竞争，没有替代品，没有可供选择的保险人。因此，保险公司可凭借其垄断地位获得超额利润。

完全垄断模式分为两种形式，一种是专业型完全垄断模式，即在一个保险市场上同时存在两家或两家以上的保险公司，各自垄断某类保险业务，相互之间业务也不交叉，从而保持完全垄断模式的基本性质。另一种是地区型完全垄断模式，指在一个国家中同时存在两家或两家以上的保险公司，各垄断某一地区的保险业务，相互之间的业务没有交叉。

③寡头垄断型保险市场，是指在一个保险市场上，只存在少数相互竞争的保险公司。在这种模式的市场中，保险业经营依然以市场为基础，但保险市场具有较高的垄断程度，保险市场上的竞争是保险垄断企业之间的竞争，形成相对封闭的保险市场。存在寡头垄断模式市场的国家既有发展中国家，也有发达国家。

④垄断竞争型保险市场，是大小保险公司在自由竞争中并存，少数大公司在保险市场中分别具有某种业务的局部垄断地位的保险市场。在垄断竞争型的保险市场中，大小保险公司并存，少数大公司在市场上取得垄断地位。竞争的特点表现为：同业竞争在大垄断公司之间、垄断公司与非垄断公司之间激烈展开。

(2)按保险业务承保的程序不同，可分为原保险市场、再保险市场和自保市场。

①原保险市场，亦称直接业务市场，是保险人与投保人之间通过订立保险合同而直接建立保险关系的市场。在原保险市场的构成上，包括各国经营直接业务的保险公司，以及这些公司在国外开办的从事直接业务的海外分支公司。

②再保险市场，亦称分保市场，是原保险人将已经承保的直接业务通过再保险合同转分给再保险人的方式形成保险关系的市场。其目的是分散各保险企业承担的风险。再保险市场是保险公司之间的市场，对于直接保险业务而言，它具有间接保险性质。再保险市场从构成上，包括专业再保险公司、兼营再保险公司以及再保险集团等组织形式。

③自保市场，自保市场是指由提供经济保障的自保公司所形成的保险市场。自保公司是指由工、商企业设立的，主要承保或再保该工商企业本身业务的保险公司。自保公司是在第一次和第二次世界大战期间首先在英国兴起。建立自保公司的目的在于保险费的节省和不外流。因为承保自己的利益，有利于防灾防损，也不会出现道德风险，此外，保险经营具有灵活性，保险成本较低，并能享受税收上的优惠等。

(3)按照保险业务性质不同，可分为人身保险市场和财产保险市场。

①人身保险市场，是专门为社会公民提供各种人身保险商品的市场。人身保险市场可以细分为：人寿保险(生存保险、死亡保险和生死合险)市场、意外伤害保险市场和健康保险市场。

②财产保险市场，是从事各种财产保险商品交易的市场。财产保险市场可细分为：财产损失保险市场、责任保险市场、信用和保证保险市场等。

(4)按保险业务活动的空间不同可分为国内保险市场和国际保险市场。

①国内保险市场，是专门为本国境内提供各种保险商品的市场，按经营区域范围又可分为全国性保险市场和区域性保险市场。

②国际保险市场，是国内保险人经营国外保险业务的保险市场。国外保险市场也可以分为区域性的国际保险市场和世界性的国际保险市场。其中区域性的国际保险市场是指对国际保险市场进行地理上的划分，从区域概念来看，国际保险市场可分为北美保险市场、欧共体保险市场、日本保险市场和发展中国家保险市场等。

11.1.4 保险市场的功能

(1)合理安排风险，维护社会稳定的功能。保险市场通过保险商品交易合理分散风险，提供经济补偿，在维护社会稳定方面发挥着积极的作用。

(2)聚集、调节资金，优化资源配置的功能。保险资金收入和支出之间有一个时间差，保险市场通过保险交易对资金进行再分配，从而充分发挥资金的时间价值，为国民经济的发展提供动力。

(3)实现均衡消费，提高人民生活水平的功能。保险市场为减轻居民消费的后顾之忧提供了便利，使之能够妥善安排生命期间的消费，提升人民生活的整体水平。

(4)促进科技进步，推动社会发展的功能。保险市场运用科学的风险管理技术，为社会的高新技术风险提供保障，由此促进新技术的推广应用，加快科技现代化的发展进程。

11.2 保险公司的组织形式

11.2.1 保险组织的一般形式

保险经营组织的形式，是指依法设立、登记，并以经营保险为业的机构。从目前国际保险市场的现状来看，保险经营组织形式多种多样，主要有如下五种：国有独资保险公司、股份保险公司、相互保险公司、个人保险人和专业自保公司。

1. 国有独资保险公司

国有独资保险公司是指经国家保险监管机关批准设立、专门经营保险业务的国家单独出资的公司。国有独资保险公司的特征有如下几方面。

(1)国家是国有独资保险公司的唯一股东。代表国家投资的股东可以是国家授权的机构，也可以是国家授权的部门。

(2)国家仅以出资额为限对公司承担有限责任。如果公司资产不足以清偿公司债务，国家对公司的债务不负连带清偿责任。

(3)代表国家出资的机构或部门必须获得国家授权。任何机构或部门未经国家授权，不得代表国家向保险公司投资。经国家授权的机构或部门代表国家保险公司行使股东权力，即“谁投资，谁持有股权”。

(4)国有独资保险公司不设股东会。由于其股东具有单一性的特点，不具备设立股东会的条件，故只设董事会、监事会等。董事会成员由国家授权投资的机构或部门委派、更换。董事会是公司的常设权力及执行机构，依法行使股东会的权力和董事会的权力。董事会设董事长1人，董事长为公司法定代表人。

(5)国有独资保险公司的章程，由国家授权投资的机构或部门制定，或者由公司董事会拟定，由国家授权投资的机构或部门批准，并报经中国保险监督管理委员会核准后生效。国有独资保险公司董事长为公司法人代表，总经理在公司章程范围内，按照董事会的决议，负责日常经营管理活动。总经理经国家授权投资的机构或部门同意，可由董事会成员兼任。

(6)国有独资保险公司设监事会，作为公司的监督机构。监事会由保险监督管理部门、有关专家和保险公司工作人员的代表组成，对国有保险公司提取各项准备金、最低偿付能力和国有资产保值增值，以及高级管理人员违反法律、行政法规或公司章程的行为和损害公司利益的行为进行监督。

2. 股份保险公司

保险股份有限公司是指经国家保险监管机关批准设立、经营保险业务的股份制保险公司，它由股东认购股份并以获取利润为目的。公司将全部资本分成等额股份，股东以其所持股份为限对公司承担责任,不负连带无限清偿责任。保险股份公司的控制权一般操纵在认购股份最多的股东手里,由于经营目的是为投资者攫取利润,容易忽视被保险人的利益。保险股份有限公司的特征主要有如下方面。

(1)发起人应当达到法定人数。我国《公司法》规定,设立股份有限公司应当有5个以上发起人,其中发起人中须有半数在中国境内有住所。

(2)公司全部资本分为等额股份。保险股份有限公司的全部资本必须划分为相等份额的股份,并以每股作为公司资本的基本单位。

(3)股东对公司负有限责任;公司资产不足以清偿债务的,股东对公司债务不负连带责任。

(4)公司的账目应当公开。在每个财政年度终了时公布公司的年度报告,以供股东、债权人及有关机构和人员查询。

(5)公司的所有权与经营权分离。公司的最高权力机构是股东大会,股东大会委托董事会负责处理公司重大经营管理事宜。

保险股份有限公司的股东仅以其认购的股份承担有限责任,并且在公司股票获准上市交易后,其资产又能保持较高的流动性。因此,采用这种组织形式在筹资方面具有较大的优越性。从国际保险业的发展趋势看,股份保险公司是保险公司最主要的组织形式。我国新设立的中资保险公司基本上采取这种组织形式,股份有限公司已发展成为我国保险公司的重要组织形式之一。

3. 相互保险公司

(1)相互保险公司的含义。相互保险公司是由预料特定风险可能发生的多数经济单位,为共同达到保险的目的所组成的非营利保险组织。其参与人并非股东,仅仅是合同当事人(称为社员)。该公司的所有社员必须为保险参加者,他们既是被保险人,又是保险人,当保险关系终止时,会员资格也随之丧失。相互保险公司的最高权力机构是社员代表大会,理事不限于社员,为了有利于开展业务,常常选举具有各种社会关系的成员担任理事。当相互保险公司经营业务获得利润时,一部分分配给受保人(社员),另一部分也可扩充公司的保险基金。如果收入不敷支出,公司或者采用减额赔偿制,即采取削减一部分保险金的办法来加以解决,或者由保单持有人用分摊保险费的方式予以弥补。

资料链接

会员制凸显相互制农险优势

"遇灾返贫,多年难翻身。"在我国最北部遍地黑土、沃野千里的黑龙江垦区,这样的现象长期以来就如同压在农户身上的"一座大山",多年的积累在灾难到来时显得那样脆弱。相互保险的到来,通过防保结合,真正为20万农户撑起了"保护伞"。

2005年1月11日,我国第一家相互制农业保险公司——阳光农业相互保险公司成立,采用的是会员制,是被保险人自己办的保险公司,与其他模式最大的区别是追求社会效益的最大化和会员利益的最大化。在阳光农险公司中,会员代表大会是公司最高权力机构,会员依据合同约定向公司交纳保险费,公司凭合同约定承担赔偿责任。公司以统一经营为主导,采用保险社员互助经营为基础的双层经营、双层管理体制。

(本文由作者改写自:金融时报.2005-12-26)

(2)股份保险公司与相互保险公司的比较。

①从公司主体看,股份保险公司由股东组成,相互保险公司由社员组成。股份保险公司的

股东并不限于保险加入者；相互保险公司的社员必须是保险加入者，并且社员和加入者为同一个人。

②从经营资金看，股份保险公司的资金来源于股东股本；相互保险公司则为基金，其来源并不限于社员，可从外部借入。

③从保费缴纳方式看，股份保险公司采取确定保费制；相互保险公司则不采用这种保费制，而是按其厘定费率的不同方法，分为摊收保费制、永久保费制和预付保费制三种。

④从保险合同的性质看，股份保险公司提供的有关合同均属商业行为，要征收营业所得税；相互保险公司的行为一般不属于商业性质，无须交纳所得税。

⑤从利益处理看，对股份保险公司的利益，股东有全部处理权；相互保险公司的剩余，首先要支付借入基金的利息，多余部分才能由社员均分。

⑥从权力机构看，股份保险公司的权力机构是股东代表大会，相互保险公司的权力机构则是社员代表大会。股份保险公司的董事仅限于股东，相互保险公司的理事可选用非社员的其他成员。

相互保险公司比较适合于投保人之间关系较为持久的人身保险业，日本第一生命保险公司等世界大型寿险公司都是采用相互制保险公司的组织形式。

4. 相互保险社

相互保险社是由一部分对某种风险有保障要求的人组织成一个集体，当集体中某一成员遭受损失，由其余成员共同分担。此种组织是保险组织的原始形态，但在今天的日本、欧洲和美洲各国仍然比较普遍。参加相互保险社的成员之间相互提供保险，其社员就是保险加入者，最高管理机构是由社员选举产生的管理委员会。在通常情况下，管理委员会指定一个有法人资格的代理人主持社务，由他来处理有关保险和社内财务等一切事务。相互保险社的经营方式比较简单，每个社员按其所投保财产的数量缴纳一定数量的保险费，建立保险基金和经常费用准备金。在保险基金备用期间，保险金可以用来投资，所得盈利大家均分；在补偿或给付以后，所缴保险基金如有多余，再分给个人，若不够支用，再行均摊。

相互保险公司与相互保险社的相同之处是保险机构为全体被保险人所共有，被保险人也是保险人。不同之处是相互保险公司是法人组织，而相互保险社为非法人组织；相互保险社的保险业务仅限于某团体内的所有成员，而相互保险公司则没有这种限制。

5. 个人保险人

个人保险人是以个人名义承保业务的组织形式。目前这种保险组织形式只在英国和美国存在。个人保险人以英国最负盛名，主要是由英国劳合社的会员来进行的。劳合社本身并不是保险公司，它是个人承保人的集合体，即所谓“分则为保险商，合则为劳合社”。其性质相当于交易所，是一个保险市场。劳合社社员一般保持在3万人左右，会员之间各自独立，自负盈亏，对自己承保的份额负有无限责任，即是以社员个人的全部财产作为所负责任的抵押，但不负责任何其他成员的赔偿义务。

美国劳合社亦称美国劳氏协会。在经营上，美国劳合社是会员根据业务组成不同的辛迪加组合，每一位会员就是独立的保险商。与英国劳合社的不同之处是美国的个人保险商仅承担有限责任，当损失超过有限责任时，被保险人在法律上无权要求个人保险商以他的其他财产抵偿保险金。美国劳合社仅在得克萨斯、纽约及新墨西哥三州存在。

资料链接 **劳 合 社**

在英国以及世界海上保险史上,劳合社占有重要地位。17世纪中后期,横跨泰晤士河的伦敦已成为一个规模很大的商埠。河畔开设有许多咖啡馆,1683年英国人爱德华·劳埃德开设的咖啡馆就是其中之一。在其附近有海关、海军部等与航海贸易有关的单位,这里成为商人、高利贷者、经纪人、船东和海员经常会晤的场所。他们经常对船舶出海的命运进行猜测、打赌,进而产生了对船只和货物的保险交易。当时的海上保险交易只是列明保险的船舶和货物以及保险金额,由咖啡馆里的承保人接受保险份额并署名。为了招揽顾客,1696年,劳埃德还把顾客感兴趣的船舶航行和海事消息编成一张小报——《劳埃德新闻》,定期发行,后来又改名为《劳合动态》发行,使劳埃德咖啡馆成为航运消息的传播中心。劳埃德死于1713年,随着咖啡馆的不断发展他后来成为海洋运输保险业中的名人。1769年劳埃德咖啡馆的顾客们组成了海上保险团体,1774年,劳合社诞生,成为当时英国海上保险的中心,1871年,劳合社向政府申请注册,经议会通过法案承认劳合社正式成为一个具有法人资格的社团组织。1911年的法令允许其成员经营一切保险业务。

历史上沿袭下来的劳合社是一个保险市场而并非一个保险公司。现在,劳合社已拥有三万多成员,并组成四百多个水险、非水险、航空险、汽车险和人身险组合,经营包括海上保险在内的各种保险业务,成为当今世界上最大的保险垄断组织之一,在国际保险市场上具有举足轻重的地位。

(本文由作者改写自:百度百科)

6. 行业自保组织

行业自保组织是指某一行业或企业为本企业或本系统提供保险保障的组织形式,常以公司命名。欧美国家的许多大型企业集团都有自己的自保保险公司。行业自保公司是在第一次和第二次世界大战期间首先在英国兴起的,到20世纪50年代美国也开始出现了这种专业性自保公司。行业自保公司具有一般商业保险所具备的优点,但其适用范围有限制,所以不能像商业保险那样普遍采用。

11.2.2 中国保险市场的组织形式

1. 保险公司

现阶段,中国保险市场的保险组织形式主要有国有独资保险公司、保险股份有限公司、相互保险公司、外资保险公司等。

(1)国有独资保险公司。我国原有国有独资保险公司四家:中国人民保险公司,中国人寿保险公司,中国再保险公司,中华联合财产保险公司。2006年随着由原中华联合财产保险公司整体改制设立的“中华联合保险控股股份有限公司”在乌鲁木齐正式揭牌成立。这标志着我国最后一家国有独资商业保险公司的股份制改造已完成。

此前,中国人保、中国人寿、中国再保险3家国有独资商业保险公司已相继完成整体改制,股改后的中国人保、中国人寿还成功实现海外上市。如今,4家国有独资商业保险公司股改全部完成,令国内保险企业的资本实力及市场竞争能力大大增强。

(2)保险股份有限公司。我国保险市场主体以股份有限公司形式为主,保险股份有限公司有中国太平洋保险公司、平安保险公司、新华人寿保险股份有限公司、泰康人寿保险股份有限公司、华泰财产保险股份有限公司、华安财产保险股份有限公司和永安财产保险股份有限公司等。

(3)相互保险公司。相互保险公司是由所有参加保险的人自己设立的保险法人组织,其经营目的是为各保单持有人提供低成本的保险产品,而不是追逐利润。相互保险公司没有股东,保单持有人的地位与股份公司的股东地位相类似,公司为他们所拥有。相互保险公司没有资本金,也不能发行股票,其运营资金来源于保费,该公司设立前期所需的资金一般是通过借贷等方式由外部筹措;各成员也以其缴纳的保费为依据,参与公司的盈余分配和承担公司发生亏空时的弥补额。

我国目前只有一家相互保险公司——阳光农业相互保险公司。阳光农业相互保险公司是在黑龙江垦区14年农业风险互助基础上,经国务院同意、中国保监会批准,国家工商总局注册的我国首家相互制保险公司,是黑龙江省唯一一家国家一级法人金融机构,公司于2005年1月11日正式开业。作为一家全国性专业农业保险公司,公司承担着国家农业保险试点及中国保险制度创新的任务。

(4)外资保险公司。《中华人民共和国外资保险公司管理条例》第二条规定:外资保险公司,是指依照中华人民共和国有关法律、行政法规的规定,经批准在中国境内设立和营业的下列保险公司:外国保险公司同中国的公司、企业在中国境内合资经营的保险公司(以下简称合资保险公司);外国保险公司在中国境内投资经营的外国资本保险公司(以下简称独资保险公司);外国保险公司在中国境内的分公司(以下简称外国保险公司分公司)。

中国保险市场上的外资保险公司有美国友邦保险公司上海分公司、日本东京海上火灾保险公司上海分公司、中宏人寿保险公司、瑞士丰泰保险公司财险分公司等。外资保险公司在中国的保险市场上占据着越来越重要的位置,为中国的保险市场带来活力,同时也给中资保险公司带来了压力与挑战。

2. 保险监督管理委员会

中国保险监督管理委员会(简称中国保监会)成立于1998年11月18日,是国务院直属事业单位。根据国务院授权履行行政管理职能,依照法律、法规统一监督管理全国保险市场,维护保险业的合法、稳健运行。2003年,国务院决定,将中国保监会由国务院直属副部级事业单位改为国务院直属正部级事业单位,并相应增加职能部门、派出机构和人员编制。中国保险监督管理委员会内设15个职能机构,并在全国各省、直辖市、自治区、计划单列市设有35个派出机构。中国保监会的主要职责有如下。

(1)研究和拟订保险业的方针政策、发展战略和行业规划,起草保险业的法律、法规;制定保险业的规章。

(2)依法对全国保险市场实行集中统一的监督管理,对中国保险监督管理委员的派出机构实行垂直领导。

(3)审批保险公司及其分支机构、中外合资保险公司、境外保险机构代表处的设立,审批保险代理人、保险经纪人、保险公估行等保险机构的设立,审批境内保险机构在境外设立机构,审批境内非保险机构在境外设立保险机构,审批保险机构的合并、分立、变更、接管、解散和指定接受;参与、组织保险公司、保险机构的破产和清算。

(4)审查、认定各类保险机构高级管理人员的任职资格;制定保险从业人员的基本资格标准。

(5)制定主要保险险种的基本条款和费率,对保险公司上报的其他保险条款和费率审核备案。

(6)按照国家统一规定的财务、会计制度,拟订商业保险公司的财务会计实施管理办法并组织实施和监督;依法监管保险公司的偿付能力和经营状况,负责保险保障基金和保证金的管理。

(7)会同有关部门研究起草制定保险资金运用政策,制定有关规章制度,依法对保险公司的资金运用进行管理。

(8)依法对保险机构及其从业人员的违法、违规行为以及非保险机构的经营保险业务或变相经营保险业务进行调查、处罚。

(9)依法监管再保险业务。

(10)依法对境内保险及非保险机构在境外设立的保险机构进行监管。

(11)建立保险风险评价、预警和监控体系,跟踪分析、监测、预测保险市场运行态势,负责保险统计,发布保险信息。

(12)会同有关部门审核律师事务所、会计师事务所、审计师事务所及其他评估、鉴定咨询机构从事与保险相关业务的资格,并监管其有关业务活动。

(13)集中统一管理保险行业的对外交往和国际合作事务。

(14)受理有关保险业的信访和投诉。

(15)归口管理保险行业协会和保险学会等行业社团组织。

(16)承办国务院交办的其他事项。

3. 保险行业协会

中国保险行业协会成立于2001年3月12日,是国家民政部批准的保险业自律性社团组织,主管单位为中国保险监督管理委员会。

中国保险行业协会会员有:保险公司、保险中介机构、地方保险行业协会和精算师。中国保险行业协会的最高管理机构是会员大会。理事会是会员大会的执行机构,理事会选举产生会长、副会长、常务理事。理事会常设办公机构为秘书处,由专职秘书长负责协会日常工作运转。秘书长由会长、副会长提名或公开招聘,经理事会决议通过并报监管部门核准后产生。协会通过每年度召开理事会的形式共同商讨协会的工作,不定期召开会长办公会决定重大问题。协会下设财产保险工作委员会、人寿保险工作委员会、保险中介工作委员会和精算工作委员会四个分支机构,各工作委员会根据工作需要和业务性质,设立专业工作部。协会还通过定期召开全国地方协会秘书长会议,交流情况,协调工作。

作为全国保险行业自己的社会组织,中国保险行业协会的工作宗旨是:为会员提供服务,维护行业利益,促进行业发展。

中国保险行业协会的工作核心是服务。基本职责为自律、维权、协调、交流、宣传五个方面。

11.3 保险市场的发展趋势

11.3.1 中国保险市场的发展历程

1. 中国保险市场的形成

(1)外商保险公司垄断时期的中国保险市场。我国现代形式的保险是伴随着帝国主义的入侵而传入的。19世纪初,西方列强开始了对东方的经济侵略,外商保险公司作为保险资本输出与经济侵略的工具进入中国。

鸦片战争以前，广州是我国南方对外贸易的唯一口岸，是西方商品输入的前哨，因而也就成为西方保险业进入中国的桥头堡。1805年，英商在广州设立广州保险公司（又译名谏当保安行、广州保险社），此后，怡和洋行收买了该公司，并更名为广东保险公司(1836年)。这是外商在中国开设的第一家保险机构，也是近代中国出现的第一家保险公司。

(2)民族保险业开创与发展时期的我国保险市场。外商保险公司对中国保险市场的抢占及西方保险思想的影响，引起一些华商的效仿。1824年一名广东富商在广州城内开设张宝顺行，兼营保险业务，这是华人经营保险的最早记载；1865年中国第一家民族保险企业上海华商义和公司保险行创立，打破了外商保险公司独占中国保险市场一统天下局面，中国近代民族保险业正式诞生，1875年保险招商局的成立，中国较大规模的民族保险企业诞生；1886年，"仁和"、"济和"两保险公司合并为"仁济和"水火保险公司，资金达到白银100万两，雄厚的资金大大加强了其在保险市场上的实力和竞争能力，成为中国近代颇有影响的一家华商保险企业。以1875年保险招商局的创办为契机，中国民族保险业以后又相继成立了20多家水火险公司，并在民族资本主义工商业的大发展中得以迅速发展。

第一次世界大战期间，我国民族保险业进入发展时期，保险市场呈现出以下特点：产寿险业并举发展；保险立法日趋完善；金融资本渗入保险业；民族保险企业从上海等地向其他口岸和内地商埠延伸，从国内向国外扩展；民族保险公司开始走向联合管理；保险中介适时发展；华商保险同业公会发挥了其"桥梁"和"纽带"作用。1937年，抗日战争爆发，民族保险业的发展遭致惨重的打击。战后保险市场虽一度呈现出繁荣，但也只不过是一时的虚假景象。

(3)新中国保险市场的初创

新中国成立后，首先是对旧中国保险市场进行管理与整顿，紧接着是创立与发展人民保险事业。1949年10月20日，中国人民保险公司正式挂牌开业，这标志着中国现代保险事业的创立，开创了中国保险的新纪元。保险市场上除传统的火险和运输险外，还积极开发新的险种，同时中国人民保险公司在全国各地建立了自己的分支机构，并逐步开展了各种财产保险和人身保险业务。但是，由于"左"的错误思想影响，1958年10月，国内保险业务被迫停办，直到1979年恢复。20年的中断，使大量的专业人员和宝贵资料散失，拉大了与国外保险同行的差距，给中国现代保险业的发展带来不可弥补的损失。中国共产党十一届三中全会以后，国内保险业务得到恢复。

11.3.2 我国保险市场的现状及前景

1. 我国保险市场的现状

(1)保险市场主体不断增加，多家竞争的市场格局已经初步形成。1988年以前，我国保险市场上只有中国人民保险公司独家经营。1988年以来，随着平安保险公司、太平洋保险公司的相继成立，保险市场独家垄断的格局被打破。从保险市场的供给主体来看，截至2010年底全国已有保险公司146家，其中中资保险公司99家，外资或合资保险公司47家，总资产达5.2万亿元，呈现出原保险、再保险、保险中介、保险资产管理相互协调，中外资保险公司共同发展的市场格局。另外，保险中介机构也不断发展，截至2010年底，全国共有保险专业中介机构2 550家。其中，保险代理公司1 853家，保险经纪公司392家，保险公估公司305家，分别占72.67%、15.37%和11.96%。全国保险专业中介机构注册资本达到90.80亿元，同比增长 24.33%；总资产达到 135.91 亿元，同比增长 26.77%。保险中介市场已具一定规模。

保险市场主体的多元化，有力地促进了保险公司经营观念的转变，逐步确立了服务意识、竞争意识、效益意识和发展意识。保险市场开始由量的扩张，走向质的提高。

(2)保险业务持续发展，市场潜力巨大。从保费收入的规模和发展速度来看，近二十年来，年平均发展速度达 37.6%，远远高于同期 GDP 年均 9.7%的增长速度。保费收入从 1980 年的 4.6 亿增加到 2010 年的 1.47 万亿元，年均增长超过 29%，大大高于同期 GDP 增长速度，我国已经成为全球最重要的新兴保险大国。但是，与发达国家相比，我国还存在着相当大的差距。

衡量一个国家和地区保险市场潜力，有两个常用的指标，保险密度和保险深度。2010 年，我国保险深度为 3.7%，不到世界平均水平的 1/2，保险密度约为 165 美元，仅为世界平均水平的 1/5，与发达国家平均水平相比，相差甚远；同时，我国保险赔偿占灾害损失比例不到 5%，而全球平均水平超过 30%，一系列的数据表示，虽然我国已经是保险大国，但还不是保险强国。可见我国保险市场的潜力还很巨大。

(3)保险法规体系逐步完善，保险监管力度加强。《中华人民共和国保险法》在经历了诞生至今的第二次修改之后，于 2009 年 2 月 28 日，十一届全国人大常委会第七次会议修订通过了《中华人民共和国保险法》，并将于 2009 年 10 月 1 日起施行。新保险法共分八章，包括总则、保险合同、保险公司、保险经营规则、保险代理人和保险经纪人、保险业监督管理、法律责任、附则。本次修订在原保险法基础上增加条文 49 个，删除原保险法条文 20 个，修改条文 123 个，保持不变的仅为 15 个。这是 1995 年保险法颁布实施以来的一次重大修订，对深化保险体制改革、加强和改善保险监管、推进保险市场化进程、加快中国保险业与国际接轨的步伐将产生深远影响，必将促进保险业持续快速健康地发展。另外，按照世贸组织透明度的要求，中国保监会早在 2002 年就进一步提高了保险法规制订和监管工作的透明度，在重大法规和政策出台前都公开向社会征求意见；在制订和修订基本险种和费率时允许公众参与；通过保险法规制度的完善，加强监管工作的程序化和规范化建设，提高监管操作的透明度。通过出版文告、建立网站等方式，向社会公布最新保险政策法规，多渠道地提高保险监管工作的透明度。

(4)保险市场对外开放力度加大，逐步与国际接轨。保险市场的开放，一方面意味着允许外国公司进来，另一方面意味着国内的公司走出去。从 1992 年美国友邦第一家获准在华营业，一批批国际保险商拿到了进入中国市场的许可证。截至 2011 年底全国已有外资保险 46 家(财产险公司 21 家，人身险公司 25 家)，外资背景的保险公司数无论在财险领域还是寿险领域数量均超过中资保险公司。2011 年外资保险公司累计实现保费 438.46 亿元，市场份额占到 3.06%。面对我国兑现"入世"承诺，保险业全面开放的竞争形势，中国本土保险纷纷进行体制改革，2003 年实现海外上市零的突破，保险业在更高程度上参与国际资本市场，整体竞争力和资本实力大大增强。中国政府切实履行 WTO 保险市场对外开放的承诺，对外开放的步伐进一步加大。

①2003 年新增成都、重庆、北京、天津、苏州、福州、厦门、宁波、沈阳和武汉 15 个城市为对外开放城市。

②2003 年，新批准 3 家外资保险公司进入我国保险市场，批准 10 个外资保险公司营业机

构开业。

③慕尼黑再保险北京分公司、瑞士再保险北京分公司在北京开业标志再保险领域进一步对外开放。

④2003年12月11日起，外资财产险公司可以经营除法定保险业务以外的全部非寿险业务，财险经营领域也进一步对外开放。在引入外资的同时，加快中资保险公司改革的步伐也成为了2003年保险市场重要的领域。中国人民保险公司、中国人寿保险公司、中国再保险公司完成了重组改制，其中中国人民保险公司更名为中国人保控股公司，并发起设立中国人民财产保险股份有限公司和中国人保资产管理有限公司。2003年11月6日，中国人民财产保险股份有限公司股票在香港联合证券交易所成功挂牌交易（股票代码2328），市值达42.26亿港元。中国人寿保险公司重组为中国人寿保险（集团）公司和中国人寿保险股份有限公司。2003年12月17日，中国人寿保险股份有限公司股票在纽约证券交易所上市（股票代码LFC），18日在香港联交所正式挂牌交易（股票代码2628）。中国再保险公司重组为中国再保险（集团）公司，并控股设立中国财产再保险股份有限公司、中国人寿再保险股份有限公司、中国大地财产保险股份有限公司。除了国有公司完成重组，股份保险公司也在积极筹备上市。中国平安保险公司继在国内上市后，又于2004年在香港上市。2007年1月9日，中国人寿保险股份有限公司正式在上海证券交易所挂牌上市，成为中国乃至世界第一家分别在纽约、中国香港、上海三地上市的保险公司。这一切都反映了在保险市场对外开放的竞争压力下，中资保险公司积极应对的态度。

2. 我国保险市场的前景展望

我国保险业发展前景广阔，具有中国特色的保险市场体系正初步形成，这一体系将包含以下特征。

(1)经营主体多元化。国有和国有控股保险公司在市场中居主导地位。从出资方式上，允许民营资本参股保险公司；从销售渠道上，发展代理公司、经纪公司；从业务范围上，增加只经营某一类险种的专业保险公司；从辅助服务上，增加精算师、会计师事务所和保险评级机构。同时，各种类型市场经营主体的数量按适当的比例进一步增加。

(2)运行机制市场化。保险公司、中介机构、投保人等市场主体通过市场机制发生联系和作用。市场经营主体依法进行公平、公正、公开的竞争；所有公司，不分所有制形式、不分内资外资、不分规模大小，均有平等的竞争地位；产品、费率、资金、人才主要通过市场机制调节。充分体现竞争主体平等、竞争规则公正、竞争过程透明、竞争结构有效，市场效率逐步提高。

(3)经营方式集约化。保险公司经营观念转变，在经营过程中，以效益为中心，以科学管理为手段，加大对技术、教育和信息投入，实现公司科学决策，走内涵式发展道路，为社会提供价格合理、质量优良的保险服务。

(4)政府监管法制化。拥有比较完善的法律法规体系及有力的监管体系，形成相对稳定的监管模式，具备有效的监管手段，从而实现保险监管的制度化和透明化。政府对保险业的监督管理、引导扶持作用得到更充分的发挥。

(5)从业人员专业化。保险业拥有一批遵守职业道德、具备现代专业知识、了解国内外市场、锐意进取的新型复合型人才，树立起保险业一流人才、一流服务的新形象。

(6)行业发展国际化。中国保险业的经营管理更加符合国际惯例；我国保险市场逐步融入国际保险市场。同时，国内保险公司积极开拓海外业务，逐步向跨国经营方向发展。

11.3.3 世界保险市场发展前景

1. 全球保险市场一体化

现代经济的发展使各国之间的经济联系日益密切,全球投资、贸易呈现一体化的趋势,这必然导致国际保险市场的一体化。具体地说,国际保险市场一体化趋势的产生与发展,源于以下因素。

(1)贸易和投资一体化。随着国际贸易和投资的不断发展,国与国之间经济技术合作以及交流的日益密切,国际经济一体化趋势日益明显。保险作为现代经济发展的稳定器,必然要为贸易和投资一体化服务,从而形成统一的国际保险市场。

(2)巨灾风险的威胁。人类对自然资源的掠夺性开发和使用,造成了生态环境的急剧恶化,各类自然灾害频繁发生,且损失金额越来越大。而自然灾害基本上是一种地理风险,因此需要在更大的区域内分散和转移风险,也就产生了在国际范围内进行再保险的必要。此外,科学技术的进步使人类的活动空间不断增加,新兴产业不断产生,既增进了人类的福利,也带来了许多新的巨灾风险。这类风险可能造成的损失显然已经超出了少数几个保险人的承保能力和赔付能力范围。因此,为了分散自身风险,保障自身业务的稳定,原保险人也需要在国际市场上进行分保或进行共保。保险业务的国际化,以及共同经济利益关系,使世界各国的保险人紧密联系在一起,加深了国际保险市场的一体化趋势。

资料链接　　泰国洪灾损失300亿元　全球供应链紧急转移

2011年7月以来的持续暴雨,使泰国遭遇半个世纪以来的最大洪灾。不单农业,泰国多个工业区被淹,泰国经济遭受重创。但制造业紧急转移使部分重点行业的全球供应链有望使其平稳渡过灾难。

此前泰国央行估计,洪灾造成的全国损失高达1 200亿泰铢(约合人民币249亿元)。经济学家的估计更多,认为直接经济损失达到1 500亿泰铢(约合人民币311亿元)。

野村证券在其10月18日发布的亚洲经济监测报告中预测:19日的货币政策会议上,泰国央行将保持利率不变,因为严重洪灾的影响可能会对泰国经济增长和通胀前景都造成负面影响。

不过,泰国不是日本,没有在全球制造产业链中引起和日本地震后类似的轩然大波。中国现代国际关系研究院世界经济研究所所长陈凤英在接受本报记者采访时表示:"日本3月的大地震对全球供应链至少产生了半年的严重影响。但泰国洪灾造成的工业园区损失,将很快由缅甸、老挝等地的制造业补足。"

泰国首都曼谷侥幸躲过15日晚间的洪水肆虐。但是,由于湄南河出现三百年来最高水位,16日到18日期间,洪峰、涨潮和大雨可能同时发生,占泰国经济41%的曼谷将遭遇新一轮挑战。

由于泰国目前已成为亚洲地区乃至全球的电子与汽车零配件、相机元器件和电脑元件的主要供应地之一,其相关产业工业园区持续遭到洪灾侵袭而停工的新闻,不断考验着市场的耐心。

目前(2011年10月19日),曼谷北部大量工厂已被洪水淹没,而泰国传统工业基地——大城府5个工业园区全部被淹,近200家工厂受灾关闭,其中邦芭因工业区的84家外资工厂工人都被迁走。而17日下午,泰国第一大工业园区——纳瓦那空工业园区总计190家大型工厂也被淹。来自泰国产业部的消息称,全国至少有930家工厂受创。

汽车制造业受损最为严重。位于曼谷北部的本田汽车工厂的几个厂房内进水,削减了其全球4.7%的生产能力，目前本田被迫停产至本周末。而丰田、五十铃、日产和三菱公司等也同样将停产日期延长至本周末。有分析指出，上周单是汽车零部件供应商损失至少在30亿泰铢(约合人民币6.2亿元)以上。

与此同时，相机元器件和电脑硬盘制造等产业遭到的损失不一。据外媒报道，美国硬盘制造商 Western Digital 和设在 Rojana 工业区的芯片制造商 ON Semiconductor 以及 Microsemi 多少都暂停或延缓了其在泰国的生产进度。

中国社会科学院亚洲太平洋研究所泰国问题专家周方冶认为，对泰国新任总理英拉来说，洪灾过后才是真正的挑战，灾后重建更是需要重新平衡各方势力和风险的时刻，政府出台怎样的经济政策，对全球市场将间接产生重要影响。

(本文由作者改写自：世纪经济报道 2011-10-19)

(3)现代通讯技术提供的便利。现代计算机和通讯技术的发展，大大提高了信息的传递和处理效率，使得人类能在更大程度上克服空间距离对经济活动的不利影响，更好地在全球范围内开展经济交流与合作。近年来，先进的电子技术不断应用于保险业务，使得各国保险人能迅速有效地进行经营管理，核保、核赔、理赔的速度大为提高，从而为国际再保险和跨国公司的活动提供了极大的便利，从技术上为国际保险市场一体化提供了支持。可以预计，现代信息技术的发展，将进一步深化国际保险市场的一体化趋势，使世界保险市场联成一个有机的整体。

(4)有关法规的完善。世界贸易组织和欧共体等区域性经济合作组织近年来通过的一系列法案，也为保险市场一体化铺平了道路。如1990年生效的欧共体第二号非寿险指令，1992年11月欧共体颁布的放宽对汽车保险跨境经营的限制的指令，1994年3月实施的第三号寿险及非寿险指令，1997年12月13日世界贸易组织的102个成员国达成协议，统一开放包括银行、保险、证券及其他相关服务的服务贸易。这些对于世界保险一体化进程起到了有效的推进作用。

2. 保险市场的竞争更为激烈

20世纪90年代以来，国际保险市场供给能力明显过剩，市场的竞争更加激烈，竞争不仅存在于保险企业之间，而且也存在于保险业与银行业之间。这种竞争可以在保险公司数目的变化上得到反映，一方面在竞争中处于不利地位的保险公司被迫关闭，宣布破产；另一方面，公司并购业务迅速增长。激烈的竞争促使各种保险公司不断推出新的保险产品和引进新的经营方式，使保险产品的内涵日益丰富，网络保险、银行保险等新的营销方式应运而生，而以降低成本和扩大市场占有率为目的的并购也极大地改变了国际保险市场结构。

3. 保险市场并购频繁，混业经营日益普遍

由于保险市场的竞争日趋激烈，各保险公司为了求得生存和发展，纷纷采用兼并手段来降低成本，改善资本和产品结构，扩大市场。而在这一兼并过程中，银行和保险公司的强强联合引人注目。近年来，世界金融业更是兼(合)并成风，跨行业、跨地域的特大金融并购案层出不穷。20世纪90年代的并购打破了日本保险公司独领风骚的局面，形成美、日、欧三足鼎立之势。保险并购加速了保险业排名的更迭，不断形成新的竞争格局。《华尔街日报》曾对92次并购进行过研究，在并购前后20天期间，累计的非正常收益率为20.1%。而在宣布并购前后各1天的最短期限内，股价上升13.93%。大多数实证研究结果是非常相似的。

20世纪80年代以后，西方国家掀起了金融自由化的浪潮。科学技术和数理统计技术在金融业务中得到广泛应用，推动了直接融资和金融创新的发展，大量资金在银行、证券公司、保险公司之间流动，新的金融品种和金融工具不断涌现，使银行、证券、保险间的分业体制难以为继。英国于1986年10月颁布了《金融服务法》，日本于1994年开始了金融改革，两国率先进行的金融法律制度的改革确立了银行业、证券业、保险业之间参股和业务渗透的合法性。美国国会于1999年11月通过了《金融服务现代化法案》，推倒了分割银行、证券、保险业之间的“格拉斯-斯蒂格尔墙”，正式结束了美国银行业、证券业和保险业分业经营的历史。在实践中，混业经营已有了相当程度的发展，如欧洲500家大银行中的46%均设有保险业务部门，法国有12家银行为保险公司拥有，英国有17家银行为保险公司拥有，在混业经营方面起步较晚的美国也有4 088家银行开始从事保险业务。经济发达国家金融发展和改革的实践表明，从分业经营走向混业经营，代表了现代金融业的发展方向。

资料链接　　格拉斯-斯蒂格尔墙

格拉斯-斯蒂格尔墙即格拉斯-斯蒂格尔法案(Glass - Steagall Act)，也称作《1933年银行法》。1930年大危机后的美国立法将投资银行业务和商业银行业务严格地划分开，保证商业银行避免证券业的风险。该法案禁止银行包销和经营公司证券，只能购买由美联储批准的债券。

该法案令美国金融业形成了银行、证券分业经营的模式。允许商业银行以信托的名义代客买卖公司股票。商业银行普遍设立信托部，通过信托部和银行控股的方式，参与大公司的人事和资本，大量进入非银行金融业务。1948年，在美国占领当局的影响下，日本金融业也形成了分业经营模式。

随着时间的推移，该法案形成的分业格局使得商业银行利润下滑，非银行的公司集团纷纷侵入商业银行的贷款业务，与金融发展形势不相符合，是银行向其他金融领域拓展的主要障碍。随着美国金融业的发展和扩张，1933年的《格拉斯-斯蒂格尔法案》已经成为今天的障碍。商业银行不满足于低利润的银行零售业，开始向投资银行渗透，很多商业银行都有变相的投资银行部门。自20世纪80年代起，《格拉斯-斯蒂格尔法案》遭到很多商业银行的反对。1988年第一次尝试废除《格拉斯-斯蒂格尔法》，未成功。1991年，布什政府经过研究推出了监管改革绿皮书(Green Book)。1998年，以花旗银行和旅行者集团合并为标志，《格拉斯-斯蒂格尔法案》名存实亡。

1999年，由克林顿政府提交由1991年布什政府推出的监管改革绿皮书(Green Book)，并经国会通过，形成了《金融服务现代化法案》(Financial Services Modernization Act)，亦称《格雷姆-里奇-比利雷法案》(Gramm - Leach - Bliley Act)，废除了1933年制定的《格拉斯-斯蒂格尔法案》有关条款，从法律上消除了银行、证券、保险机构在业务范围上的边界，结束了美国长达66年之久的金融分业经营的历史。其结果是商业银行开始同时大规模从事投资银行的活动，如花旗集团(Citigroup)和摩根大通(JP Morgan)。

(本文由作者改写自：百度百科)

4. 保险市场与资本市场的联系更加密切

现代金融市场是由货币市场、资本市场、保险市场、外汇市场、信托市场等部分组成的，由于经营同一交易标的——货币，都具有融资和投资功能，因此这些市场之间存在着密切的联系。现代保险业面临的挑战促使保险公司更深地介入资本市场，从而使保险市场与资本市场的联系更加密切。一方面，为减轻承保业务利润减少的不利影响，保险资金需要到资本市场投资，以获得理想的投资回报。另一方面，为扩大承保能力，增加资本金，保险公司须通过资本市场筹集资金。此外，随着生态环境的恶化、财富的增长和集中以及人类活动领域的扩大，出现了越来越多的巨灾风险，而传统的再保险方式却有些无能为力，但保险公司或再保险公司可通过购买保险期货或发行巨灾债券的方式来处理这类风险，也加深了资本市场与保险市场的联系。

本章小结

保险市场是市场的一种形式，是保险商品交换关系的总和或是保险商品供给与需求关系的总和。

保险市场是无形市场，保险市场是直接的风险市场，保险市场是非即时清结市场，保险市场是特殊的“期货”交易市场，保险市场是信息不对称市场，保险市场具有较高的交易成本。

保险市场构成要素主要有四个：保险市场供给方、需求方、交易价格和中介。

按保险市场的竞争程度不同，可分为垄断型保险市场、自由竞争型保险市场、寡头垄断型保险市场、垄断竞争型保险市场。按保险业务承保的程序不同，可分为原保险市场、再保险市场和自保市场。按照保险业务性质不同，可分为人身保险市场和财产保险市场。按保险业务活动的空间不同可分为国内保险市场和国际保险市场。

保险经营组织的形式，是指依法设立、登记，并以经营保险为业的机构。从目前国际保险市场的现状来看，保险经营组织形式多种多样，主要有如下五种：国有独资保险公司、股份制保险公司、相互制保险公司、个人保险人和专业自保公司。

我国保险市场的现状：保险市场主体不断增加，多家竞争的市场格局已经初步形成，保险业务持续发展，市场潜力巨大，保险法规体系逐步完善，保险监管力度加强。

当今国际保险市场的发展趋势为：全球保险市场一体化，保险市场的竞争更为激烈，保险市场并购频繁，混业经营日益普遍，保险市场与资本市场的联系更加密切。

思考练习

(1)简述保险市场的特点。

(2)保险市场的种类有哪些?

(3)保险市场的主体有哪些?

(4)影响保险市场需求的因素有哪些?

(5)简述中国保险市场的发展趋势。

案例分析

案例材料一　保险业能否经受日本大地震的冲击(节选)

2011 年 3 月 11 日，日本当地时间 14 时 46 分，日本东北部海域发生里氏 9.0 级地震并引发海啸，造成重大人员伤亡和财产损失。

日本是全球重要的保险市场之一，预计全球的再保险需求近期将显著增长。同时，由于此次地震的巨额赔付，可能带来巨灾保险及再保险费率的上涨。

此次日本大地震造成巨大人员伤亡和财产损失。世界银行在 3 月 21 日发布的报告中，认为此次地震造成的经济损失将高达 1 220 亿美元至 2 350 亿美元，相当于日本国内生产总值的 2.5％至 4％。日本是全球第二大人寿保险市场，也是全球第三大非寿险市场。

此次地震发生后，日本各保险公司迅速成立专门的紧急理赔小组，履行灾害损失赔偿的承诺。例如，三井住友公司成立了 450 人的紧急理赔小组，专门从事此次地震的赔偿。日本生命人寿公司宣布承担地震投保人身死亡的全额赔付，并简化理赔手续。由于灾害还未完全停止，保险理赔尚在进行中，保险业的最终赔偿额还无法准确计算，但一些机构相继公布的估计结果已足以让人感受到保险业赔付的巨大压力。

2009 年日本人均寿险保费支出为 3 226.8 美元，寿险保费收入 4 103 亿美元(相当于日本国内生产总值的 8.06％)，占全球寿险保费收入的 17.39％，是仅次于美国的全球第二大寿险市场。日本寿险研究所的调查表明，虽然投保率有所下降，但 2009 年仍然有 86％的家庭拥有寿险保障。根据目前公布的死亡人数和失踪人数，日本寿险公司将面临人寿保险及意外伤害的集中索赔。由于多家公司均声明承担此次地震造成的死亡的全额赔偿责任，这将使得今年日本寿险公司的赔付额急剧增加。

此次地震最终的赔偿额将取决于地震保险的投保率、保险金额等因素。就投保率而言，据日本非寿险协会的资料，2010 年 3 月底，在购买火灾保险的保单中附加地震保险的比率全国为 46.5％，受地震影响较大的岩手县、福岛县、宫城县的投保率分别为 42.2％、39％及 66.9％。因此，地震保险的赔偿额将出现地区差异。此外，日本民宅地震保险的赔偿将由参与地震保险体系的各方共同承担，国际保险市场基本上不受影响。而且，由于投保率不高，再加上保额的限制，日本非寿险公司因为地震损失所受到的财务震动不会太大。

此次地震发生后，国际两大再保险巨头慕尼黑再保险公司和瑞士再保险公司的股价都曾不同程度地下跌。预计慕尼黑再保险、瑞士再保险、法国 Scor 再保险将分别为此次地震承担 10 亿欧元、12 亿美元及 1.85 亿欧元的赔偿。

此外，据英国媒体报道，由于日本地震，英国保险市场可能面临 31 亿英镑的损失赔偿，从而使得日本地震成为英国保险史上最昂贵的自然灾害，尤其是专门从事地震再保险业务的保险公司可能受到比较大的影响。当然，这一数字可能会发生变化，因为准确的评估尚需时日。

大地震造成的巨额赔偿将使很多保险公司尤其是日本保险公司意识到再保险的重要性，特别是再保险对分散巨灾风险的意义。日本是全球重要的保险市场之一，预计全球的再保险需求近期将显著增长。同时，由于此次地震的巨额赔付，可能带来巨灾保险及再保险费率的上涨。

(本文由作者改写自：中国财经报．2011－03－31)

案例材料二　47 家外资保险市场占有率 2.8％ 中资保险获绝对优势(节选)

从入世之前的严阵以待，到入世最初的相互试探，再到入世 10 年的信心十足，中资保险公司以行动宣告了胜利成果。今年第一季度末的数据显示，尽管外资保险公司在数量占比上已经达到 40％，但 47 家外资保险的市场份额占有率合计仅 2.8％。

正如某外资公司负责人所说，中国加入WTO以来，最激烈的市场竞争其实是发生在中资保险公司之间，外资保险的加入似乎只是为中国市场带来了竞争意识、为保险行业引入了先进理念、为中资保险增添了竞争自信。

秘籍：借鉴发展

一些国外成熟的保险模式被外资公司引入中国市场，在中资保险公司手里生根发芽，秘密就在于创造性地借鉴，赋予模式新的生命力。

1992年重新开业的友邦保险把代理人模式引进中国市场，给寿险业带来了革命性的变化。此后，平安、国寿等保险公司让保险代理人模式的作用发挥到极致。目前，平安和国寿两家公司掌握全国近7成的保险代理人。

人保寿险总裁李良温表示，人保寿险正在依靠16万保险代理人打造全新的销售渠道。保险代理人在销售寿险产品的同时，也可以销售家财保险、汽车保险、财产保险，与人保财险形成有效的业务互动。

银行保险业务被引进国内后，几乎成为所有中资寿险公司的发展重点。然而，随着保监会和银监会对银行保险业务监管的升级，银保业务保费带动的狂潮退去，中资保险开始谋求与银行的合作正逐步升级，产品已经渗透到银行柜面、理财专柜和VIP客户等多个层面。

此外，电话销售保险的方式最早也是由外资保险引入中国。与传统渠道相比，电话保险营销可以直接和客户进行交流，具有较强的主动性和针对性。保险公司还可以省去中间环节的销售成本，有助于更快实现盈利。2010年，电话车险渠道为平安财险贡献了126亿元的保费收入，继续保持了年均超过100%的渠道增长速度。

复旦大学保险系主任陈冬梅认为，加入WTO，中国保险业是以“市场换技术”。从这个角度看，外资保险主体的大规模进场的确帮助中资保险公司学习到了许多国际先进的技术和经验。

助力：金融危机

2008年爆发的金融危机无意中给中资保险发展市场优势提供了一次机遇。

金融危机对外资保险的国外母公司形成巨大冲击，并引发了国内保险客户对外资保险信任度的下降。在保险需求快速增长的中国市场，客户投保的选择很容易就偏向了中资保险公司。

经历母公司AIG震荡的友邦和美亚是典型代表。据上海市保险同业公会统计，截至2010年12月，友邦保险上海的市场份额占有率为3.4%，较2008年同期下降了1.5个百分点；美亚保险上海的市场份额从3.75%降至2.76%。

一位曾在外资保险公司效力的高管表示，金融危机之后，有许多保险客户都来咨询自己的保单是否会受到影响。更严重的是，外资保险的高管和销售队伍开始流失，令外资保险经营雪上加霜。从中收益的自然还是中资保险。

中央财大保险学院院长郝演苏认为，从2008年国内保费收入来看，总体增长很大，其中中资保险公司同比增长42%，外资公司负增长7%。另外，发生负增长的11家寿险公司，清一色的都是外资保险公司。

一位中资财险公司高管在接受采访时表示，在与外资保险打交道的过程中，中资保险公司也掌握到了一些非常核心的风险管理和业务承保经验。金融危机之后，随着一些国际企业在国内市场投资力度加大，中资保险已经能够从外资手中拿到这部分跨国业务。

"之所以中资保险能够在市场竞争中保持绝对优势，这与拥有上下统一的战略密不可分，明朗的发展方向令员工发挥起来有的放矢。相比之下，外资保险50%对50%的股权结构，以及双方股东对经营权的争夺，导致中层和基层员工常常疲于应付不同的决策。"在谈及中资保险取得快速发展的时候，一位中资保险上海分公司负责人讲述了自己的感受。

（本文由作者改写自：解放日报．2011-05-31）

推荐阅读

[1]孙祁祥．保险学[M]．4版．北京：北京大学出版社，2009.

[2]陈继儒．保险学基础[M]．上海：上海财经大学出版社，2008.

[3]刘平．保险学原理与应用[M]．北京：清华大学出版社，2009.

[4]何惠珍．保险学基础[M]．北京：中国金融出版社，2006.

[5]吴定富．力争我国保险深度达到5%保险密度达到2 100元．中国保险报，2011-07-21.

[6]孙蓉，兰虹．保险学原理[M]．3版．四川：西南财经大学出版社，2010.

第 12 章　社会保险

本章提要

社会保险是国家通过立法采取强制手段对国民收入进行的再分配，它通过形成专门的保险基金，对劳动者因为年老、疾病、生育、伤残、死亡等原因丧失劳动能力，本人和家庭失去收入来源时，由国家和社会提供必要的生活和物质帮助。本章第一节阐述了社会保险的概念、特征、作用和意义，第二至六节分别介绍社会保险中养老保险、医疗保险、工伤保险、失业保险以及生育保险的具体内容。

学习目标

1. 社会保险的概念、特征、作用以及开展社会保险的重要意义
2. 养老保险、医疗保险、工伤保险、失业保险、生育保险的具体内容

框架结构

- 社会保险
  - 社会保险概述
    - 社会保险的含义
    - 社会保险的特征
    - 社会保险的作用和意义
  - 养老保险
    - 养老保险的概念
    - 养老保险实施模式
    - 养老保险筹资模式
    - 养老保险给付条件与标准
    - 我国养老保险制度
  - 医疗保险
    - 医疗保险概念和特征
    - 医疗保险模式
    - 医疗保险给付条件与方式
    - 医疗保险待遇
    - 我国医疗保险制度
  - 工伤保险
    - 工伤保险概念和特点
    - 工伤保险原则
    - 工伤保险给付
    - 我国工伤保险制度
  - 失业保险
    - 失业保险概念和特点
    - 失业保险的给付
    - 失业保险基金筹集
    - 我国失业保险制度
  - 生育保险
    - 生育保险的概念和特征
    - 生育保险的给付方式
    - 我国生育保险制度

开篇案例

员工自愿放弃社保，单位也不能不缴纳

2008 年 4 月，刘某等四人大学毕业，到某公司应聘，公司在待遇方面提出如果职工坚持要求办理社会保险的话，从职工工资中每月扣除 300 元。刘某等觉得还是多拿点工资好，至于办不办社会保险，也没什么关系。于是双方签订了三年的劳动合同，在合同中规定每月工资 2 000 元，对社会保险事宜公司不予负责。

2009 年 12 月，劳动保障部门在进行检查中发现该单位没有依法为签订劳动合同的职工办理社会保险，遂对其下达限期整改指令书，要求该公司为刘某等办理参加社会保险手续。该公司则认为，公司不负责社会保险是经双方协商同意，在劳动合同中已明确约定的。后经劳动保障部门工作人员对其宣讲国家有关社会保险的法律法规和政策规定，双方依法修改了合同内容并为刘某等办理了参加社会保险手续。

评析：该案中双方虽然在自愿、协商一致的基础上，签订了劳动合同，但是由于合同中有关社会保险约定的内容违反了国家现行法律、行政法规的规定，从而导致双方合同中约定的部分条款无效，应当依法予以纠正。

根据《中华人民共和国劳动法》、《中华人民共和国社会保险法》的有关规定，社会保险是国家强制保险，为职工办理社会保险是用人单位法定义务，因此，刘某所在单位有义务为其办理社会保险。而本案中，双方约定公司不负责为刘某等办理社会保险，虽然是双方在自愿基础上的约定，但是约定内容与法律、法规的规定相抵触，自愿签订并不能改变其违法性质，因此该条款是无效条款，对合同双方没有法律约束力，并且应当依法予以纠正。

（本文由作者改写自：法律快车网）

本章开篇案例核心：一是用人单位和劳动者在建立劳动关系时应当依法签订劳动合同；二是要加强社会保险有关法律法规政策的宣传，提高用人单位和职工依法参加社会保险的自觉意识。通过本案例，我们发现很多人对社会保险知之甚少，究竟什么是社会保险，它都包含哪些内容呢？这就是本章所要研究的内容。

12.1 社会保险概述

学术界一般公认现代社会保险制度最早产生于德国。1883 年德国颁布的《疾病社会保险法》是世界上第一部社会保险法律，这标志着现代社会保险制度的诞生。现代社会保险制度发展至今已经有一百多年的历史。

12.1.1 社会保险的含义

关于社会保险的定义，由于世界各国社会制度不同，社会政策目标不同，表述也不尽相同。1953 年在维也纳召开的社会保险会议把社会保险定义为：社会保险是以法律保证的一种基本社会权利，其职能主要是以劳动为生的人，在暂时或永久丧失劳动能力时，能够利用这种权利来维持劳动者及其家属的生活。美国危险及保险学会社会保险术语委员会将社会保险定义为："通常由政府采用危险集中管理方式，对于可能发生预期损失的被保险人，提供现金给付或医疗服务。"

结合我国社会保险实践，社会保险是国家通过立法强制实施，并通过雇主、雇员或两者共同缴费筹集资金，当劳动者暂时或永久丧失劳动收入时提供基本生活保障的一种保险制度。在我国现阶段，社会保险的内容包括：基本养老保险、基本医疗保险、工伤保险、失业保险和生育保险。

从上述定义可以看出，我国社会保险构成要素有如下方面。

(1)社会保险是国家这一责任主体通过立法形式保证，强制实施。

(2)社会保险的保障对象是劳动者，享受的前提条件是缴纳社会保险费，并已丧失或暂时丧失劳动收入。

(3)社会保险分担的风险包括年老、疾病、工伤、失业、生育等劳动者一生需要面对的风险。

(4)社会保险的保障水平,是满足暂时或永久丧失劳动能力或收入的劳动者及其家属的基本生活需要。

从理论上说,社会保险是在特定情况下,对被保险人进行个人消费品分配的一种形式。这种分配是社会通过立法,采取强制手段对国民收入进行的再分配,进而形成专门的消费基金。当被保险人失去劳动能力或失业时对其基本生活需要在物质上给予帮助。被保险人以履行了社会保险义务为前提,享有社会保险的权利。国家发展社会保险事业,是国家履行的社会责任,也是劳动者应享有的法定权利。

由于社会保险的保障对象是整个社会成员中最活跃、最富有创造力的部分——劳动者,因而是社会保障制度的主干。一个国家的社会保障制度是否健全,关键取决于其社会保险的发展状况。

12.1.2 社会保险的特征

社会保险是社会保障体系的核心部分,它与社会保障体系中的社会救济、社会福利相比,具有强制性、储备性、确定性、社会性、互济性、基本保障性和预防性的特点。

1. 强制性

社会保险是国家强制实施的一项社会政策,具有强制性的特征。不管受保护者是否愿意,都必须按照国家和政府的有关规定参加社会保险,并按时缴纳社会保险费。社会保险的强制性是通过国家立法、国家征税(费)和保证支付体现出来的。立法,即社会保险法,反映了国家在社会保险领域的意志,《中华人民共和国社会保险法》于2010年10月经全国人民代表大会通过,2011年7月1日开始实施,本法强制社会保险机构和劳动者共同遵守。社会保险税(费)是劳动者和用人单位必须按章定期缴纳的;同时社会保险机构也必须依法保证社会保险金的给付,否则就是一种失职行为。

从劳动者角度来看,“强制”一词虽有强迫的含义,但另外,也有“义务”的含义。这就是说,一方面,凡是进入工厂、矿场并获得工资的劳动者,都要参加社会保险;另一方面,劳动者参加社会保险,按期缴纳社会保险费,也是劳动者对全社会、对其他劳动者应尽的义务。国家通过立法强制雇主缴纳社会保险费,用于支付劳动者的保险费,这也是对国民收入的一次再分配,有利于增加劳动者的收入、缩小劳资双方的生活水平的差距,起着公平分配的作用。

2. 储备性

社会保险的参加者按规定缴纳费用作为基金,储存待用。就个人而言,在劳动者具有劳动能力的时候,社会就以各种方式将其所创造价值的一部分逐年逐月进行强制性扣除,经过长年储存积累,在其失去劳动能力或劳动机会、收入减少或中断时,从积累的资金中为其提供补偿,等于自己储蓄了一笔费用,供遭遇风险时使用,以渡过难关;就社会而言,这种社会保险资金也是一种储蓄基金,最终要返还给劳动者,不能移作他用,社会保险的经办机构只能利用时间差和数量差使之增值,使劳动者因基金增值而得益,从而进一步体现社会保险的福利性。

3. 确定性

社会保险的对象是确定的,不像其他社会保障形式的保障对象受一些不确定因素的影响,具有随机性和不确定性。比如,社会救济的具体救济对象事先并不能预知。社会保险的保障对象在一定程度上可以预先被保障主体所掌握,具有相对的确定性。

4. 社会性

社会保险的实施范围很广，只要是在法律规定的范围内，不同地区、不同行业中的人员乃至全社会成员都必须参加，因为社会保险承担的社会风险是由整个社会中的人来承担的。

5. 互济性

社会保险是政府为其社会成员提供的一系列基本生活保障。但社会保险形成的保障权利与受保护者履行保障义务的情况直接相关，这是社会保险的一个最基本的特点。主要表现为被保险人缴纳的保险费，在保险范围内进行地区之间、企业之间，或强者与弱者、老年人与年轻人之间的调剂和收入再分配。

6. 基本保障性

社会保险所提供的经济补偿水平既不能保证被保险人原有的生活水平不变，更不会满足其全面的生活需要，只是能够保证一定时期劳动者的基本生活需要。

基本生活需要是一个相对的概念，是与一个国家或地区在一定时期内的经济发展水平相联系的，它可以根据同一时期劳动者的平均工资水平而定。

7. 预防性

社会保险的预防性特点表现在社会保险基金的建立上。因为通过各方筹措而建立起来的保险基金可由国家用在每个投保者身上，防范其由于生育、失业、年老，或者疾病、伤残、死亡而带来的收入风险。这种未雨绸缪通过投保而实行的保险制度比社会救助更具有预防性。

12.1.3 社会保险的作用和意义

1. 社会保险的作用

国家为了保障社会劳动者及其家庭生活安定，保护劳动力再生产，维持社会正常运行发展，建立起社会保险制度。社会保险的基本功能体现在当社会劳动者失去劳动能力或劳动机会、收入减少或中断时，为其提供基本生活保障，与此同时，由于社会保险的运行方式和本质特征，它还具有下述作用：

(1)维护社会的稳定。劳动者一旦失去劳动能力或失掉工作机会时，就无法通过劳动获取报酬，生活来源就此中断，本人及家属的生活就无法维持。在现代社会里，伴随着生产的高度社会化和分工协作的发展，劳动风险的存在日益普遍，影响面和危害程度日益加剧。当为数众多的劳动者面临种种不同劳动风险和收入损失，并得不到及时解决时，就会形成一种社会不安定因素。社会保险制度的存在可以解决上述矛盾，使劳动者通过社会保险补偿获得可靠的基本生活保障，从而有效地消除社会不安定因素。

无论是一般市场经济国家，还是社会主义市场经济国家，社会保险都可以在一定程度上调节社会收入分配差距，使劳动者的生活困难有所减轻，从而缓解社会矛盾，维持其特定生产关系。因此，社会保险制度在社会和经济发展中发挥着稳定器的作用。

(2)保证社会劳动力再生产的正常进行。劳动者在劳动过程中，会遇到疾病、意外伤害以及失业的威胁等各种风险。当遇到这些事件，劳动者的身体健康或劳动收入将不可避免地受到影响，从而使劳动力再生产过程受到影响。

社会保险可以看做劳动力再生产费用的一部分。劳动者在遇到上述情况时可以获得必要的补偿使劳动力得到恢复，确保劳动力再生产的顺利进行。例如医疗保险可以为劳动者提供医疗费用补助，使劳动者能够获得必要的治疗服务，帮助劳动者早日康复，重返工作岗位。失业保险不仅为失业者提供失业保险金，保障失业者及其家人的最基本生活需要，而且还为失业者提供培训费，使失业者能够有机会接受新的教育和培训，掌握新岗位所要求的知识和技能，帮助其实现再就业。由此可以看出，社会保险对劳动力的再生产起着保障和促进作用。

(3)调节收入差距，实现社会分配公平。在市场经济条件下，由于人们在劳动能力、社会机遇等方面的差异，劳动能力较弱或家庭负担较重的劳动者，平时生活比较困难，若遇上风险事故，其个人及家庭就可能陷入困境。这意味着社会风险可能使得社会收入差距会进一步扩大。如果对这种分配差距不加以适当调节，就会激化社会成员之间的社会矛盾，这对社会稳定和生产发展都是不利的。社会保险可以通过法律手段，强制征集保险基金，再按照社会公平原则分配给收入较低或失去生活来源的劳动者，帮助他们渡过难关。这在一定程度上调节了社会劳动者的收入差距，有利于实现社会的公平分配。

(4)促进国民经济发展。一方面，经济的发展需要稳定的社会环境，社会保险通过对社会成员收入水平的调节，以及对社会成员基本生活提供多方面的保障，避免了一部分社会成员生活陷入困境而产生对抗社会的现象，缓和了社会成员之间的矛盾，从而为经济发展创造了稳定的社会环境，这是社会保险对经济发展的最大贡献。另一方面，社会保险通过对劳动者的多方面的保障又直接促进着经济的发展，如社会保险既是劳动力资源的高效配置的关键机制，又是促进劳动者身体、心理及技能素质提高的重要保障机制，从而对经济发展起着直接的促进作用。另外，雄厚的社会保险基金还能够有力地支撑经济发展，并对经济发展的格局产生影响。

(5)促进社会文明程度的提高。首先，社会保险体现了权利与义务相结合的关系，主张社会成员先做贡献，再讲索取，主张个人利益与社会利益、长远利益与眼前利益的有机结合，这些基本指导思想有助于培养劳动者的集体主义精神，打破了小生产自给自足狭隘思想的禁锢，促进了社会文明程度的提高。其次，社会保险是以互助共济为主要行为方式的制度，其实质就是"我为人人，人人为我"，这是一种先进的社会道德的体现，有利于改善人与人之间的社会关系，铲除自私自利落后思想，树立助人为乐，有难同当，有福共享的和谐社会风气。

2. 社会保险的意义

在现代社会保障体系中，社会保险无疑占有最重要的地位。它的产生被看成是现代社会保障制度得以确立的标志。社会保险作为工业化的产物，它一产生便是以立法强制实施，成为解决工业劳动者养老、工伤、疾病医疗、失业等诸多问题的有效措施，在社会保障体系中居于主导地位，是社会保障制度的核心。

首先，社会保险保障对象的地位最重要。社会保险以全体劳动者为保障对象，劳动者是人口中最多、最重要的部分，劳动者不仅在总人口中所占的比例较大(例如，中国第六次人口普查资料显示，劳动力资源人口占总人口的比例为 67%左右)，而且劳动者是社会的主体和中坚力量，是当前社会财富的主要创造者，是各个家庭的主要收入获取者。

其次，社会保险承担的风险最多。从社会保险的保障内容看，包括劳动者的年老、疾病、失业、伤残、死亡、生育等事件，形成了养老、医疗、失业、工伤、生育等较为完善的体系，为劳动者一生可能遇到的所有风险提供保障，显然，这是社会保障体系中的其他组成部分都做不到的保障。

第三，社会保险是工业化进程的必然产物。工业社会使机器大生产取代了手工生产后，不仅直接增加了劳动者的职业伤害风险与失业风险，而且也使农业社会里被视为个人风险的疾病医疗、养老等演变成了群体性的社会风险。在这样的背景下，仅仅依靠传统的慈善事业或者有限的救济措施根本不可能解决劳动者的后顾之忧。因此，必须寻求新的社会化保障机制，社会保险制度因其能够解决劳动者在职业伤害、失业、疾病医疗、养老等方面的诸多后顾之忧,并调和劳资矛盾,很自然成为各国政府的首选。

案例解析 **高薪可否取代社会保险待遇?**

某博士毕业生2005年3月受聘于北京一家外商独资公司从事计算机软件开发工作,担任副总经理。公司董事长告诉他,董事会给他定的月工资为1.8万元。但工资之外没有其他福利待遇,医药费、养老保险都由自己解决,公司概不负责。虽然其考虑过万一患了大病或者年老后的问题,但又想自己刚30多岁,一般也不会有什么大病,养老问题现在考虑还为时尚早,不如趁年轻多挣些钱实惠,于是就在聘用合同上签了字。后来,为了解决后顾之忧,他每月从工资中拿出1 000元,向保险公司投了一份养老保险。感觉踏实多了。2007年10月,由于与董事长在公司的经营管理等重大问题上产生了分歧,公司决定解除双方的劳动合同。这时,他想起当初董事长所说,因给他高薪而不再为他办理社会养老保险的约定,感到十分茫然。

(本文由作者改写自:法律快车网)

评析:《劳动法》、《社会保险法》均规定:用人单位和劳动者必须参加社会保险、缴纳社会保险费。这就说明是用人单位与劳动者的共同法定义务。该外资公司与受聘员工约定以高薪取代为其办理养老保险,显然是违反法律规定的,即使员工同意放弃享受社会保障的权利,也不能因此而免除公司和员工参加社会保险、缴纳社会保险费的责任和义务。

12.2 养老保险

养老保险是社会保险体系的核心,它影响面大、社会性强,直接关系到社会的稳定和经济的发展。因此,各国政府都十分重视养老保险。

12.2.1 养老保险概念

养老保险是指劳动者在达到法定退休年龄退休后,从政府和社会得到一定经济补偿、物质帮助和服务,以维持其基本生活水平的一项社会保险制度。

社会养老保险一般包括三个层次:基本养老保险、补充养老保险和个人储蓄性养老保险。

12.2.2 养老保险的实施模式

从世界各国养老保险的实践来看,养老保险的实施模式主要有以下四种。

1. 普遍型养老保险模式

这种模式的养老保险计划覆盖全体老龄公民,目的在于保证所有达到老龄段的公民,无论其是否参加过工作,也无论其本人收入多寡,均享有最低生活保障。目前挪威、瑞典等北欧发达国家以及英国、日本等国家都采用这种模式。

在这种模式下,普遍养老金的获得一般须具备以下两个条件,一是强制个人投保。劳动者与非劳动者都要向社会保险机构缴纳一定年数的老年社会保险费(年收入过低的独立劳动者和非劳动者有权申请免缴);二是必须达到一定年龄。当然,这种模式虽实行了“人人皆福利”的政策,但也只是满足被保险人的最低生活需求。

2. 选择型养老保险模式

选择型养老保险是由政府、单位或雇主、个人等缴费建立起来的社会保险制度。它是社会养老保险制度发展的主流模式，也是许多国家实行的多层次养老保险模式中的最重要的层次。这种模式的养老保险计划只覆盖工薪劳动者，它强调缴费与工资、退休金挂钩。

在这种模式下，退休金的领取一般要具备三个条件：一是劳动者在业期间按月缴纳老年社会保险费（领取低工资的劳动者可以免缴而由用人单位代缴）；二是劳动者在业期间须缴足规定期限的老年社会保险费（如美国规定投保期至少为10年，意大利为15年，日本为20年，瑞典为30年）；三是达到法定退休年龄。

3. 强制储蓄型养老保险模式

这种模式是通过建立个人退休账户的方式积累养老保险基金，当劳动者达到法定退休年龄时，将个人账户积累的基金及其投资收益，一次性或逐月发还本人作为养老保险金。

强制储蓄型养老保险模式主要有以下两种具体形式：一种是以新加坡为代表的"中央公积金制"养老保险。这种形式最大的特点是不需要国家财政拨款，而是强制雇员与雇主同时投保以形成社会保险基金。作为社会保险机构的中央公积金局负责制定总投保费率与投保比例，规定雇员的投保年限和退休年龄等，雇员退休后连本带息一次取走自己应当享有的退休金。二是以智利为代表的强制个人长期储蓄养老保险。这种形式是纯个人养老账户制，即由投保者个人投保并逐渐积累个人的养老保险金。在这种形式下，雇主不投保，国家也不直接资助，养老保险金的管理由民营公司负责。国家只确保最低养老金，监控基金管理公司的运营并制定有关养老保险的法律与政策。

4. 社会统筹和个人账户相结合的养老保险模式

这种模式在基本养老保险基金的筹集上采用传统型的基本养老保险费用的筹集模式，即由国家、单位和个人共同负担；基本养老保险基金实行社会互济；在基本养老金的计发上采用结构式的计发办法，强调个人账户养老金的激励因素和劳动贡献差别。在这种模式下，养老保险由基本养老保险、企业补充养老保险以及个人储蓄性养老保险三个部分（或层次）构成：

（1）基本养老保险。在我国实行养老保险制度改革以前，基本养老金也称退休金、退休费，是最主要的养老保险待遇，主要用于保障职工退休后的基本生活需要。

（2）企业补充养老保险。企业补充养老保险是指由企业根据自身经济实力，在国家规定的实施政策和实施条件下为本企业的职工建立的一种辅助性的养老保险。它由国家宏观指导、企业内部决策执行。

（3）个人储蓄性养老保险。个人储蓄性养老保险是由职工自愿参加、自愿选择经办机构的一种补充性养老保险形式。职工个人根据自己的工资收入情况，按规定缴纳个人储蓄性养老保险费，计入当地社会保险机构在有关银行开设的养老保险个人账户，并按不低于或高于同期城乡居民储蓄存款的利率计息，所得利息计入个人账户，本息一并归职工个人所有。

12.2.3 养老保险的筹资模式

目前世界各国养老保险的筹资模式可归纳为以下三种。

1. 现收现付式

该模式是只从当年或者近两三年的社会保险收支平衡角度出发，根据需要支付的养老保险金数额来确定基金的提取数额，即以支定收，由单位（或单位和个人）按照工资总额的一定比例来缴纳养老保险费，不考虑资金储备。这种筹资模式有以下三个特点：一是养老保险负担为代际转嫁，即由在职职工负担已退休职工的养老金；二是提取基金的数额和比例逐年变化；三是不考虑储备，负担较轻，易于管理。

发展中国家和初建养老保险制度的国家一般采用这一模式。

2. 完全积累式

该模式是在对有关社会经济发展指标如退休率、伤残率、通货膨胀率等进行宏观长期测算后，从追求养老保险长期收支平衡角度出发，确定适当的费率标准，将养老保险长期的支出总和按比例分摊到整个期间来向企业与个人征收，并对已筹集的养老保险基金进行有效运营与管理。此模式的具体形式是储备基金式，即从职工开始工作时，就建立起个人养老保险账户。由单位和个人逐年向国家社会养老保险专门机构缴纳保险费，实行多缴多保，自给自足。职工到法定年龄退休时，就可以从个人账户所积累的储备基金中，以年金的方式领取养老保险金。其特点一是个人对自己负责，激励机制较强，同时避免了负担的代际转移；二是可避免人口老龄化高峰时易出现的支付危机；三是可以积累起大量的社会保险基金，支持经济发展。

3. 部分积累式

部分积累式也称为部分基金式或混合式、阶梯式。该模式是介于现收现付模式与完全积累模式之间的一种模式，即在现收现付的基础上，建立个人账户储备基金，实行养老基金的部分积累。它兼顾了前两种模式的长处：一是它的大量业务是保证养老保险基金的现收现付，被保险者的现实利益得到较多考虑，同时也有部分业务是建立有限的养老保险储备基金，兼顾了被保险者的长远利益；二是保险费率介于前两种模式之间，不至于过分加重劳动者和用人单位的负担，同时也避免了养老保险负担的代际转嫁；三是适度的基金积累既避免了通货膨胀的不利影响，又能应付人口老龄化带来的社会风险。

这些长处使部分积累模式在1964年的国际社会保险专家会议上受到推崇。目前我国实行的个人账户与社会统筹相结合的养老保险制度，在资金筹措方面就采取了这种模式。

12.2.4 养老保险的给付条件与标准

1. 养老保险的给付条件

大多数国家都规定了养老保险的给付条件，而且这些条件是复合性的，即被保险人必须符合两个以上的条件，才可以享受养老保险金。这些条件通常包括：

(1)被保险人必须达到规定的退休年龄。

(2)被保险人必须完全或实质性的退休。

(3)被保险人缴足一定期间的保险费或服务满一定年限。

(4)给付与服务年限无关，但规定被保险人必须是永久居民，或本国公民，或在国内居住满一定期限。

我国规定的基本养老金的享受条件是：企业职工达到法定退休年龄（男干部和男职工必须年满60周岁，女干部年满55周岁，女职工年满50周岁），且个人缴费满15年。

2. 养老保险的给付标准

养老保险金的标准给付形式是年金制度，即保险金按月或按年支付，而不是一次性给付。世界各国养老金的给付标准大体上可以分为以下两大类，五种具体形式。

(1) 以工资为基础，按照一定的比例进行计算。这种方式强调工资的作用，即强调工龄或服务年限的长短、缴纳保险费工资的多少。目前世界上大多数国家均采用这种方法。这种类型又有三种具体形式：一是统一报酬比例，即年金与工资收入成正比。年金按照最近几年平均工资的一定比例来计算；二是基本比例加补充比例，即以平均工资收入的一定百分比为基本给付率，然后每超过最低投保年限一年，则另加一定比例；三是倒比例法，即工资越高，规定比例越低，工资越低，规定比例越高。

(2)以生活费为基础来计算年金。这一制度通行于社会保险较为发达的国家。它又有两种形式：一是全国居民按照同一数额给付，给付数额随生活费用指数的变动进行调整；二是规定一个基础年金，并在此基础上附加报酬比例。如规定基础年金为100元，单身为这一基数的95%，已婚夫妇为这一基数的150%等。

12.2.5 我国的养老保险制度

我国分别于1997年、2005年、2011年颁发了《国务院关于建立统一的企业职工基本养老保险制度的决定》、《国务院关于完善企业职工基本养老保险制度的决定》和《中华人民共和国社会保险法》，对我国养老保险制度的内容做出了明确的规定。

1. 养老保险的覆盖范围

按照《中华人民共和国社会保险法》的有关规定，我国基本养老保险制度覆盖了中国城乡全体居民。即用人单位及其职工应当参加职工基本养老保险，无雇工的个体工商户、未在用人单位参加社会保险的非全日制从业人员以及其他灵活就业人员可以参加职工基本养老保险，农村居民可以参加新型农村社会养老保险，城镇未就业的居民可以参加城镇居民社会养老保险，进城务工的农村居民依照该法规定参加社会保险，公务员和参照公务员法管理的工作人员养老保险的办法由国务院规定。

2. 建立基金

社会保险基金专款专用，任何组织和个人不得侵占或者挪用。基本养老保险金由个人投保、企业投保、罚款和资金运营增值四部分组成。凡是参加企业职工基本养老保险的单位和个人，都必须按时足额缴纳基本养老保险费。基本养老保险基金要纳入财政专户，实行收支两条线管理，逐步实行全国统筹。

新出台的《中华人民共和国社会保险法》规定了社会养老保险制度的筹资渠道，明确了用人单位、个人和政府在社会养老保险筹资中的责任。具体体现在：

(1)职工基本养老保险由用人单位和职工共同缴纳，居民社会保险基金主要由社会保险缴费和政府补贴构成。

(2)新型农村社会养老保险实行个人缴费、集体补助和政府补贴相结合。

(3)明确了政府在社会保险筹资中的责任，该法规定，县级以上人民政府对社会保险事业给予必要的经费支持，在社会保险基金出现支付不足时给予补贴；国有企业、事业单位职工参加基本养老保险前，视同缴费年限期间应当缴纳的基本养老保险费由政府承担；在新型农村社会养老保险制度中，政府对参保人员给予补贴；基本养老保险基金出现支付不足时，政府给予补贴；国家设立全国社会保障基金，由中央财政预算拨款以及国务院批准的其他方式筹集的资金构成，用于社会保障支出的补充、调剂。

3. 建立个人养老账户

2006年之前，我国的个人养老账户由个人投保费的全部和企业投保费的一部分组建成，并保持个人账户资金达到工资的11%，资金属于个人财产，可以随工作调动而易地转移，也可以在去世后由法定继承人享有。自2006年1月1日起，个人账户的规模统一由本人缴费工资的11%调整为8%，全部由个人缴费形成，单位缴费不再划入个人账户。做实个人账户，积累基本养老保险基金，是应对人口老龄化的重要举措，也是实现企业职工基本养老保险制度可持续发展的重要保证。

4. 建立社会账户

即企业投保费扣除拨入个人账户的资金，剩余资金全部进入社会账户，用于发放基础养老金以及救助基本养老金不敷晚年享用的受保人。

5. 改革基本养老金计发办法

为与做实个人账户相衔接，从2006年1月1日起，个人账户的规模统一由本人缴费工资的11%调整为8%，全部由个人缴费形成，单位缴费不再划入个人账户。同时，进一步完善鼓励职工参保缴费的激励约束机制，相应调整基本养老金计发办法。

《国务院关于建立统一的企业职工基本养老保险制度的决定》(国发[1997]26号)实施后参加工作、缴费年限(含视同缴费年限，下同)累计满15年的人员，退休后按月发给基本养老金。基本养老金由基础养老金和个人账户养老金组成。退休时的基础养老金月标准以当地上年度在岗职工月平均工资和本人指数化月平均缴费工资的平均值为基数，缴费每满1年发给1%。个人账户养老金月标准为个人账户储存额除以计发月数，计发月数根据职工退休时城镇人口平均预期寿命、本人退休年龄、利息等因素确定。

《国务院关于建立统一的企业职工基本养老保险制度的决定》实施前参加工作，决定实施后退休且缴费年限累计满15年的人员，在发给基础养老金和个人账户养老金的基础上，再发给过渡性养老金。各省、自治区、直辖市人民政府要按照待遇水平合理衔接、新老政策平稳过渡的原则，在认真测算的基础上，制订具体的过渡办法，并报劳动保障部、财政部备案。

决定实施后到达退休年龄但缴费年限累计不满15年的人员，不发给基础养老金；个人账户储存额一次性支付给本人，终止基本养老保险关系。

决定实施前已经离退休的人员，仍按国家原来的规定发给基本养老金，同时执行基本养老金调整办法。

6. 建立基本养老金正常调整机制

根据职工工资和物价变动等情况，国务院将适时调整企业退休人员基本养老金水平，调整幅度为省、自治区、直辖市当地企业在岗职工平均工资年增长率的一定比例。各地根据本地实际情况提出具体调整方案，报劳动保障部、财政部审批后实施。

截至2010年底，全国参加城镇基本养老保险人数为25 707万人，比上年末增加2 157万人。参加基本养老保险的农民工人数为3 284万人，比上年末增加637万人。全国共计1.43亿人参加新农保，北京、天津、浙江、江苏、宁夏、青海、海南、西藏等8个省份已经实现新农保制度全覆盖。2010年底全国企业参保退休人员月人均基本养老金达到1 362元。

案例解析 **可否用停缴养老保险费处罚职工**

王某是某建筑安装公司职员，2000年1月与该公司签订了5年期劳动合同。2005年1月合同到期后，双方商定终止劳动关系，在办理转移劳动关系手续时，王某发现该公司只为自己缴纳了四年半养老保险费。在查询时该公司称王某2002年6月17日工作中玩忽职守，给企业造成一定经济损失，在给予其行政记过处分的同时，还决定停缴其半年养老保险费。王某则提出，自己在工作中虽有过错，但已受到行政处分，并给予了公司部分赔偿，不应再停缴其养老保险费。而公司现领导以这个决定是原领导作出的为由，不予纠正。王某遂向当地劳动争议仲裁委员会提出申诉，要求公司为其补缴半年的养老保险费。

(本文由作者改写自：劳动和社会保障法规政策专刊：增刊.2005：8)

评析：这是一起因停缴职工半年社会保险费引发的劳动争议案件，该公司因对其职员王某进行处罚，停缴其社会保险费没有任何法律依据，也不符合国家有关社会保险的政策规定。

《劳动法》第七十二条规定：用人单位和劳动者必须依法参加社会保险，缴纳社会保险费。社会保险是国家依法建立的，为确保职工在年老、丧失劳动能力时的基本生活和患病得到及时治疗的一项基本社会保障制度。企业为其职员缴纳社会保险费是法律、法规规定的法定义务，必须依法无条件执行，更不得随意不缴和少缴。《社会保险法》第六十条规定：用人单位应当自行申报、按时足额缴纳社会保险费，非因不可抗力等法定事由不得缓缴、减免。职工应当缴纳的社会保险费由用人单位代扣代缴，用人单位应当按月将缴纳社会保险费的明细情况告知本人。

当然，劳动者享受各项社会保险待遇是以和用人单位建立劳动关系，为用人单位提供了劳动义务为前提条件的。劳动者不为企业履行劳动义务，就不能要求企业为其缴纳社会保险费。但是，必须弄清楚劳动者不能履行劳动义务的原因。如果劳动者违反劳动合同，或者有意旷工不履行劳动义务，企业可以终止劳动合同，不再为其缴纳社会保险费。但从本案的情况看，王某并非不履行劳动义务，而且仍然与企业保持着劳动关系，企业就应当按法律、法规的规定，为职工王某缴纳社会保险费，这是毫无疑义的。类似的情况下，职工因过错给企业带来经济损失的，企业可以要求职工个人承担经济责任，极为严重的情况下也可以解除劳动合同，但不得在尚未解除劳动合同的情况下，停缴社会保险费。该公司没有依照法律、法规规定，在与王某尚未解除劳动合同的情况下，以王某过错为名而不为其缴纳社会保险费，显然不合法、不合理。

12.3 医疗保险

自 1883 年德国制定了世界第一部疾病保险法以来，医疗保险已有 100 余年发展历史。各国根据历史背景、政治、经济、文化和民俗等因素的不同，建立了各具特色的医疗保险制度。

12.3.1 医疗保险概念和特征

医疗保险是为补偿劳动者因疾病风险造成的经济损失而建立的一项社会保险制度。通过用人单位和个人缴费建立医疗保险基金，参保人员患病就诊发生医疗费用后，由医疗保险机构给予一定的经济补偿。

医疗保险作为社会保险的一个子项目，除了具有社会保险的特征外，由于疾病风险的特点，医疗保险还具有以下特征。

1. 普遍性

医疗保险是社会保险中保障对象最广泛的一个子项目。疾病风险发生率高、具有普遍性特征，是每个人从出生到死亡过程中都不能避免的问题，所以医疗服务是每个人的终生需要。每个社会成员都有权获得医疗保障，都需要国家或社会提供医疗费用和医疗保障。同时，一国国民的健康状况又是直接关系到这个国家发展的重大问题，所以国家发展医疗事业，提高国民健康水平是基本的社会责任和应尽的社会义务。可见，医疗保险的保障对象必然是非常广泛的，原则上应覆盖全体国民。

2. 复杂性

医疗保险不同于养老保险、失业保险等社会保险的其他项目的一个突出特点是涉及面非常广泛，除受到政府、企业、劳动者个人影响外，还受到医疗服务提供方和医疗服务过程的影响，所以必须对需求者与供给者的行为进行引导和控制。同时，医疗保险既是社会保险中的一个子项目，但同时又与社会保险的其他子项目密切交织在一起，并且很多社会保险项目的运转离不开医疗保险，如工伤保险、生育保险本身就包含了医疗保险的内容，这是其他任何的险种所不具备的特点。

3. 待遇均等性

对于具备享受医疗保险资格条件的劳动者而言，其医疗保险待遇的获得和医疗服务都是平等的。医疗保险待遇的给付主要是根据病情的需要而定，通常与工资水平无关，也与缴费的数目无关。这是医疗保险在待遇上与其他险种的不同之处，而通常情况下，其他险种的待遇享受都与工资或者缴费数目直接相关。

4. 保障的服务性

其他的社会保险项目是以现金支付方式为社会成员提供生活保障的，而医疗保险除了对享受医疗保险的人补偿医疗费用外，其保障的核心是医疗服务。一般以提供医疗服务为主，包括提供免费、低费或部分收费的服务。医疗服务是一种专门性和复杂程度很高的技术服务，需要运用大量的医疗器械设备和医疗技术，并且依赖于现代医学的发展水平。

5. 给付频率高，费用控制困难

由于疾病风险的发生频率高，这就决定了医疗保险是种短期性、经常性的保险，其给付频率远高于其他的社会保险项目，并且医疗费用因受多种因素的影响，费用变化大，特别是医疗保险不同于其他社会保险项目的一个特点是除了社会保险机构和被保险人以外，还必须有第三者——医疗机构的参与才能够实施。医疗服务是一门非常专业的服务，必须依赖医疗机构，其提供的服务直接关系到医疗保险费用支出的高低。可见，医疗保险涉及面非常广泛，关系错综复杂，医疗保险的风险预测和费用控制是一大难题。

正因为医疗保险的这些特点，其往往被作为社会保险体系中的一个独特部分，由专门机构单独管理。

12.3.2 医疗保险的模式

目前世界各国医疗保险的模式大体上可以归纳为以下三种。

1. 国家(政府)医疗保险模式

国家(政府)医疗保险是指政府通过税收形式筹集医疗保险基金，并以国家财政预算拨款的形式将医疗保险资金分配给医疗机构，向国民提供免费或低收费的医疗服务。采用这种模式的国家主要是英国、瑞典、加拿大等西方福利国家。

2. 社会医疗保险模式

社会医疗保险模式是国家通过立法强制实施，由雇主和雇员按一定比例缴纳保险费，建立社会医疗保险基金，用于支付雇员(有时可包括其家属)医疗费用的一种医疗保险制度。采用这种模式的国家主要有德国、日本、法国和韩国等。

3. 储蓄医疗保险模式

储蓄医疗保险是政府依据法律规定，强制性地以家庭为单位建立医疗储蓄基金，并将积累起来的基金用于支付家庭成员日后患病所需的医疗费用。这种医疗保险模式源于新加坡，目前只有少数国家采用这种模式。

12.3.3 医疗保险的给付条件与方式

1. 医疗保险的给付条件

医疗保险的给付条件一般包括受保人必须具备的享受医疗保险的资格、所要履行的手续以及必须遵守的规章制度等。它主要包括以下几个方面。

(1)被保险人必须因病、因伤停止工作,并进行医治。

(2)被保险人因患病不能从原雇主方获得正常工资或病假工资。

(3)有些国家规定被保险人必须缴足最低期限的保险费。

(4)有些国家规定了等待期即在规定期间不给付疾病补助。

(5)有的国家规定了最低工作年限。

2. 医疗保险的给付方式

医疗保险的给付方式有两种:一种是现金给付,即参保人员在医疗机构就诊后先支付医疗费用,然后由医疗保险经办机构给予全部或部分经济补偿;另一种是医疗给付,即将医疗费用支付给医疗机构,参保人员患病后,可以从医疗机构得到免费或部分免费的医疗服务。

12.3.4 医疗保险的待遇

1. 疾病津贴

疾病津贴一般按劳动者患病前工资水平的一定比例以现金形式计发,通常有上限金额的规定。

2. 被抚养家属现金补助

即向患病劳动者抚养的家属给付的现金补助,用于保障家属的基本生活需要。

3. 患者医疗服务

患者医疗服务是医疗保险待遇的主要组成部分,它包括门诊、检查、医治、用药、住院等各种医疗护理活动。

4. 被抚养者医疗服务

即向患病劳动者抚养的家属提供优惠的医疗服务。

5. 带薪病假

即患者渡过风险的假期。

12.3.5 我国的医疗保险制度

1. 城镇职工基本医疗保险制度

我国在计划经济时期实行的是免费医疗制度,它包括由国家财政直接拨款而形成的“公费医疗”服务,以及国有企业直接支付款项而形成的“劳保医疗”服务。20 世纪 80 年代,我国开始实行免费医疗制度改革。1998 年 12 月,国务院在认真总结各地医疗保险制度改革试点经验的基础上,颁布了《国务院关于建立城镇职工基本医疗保险制度的决定》,2011 年实施了《中华人民共和国社会保险法》,这些法律法规对我国医疗保险的内容做出了如下规定。

(1)覆盖范围和缴费办法。城镇所有用人单位,包括企业、机关、事业单位、社会团体、民办非企业单位及其职工,都要参加基本医疗保险。基本医疗保险费由用人单位和职工共同缴纳,用人单位缴费率控制在职工工资总额的 6%左右,职工缴费率一般为本人工资收入的 2%。

(2)建立基本医疗保险基金。基本医疗保险基金由统筹基金和个人账户构成。职工个人缴纳的基本医疗保险费全部计入个人账户,用人单位缴纳的基本医疗保险费一部分用于建立统筹基金，一部分划入个人账户，划入个人账户的比例一般为用人单位缴费的30%左右。

(3)基本医疗保险基金的支付。基本医疗保险的统筹基金和个人账户要划定各自的支付范围，分别核算，不得相互挤占。个人账户资金用于门诊就医，超额个人自理；统筹基金用于住院治疗和慢性病治疗，并规定了起付标准和最高支付限额。起付标准原则上控制在当地上年度职工平均工资的10%左右，最高支付限额原则上控制在当地职工上年平均工资的6倍左右。起付标准以上、最高支付限额以下的医疗费用，主要由统筹基金支付，个人也要负担一定比例。

我国基本医疗保险制度还规定，必须确定基本医疗保险的服务范围和标准，实行基本医疗保险的定点医疗机构制度和定点零售药店制度，以加强医疗服务管理。同时由社会保险经办机构负责基本医疗保险基金的筹集、管理和支付。

2. 城镇居民基本医疗保险制度

为实现基本建立覆盖城乡全体居民的医疗保障体系的目标，国务院颁布了《关于开展城镇居民基本医疗保险试点的指导意见》，决定从2007年起开展城镇居民基本医疗保险。

(1)参保范围。不属于城镇职工基本医疗保险制度覆盖范围的中小学阶段的学生(包括职业高中、中专、技校学生)、少年儿童和其他非从业城镇居民都可自愿参加城镇居民基本医疗保险。

(2)筹资水平。试点城市应根据当地的经济发展水平以及成年人和未成年人等不同人群的基本医疗消费需求，并考虑当地居民家庭和财政的负担能力，恰当确定筹资水平；探索建立筹资水平、缴费年限和待遇水平相挂钩的机制。

(3)缴费和补助。城镇居民基本医疗保险以家庭缴费为主，政府给予适当补助。参保居民按规定缴纳基本医疗保险费，享受相应的医疗保险待遇，有条件的用人单位可以对职工家属参保缴费给予补助。国家对个人缴费和单位补助资金制定税收鼓励政策。

对试点城市的参保居民，政府每年按不低于人均40元给予补助，其中，中央财政从2007年起每年通过专项转移支付，对中西部地区按人均20元给予补助。在此基础上，对属于低保对象的或重度残疾的学生和儿童参保所需的家庭缴费部分，政府原则上每年再按不低于人均10元给予补助，其中，中央财政对中西部地区按人均5元给予补助；对其他低保对象、丧失劳动能力的重度残疾人、低收入家庭60周岁以上的老年人等困难居民参保所需家庭缴费部分，政府每年再按不低于人均60元给予补助，其中，中央财政对中西部地区按人均30元给予补助。中央财政对东部地区参照新型农村合作医疗的补助办法给予适当补助。财政补助的具体方案由财政部门、劳动保障、民政等部门研究确定，补助经费要纳入各级政府的财政预算。

(4)费用支付。城镇居民基本医疗保险基金重点用于参保居民的住院和门诊大病医疗支出，有条件的地区可以逐步试行门诊医疗费用统筹。

城镇居民基本医疗保险基金的使用要坚持以收定支、收支平衡、略有结余的原则。要合理制定城镇居民基本医疗保险基金起付标准、支付比例和最高支付限额，完善支付办法，合理控制医疗费用。探索适合困难城镇非从业居民经济承受能力的医疗服务和费用支付办法，减轻他们的医疗费用负担。城镇居民基本医疗保险基金用于支付规定范围内的医疗费用，其他费用可以通过补充医疗保险、商业健康保险、医疗救助和社会慈善捐助等方式解决。

截至2010年底，全国参加城镇基本医疗保险人数为43 263万人。其中，参加城镇职工基本医疗保险人数为23 735万人，比上年末增加1 797万人；参加城镇居民基本医疗保险人数为19 528万人，比上年末增加1 319万人。参加医疗保险的农民工人数为4 583万人，比上年末增加249万人。2010年,由城镇职工基本医疗保险统筹基金支付的门诊大病和住院达10 786万人次,住院医疗费用中统筹基金次均支付5 648元,比上年增长10.1%;由城镇居民基本医疗保险基金支付的门诊大病和住院达1 214万人次,住院医疗费用中基金次均支付2 611元,比上年增长19.5%。

3. 新型农村合作医疗保险制度

新型农村合作医疗,简称“新农合”,是指由政府组织、引导、支持,农民自愿参加,个人、集体和政府多方筹资,以大病统筹为主的农民医疗互助共济制度。采取个人缴费、集体扶持和政府资助的方式筹集资金。

新型农村合作医疗制度从2003年起在全国部分县(市)试点,到2010年基本覆盖全国农村居民。从2003年起,中央财政对中西部地区除市区以外的参加新型合作医疗的农民每年按人均10元安排合作医疗补助资金,地方财政对参加新型合作医疗的农民补助每年不低于人均10元。这是我国政府历史上第一次为解决农民的基本医疗卫生问题进行大规模的投入。从2003年开始,本着多方筹资,农民自愿参加的原则,新型农村合作医疗的试点地区正在不断的增加,通过试点地区的经验总结,为将来新型农村合作医疗在全国的全面开展创造了坚实的理论与实践基础,截至2004年12月,全国共有310个县参加了新型农村合作医疗,有1 945万户,6 899万农民参合,参合率达到了72.6%。按照“十一五”规划的要求,新型农村合作医疗到2010年的覆盖面达到农村的80%以上。2011年2月17日中国政府网发布了《医药卫生体制五项重点改革2011年度主要工作安排》。这份文件明确,2011年政府对新农合和城镇居民医保补助标准均由上一年每人每年120元提高到200元;城镇居民医保、新农合政策范围内住院费用支付比例力争达到70%左右。

案例解析　　　　职工在试用期内,是否有参加医疗保险的权利?

李某于2001年1月23日进入一家中外合资公司市场部负责某省市场营销工作。公司口头约定两个月的试用期,试用期满后经考试合格正式签订劳动合同,并享受各种福利待遇,试用期间只发给月基本工资800元,其他概不负责。李某出于求职心切,在没有和公司签订任何书面协议也没有约定具体考核办法的情况下开始正式上班。同年4月8日,按当初的口头约定,李某的试用期应该结束了。可公司通知李某:经考核,李某不能胜任公司市场营销工作。解除了和李某的劳动关系,并结算工资2 000元,医疗保险也没有缴纳。李某不服,来到劳动保障部门咨询,试用期内的医疗保险是不是应该由公司缴纳?

(本文由作者改写自:中国社会保障网)

评析:李某的问题也是大多数劳动者在求职过程中遇到的问题,一些用人单位往往对试用期的理解有偏差。实际上,试用期也属于合同期的一部分,也就是说,试用期间,劳动者和用人单位之间也是存在劳动关系的,劳动者的合法权益也应该受到《劳动法》的保护。那么劳动者就应该享受《劳动法》第七十条规定的“国家发展社会保险事业,建立社会保险制度,设立社会保险基金,使劳动者在年老、失业、工伤、患病、生育等情况下能获得帮助和补偿”的权利。因此,试用期内用人单位也必须为劳动者缴纳医疗保险费。

本案中,李某和该中外合资公司虽然没有签订劳动合同,但已经存在事实劳动关系,该公司也必须为李某补缴2001年1月23日到4月8日间的医疗保险,当然也包括其他社会保险。

12.4 工伤保险

12.4.1 工伤保险的概念和特点

1. 工伤保险的概念

工伤保险又称职业伤害保险，是指劳动者由于工作原因并在工作过程中遭受意外伤害，或因接触粉尘、放射线、有毒有害物质等职业危害因素引起职业病后，由国家或社会给予伤残者以及死亡者生前供养亲属提供必要的物质帮助的一项社会保险制度。

高新技术的发展和应用，促进了社会的发展和经济的繁荣，同时也使劳动者面临的职业伤害风险日益增加。实行工伤保险制度，不仅有利于维护劳动者的基本权益，保持社会稳定，而且有利于促进经济发展与社会进步。据国际劳工组织测算，每年全世界工伤和职业性疾病所造成的经济损失相当于全世界国民生产总值的4%。

2. 工伤保险的特点

工伤保险具有如下特点。

(1)工伤保险具有强制性。工伤事故具有突发性和不可预测性，多属于意外事故。工伤及职业病所造成的器官或生理功能的损伤，可以是暂时、部分地失去劳动能力，也可能是虽经治疗休养，仍不能完全复原，以致身体或智力功能部分或全部失去，造成残疾，这种残疾表现为永久性部分或永久性完全失去劳动能力。由于工伤具有不可逆转性，其造成的损失往往难以挽回，为个人带来终身痛苦，给家庭带来永久不幸，于企业、国家不利，因此，国家法律往往规定强制实施工伤保险。

(2)工伤保险具有社会性。工伤保险是世界历史上最悠久、实施范围最广泛的社会保障制度。目前全世界有155个国家和地区建立和实施工伤保险制度，并且都有单独的法律法规。政府通过法律，通过社会经济生活的一定干预，在发生职业风险与未发生职业风险之间进行收入再分配，以切实达到保障劳动者基本生活水平的目的。

(3)工伤保险具有互济性。工伤保险通过社会统筹基金来分散职业风险，以缓解企业之间、行业之间、地区之间因职业风险不同而承受的不同压力，为劳动者和企业双方建立保护机制。

(4)工伤保险具有福利性。工伤保险基金属劳动者所有，是保障劳动者安全健康的基础，专款专用，国家不征税，并由国家财政提供担保，由隶属于政府部门的非营利事业单位经办，为受保人服务。

(5)工伤保险具有补偿性。这是工伤保险不同于其他社会保险的显著特点。工伤保险费用不实行分担方式，全部费用由用人单位负担，劳动者个人不负担费用。

12.4.2 工伤保险的原则

1. 无责任补偿原则

无责任补偿原则又称为"无过失补偿"原则，它有三层含义。

(1)劳动者在劳动过程中受到工伤事故，无论事故责任属于本人、企业或是相关第三方，均应依法按照规定的标准给付工伤保险待遇。待遇给付与责任追究相分离，不能因为保险事故责任的追究有归属，影响待遇给付的时间和额度(本人犯罪或故意行为除外)。

(2)无责任补偿原则。从目前实行基金制度国家的工伤保险制度实施上看，还可以有另一层的理解,即企业或雇主不承担直接给付工伤补偿的责任,而是由掌握工伤保险基金的社会保险机构统一组织待遇的给付,由其直接对受伤者能否享受工伤保险待遇的资格条件进行鉴定,而不必通过法律程序和法院的裁决。无责任补偿原则始于1884年德国的《工人灾害赔偿保险法》,该法明确规定雇主无论对工伤事故有无责任,均应依法按照标准赔偿工人损失。这是对过去长期以来延续的"雇主过失责任赔偿"原则的一个否定,既能够及时、公正地确保广大劳动者在因工伤残时得到法定的生活保障与经济补偿,又简化了工伤处理中有关待遇给付上的程序,有利于提高企业的工作效率。因此,无责任补偿当前已成为世界各国工伤保险普遍通行的重要原则。

(3)工伤保险是由国家立法强制实施的。要实现上述两层意义,必须由国家法规强制有职业危险的企业依法参加工伤保险,且待遇的构成、计发标准、支付方式与时间、缴费标准等都是强制的。此外,国际上工伤保险的强制性还体现在,职工不分国籍,也不论所在企业是否参加了基金的统筹缴费,只要职工与企业存在着劳动关系,就有权享受工伤保险待遇,这也是工伤保险与其他保险项目的区别之一。

2. 个人不缴费原则

工伤事故属于职业性伤害,是在生产过程中,职工为社会和企业创造物质财富而付出健康代价甚至生命代价,因而工伤保险待遇具有明显的"劳动者修理与再生产投入"性质,属于企业生产成本的特殊组成部分。因此,个人不必缴费,而由企业负担全部保险费。我国的工伤保险无论是由企业直接支付工伤保险待遇,还是企业向基金缴纳,均不实行分担方式,所有法定费用均由用人单位承担。

3. 与非因工伤残相区别,待遇标准从优的原则

劳动者所受到的伤害,一般可以分为因工与非因工两类。前者是指由于执行公务或在工作、生产过程中所受到的职业伤害,与工作和职业有直接关系;而后者则与职业无关,完全是个人行为所致。这是因为工伤事故发生的费用应由工伤保险基金来承担,而且医疗康复待遇、伤残待遇和死亡抚恤待遇均要比因病和非因工伤亡待遇优厚。这样做,不仅是对因公伤残职工的一种物质奖励,也是一种精神奖励,体现了社会和企业对那种不避艰险、不畏牺牲精神的褒扬。

4. 经济补偿与事故预防及职业康复相结合的原则

从单纯经济补偿向与事故预防、医疗康复相结合的转变,是现代工伤保险的显著标志之一。工伤保险与其他项目一样,除了被动式的生活保障功能外,还应具有主动式的、积极的功能,这主要表现在为负伤、残疾和因工死亡职工提供必要的医疗、生活补贴之外,还应在加强安全生产、预防事故发生、减少职业危害、及时抢救治疗、实施有效的职业康复等方面发挥积极作用。

12.4.3 工伤保险的给付

1. 工伤范围的确定

工伤范围的确定包括:在工作时间和工作场所内,因工作原因受到事故伤害和患职业病;因工外出期间,由于工作原因受到伤害或者发生事故下落不明;在上下班途中,受到机动车事故伤害;法律、行政法规规定应当认定为工伤和视同工伤的其他情形。工伤保险中有关工伤的范围有逐渐扩大的趋势。

2. 工伤保险给付条件

《社会保障最低标准公约》中规定了享受工伤待遇的条件。

(1)身体受职业病伤害呈疾病状态者。

(2)由于永久或暂时失去劳动能力而完全或部分失去工资收入者。

(3)由于丧失劳动能力并因此中断工资者。

(4)由于供养者因工死亡而失去生活费来源者。

3. 工伤保险给付标准

从世界各国来看,工伤保险的给付无论是在给付项目还是给付期限、给付标准上,均优于养老、失业和医疗等社会保险。目前世界上工伤保险的给付项目主要包括:治疗以及与治疗有关的给付,负伤津贴,残疾津贴,伤残抚恤金等。其给付标准各国有所不同,如美国对永久部分伤残的给付,按工资损失的比例发给,对于规定的某些残疾类别,则支付较短时间的全额抚恤。

12.4.4 我国的工伤保险制度

按照2003年劳动与社会保障部发布的《工伤认定办法》、2004年开始实施的《工伤保险条例》以及2011年开始实施的《中华人民共和国社会保险法》,我国工伤保险制度的主要内容包括如下方面。

1. 工伤认定的对象

工伤认定的对象一般包括具备下列条件的职工:一是存在受到伤害或者患职业病的事实;二是与用人单位存在劳动关系,包括事实劳动关系;三是要有相关的医疗诊断证明或职业病诊断证明。

2. 工伤认定范围

工伤认定结论分为认定为工伤、视同工伤和不得认定为工伤三种类型,同时规定了这三种类型的详细情形。其中应当认定为工伤的有以下七种情形。

(1)在工作时间和工作场所内,因工作原因受到事故伤害的。

(2)工作时间前后在工作场所,从事与工作有关的预备性或者收尾性工作受到事故伤害的。

(3)在工作时间和工作场所内,因履行工作职责受到暴力或意外伤害的。

(4)患职业病的。

(5)因公外出期间,由于工作原因受到伤害或者发生事故下落不明的。

(6)在上下班途中,受到机动车辆事故伤害的。

(7)法律、行政法规规定应当认定为工伤的其他情形。

3. 工伤保险待遇

工伤保险待遇无论从给付项目还是给付标准、给付期限,均优于其他保险项目。我国现行的工伤保险待遇给付主要有以下几个方面的内容。

(1)医疗待遇。职工因工作受到事故伤害或者职业病进行治疗,享受工伤保险待遇。职工治疗工伤应当在签订服务协议的医疗机构就医,情况紧急时可以先到就近的医疗机构急救。治疗工伤所需费用符合工伤保险疹疗目录、工伤保险药品目录、工伤保险服务标准的,从工伤保险基金支付。工伤保险疹疗项目目录、工伤保险药品目录、工伤保险住院服务标准由国务院劳动保障行政部门会同国务院卫生行政部门、药品监督部门等部门规定。

(2)医疗期间的生活待遇。职工因工作受到伤害或者患职业病需要暂时停止工作接受治疗的，在停工留薪期内，原工资待遇不变，由所在单位按月支付。但停工留薪一般不超过12个月。伤情严重或者情况特殊，经设区的市级劳动鉴定部门确认，可以适当延长，但延长不得超过12个月。工伤职工评定伤残等级后，停发原待遇，按照有关规定享受伤残待遇。工伤职工在停工留薪期满后仍需治疗，继续享受工伤医疗待遇。生活不能自理的工伤职工，在停工留薪期间需要护理的，由所在单位负责。工伤职工已经评定伤残等级并经劳动鉴定部门确认需要生活护理的，从工伤保险基金按月支付生活护理费用。生活护理费用按照生活完全不能自理、生活大部分不能自理和生活部分不能自理三个不同的等级支付，其标准分别为统筹地区上年度职工月平均工资的50%、40%和30%。

(3)因工致残待遇。职工因工致残被鉴定为一至四级伤残的，保留劳动关系，退出工作岗位，同时享受一次性伤残补助金、伤残津贴等；职工因工致残被鉴定为五至十级伤残的，可一次性支付伤残补助金，可以保留与用人单位的劳动关系，由用人单位安排适当的工作，或经本人提出，可以与用人单位解除或终止劳动关系，由用人单位一次性支付工伤医疗补助金和伤残就业补助金。

(4)职业康复待遇。工伤职工到签订服务协议的医疗机构进行康复性治疗的费用，符合工伤保险诊疗项目目录、工伤保险药品目录、工伤保险住院服务标准的，从工伤保险基金中支付。工伤职工因日常生活或就业需要，经劳动能力鉴定委员会确认，可以安装假肢、矫形器、假眼、假牙和配置轮椅等辅助器具，所需费用按照国家规定的标准从工伤保险基金支付。

(5)因工死亡待遇。职工因工死亡，其直系亲属按照规定从工伤保险基金领取丧葬补助、供养亲属抚恤金和一次性工亡补助金。

4. 工伤保险基金

工伤保险基金实行个人不缴费原则，即用人单位必须按时缴纳工伤保险费，职工个人不缴纳工伤保险费。工伤保险基金的费率实行行业差别费率和浮动费率制度。即国家根据不同行业的工伤风险程度来确定行业的差别费率，并在差别费率的基础上，根据用人单位的工伤保险费使用、工伤发生率等情况来确定用人单位的缴费费率。为了减轻企业的负担，平均工伤保险费率一般不超过1%，职工个人不缴纳工伤保险费。工伤保险行业差别费率每5年调整一次，劳动保障行政部门根据具体企业上年度安全状况与工伤保险费用支出情况，进行下一年度的工伤保险费率的调整，实行浮动费率，其工伤保险费率的调整幅度为本行业标准费率的5%～40%。如果企业发生工伤和职业病，以及使用工伤保险基金超过控制额度，则在行业标准费率的基础上提高费率；反之则适当降低费率。

我国工伤保险基金的来源有：企业缴纳的工伤保险费、工伤保险费滞纳金、基金储蓄利息、法律法规规定的其他资金和政府临时垫支资金。工伤保险基金按照国家规定渠道列支，由企业开户银行代为缴纳，存入银行开设的基金专户，专款专用，任何单位和个人不得挪用和挤占，工伤保险基金留有一定的风险储备金，不足时由政府临时垫支。工伤保险基金的使用包括工伤保险待遇支付、事故预防费、职业康复费用、安全奖励金、宣传与科研费、管理与办公费。

截至2010年底，全国参加工伤保险人数为16 161万人(其中农民工参加工伤保险人数6 300万人)，比上年末增加1 265万人。2010年，全国工伤保险基金收入285亿元，比上年增长18.7%；基金支出192亿元，比上年增长23.6%。2010年，全国有147万人享受了工伤保险待遇，比上年增长13.8%。

案例解析　　**未签劳动合同期间出事故可否认定为工伤**

2001年6月，甲从青海医学院毕业。同年8月份他前往某中医院临时做协助医疗工作。医院安排甲协助医生进行换药、写病历、开处方等工作。2002年4月8日下午，医院要求全院进行一次卫生大清扫。甲在为医生值班室擦玻璃时，不慎从2楼值班室窗口摔了出去。经抢救治疗，甲成了植物人。甲的父母要求认定工伤，而中医院以甲为实习生为由认为不属于工伤，只是普通的民事损害，不予兑现工伤福利待遇。请问法院该如何认定呢？

（本文由作者改写自：中国社会保障网）

案例解析　　**在工作岗位上突发疾病死亡是否算工伤**

李某系广东某电子有限公司保安。2003年11月20日晚3点，李某在值班室正常值班时突发急性脑出血，经送医院抢救无效，两日后死亡。在医院出具的死亡证明中确认，李某患有先天性脑血管狭窄疾病。同时，据公司其他员工证明，李某在当班前的休息时间同朋友一起打牌，没有休息。另外，因客观原因，公司没有为李某投保工伤保险。在对李某是否为工伤及是否应由企业按工伤保险待遇进行补偿问题上，死者家属、公司及当地劳动部门都有不同意见。

第一种意见认为李某应属于工伤，理由是李某系在工作时间、工作岗位、工作过程中突发疾病死亡。依据《广东省社会工伤保险条例》第七条第九项的规定，在执行单位安排的工作任务中因突发疾病而造成死亡或完全丧失劳动能力的可以享受工伤保险待遇。李某在工作岗位上值班时突发疾病死亡，完全符合上述规定，理应认定为工伤，并按规定标准给予工伤保险待遇。1996年，原劳动部颁布的《企业职工工伤保险试行办法》第八条第四项给予"在生产工作的时间和区域内，由于不安全因素造成意外伤害的，或者由于工作紧张突发疾病造成死亡或经第一次抢救治疗后完全丧失劳动能力，应当认定为工伤"的规定，虽然突出了"工作紧张"的限制性条件，但因广东省的办法突出了对处于弱势地位劳动者的保护，体现了工伤保险的立法宗旨，不能对李某是否属于工伤产生影响。

第二种意见认为李某不属于工伤，但可比照工伤给予李某工伤保险待遇。工伤是指因工负伤、致残或死亡。李某的死亡完全是由于自身疾病及劳累突然发作而死亡，李某属因病而非因工，所以不能属工伤，另外依原劳动部《企业职工工伤保险试行办法》第八条第四项分规定，因工作紧张突发疾病造成死亡的才算工伤。李某当班时不存在这种情况。但其毕竟是在工作岗位上突发疾病死亡，且依据《广东省社会工伤保险条例》第七条第九项的规定，在执行单位安排的工作任务中因突发疾病而造成死亡或完全丧失劳动能力的可以享受工伤保险待遇的规定，可比照工伤给予李某工伤保险待遇。

上述意见是否正确？你是如何考量的？

（本文由作者改写自：郑功成．社会保障概论．上海：复旦大学出版社，2008）

评析：上述观点均显偏颇，因为李某既不属于工伤，也不应由企业按工伤保险待遇给予补偿。

第一种意见的错误在于把只要是在工作时间、工作岗位上突发疾病死亡或完全丧失劳动能力就认定为工伤。是否属工伤，要分析劳动者突发疾病死亡与工作内容、工作条件、工作环境等因素之间是否有因果关系及双方是否存在过错等来综合分析。例如，企业是否为劳动者提供了防雨、防风、防寒、防潮、防晒、防噪声或防光等必要的劳动保护条件;劳动者在工作中是否经常受到刺激、劳动时间过长、强度过大、过度紧张的影响,以及这些影响与突发疾病是否存在一定的因果关系等。本案中,李某是一位保安,企业已为李某提供了符合要求的工作环境和工作条件,且是在值班室坐着值班,在没有受到外界刺激的情况下,突然发病的,其发病的原因是自身存在的先天性疾病和应休息时没有休息而过度劳累导致突发疾病,李某的突发疾病死亡与企业毫无关联,是李某自身存在的原因造成的,在这种情况下认为李某属于工伤显然是错误的。

第二种意见也是错误的。李某在工作中突发疾病死亡与工作之间没有任何关联,是因自身的疾病的突然发作造成的,在这种情况下让企业承担补偿责任是显失公平的。《广东省社会工伤保险条例》第七条第九项的规定与原劳动部《企业职工工伤保险试行办法》第八条第四项的规定相比是超前的,前者扩大了对职工利益的保护,旨在对处于弱势地位的员工进行保护,这样的用意是无可非议的。但在理解和适用该条规定时,应依不同情况在体现公平的前提下,实施对员工利益的保护。本案中企业已为李某提供了符合要求的工作环境和工作条件,且是在值班室坐着值班,其发病的原因是自身存在的先天性疾病和应休息时没有休息而过度劳累导致突发疾病,李某的突发疾病死亡与企业毫无关联,是李某自身存在的原因造成的,在这种情况下再让企业按工伤保险待遇补偿显然是不公平的。所以对李某不能按工伤保险待遇的标准让企业承担补偿责任,而只能按职工患病死亡的标准进行补偿。

2004 年 1 月 1 日新实施的《工伤保险条例》第十五条第一项规定,职工在工作时间和工作岗位突发疾病死亡或者在48 小时之内经抢救无效死亡的,视同工伤。依此规定,享受工伤保险是以死亡和 48 小时内死亡为条件的,且取消了把丧失劳动能力作为工伤条件的规定,这样的规定比原劳动部《企业职工工伤保险试行办法》的相关规定有了进步,加大了对劳动者的保护,也兼顾了企业的利益,强调了在工作时间、工作岗位死亡和在一定的时间内死亡的内容,有了较强的操作性。

12.5 失业保险

12.5.1 失业保险概念与特点

1. 失业保险的概念

失业保险是指国家通过立法强制实行,由政府负责建立基金,对非因本人意愿中断就业而失去工资收入的劳动者提供一定时期的物质帮助及再就业服务的一项社会保险制度。

在失业保险制度的发展过程中,国际劳工组织发挥了积极的作用。国际劳工组织通过公约和建议书等形式,为各国制定失业保险政策提供了基本原则和指导性意见,促进了失业保险制度的发展。

2. 失业保险的特点

(1)实施对象的范畴不同。其他社会保险项目不但可以以全体社会劳动者为保障对象,而且可以包括未进入劳动年龄的人和已超过劳动年龄退出了社会劳动领域的人。而失业保险是以劳动年龄之内的劳动者为主要保障对象,不包括已超过劳动年龄的人,只有部分国家规定对失业者的无业配偶和未成年子女提供定额的附加救济金。

(2)所针对的风险不同。其他社会保险项目针对的是永远或暂时失去劳动能力,如年老、疾病、伤残或死亡等；而失业保险项目针对的风险是失业，是对有劳动能力和就业愿望但没有劳动机会的人提供经济保障。

(3)劳动危险事故形成的原因不同。其他社会保险项目中劳动危险事故的形成均属自然原因，主要是身体健康损害或无法预料的外界自然力的打击所致；而失业保险中的失业现象却是一种由于社会经济方面的原因所致的劳动风险事故。

(4)享受条件和主要目的不同。失业保险的享受条件不仅和工作年限、缴费年限有关，而且还取决于失业者的就业意愿。一般对有下列情形之一者，取消其失业保险待遇：自动离职而无充分理由者；没有在职业介绍所登记者；拒绝劳动部门介绍适当工作者；故意放弃职业训练机会者；参加劳动纠纷而罢工者。

(5)风险具有相对性。这里所说的相对风险有两层含义：一方面，劳动能力是劳动者生存的最保险的保险，是劳动者生存的最基本条件。年老会严重削弱劳动者的劳动能力；工伤会使劳动者部分或全部失去劳动能力；疾病也会破坏劳动能力的完整性。如果这种风险发生了，会使劳动者的劳动能力绝对地受到伤害，而且很难恢复到原来的劳动能力水平。而失业则不同，失业只是使劳动者暂时失去了工作岗位，劳动者还保有劳动能力的完整性，即使劳动者因为知识、技能、观念的滞后而失去工作，他仍有可能通过继续培训更新知识、技能、观念，从而达到雇主的要求，重新获得工作岗位。之所以说失业是一个相对的概念，即是说失业不仅取决于个人的知识、技能和观念，还取决于他人的知识、技能、观念。如果自己的条件没有发生变化，而别人进步了也势必对自己的就业构成威胁。

12.5.2 失业保险的给付

1. 失业保险的给付条件

失业保险的根本目的在于保障非自愿失业者的基本生活，促使其重新就业。为避免失业者产生依赖心理和不劳而获的逆向选择，各国都规定了严格的享受失业保险待遇的资格条件。这些条件通常包括：

(1)失业者必须是非自愿失业。非自愿失业是指并非出于劳动者本人的意愿，而是由本人所无法控制的社会、经济因素而导致的失业，如摩擦性失业、技术性失业、周期性失业、结构性失业、季节性失业等。对于那些自愿失业者、过失免职者、拒绝工作者，一般各国都规定不给付失业保险金。

(2)失业者必须满足一定的资格条件。如缴纳保费的期限、投保年限、就业期限、居住条件等。

(3)失业者必须具有劳动能力和就业愿望。失业保险所保障的是积极劳动中的劳动者。失业者是否具有劳动能力，由职业介绍所或失业保险主管机构根据申请报告或申请人的体检报告来确定。各国对失业者是否具有就业愿望的考核规定有：失业者是否在规定期限内到指定的失业管理机构登记，要求重新工作；是否在失业期间与失业管理机构保持联系，自己努力寻找工作；是否接受就业服务机构的职业训练和安排的工作。

2. 失业保险金的给付标准

失业保险金的给付应该能够养活因失去工作从而失去生活来源的劳动者及其家庭。它主要遵循两个原则：一是需求原则，即满足失业者的基本生活需要，避免使其陷入贫困。二是激励原则，即失业保险金的给付不仅不会抑制失业者的就业欲望，而且会促使其积极寻找工作，尽快实现再就业。失业保险金的具体给付标准有：

(1)均一制。即参照社会救助标准和最低工资标准确立一个绝对津贴额,或者根据一个中等收入家庭购买日常必需品的支出来确定。

(2)工资比例制。即以失业者在失业前一定时期内的平均工资收入,或某一时点上的工资收入为基数,依据工龄、投保年限等确定百分比计发。

3. 失业保险金的给付期限

失业保险为短期保险,大多数国家对失业保险的给付期限都有限制,一般为半年。有些国家还规定,在给付期满之后,如果被保险人的收入或财产在一定标准之下,还可以获得失业补助或其他救济金。有些国家则按照被保险人失业前的就业时间或缴费次数来决定给付期的长短。

12.5.3 失业保险基金的筹集

目前各国失业保险基金大多采取由雇主和雇员缴费,政府提供补助的方式进行筹集,并运用现收现付的方式,即当期的保费收入用于当期的保险金给付,同时提存适当的意外储备以应付不可预期或偶然变化。

12.5.4 我国的失业保险制度

近年来我国在建立适应社会主义市场经济要求的失业社会保险制度方面做了大量工作。国务院于1999年1月颁布了《失业保险条例》,2010年颁布了《中华人民共和国社会保险法》,对我国失业保险的内容作了如下规定。

(1)失业保险的覆盖范围。国有企业、城镇集体企业、外商投资企业、城镇私营企业以及城镇事业单位的职工,均属失业保险的受保范围。

(2)失业保险的给付条件。领取失业保险金必须同时满足以下三个条件:一是按照规定参加失业保险,所在单位和本人已按规定履行缴费义务满一年;二是非因本人意愿中断就业;三是已办理失业登记,并有求职要求。

有下列情形之一的,停止给付失业保险待遇:重新就业;应征服兵役;移居境外;享受基本养老保险待遇;被判刑收监执行或者被劳动教养;无正当理由拒不接受当地劳动就业服务机构介绍的工作;有法律、法规规定的其他情形的。

(3)失业保险的给付期限。《失业保险条例》规定保险金的标准按照低于当地最低工资、高于城市居民最低生活保障的水平确定。失业人员失业前所在单位和本人按照规定累计缴费时间满1年不足5年的,领取失业保险金的期限最长为12个月;累计缴费时间满5年不足10年的,领取失业保险金的期限最长为18个月;累计缴费时间在10年以上的,领取失业保险金的期限最长为24个月。重新就业后再次失业的,缴费时间重新计算,领取失业保险金的期限可以与前次失业应领取而尚未领取的失业保险金的期限合并计算,但是最长不得超过24个月。

(4)失业保险基金的构成。失业保险基金由城镇企事业单位及其职工缴纳的失业保险费(单位按工资总额的2%、职工按本人工资的1%缴纳)、失业保险基金的利息、财政补贴、纳入失业保险基金的其他资金等构成。

(5)失业保险基金的支出范围。《失业保险条例》规定失业保险基金用于以下各项开支:失业保险金;领取失业保险金期间的医疗补助金;领取失业保险金期间死亡的失业人员的丧葬补助金和其供养的配偶、直系亲属的抚恤金;领取失业保险金期间接受职业培训、职业介绍的补贴;国务院规定或者批准的与失业保险有关的其他费用。

截至2010年底，全国参加失业保险人数为13 376万人，比上年末增加660万人。其中，参加失业保险的农民工人数为1 990万人，比上年末增加347万人。2010年，全国领取失业保险金人数为209万人，比上年末减少26万人，另有59万名劳动合同期满未续订或者提前解除劳动合同的农民合同制工人领取了一次性生活补助。

案例解析　　大学生找不到工作算失业吗

邵凯，2008年7月毕业于某大学机械工程系。由于找不到工作，邵凯失业在家，其可以领取失业保险金吗？

（本文由作者改写自：刘钧．社会保障案例评析[M]．北京：中国劳动社会保障出版社，2007）

评析：根据《失业保险条例》第十四条的规定，具备下列条件的失业人员，可以领取失业保险金。一是按照规定参加失业保险，所在单位和本人已按照规定履行缴费义务满1年的。二是非因本人意愿中断就业的。三是已办理求职登记，并有求职要求的。失业人员享受失业保险待遇必须满足以上三个条件，三者缺一不可。

本案中，邵凯没有工作经历，没有缴纳过失业保险费，无法获得失业保险的保障。

12.6 生育保险

12.6.1 生育保险的概念和特点

1. 生育保险的概念

生育保险是国家通过立法，对职业妇女因生育而暂时中断劳动时，为其提供生活保障和物质帮助的一项社会保险制度。生育保险不仅有利于保障妇女的身体健康和妇女的广泛就业，而且有利于提高人口素质，确保社会劳动力的再生产。

2. 生育保险的特点

(1) 对象的特定性。生育保险享受的对象主要是女职工。随着社会经济的发展，不少国家将生育保险的范围逐步扩展到男职工供养的配偶以及所有育龄妇女。有些国家和地区则在女职工生育后，给予其丈夫一定的有薪假期。

(2) 医疗服务待遇的特殊性。生育保险提供的医疗服务一般不需要特殊治疗。生育所引起的暂时不能参加劳动，一般属于正常的生理改变，它不同于疾病、伤残等引起的病理变化。生育活动所引起的收入损失一般是暂时的。

(3) 保险期限范围涉及生育事件前后。女职工怀孕后，在临产前一段时间，由于行动不便，已经不能正常工作；分娩以后，需要休息一段时间以便恢复身体和照顾婴儿。所以生育保险的待遇包括产前和产后。

(4) 保险待遇水平高于其他社会保险。生育保险是解决妇女既要承担生儿育女的天职，又要参加社会生产这一矛盾的重要手段之一，也是确保劳动力再生产和人口再生产正常运行的重要手段，对人类的世代延续起着重要的保障作用。所以生育保险与国家的人口政策密切相关，其待遇水平一般也高于其他社会保险项目。生育保险提供的生育津贴，一般为生育女职工的原工资水平。

12.6.2 生育保险的给付方式

各国生育保险待遇一般分为现金给付和医疗给付两种。现金给付多为一次性给付，主要包括生育津贴、生育补助费和看护津贴，其数额大多数国家都规定为工资的100%。医疗给付是为产妇提供的助产医疗服务，主要包括产前检查、一般性治疗、住院及必要的药物、生育照顾及家庭护理等。

12.6.3 我国的生育保险制度

我国自1988年起，相继颁布了《女职工劳动保护规定》、《企业职工生育保险试行办法》、《关于女职工生育待遇若干问题的通知》以及《中华人民共和国社会保险法》，对我国生育保险制度的主要内容做出了如下规定。

1. 生育保险待遇

我国的生育保险待遇包括以下三项内容。

(1)生育医疗费用。包括检查费、接生费、手术费、住院费和药费，以及计划生育手术费。

(2)生育津贴。我国的生育津贴原称产假工资。为了与国际通用术语衔接，1994年改称生育津贴。其适用范围、享有津贴的资格以及津贴支付期限均与改革了的产假制度相一致。生育津贴的计发比例一直是100%，这样的津贴率达到了国际先进水平。

(3)产假。我国在20世纪80年代以前，把怀孕、生育和产后照料婴儿的假期规定为56天。1988年公布《女职工劳动保险规定》后，对原规定做了很大修改。现法定正常产假为90天，其中产前假为15天，产后假期为75天。难产的，增加产假15天。若是多胞胎生育，每多生育一个婴儿增加产假15天，流产产假以4个月划界，其中不满4个月流产的，根据医务部门的证明给予15～30天的产假；满4个月以上流产的，产假为42天。1979年以后，各地对愿意只生一个子女的女职工，给予了奖励产假政策，分别延长了她们的生育假期。并且一些地方采取了对晚婚、晚育的职工给予奖励政策，假期延长到180天。同时，一些地区也给予男职工7～14天的护理假。我国的产假标准经过改革已基本上和国际标准接轨。如正常产假已超过12周，难产产假也超过14周。与世界各国相比，我们的产假已处于中上水平。

(4)独生子女补助。为了配合我国的计划生育的基本国策，国家给予独生子女一定的补助。自愿终身只生育一个子女的夫妻，按照国家和省、自治区、直辖市有关规定享受独生子女父母奖励。法律、法规或者规章制度给予终身只生育一个子女的夫妻奖励的措施中由其所在单位落实的，有关单位应当执行。

2. 生育医疗费用的支付

我国现行的生育保险制度是两种制度并存：一种是建国初期延续下来的传统的生育保险制度，第二种是生育保险社会统筹制度。在实行了生育保险社会统筹制度的地区，生育医疗费用由生育保险基金支付；在未实行生育保险社会统筹的地区，生育医疗费用由女职工所在单位支付。

3. 生育保险基金的筹集

(1)企业按男女全部职工人数每年依次向社会统筹机构上缴一定数额的资金，建立女职工生育基金。统筹企业中有女职工生育时，其生育医疗费和生育津贴由社会统筹机构负责支付。

(2)企业按工资总额的一定比例上缴生育保险费，通过银行划归劳动部门统筹。生育女职工凭企业证明按月从当地劳动部门领取生育津贴等等。

1994年12月，劳动部发布《企业职工生育保险试行办法》，规定企业按不超过工资总额1%的资金向劳动部门所属的社会保险机构缴纳生育保险费，社会保险经办机构负责生育保险基金的收缴、支付与管理。生育保险基金支付项目有生育津贴、与生育有关的医护费用和管理费，其中，生育津贴按本企业上年度职工月平均工资计发。

截至2010年底，全国参加生育保险人数为12 336万人，比上年末增加1 460万人。2010年，全国生育保险基金收入160亿元，比上年增长20.5%；基金支出110亿元，比上年增长24.5%。2010年，全国有211万人次享受了生育保险待遇，比上年增加37万人次；人均生育待遇达到8 702元，比上年增长1.7%。

案例解析　　产假超过90天是否算旷工

2006年6月，梅某临近预产期。遵医嘱在预产期前15天经所在公司批准开始休产假。不想好事多磨，梅某30天后才产下一男婴，比预产期整整晚了15天。产后第60天，梅某的产假已经休了90天，公司发通知要其上班，并称，梅某如到期不上班，将按旷工处理。

梅某认为，按照规定"产后可休假75天"，如今假期未满，于是没去上班。公司见此情况就按照企业规章制度，以梅某连续旷工3天为由，对梅某作出违纪辞退的决定。

对公司辞退决定不服的梅某最终向劳动仲裁委寻求帮助。劳动仲裁委开庭审理时梅某认为，产假90天，其中产前休假15天，产后休假75天，现在其产后假未休满75天，所以没去上班不能认定其为旷工。公司的这种做法是错误的。而公司则认为，产假总共90天，梅某已休满，且在接到单位通知后仍不上班，按照公司规章制度，连续旷工3天可以辞退，单位的做法是符合法律规定的。请问该公司的做法是否合理？

（本文由作者改写自：新晚报．2006－11－06）

评析：对于梅某与公司的争议，根据《女职工劳动保护规定》第八条规定："女职工产假为90天，其中产前休假15天。难产的，增加产假15天。"对此，劳动部又对此条款作出进一步解答："女职工产假90天，分为产前假、产后假两部分。即产前假15天，产后假75天。若孕妇提前生育，可将不足的天数和产后合并使用；若孕妇推迟生育，可将超出的天数按病假处理。"由此，梅某由于超过预产期生产，虽然总的时间已满90天，但产后假未满75天，根据劳动部的规定，可将超出部分按病假处理；其公司将其超出部分算作旷工，显然不合理。

案例解析　　休产假丢了工作岗位

哈尔滨市某制药厂女职工岳某，于1996年参加工作，并与该厂签订10年的劳动合同。2000年2月岳某生小孩，并按照厂里规定休产假4个月。当她上班时，原来的岗位已经被别人顶替，本部门领导不予安排工作。岳某认为，自己与工厂签订10年的劳动合同，同时按照规定休产假，单位现在不安排工作就等于终止劳动合同。她多次找有关领导要求上班。但是，厂里一直没有安排她的工作。岳某在万般无奈的情况下，于2000年12月向劳动争议仲裁委员会提出劳动争议仲裁申请。请问该单位的做法是否合法？

（本文由作者改写自：中国劳动和社会保障部网站）

评析：《中华人民共和国劳动法》第二十九规定，用人单位不得在女职工孕期、产期、哺乳期解除劳动合同。根据法律规定，企业不得在女职工在休产假期间解除劳动合同，或以其他方式不安排女职工工作。女职工生育期间的权利是受国家保护的，任何单位不得以休产假为由，解除女职工的劳动合同。该厂虽然没有解除与岳某的劳动合同，但是不安排工作，不保障女职工的基本待遇，其性质是和解除劳动合同是一致的。因此，应予以纠正。

本章小结

社会保险是国家通过立法强制实施，并通过雇主、雇员或两者共同缴费筹集资金，当劳动者暂时或永久丧失劳动收入时提供基本生活保障的一种保险制度。在我国现阶段，社会保险的内容包括：基本养老保险、基本医疗保险、工伤保险、失业保险和生育保险。

社会保险是社会保障体系的核心部分，它与社会保障体系中的社会救济、社会福利相比，具有强制性、储备性、确定性、社会性、互济性、基本保障性和预防性的特征。

由于社会保险的运行方式和本质特征，它具有维护社会的稳定，保证社会劳动力再生产的正常进行，调节收入差距、实现社会分配公平，促进国民经济发展，促进社会文明程度提高的作用。因此，社会保险的产生和发展具有重要的意义。

社会保险包括养老保险、医疗保险、工伤保险、失业保险和生育保险五种。

养老保险是指劳动者在达到法定退休年龄退休后，从政府和社会得到一定经济补偿、物质帮助和服务，以维持其基本生活水平的一项社会保险制度。社会养老保险一般包括三个层次：基本养老保险、补充养老保险和个人储蓄性养老保险。

医疗保险是为补偿劳动者因疾病风险造成的经济损失而建立的一项社会保险制度。通过用人单位和个人缴费建立医疗保险基金，参保人员患病就诊发生医疗费用后，由医疗保险机构给予一定的经济补偿。

工伤保险也称职业伤害保险，是指劳动者由于工作原因并在工作过程中遭受意外伤害，或因接触粉尘、放射线、有毒有害物质等职业危害因素引起职业病后，由国家或社会给予伤残者以及死亡者生前供养亲属提供必要的物质帮助的一项社会保险制度。

失业保险是指国家通过立法强制实行，由政府负责建立基金，对非因本人意愿中断就业而失去工资收入的劳动者提供一定时期的物质帮助及再就业服务的一项社会保险制度。

生育保险是国家通过立法，对职业妇女因生育而暂时中断劳动时，为其提供生活保障和物质帮助的一项社会保险制度。生育保险不仅有利于保障妇女的身体健康和妇女的广泛就业，而且有利于提高人口素质，确保社会劳动力的再生产。

思考练习

(1)社会保险的基本特征有哪些？

(2)社会保险的作用和意义是什么？

(3)养老保险的给付条件是什么？

(4)简述我国目前实行的养老保险制度。

(5)简述我国目前实行的医疗保险制度。

(6)失业保险的给付条件有哪些？

(7)工伤保险的基本原则有哪些？

(8)生育保险的特点有哪些？其待遇包括哪些内容？

案例分析

案例一 工厂该支付多少生育费用

江苏某皮件厂女工王某，1995年11月与该厂签订5年劳动合同。王某于2000年9月生小孩，住院期间花费检查费、接生费、住院费、手术费等医疗费用1 470元。而厂里规定生育费用采取包干的办法，一次性付给王某2 000元。王某认为2 000元的标准太低，加上生育津贴至少也需要3 000元。但是，厂里认为企业女职工多，不能负担太多的生育费用，只能实行包干的办法。况且，王某的劳动合同已经到期。为此，王某于2000年向当地劳动仲裁机关提出申诉，要求厂里为其报销全部生育医疗费用和支付产假期间的生育津贴。

案例二 商业保险能代替社会保险吗

张先生2005年8月进入一家公司工作，当时公司并没有为其办理社会保险。半年以后，公司决定与他签订3年期的劳动合同。这时，张先生提出要公司为自己办理社会保险，老板说公司将给予特殊的待遇——为其购买商业保险。张先生不愿意与公司闹僵，又不知公司的这种做法是否合法。如果不合法，自己如何既能保住现有的工作，又能要求公司为其补办社会保险缴费手续？

案例三 经理这样做对吗

王经理是一家城镇私营企业的老板，《社会保险费征缴暂行条例》实施后，他指示人事部门给8个部门经理办理了参加养老、医疗、失业等社会保险统筹的手续，而对其他30名职工却未办理参保手续。当其他职工就此问题提出异议时，王经理回答，今年就办这几个人的。大家好好干，等明年公司效益更好些，再给其他人办理参保手续。王经理这样做对吗？其他职工应采取哪些途径维护自己的合法权益呢？

案例四 用人单位能否从劳动者工资中扣除费用强迫职工参加储蓄性养老保险

李某是某企业合同制工人，合同期10年。2003年2月该企业在没有和李某协商的情况下，擅自决定从李某每月工资中扣除40元作为储蓄性养老保险费。李某认为自己的月工资本来就不多，家庭人口多负担重，暂时没有能力参加储蓄性养老保险，要求企业退还每月所扣的40元工资。该企业则认为李某合同期限长，企业为其负担的基本养老保险费多，拒绝退还所扣工资，并从当年3月份的工资中继续扣除，引起李某强烈不满，遂向当地劳动争议仲裁委员会提出申诉，请求企业退还所扣工资。

推荐阅读

[1] 付荣辉,李丞北．保险原理与实务[M]. 北京:清华大学出版社,2010.
[2] 中华人民共和国社会保险法．2010.
[3] 王洪春．社会保障学[M]. 合肥:合肥工业大学出版社,2008.